Amazonen
Geheimnisvolle Kriegerinnen

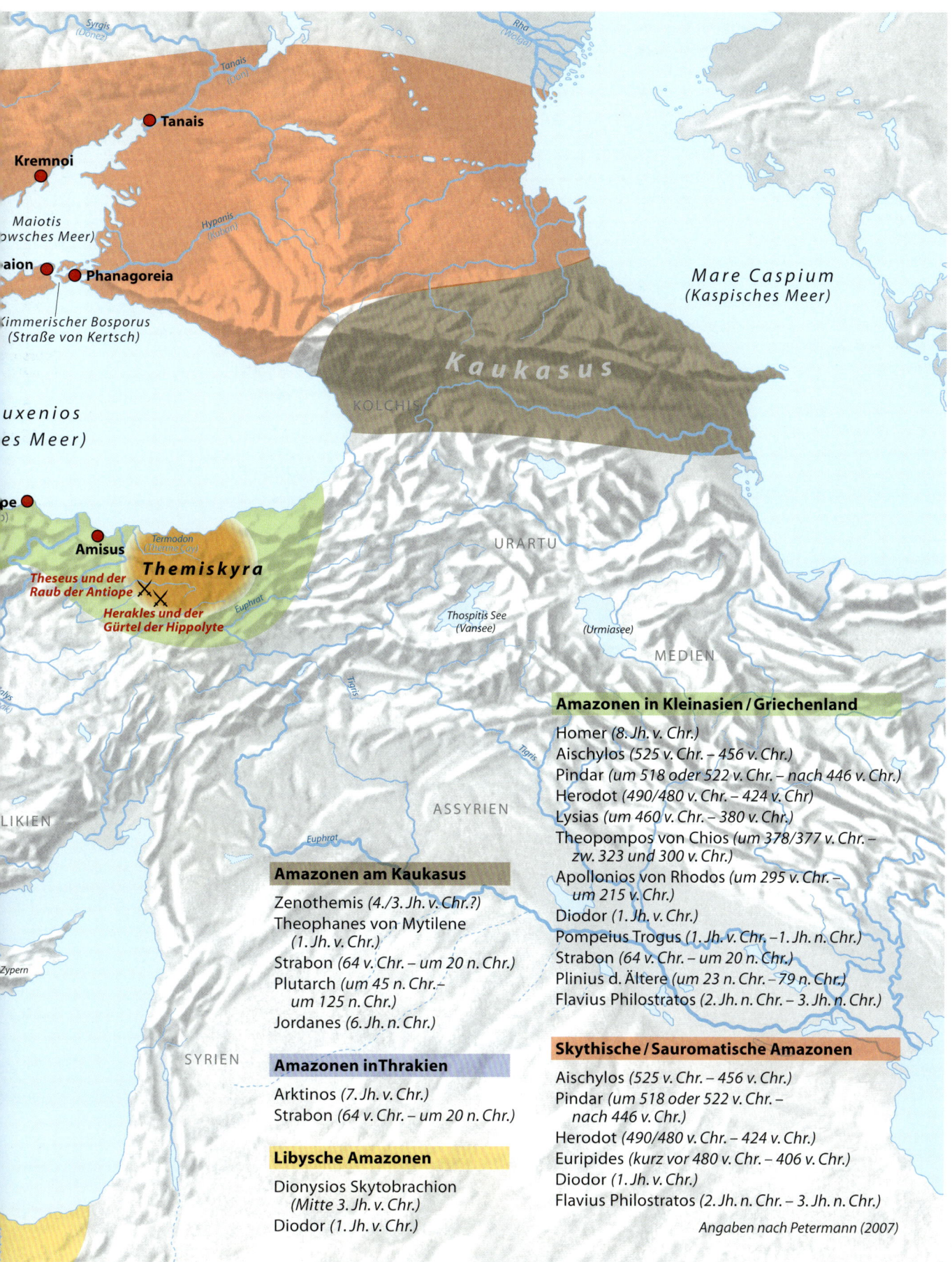

Amazonen
Geheimnisvolle Kriegerinnen

Ausstellung

Gesamtleitung
Alexander Koch

Ausstellungsleitung
Wolfgang Leitmeyer

Wissenschaftliches Konzept
Renate Rolle „Ausstellungsteil ‚Amazonenfunde' in der Steppenarchäologie"
Lars Börner

Projektleitung und Ausstellungskonzept
Lars Börner

Ausstellungsgestaltung
Esther Reinhardt

Ausstellungsdidaktik
Lars Börner, Judith Heß, Andrea Rudolph

Koordination Objekte und Leihverkehr
Andrea Rudolph

Koordination Begleitpublikation
Sabrina Busse

Ausstellungskoordination
Sabrina Busse, Judith Heß

Medien- und Öffentlichkeitsarbeit
Sabine Karle-Coen (Leitung), Julia Heiser, Franziska Keller

Medientechnik und Netzwerkadministration
Dieter Becker

Technik
Winfried Grundhöfer (Leitung), Michael Beck, Igor Ilnitzki, Ralf Klein, Walter Maschner, Wolfgang Völlmann, Hubert Wilhelm

Transport und Logistik
Lucius Alsen

Restauratorische Betreuung
Martin Spies (Leitung), Lucius Alsen, Anja Schäfer

Verwaltung
Gerhard Bossert (Leitung), Pia Scherb, Martina D`Angelo, Karoline Kälber, Anita Rock, Alexandra Schreiber, Elke Schuller, Melanie Zuffinger

Besucherservice
Colette Neufurth, Heike Eberhard, Johanna Sohn

Direktionsbüro
Beate von Fleischbein-Mohn

Begleitbuch

Herausgeber
Historisches Museum der Pfalz Speyer

Wissenschaftliches Konzept Begleitbuch Bereich „Welt der Steppennomaden"
Renate Rolle

Konzept Begleitbuch
Lars Börner, Sabrina Busse

Redaktion und Lektorat Begleitbuch
Sabrina Busse

Wissenschaftliches Lektorat Bereich „Welt der Steppennomaden"
Renate Rolle

Fotografie und digitale Bildbearbeitung (soweit nicht anders im Abbildungsverzeichnis vermerkt)
Peter Haag-Kirchner sowie
G. Peschke Druckerei GmbH, München

Historisches Museum der Pfalz
Domplatz 4
67346 Speyer
www.museum.speyer.de
info@museum.speyer.de
Telefon 062 32 / 13 25-0
Telefax 062 32 / 13 25-40

Grafische Gestaltung
Art-Direction: *Uwe Göbel*
Grafik-Design: *Katrin Diekhof & Daniela Gaus, Designbüro Zweiender*

Korrektorat
Laura Heeg, Simone Heimann, Melanie Herget, Anja Schäfer, Werner Transier, Susanne Völker

Verlagslektorat
Claudia Wagner

Gesamtherstellung
G. Peschke Druckerei GmbH, München

Bibliografische Information der Deutschen Nationalbibliothek
Die Deutsche Nationalbibliothek verzeichnet diese Publikation in der Deutschen Nationalbibliografie; detaillierte bibliografische Daten sind im Internet über http://dnb.d-nb.de abrufbar.

© 2010 Historisches Museum der Pfalz Speyer
© 2010 Edition Minerva GmbH, München

Alle Rechte, auch diejenigen der Übersetzung, der fotomechanischen Wiedergabe und des auszugsweisen Abdrucks, vorbehalten.

Edition Minerva GmbH
Schatzbogen 35, D-81829 München
www.edminerva.de

ISBN 978-3-938832-62-2

Die Ausstellung und das Begleitbuch wurden ermöglicht mit der großzügigen Unterstützung von:

gefördert von:

Heinz-Götze-Stiftung.
Frankfurt/M.

Inhalt

10 Vorwort
Alexander Koch

14 Der antike Mythos der Amazonen

16 Als die „männergleichen" Amazonen kamen
Lars Börner

24 Von Helden und Amazonen

26 Der tragische Tod der Penthesilea
Lars Börner

28 Theseus und Antiope
Daniel Kondratiuk

30 Herakles und der Gürtel der Amazonenkönigin
Andrea Rudolph

32 Exponate

36 Amazonenvorstellungen der Antike

38 Griechisch, skythisch, orientalisch –
Das Amazonenbild in der antiken Kunst
Ingrid Krauskopf

48 Exponate

52 Ein Sieg wie kein anderer? – Athens Triumph
über die Amazonen
Jochen Fornasier

58 „Stelle das Volk beim Feigenbaum auf ..." Bürgerinnen
und Amazonen im antiken Griechenland
Beate Wagner-Hasel

62 Exponate

64 Wenn Frauen ‚bauen' – die Töchter des Ares
als Städtegründerinnen
Jochen Fornasier

72 Die Amazonen von Ephesos
Reinhard Stupperich

75 Exponate

76 Amazonen als Stadtgründerinnen auf
kleinasiatischen Münzen
Bernhard Weisser

77 Exponate

78 Die Prunkgräber aus Agighiol und Vraca
Emilian Teleaga

86 Wo sind die Amazonen hin, wo sind sie geblieben?
Judith Heß

94 Exponate

96 Die Welt der Steppennomaden

98 Zur skythischen Geschichte und Kultur
Renate Rolle

104 Umwelt und Wohnverhältnisse. Frauenleben
zwischen Wagen, Jurten und Zelten, im Sommer-
wie im Winterlager
Renate Rolle

108 Exponate

112	Tod und Begräbnis – Nekropolen und die bisher erkennbare Stellung von Frauen mit Waffen *Renate Rolle*	**168**	**Penthesileas Vorfahren? – Kriegerinnen der Urzeit**
		170	Die erste ‚Amazone' der Nordschwarzmeersteppe *Nadja S. Kótova*
118	Skythische ‚Amazonen' in den Nordschwarzmeersteppen *Elena Fialko*	174	Exponate
		176	**Der Mythos lebt weiter – ‚Amazonen' nachantiker Zeit**
123	Der bemalte Sarkophag aus dem skythischen Kurgan *Elena Fialko*	178	Die Frauenkrieger von Niederstotzingen *Tobias Schneider*
124	Exponate	182	Mythische Amazonen und kämpfende Frauen in Spätantike und Frühmittelalter *Walter Pohl*
128	Die ‚Amazone' von Pazyryk *Natalia V. Polos'mak*	187	Amazonen im Alexanderroman *Daniel Kondratiuk*
138	Zur absoluten Datierung der Hügelgräber der Pazyryk-Kultur *Mathias Seifert*	188	Fürstin Libussa und die böhmischen Amazonen *Pavlína Rychterová*
140	Exponate	**192**	**Am Rande der Welt**
144	Die Frauen in der skythischen Gesellschaft *Sergey Makhortykh*	194	Amazonen in mittelalterlichen Weltkarten *Ingrid Baumgärtner*
150	Exponate	204	Die Amazonen in Amerika *Hildegard Frübis*
152	Bewaffnung und mögliche Kampfweise skythischer Kriegerinnen *Renate Rolle*	212	Die ‚Amazonen von Dahomey' – Von der königlichen Schutztruppe zur Jahrmarktsattraktion *Andrea Rudolph*
160	Frauen und Pferde *Renate Rolle*	**220**	**Frauen auf dem Weg zur Macht**
		222	Gebeugte und wahre Amazonen: Die Amazone in der Literatur der Frühen Neuzeit *Renate Kroll*
164	Exponate		

228	Amazonen regieren Frankreich? Die Selbstdarstellung adeliger Frauen als ‚Amazonen' im 17. und 18. Jahrhundert *Sabrina Busse*	276	Exponate
234	„Talestri, regina delle amazzoni" – die Amazone als Bild für Gelehrsamkeit und Herrschaftsanspruch in Maria Antonia Walpurgis' Oper von 1763 *Christine Fischer*	278	Amazonen in der modernen Populärkultur *Udo Franke-Penski*
		286	‚Amazonen' im Parcours – Frauen im Pferdesport *Sabrina Busse*
238	Exponate	288	Exponate
242	Mit Piken, Säbeln und Pistolen ... Amazonen der Französischen Revolution *Helga Grubitzsch*	290	Anhang
		292	Glossar
		294	Leihgeber / Autoren der Katalogtexte / Literaturverzeichnis / Abbildungsnachweis
250	Die ‚Amazone der Freiheit' – Anne Josèphe Théroigne, genannt Théroigne de Méricourt *Helga Grubitzsch*		
254	Exponate		

256 Amazonen unter uns

258 „Küßt ich ihn tot?" Über die Liebe, ein „giftgefiederter Pfeil Amors" im Frauenstaat der Amazonen in Heinrich von Kleists Penthesilea
Brigitte Fürle

262 Amazonen in der Kunst der Neuzeit
Reinhard Stupperich

266 Die überdeterminierte Amazone
– Frauen als mordende Racheengel
Heinz-Peter Preußer

Vorwort

Alexander Koch

Homer, der in seiner *Ilias* den Kampf um Troja in eindrucksvoller Weise schilderte und damit eines der bis heute bekanntesten Epen schuf, war der Erste, der sie erwähnte, von ihnen als *„männergleichen"* Frauen sprach und sie unsterblich werden ließ – die Rede ist von den ‚Amazonen', dem geheimnisumwitterten Volk kriegerischer Frauen. Seither umgibt diese ‚Amazonen' ein Mythos: Stolze Frauen sollen sie gewesen sein, die kämpften und ritten wie Männer und eine große Bedrohung für die patriarchalisch geprägte griechische Welt darstellten. Kein geringerer als Herodot, der Vater der griechischen Geschichtsschreibung, beschreibt sie um die Mitte des 5. Jh. v. Chr. als *„Männer tötend"*. Andere antike Autoren, so etwa Hippokrates, Diodor oder Strabo, taten es ihm gleich und ließen damit damals wie heute populäre Vorstellungen reifen, die uns mit Blick auf die sagenhaften ‚Amazonen' mal schaudern und mal fürchten lassen, mal aber faszinieren sie. Abstoßend und doch zugleich begehrenswert – so wurden und werden sie vielfach wahrgenommen: andersartig eben.

Die mythologischen ‚Amazonen' wurden im antiken Griechenland als Ruhestörerinnen der bestehenden sozialen Ordnung und der anerkannten Geschlechterrollen empfunden. Mit großer Selbstverständlichkeit wurden seinerzeit Frauen von der Gleichheit der Bürger ausgeschlossen, ihr Leben galt der Familie und der Verehrung des Mannes. Die ‚Amazonen' hingegen lebten autonom und unabhängig von Männern, wussten mit Waffen umzugehen und Kriege zu führen. Sie vertraten damit eine Gegenwelt zum griechischen Lebensmodell, das als erfolgreich, gut und gerecht, allseits anerkannt und bewährt verstanden wurde. Der Kampf gegen diese exotisch anmutenden Frauen und der Sieg über die Vertreterinnen einer verkehrten, ja falschen Ordnung durch die antiken Helden von Achilles über Herakles bis Theseus wurde in der griechischen Mythologie denn auch folgerichtig als Vergewisserung der herrschenden Ordnung aufgefasst und legitimierte die bestehenden Verhältnisse. Daraus erklärt sich auch die beispiellose Popularität der ‚Amazonen' in der griechischen Kultur.

Heute ist in weiten Fachkreisen längst bekannt, dass es zu keiner Zeit ein Amazonenvolk gegeben hat. Neue Nahrung aber erhält die Suche nach dem möglichen wahren Kern des antiken Mythos durch weltweit aufsehenerregende Grabfunde von mit Waffen beigesetzten Frauen im skythisch-steppennomadisch geprägten Kulturraum Eurasiens, am Rande der griechischen Oikumene im nördlichen Schwarzmeerraum. Gräber solcher Frauen, soweit sie verlässlich bestimmt werden konnten, sind inzwischen aus der Ukraine, Russland, dem Kaukasus und weiteren Ländern Osteuropas bekannt. Sie stammen zumeist aus dem 7. bis 4. Jh. v. Chr. und können somit überwiegend als Skythinnen identifiziert werden. Die Gräber geben den Anlass zur wissenschaftlichen Neubeschäftigung und -bewertung der historischen und literarischen Quellen, deren Resultate zuweilen als überraschend, zuweilen als sensationell bezeichnet werden können. Einige Wissenschaftler sprechen schon gar von diesen skythischen Kriegerinnen als reale Belege der in den historischen und literarischen Quellen genannten ‚Amazonen' – ein frommer Wunsch oder eine archäologische Sensation?

Noch heute beschwört der Begriff ‚Amazonen' Männerfantasien und wirft eine Vielzahl ungeklärter Fragen auf: Wer galt, wer gilt als ‚Amazone'? Hat es jene Waffen tragenden Frauen jemals tatsächlich gegeben, Kriegerinnen, die den Männern glichen, ihnen überlegen und gerade deshalb so gefürchtet waren? Was ist antiker Mythos, was Fiktion, was Wahrheit? Inwieweit lässt sich vom Amazonenmythos aus ein Bogen zu den Frauengräbern der eurasischen Steppe schlagen? Was verbirgt sich hinter den Geschichten und wie lässt sich die ungebrochene Faszination der ‚Amazonen' bis in die Gegenwart plausibel erklären? Diese Fragen standen und stehen im Mittelpunkt einer unter dem Titel *Amazonen – Geheimnisvolle Kriegerinnen* weltweit einzigartigen, nie dagewesenen Ausstellung des Historischen Museums der Pfalz sowie des gleichnamigen Begleitbuchs zur Ausstellung. Es war uns ein Anliegen, Antworten auf die genannten Fragen zu finden und die verschiedensten Überlegungen, Fragestellungen sowie Vorstellungen zum Thema ‚Amazonen' und damit in Zusammenhang stehenden Gegenständen, Hinterlassenschaften und Quellenzeugnissen aus antiker und nachantiker Zeit in ganzheitlicher interdisziplinärer Weise zusammenzutragen, zu diskutieren und damit einen kulturgeschichtlichen Gesamtentwurf zu skizzieren. Viele weltweit noch nie der Öffentlichkeit gezeigte, singuläre Objekte – archäologische und kulturgeschichtliche, historische und literarische Zeugnisse – konnten in einmaliger Weise in Speyer zusammengeführt, mit aktuellen Fragestellungen konfrontiert und modernen Forschungsansätzen untersucht werden.

Das vorliegende Begleitbuch vereint zahlreiche Beiträge namhafter europäischer Wissenschaftler und Wissenschaftlerinnen verschiedenster Disziplinen, die ihre vielfach langjährigen Forschungen in gut lesbarer, klar verständlicher Form präsentieren. Ergebnisse aktueller geschlechter- und sozialgeschichtlicher Forschung finden ebenso Berücksichtigung wie die Resultate jüngster archäologischer Feldforschungen und die wissenschaftlichen Erörterungen zur Popularität der Amazonendarstellungen bis in unsere Gegenwart. Entstanden ist eine Publikation, die das Phänomen ‚Amazonen' in vielen, zuweilen nie gekannten Facetten präsentiert und ein völliges Novum auf dem Buchmarkt darstellt.

Nur dank der großartigen Unterstützung vieler Museen, Kultur- und Forschungseinrichtungen im In- und Ausland sowie sie vertretender Personen und des kontinuierlichen Auf- und Ausbaus internationaler Netzwerke konnten in den vergangenen Monaten wichtige Weichenstellungen vorgenommen werden, die ein so gewagtes Ausstellungsunternehmen aussichtsreich erscheinen ließen. Namhafte Wissenschaftler, Museen und Institutionen aus ganz Europa haben dankenswerterweise von Beginn an unsere Arbeiten in beeindruckender Weise gefördert und unterstützt. So ist eine einzigartige Ausstellung entstanden, die es so kein zweites Mal geben wird.

Für die Realisierung der Ausstellung *Amazonen – Geheimnisvolle Kriegerinnen* und des gleichnamigen Begleitbuchs gebührt vielen Menschen, Einrichtungen, Museen und Gremien mein aufrichtiger Dank und es ist mir, stellvertretend für das gesamte Mitarbeiterteam der Stiftung Historisches Museum der Pfalz, eine große Ehre und Freude zugleich, diesen Dank allen Beteiligten übermitteln zu dürfen. So ist zunächst dem Stiftungsvorstand und dem Stiftungsrat des Historischen Museums der Pfalz für den Glauben an das ambitionierte Ausstellungsprojekt sowie die laufende Unterstützung unserer Museumsarbeit zu danken. Für das Vertrauen in unsere Tätigkeit als wissenschaftlich arbeitende Kultureinrichtung und die finanzielle Unterstützung unseres Projekts gebührt an dieser Stelle der Stiftung Rheinland-Pfalz für Kultur, vertreten durch Herrn Ministerpräsidenten Kurt Beck, Frau Staatsministerin Doris Ahnen sowie Herrn Geschäftsführer Edmund Elsen, mein ausgesprochener Dank. Ebenso großer Dank gilt den Verantwortlichen der BASF SE in Ludwigshafen für ihre großzügige Förderung unserer Ausstellung sowie der Heinz-Götze-Stiftung in Frankfurt/M., sie haben den Fortgang des Projekts stets mit großem Interesse begleitet. Danken möchte ich auch dem Medienpartner unserer Amazonen-Ausstellung, der Zeitschrift *Damals* mit ihrer Chefredakteurin Frau Dr. Marlene Hiller.

Ohne das großartige Engagement, die enorme Initiative, Mithilfe und Tatkraft der Mitarbeiterinnen und Mitarbeiter des Historischen Museums der Pfalz hätte die Ausstellung *Amazonen – Geheimnisvolle Kriegerinnen* und das vorliegende Begleitbuch nicht in dieser Qualität und unter den gegebenen Rahmenbedingungen realisiert werden können. Sehr danken möchte ich daher zunächst dem Kernteam des Projekts, namentlich dem Projektleiter Herrn Lars Börner M.A. sowie Frau Sabrina Busse M.A., Frau Andrea Rudolph M.A., Frau Judith Heß M.A., Frau Esther Reinhardt MAS und Herrn Wolfgang Leitmeyer, dem verantwortlichen Ausstellungsleiter und stellvertretenden Direktor. Für profunde wissenschaftliche Beratung und tatkräftige Mithilfe danke ich Frau Prof. Renate Rolle, die für den steppenarchäologischen Part der Ausstellung verantwortlich zeichnet und darüber hinaus mit Rat und Tat zur Seite stand. Mit ihrem außerordentlich großen Engagement und ihrem enormen Arbeitseinsatz haben sie alle ganz wesentlich zum Gelingen des gesamten Vorhabens beigetragen, ihnen gebührt der Erfolg von Ausstellung und Begleitpublikation. Des weiteren möchte ich den Mitarbeiterinnen und Mitarbeitern der Medien- und Öffentlichkeitsarbeit (Leitung Frau Sabine Karle-Coen M.A., Frau Franziska Keller M.A., Frau Julia Heiser, Dipl.-Germ.), der Verwaltung (Leitung Herr Gerhard Bossert, Martina D'Angelo, Heike Eberhard, Beate von Fleischbein-Mohn, Karoline Kälber, Anita Rock, Pia Scherb, Alexandra Schreiber, Elke Schuller, Johanna Sohn, Melanie Zuffinger), der Technik (Leitung Winfried Grundhöfer, Michael Beck, Igor Ilnitzki, Ralf Klein, Walter Maschner, Wolfgang Völlmann, Hubert Wilhelm), der Restaurierung/Konservierung (Leitung Martin Spies, Lucius Alsen, Anja Schäfer), Herrn Dieter Becker (Netzwerkadministration und Medientechnik), Herrn Peter Haag-Kirchner (Fotografie), sowie Herrn Dr. Werner Transier, Frau Simone Heimann M.A., Frau Susanne Völker M.A., Frau Laura Heeg M.A., Frau Melanie Herget M.A. und Frau Anja Schäfer für ihre Mitarbeit am Korrektorat, schließlich Frau Sibylle Pirrung-Stickl (Bibliothek) sowie allen weiteren hier nicht namentlich genannten Personen für die tatkräftige Mitarbeit und immerwährende Unterstützung des Amazonen-Projekts in den vergangenen Monaten meinen ausdrücklichen Dank übermitteln.

Großer Dank gebührt darüber hinaus allen am Projekt beteiligten Partnern des Historischen Museums der Pfalz, die auf ganz unterschiedliche Art und Weise zum Gelingen des Ausstellungsvorhabens beigetragen haben. So danke ich an dieser Stelle allen beteiligten Wissenschaftlern, Einrichtungen und Kooperationspartnern unseres internationalen Ausstellungsprojekts. Mein Dank gilt zunächst den nationalen und internationalen Leihgebern, bedeutenden Museen und Sammlungen in Großbritannien, den Niederlanden, Frankreich, der Schweiz, Italien, Dänemark, Georgien, der Ukraine, Russland sowie Deutschland, die sich freundlicherweise bereit erklärten, uns ihre wichtigen Objekte als Leihgaben zur Verfügung zu stellen. Entstanden ist eine Weltpremiere, viele nie zuvor in Deutschland gezeigte Schätze gewähren tiefe Einblicke in die Welt der ‚Amazonen'. Besonderen Dank möchte ich unseren Leihgebern und Unterstützern in der Ukraine und in Russland abstatten, insbesondere Herrn Direktor Prof. Dr. Petro P. Tolochko vom Institute of Archaeology of the National Academy of Sciences of Ukraine, Herrn Sergii Chaikovskyi, Direktor des National Museum of History of Ukraine, Frau Lyudmyla Strokova, Direktorin des Museum of Historical Treasures of Ukraine, Herrn Direktor Prof. Dr. Anatolij P. Derevjanko, Herrn Vize-Direktor Dr. Arcady V. Baulo und Frau Dr. Natalia Polos'mak vom Institute of Archaeology and Ethnography of the Siberian Branch of the Russian Academy of Sciences.

Kein geringerer Dank gebührt darüber hinaus den zahlreichen Autorinnen und Autoren unserer Begleitpublikation, die sich spontan bereit erklärt haben, die Resultate ihrer Forschungen in unser Projekt einfließen zu lassen. Auch danke ich den Mitarbeiterinnen und Mitarbeitern der Edition Minerva sowie der Firma Peschke Druck in München für ihr unermüdliches Engagement und ihre Geduld; namentlich seien die Geschäftsführer Frau Gudrun Strutzenberger und Herr Friedhelm Schwamborn genannt. Des Weiteren gebührt mein Dank Frau Dr. Claudia Wagner für das aufmerksame Lektorat sowie Prof. Uwe Göbel und Frau Katrin Diekhof vom Designbüro Zweier für die Gestaltung des vorliegenden Buches. Schließlich danke ich allen beteiligten Firmen, Künstlern und Handwerkern für die hervorragende Kooperation mit unserem Haus. Sie alle haben unsere Arbeit in vielfältigster Art und Weise unterstützt; ohne ihre Mithilfe hätte dieses Projekt nicht zum Erfolg führen können.

Möge die Ausstellung *Amazonen – Geheimnisvolle Kriegerinnen* den ihr gebührenden Erfolg beim Publikum und diese Veröffentlichung geneigte Leserinnen und Leser finden, Frauen wie Männer. Denn, wenn jüngst noch Sportlerinnen, die in Männerdomänen vordringen, von den Medien als ‚Amazonen' bezeichnet werden, so sagt dies doch viel über unsere heutige Gesellschaft aus! Der Weg zur völligen Gleichberechtigung von Frauen gegenüber Männern ist weiterzugehen, das Ziel womöglich in Sichtweite, aber noch immer nicht erreicht. Dies sollte uns allen zu denken geben und zur weiteren Diskussion anregen. ■

Alexander Koch

Direktor des Historischen Museums der Pfalz Speyer

Der antike Mythos
der Amazonen

Als die „männergleichen" Amazonen kamen

Lars Börner

Da sah ich in Mengen phrygische Männer, rossebewegende,
Die Völker des Otreus und Mygdon, des gottgleichen,
Die damals ihr Heerlager hatten an den Ufern des Sangarios,
Denn auch ich wurde als Verbündeter zu Ihnen gezählt,
An dem Tag, als die Amazonen kamen, die männergleichen ...
Homer, Ilias III 185ff

Homer berichtet als wohl älteste schriftliche Quelle über die Amazonen und benennt sie wegen ihres kriegerischen Wesenszuges als „*männergleich*".

Die „*männergleichen*" Amazonen eilen in die Schlacht. Auf der anderen Seite dieser Halsamphora kämpfen die Kameradinnen dieser Amazonen gegen Herakles.

So berichtet Priamos, Trojas greiser König, in der *Ilias* über ein Zusammentreffen mit den Amazonen in seiner Jugend. Homer lässt ihn die Amazonen mit einem einzigen Wort charakterisieren: „*männergleich*"! Es ist die älteste bekannte schriftliche Nennung der Amazonen und es sticht dabei besonders hervor, dass dem Dichter des bedeutendsten antiken Epos die Beschreibung der Amazonen als „*männergleich*" zur Charakterisierung völlig ausreicht. Dies belegt, dass die Zuhörer der *Ilias* eine recht konkrete Vorstellung von den Amazonen gehabt haben mussten, wenn diese in den Völkerkanon der *Ilias* ohne umfassende Erklärung aufgenommen wurden. Wenn man die Entstehungszeit der homerischen *Ilias* am Ende des 8. Jh. v. Chr. ansetzt, dann lässt dies die Behauptung zu, dass eine Vorstellung von Amazonen schon vor diesem Zeitraum existiert haben muss, wobei es unklar bleibt, wieweit diese Vorstellung zurückreicht und in welchem Umfang sie vorhanden war. Eine Ableitung des Ursprungs der Amazonen aus dem Matriarchat ist daraus jedenfalls nicht zu konstruieren, widerspricht dem aber auch nicht.

Zweimal lässt Homer die Amazonen in der *Ilias* auftreten, einmal berichtet Priamos über die eingangs genannte Begegnung aus seiner Jugend, ein anderes Mal zählt Achilles die Taten seines Ahnen Bellerophon auf, der die Amazonen besiegte. Beide Male sind die Amazonen „*männergleich*". Damit ist kein burschikoser Haarschnitt oder eine besonders kräftige Statur gemeint. Es ist die Eigenschaft aller Amazonen schlechthin und der Kern des Amazonenmythos. „*Männergleich*" vermittelt gerade im Zusammenhang der *Ilias*, dass es das Kriegshandwerk war, das die Amazonen zu ‚Männergleichen' machte. Es vermittelt ebenso einen Aspekt, der heute offenkundig, ja fast banal anmutet, da wir aktuell ein konkretes Bild der Amazonen im Kopf haben, eben das Bild eines Volkes kriegerischer Frauen. Erst die Charakterisierung „*männergleich*" macht aus dem Volk der Amazonen, das in der von Homer verwendeten Form, nämlich grammatikalisch, geschlechtlich nicht eindeutig zugewiesen werden kann, ein Volk von Nicht-Männern, ergo Frauen. Krieg ist das Handwerk der Männer. Wenn Frauen Krieg führen, dann sind sie zwangsläufig

Der antike Mythos der Amazonen

„männergleich". Ein einziges Wort also beschreibt den Kern der Amazonenlegenden: ein Volk von kriegerischen Frauen.

Was erzählen uns die Quellen über Amazonen noch?

Pindar nennt im 5. Jh. v. Chr. die Amazonen *„wohlberitten"*. Dass Amazonen als Reiterinnen dargestellt werden ist zwar immer wieder auf Vasenmalereien der archaischen und klassischen Zeit zu sehen, es ist jedoch keineswegs ein durchgehendes Charakteristikum. Deutlich prominenter ist da die Darstellung der Amazonen als Fußkrieger im Typus der griechischen Hopliten. Auch Herodot lässt die Amazonen Pferde reiten, doch am stärksten hebt Lysias das Reitertum der Amazonen hervor. *„In alter Zeit lebten die Amazonen, Töchter des Ares. Sie wohnten am Fluss Thermodon, waren als einzige unter ihren Nachbarn mit Eisen bewaffnet und bestiegen als erste von allen Pferde."* (Lysias, 2. Rede, 4–6)

Hier nennt der athenische Redenschreiber die Amazonen nicht nur einfach ein Reitervolk. Sie sind sogar das erste Volk zu Pferd. Dahinter steckt natürlich keine historische Information, vielmehr erklärt an dieser Stelle der Mann warum die Frauen, die nicht für den Krieg geschaffen waren, es überhaupt zu Wege brachten, kriegerisch erfolgreich zu sein. Ebenso wichtig ist hierbei die Vorstellung des Lysias, die Amazonen hätten sich als erste mit Eisen bewaffnet. Der technologische Fortschritt von Bronze- zu Eisenwaffen kann kaum treffender illustriert werden: *„Damit können sogar Frauen Männer besiegen"*. Was auf den ersten Blick fast ein Werbeslogan einer fiktiven antiken Waffenschmiede sein könnte, ist eigentlich eine konsequente und systematische Herabsetzung der Amazonen durch den Autor. Seine weiteren Ausführungen über die Amazonen zielen auf die Legende über die Belagerung Athens durch das kriegerische Frauenvolk nach dem Raub der Antiope durch Athens ‚Nationalheld' Theseus ab und dabei insbesondere auf den heldenhaften Sieg der Athener. Die Amazonen gelten Lysias zwar als tapfer und mutig, dies vor allem als Ausgleich zur fehlenden Körperlichkeit der Männer, doch *„im entscheidenden Kampf wurde ihr Mut ihrem Geschlecht entsprechend"* und die Amazonen wurden von den tapferen Athenern besiegt. Dies ist kein Tatsachenbericht über historische Ereignisse, hier wird in politischem Kalkül die Legende instrumentalisiert.

Die Aussage ist eindeutig: Wer Athen angreift, endet wie die *„frevelhaften"*, also der ‚natürlichen Ordnung' widerstrebenden Amazonen. Die ‚natürliche Ordnung' ist hier nur auf den ersten Blick die Unterordnung der Frau unter den Mann. Die ‚natürliche Ordnung' des Lysias meint vielmehr die Unterordnung der Gegner Athens unter die Hegemonie der Stadt. Die Amazonen erfüllen also eine Funktion und zwar als Gegnerinnen. Im speziellen Fall Athens werden Amazonen als Gegner sogar politisch instrumentalisiert.

Amazonen sollen vielen antiken Quellen nach hervorragende Reiter gewesen sein. Manche rühmen sogar ihre Pferdezucht.

‚Einst' sollen die Amazonen Athen belagert haben. Vom Sieg der Athener über die angreifenden Amazonen kündete ein Bilderfries am Parthenon-Tempel auf der Akropolis.

An der wilden Südküste des Schwarzen Meeres am Thermodon, dem heutigen Therme Çay, sollen die Amazonen einst gelebt haben.

Amazonen als Gegner

Die Gegnerschaft der Amazonen ist ein wesentlicher Bestandteil des Mythos. Doch wie genau äußert sich diese Gegnerschaft und wessen Gegner sind die Amazonen? Hier bietet es sich an, einen Umweg über die Verortung der Amazonen zu gehen. Neben Lysias siedeln mit Herodot, Pindar, Apollonios von Rhodos, Dionysios Skythobrachion, Apollodor, Plutarch, Diodor, Strabon, Pausanias und Philostratos eine ganze Reihe antiker Autoren die Amazonen ursprünglich am Fluss Thermodon im Norden Kleinasiens an. Dionysios Skythobrachion weiß als einziger über noch ältere Amazonen in Libyen, womit in der Antike ganz Nordafrika gemeint ist, zu berichten, *„Die meisten nämlich glauben, es habe nur die um den Fluss Thermodon wohnenden Amazonen gegeben: Dies aber trifft nicht zu, vielmehr liegen die in Libyen zeitlich viel früher und haben ebenfalls bedeutende Taten vollbracht."* (Dionysios Skythobrachion in Diodor III 52f.)

Bedeutend ist dabei, dass alle Gebiete, in denen Amazonen gelebt haben sollen, deutlich außerhalb des griechischen Kulturraums liegen. Die Amazonen sind zwar Teil der griechischen Mythologie, sind selbst aber keine Griechen. Sie leben am Rande der bekannten Zivilisation an der Grenze zur Wildnis. Die hauptsächlich überlieferte Tradition der kleinasiatischen Amazonen besagt, sie sollen *„in alter Zeit"* in der von ihnen gegründeten Stadt Themiskyra, deren Name ihr Königreich trug, gelebt haben. Zu Lebzeiten der antiken Autoren waren in dieser Gegend keine Amazonen mehr zu finden. Eine Erklärung dafür findet sich beispielsweise bei Herodot und Diodor. Sie berichten von einer großen Schlacht, durch die das Reich der Amazonen unterging. Meist wird dieses Ereignis mit der neunten Aufgabe des Herakles in Verbindung gebracht, als dieser den Gürtel der Amazonenkönigin Hippolyte in seinen Besitz bringen sollte und es zu einem vernichtenden Kampf mit den Amazonen kam. Hier tritt wieder die Gegnerschaft der Amazonen hervor und dies vor allem im Bild des körperlichen Kampfes. Auch auf den bildlichen Darstellungen der Antike sind vor allem die Kämpfe mit den Amazonen, die sogenannten Amazonomachien, ein deutliches Charakteristikum. Die Gegner der Amazonen sind zumeist die Griechen, die Sieger nur griechische Helden, allen voran Herakles, aber auch Theseus und mit ihm das athenische Volk, Bellerophon und Achilles.

Der antike Mythos der Amazonen

Die Amazonen als Gegner im Kampf sind aber nur ein Aspekt. Ein weiterer gewichtiger Punkt des Themas gegnerischer Amazonen ist der gesellschaftlich-kulturelle Gegensatz, der die Amazonen als Antagonisten, als Gegenbild, erscheinen lässt. Hier ist vorrangig das Gesellschaftsbild der Gynaikokratie, also der Frauenherrschaft, gemeint, welches der in der Antike bestehenden ‚natürlichen Ordnung' der patriarchalischen Gesellschaft widerspricht.

Diodor berichtet, „am Fluss Thermodon lebte ein Volk, das von Frauen regiert wurde und in dem Männer und Frauen in gleicher Weise in kriegerischer Betätigung aufgingen. Unter ihnen zeichnete sich eine der Frauen von königlicher Macht besonders durch Energie und Mut aus. Sie stellte ein Heer nur aus Frauen auf, drillte dieses und besiegte dann mit ihm einige seiner Nachbarn. Da auf diese Weise mit dem kriegerischen Ruhm auch die militärische Tüchtigkeit wuchs, zog man allmählich ununterbrochen gegen Nachbarn zu Felde. Das Glück war günstig, das Selbstvertrauen stieg. Sie nannte sich eine Tochter des Ares, wies den Männern vollends Spinnrocken und häusliche Arbeiten zu und verkündete ein Gesetz, nach dem die Frauen zum kriegführenden Teil des Volkes befördert wurden, den Männern hingegen Erniedrigung und eine dienende Rolle zugedacht war. Neugeborenen männlichen Geschlechts waren Schenkel und Arme zu verstümmeln, so dass sie für den Kriegsdienst untauglich waren […]" (Diodor II 45f.)

Das Tragen von verwundeten oder gefallenen Kampfgenossen gilt als sehr ehrenvolles Verhalten. Dass Amazonen mit solch einer hochrangigen Geste dargestellt wurden belegt die Vielschichtigkeit des Amazonenmythos. Die kriegerischen Frauen waren nicht nur Angst und Schrecken verbreitende Gegner, sie wurden ebenso als ehrenvolle Gegner geachtet.

Diodor, und neben ihm auch andere Autoren der Antike in ähnlicher Weise, beschreiben damit eine Umkehrung der gesellschaftlichen Verhältnisse des klassischen Griechenlands. Männer verrichten Frauenarbeit und Frauen nehmen die Rolle der Männer ein. Männliche Nachkommen werden verstümmelt, um keine Gefahr für die nun bestehenden Verhältnisse darzustellen. Doch auch diese Grausamkeit kann noch gesteigert werden. So berichtet Apollonios von Rhodos, die Amazonen würden die männlichen Kinder nach der Geburt töten! Den Schriftquellen nach zu urteilen, könnte man die Amazonen als Angst verbreitende Männerhasserinnen, wahre Monster ansehen. Hier erlauben die archäologischen Quellen einen zweiten Blick auf diesen Aspekt und enthüllen dadurch die Vielschichtigkeit des Amazonenmythos. Die bildlichen Darstellungen lassen eine Bewunderung der Amazonen durch die Künstler und damit auch deren zumeist männlichen Käuferschicht erkennen. Amazonen werden häufig als Schönheiten dargestellt. Wenn Amazonen auf Vasenbildern einen gesellschaftlichen Gegensatz zum Ausdruck bringen, dann geschieht dies nicht durch Darstellung von Unterdrückung oder gar Kindermord. Amazonen gehen dort den gleichen gesellschaftlichen Tätigkeiten nach, wie es auch die männliche Klientel in Griechenland tat. Wie griechische Krieger rüsten sie sich für den Kampf oder tragen ihre gefallenen Kameradinnen, wie griechische Jünglinge reiten sie aus, begleitet von Jagdhunden, wie adlige Athener führen sie prächtige Streitwagen. Amazonen demonstrieren hier eindeutige, rein griechische Wertvorstellungen der männlichen Welt, eben nur als Frauen. Auch diese Darstellungsweise ist ein fester Bestandteil der Amazonen als Gegenbild zur griechischen Gesellschaft, aber hier sind im Gegensatz zu den Schriftquellen keine negativen Strömungen zu verzeichnen. Gegenwelt oder die Zuspitzung dieses ‚Gegengedankens' in einer regelrechten Spiegelwelt bedeutet im antiken Verständnis eben nicht die moderne Interpretation eines ‚Schwarz-Weiß-Schemas' oder gar eines ‚Gut-Böse-Gegensatzes'.

Amazonendarstellungen wie diese verdeutlichen den ‚Gegenweltcharakter' des Amazonenmythos. Die Amazonen werden bei Tätigkeiten gezeigt, die im griechischen Kulturraum nur die Männer ausübten.

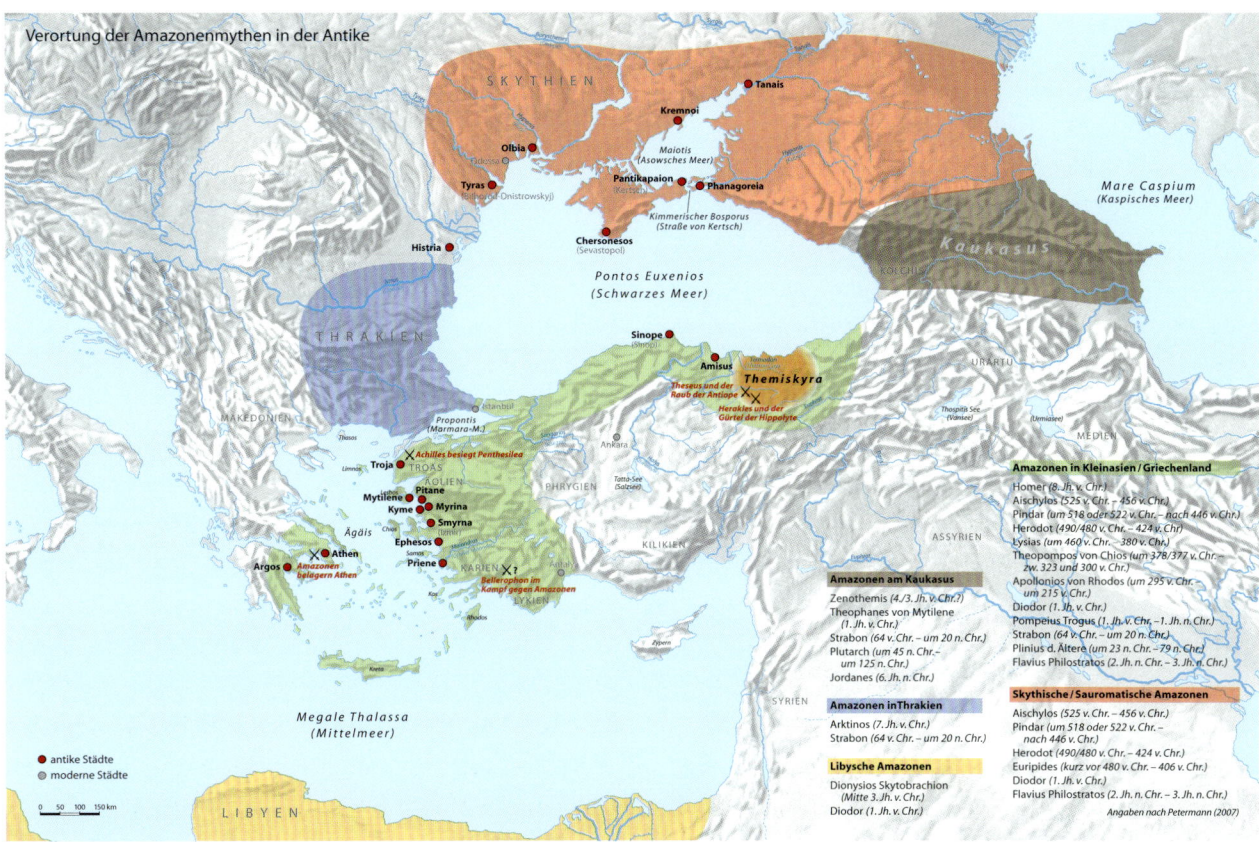
Verortung der Amazonenmythen in der Antike

Die Amazonen sind auch keineswegs alleiniger Bestandteil dieser mythischen Gegenwelt. Ebenso wie sie kämpften Giganten und Kentauren gegen Griechen, zumindest auf großen Schlachtenbildern, damals häufig an Tempeln und öffentlichen Gebäuden als Fries oder Wandgemälde zu finden. Die reichhaltigen Mythen der griechischen Antike und damit einhergehend auch die Amazonen waren im öffentlichen Leben des alten Griechenlands quasi allgegenwärtig. Diese Mythen entstammten größtenteils der Zeit der Entstehung der Poleis. Damals war die Abgrenzung der eigenen Kultur durch sehr bildhafte Gegenwelten, die für die Wildnis außerhalb der Zivilisation und für fremdartige Kulturen standen, für den Selbstwerdungsprozess dieser Poleis-Kultur sehr wichtig. Vor diesem Hintergrund muss man den klassischen Amazonenmythos als kulturelle Schöpfung eines gesellschaftlichen Gegenbildes betrachten. Dass diesem durchaus ein historischer Kern zugrunde liegen mag, ist unbestreitbar, die tatsächliche Ausprägung dieser historischen Wurzel lässt sich aber nicht ohne Weiteres ableiten. Die mythischen Darstellungen in ihrer Gesamtheit sollten jedenfalls nicht einfach als historische Wahrheit übernommen werden. Es lohnt sich jedoch ein weiterer Blick auf die Geschichte, um dem Rätsel der Amazonen vielleicht doch auf die Spur zu kommen.

Die Ansiedlung der Amazonen am Rand der bekannten Welt, an der Grenze der Zivilisation, verschob sich mit der fortlaufenden Erkundung und dem wachsenden geografischen Wissen über die Welt. Die Amazonen sind hier durch ihre Andersartigkeit als Exoten charakterisiert. Von daher können sie ihren Platz nur in diesen Randgebieten finden, in denen es durch interkulturelle Kontakte immer wieder zu Begegnungen mit Exoten kommt. So ließen sich Amazonen den Schriftquellen nach im Kaukasus finden. Die Begegnung zwischen Skythen und Griechen im Zuge der Kolonisierung des nördlichen Schwarzmeergebietes, spätestens ab dem 6. Jh. v. Chr., führte daher zu einem weiteren, bedeutenden Aspekt des Amazonenmythos. Herodot berichtet von der Flucht der Amazonen an die nördliche Schwarzmeerküste und die Verbindung der Amazonen mit jungen Skythen zum neuen Volk der Sauromaten. Hier werden die Amazonen Teil eines Volkes, die Frauenherrschaft spielt keine Rolle mehr, nur die kriegerische, männergleiche Verhaltensweise ist vordergründig von

Der antike Mythos der Amazonen

Bedeutung. Die Verbindung zwischen Amazonen und Skythen bzw. dem steppennomadischen Lebensraum nördlich und östlich des Schwarzmeers wird nicht nur von Herodot hergestellt. Diodor lässt die geschlagenen Amazonen nach der Belagerung Athens in den Skythen aufgehen. Nach Philostratos entstammen sie sogar aus dem großen Skythenvolk. Die skythische Amazonentradition findet neben etlichen schriftlichen Quellen auch einen enormen Niederschlag in der bildlichen Darstellung.

Dass die Lokalisierung der Amazonen sich mit der ‚Erkundung der Welt' immer weiter mit der Grenze zwischen Zivilisation und unbekannter Wildnis in den skythischen Raum verschiebt, hat in diesem Fall nicht primär etwas mit dem exotischen, gegenbildhaften Charakter der fremdartigen Amazonenkultur zu tun. Der Hintergrund liegt in dem Zusammentreffen zweier deutlich unterschiedlicher Kulturen und deren Gesellschaftsmodellen. Es ist vielmehr so, dass der den Griechen eigene Mythos der Amazonen als Erklärungsmodell für die gesellschaftliche Struktur der Nomaden in der eurasischen Steppe herangezogen wurde, in der weibliche Krieger sowohl dem archäologischen Befund, als auch den Schriftquellen nach ein fester Bestandteil waren. Es lässt sich also ein bedeutender Schritt in der Entwicklung des Amazonenmythos festhalten. Die ältere, aus dem griechischen Kulturraum stammende Amazonentradition wurde durch den kulturellen Einfluss der skythischen Kontakte angereichert und zu einem neuen ‚skythischen Amazonenmythos' verschmolzen. Eine äußerst wichtige Erkenntnis ist dabei, dass diese Erweiterung des Amazonenmythos, der den anderen Darstellungen von Amazonen teilweise durchaus widerspricht, offensichtlich für das antike Verständnis überhaupt keine Schwierigkeit darstellte. Die verschiedenen Überlieferungsstränge existierten parallel und wurden immer mehr miteinander verwoben. Ein wesentliches Charakteristikum des Amazonenmythos ist also dessen unglaubliche Vielschichtigkeit. Die Uneinheitlichkeit wird dabei zum einheitlichen Schema. So führen beispielsweise viele antike Autoren den Namen der Amazonen etymologisch auf die Bedeutung ‚brustlos' zurück und erzählen von einer Tradition der Amazonen, sich wahlweise die linke oder die rechte Brust mit einem glühenden Eisen wegzubrennen, um besser Speer und Bogen beherrschen zu können, dies besonders bei den ‚skythischen Amazonen'. Es gibt dabei aber kein einziges Bild aus der Antike, das Amazonen einbrüstig darstellt, eher ist da sogar eine Brust entblößt. Amazonen in skythischer Tracht sind immer vollständig bekleidet und lassen weibliche Rundungen erkennen.

Zwar stellen Amazonen als Gegner das vorherrschende Thema der Legenden und bildlichen Darstellungen dar, ganz im Gegensatz dazu treten sie aber auch als Stifterinnen von Heiligtümern, allen voran des Tempels der Artemis von Ephesos, oder als mythische Gründerinnen etlicher kleinasiatischer Städte in Erscheinung und erfahren auf diese Weise eine äußerst positive Verehrung.

Während Amazonen bei Diodor ihre Männer verstümmelten, nach anderen Überlieferungen versklavten und die Fortpflanzung nur einmal im Jahr, sozusagen auf neutralem Boden, stattfand, gründeten Herodots Amazonen mit jungen Skythen gleich ein ganzes Volk und lösten sich im Grunde darin auf. Auch darin bestand für die antike Tradition kein Problem.

Die Vielschichtigkeit des Amazonenmythos ist auf unzählige Einflüsse zurückzuführen, die im Laufe der Zeit auf die griechische Kultur einwirkten und deren Niederschlag auch im Mythos der kriegerischen Frauen zu finden ist. Die schriftlichen, bildlichen und archäologischen Quellen legen daher kein direktes Zeugnis über die historische Existenz eines kriegerischen Frauenvolkes ab, das in der von den Schriftquellen skizzierten, dem griechischen Gesellschaftsbild widersprechenden Form lebte. Die Suche nach

Innerhalb der Mauern von Städten wie Chersones auf der Krim lebten griechische Kolonisten und Menschen skythischer Abstammung zusammen. Dort kam es zur Beeinflussung des griechischen Amazonenmythos durch die skythische Kultur.

Eine Amazone in skythischer Tracht und Bewaffnung.

dem berühmten Ursprung des Mythos sollte daher nicht in der Existenzsuche eines unabhängigen Frauenvolkes münden. Wenn man sich die älteste überlieferte Beschreibung der Amazonen durch Homer noch einmal vor Augen führt, die *„männergleichen"*, die kriegerischen Amazonen, und den Vergleich zu der in jüngerer Zeit hinzugekommenen skythischen Amazonentradition zieht, so tritt eben das Kriegertum von Frauen als Kernelement deutlich hervor.

Die archäologischen Forschungen der letzten Jahrzehnte konnten nicht nur im steppennomadischen Raum anthropologisch weibliche Gräber mit Waffenbeigaben nachweisen. Das Dogma, Frauen würden nicht als Krieger taugen, entspricht offensichtlich nicht der archäologischen Realität. Wenn die steppennomadischen Kriegerinnen offensichtlich die Fantasie der griechischen Beobachter anregten, warum sollte der Ursprung dieses Mythos nicht auf die gleiche Art entstanden sein? Die derzeit älteste bekannte Kriegerin lebte am Ende des 2. Jt. v. Chr. im Kaukasus. Das Kriegertum von Frauen kann also tatsächlich den historischen Kern des Amazonenmythos bilden, nicht mehr und nicht weniger. Um diesen herum sammelten sich im Laufe der Jahrhunderte viele weitere Aspekte und machten die Legende von den kriegerischen Frauen zu dem Amazonenmythos, wie wir ihn noch heute kennen.

Palaiphatos, der schon in der Antike versuchte, die Welt rationalistisch zu erklären, lag demnach mit seiner Ansicht falsch: *„Folgendes sage ich über die Amazonen, dass sie nicht Frauen waren, die ins Feld zogen, sondern Barbarenmänner: Sie trugen wie die Thrakerinnen Gewänder, die bis zum Fuß reichten; sie banden ihre Haare mit Bändern zusammen; sie rasierten ihre Wangen wie heute die Leute von Patara oder die am Xanthon – und deshalb wurden sie von ihren Feinden als Frauen bezeichnet. Die Amazonen waren ein im Kampf ausgezeichneter Stamm; dass es jemals den Heereszug einer Frau gegeben habe, ist nie und nimmer wahrscheinlich – und auch heute gibt es nirgendwo einen."* (Palaiphatos 32)

Es verdeutlicht aber, dass zu Palaiphatos Lebzeiten im 4. Jh. v. Chr. die Gesellschaft ein klares Rollenverständnis der Geschlechter hatte und die Tradition von kriegerischen Frauen wohl schon lange nicht mehr existierte. ■

Literatur:
Blok (1991), Diodor (1992), Fornasier (2007), Hölscher (2000), Homer (2001), Lysias (2004), Palaiphatos (2003), Petermann (2007)

Im Kaukasus, wie hier nordöstlich von Tiflis, lebten vor 3000 Jahren Menschen, bei denen offensichtlich auch Frauen das Kriegshandwerk ausübten.

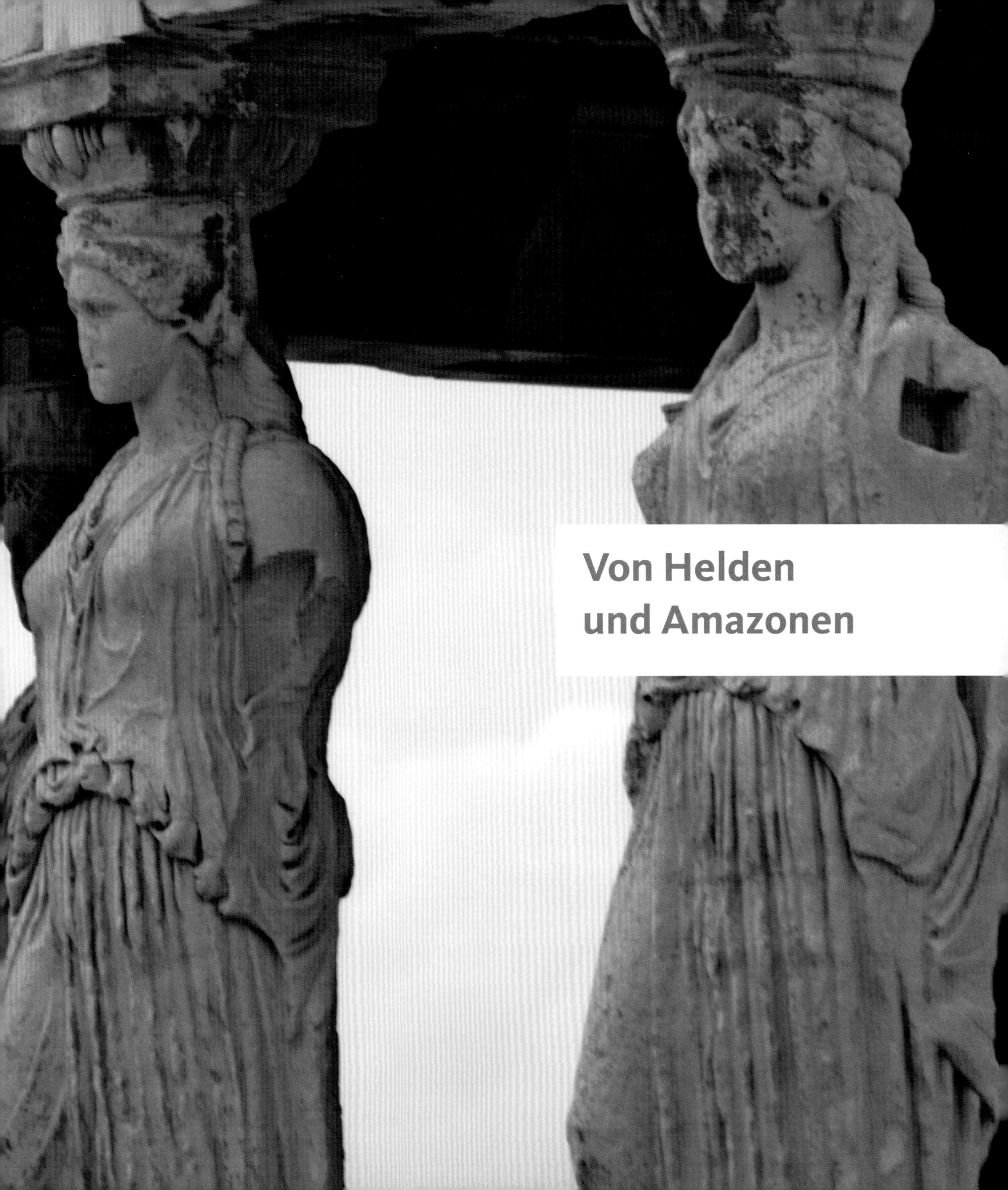

Von Helden und Amazonen

Der tragische Tod der Penthesilea

Lars Börner

Die Figurengruppe fängt den tragischen Moment, in dem das Leben der Amazonenkönigin endete und in dem Achilles die Tragweite seines Handelns erkannte, sehr gekonnt ein. Das Entsetzen im Blick des Helden über die Erkenntnis, die gerade gewonnene Liebe für immer verloren zu haben, scheint sich gerade erst durchzusetzen.

Vor den Toren Trojas soll sich das größte Epos der Antike ereignet haben – natürlich durften dort auch die Amazonen nicht fehlen. In Homers *Ilias* tauchen sie zwar nur am Rande auf, doch wie das trojanische Pferd erst durch die nachhomerische Dichtung überliefert wurde, so wurde auch die Amazonenkönigin Penthesilea erst in den der *Ilias* folgenden Werken erwähnt. Ihre tragische Geschichte wurde im Laufe der Zeit immer mitreißender. Was war geschehen? Die *Ilias* endet: Achilles hatte, nach zehn Jahren Belagerung Trojas durch die Griechen, Hektor, Heerführer und Prinz von Troja, im Zweikampf erschlagen, dessen Leichnam erst tagelang geschändet und dann doch dem trauernden Vater Priamos zur Bestattung überlassen. Der Zorn, das prägende Element der *Ilias*, ließ in Achilles nach. Vergebung setzte ein. Da erschienen die Äthiopier, unter ihnen König Memnon und die thrakische Amazonenkönigin Penthesilea, eine Tochter des Ares, den Trojanern zu Hilfe – so überliefert es die *Aithiopis*. Die Amazonenkönigin suchte Entsühnung mit den Göttern durch den Kampf für Troja, da sie ihre Schwester Hippolyte versehentlich bei einer Hirschjagd getötet hatte. Sie vollbrachte viele Heldentaten auf dem Schlachtfeld, doch wurde sie schließlich von Achilles getötet. Angeblich soll dieser in Liebe zu ihr entbrannt sein, denn er erschlug den Thersites, der ihn aufgrund seiner Liebe zur Amazone verspottete. Jahrhunderte später überlieferten antike Autoren Genaueres. Als Achilles der sterbenden Amazonenkönigin den goldenen Helm abnahm, überwältigte ihn ihre strahlende Schönheit, er verliebte sich auf der Stelle in die Frau, die er gerade getötet hatte. Verzweiflung und Wut übermannten Achilles. Als Thersites zum Spott ansetzte, war dessen letzte Stunde gekommen. Den Leichnam der Penthesilea übergab Achilles aber den Trojanern, die sie würdevoll bestatteten. Im Tod hatte die berühmte Königin der Amazonen ihre Schuld gesühnt. ■

Theseus und Antiope

Daniel Kondratiuk

Vom Giebelfries des Apollon-Daphnephoros-Heiligtums in Eretria sind nur sehr wenige Fragmente erhalten geblieben. Zu den Glanzstücken zählt ohne Zweifel die Skulptur von Theseus und Antiope. Während Theseus etwas oberhalb der Amazonenkönigin angeordnet ist, hat diese ihre linke Hand um den Körper des Helden geschlungen. Die gefundenen Farbreste lassen auf eine prächtige Bemalung des Paares schließen.

In der griechischen Mythologie verkörpern Theseus und Antiope ein weiteres Paar eines griechischen Heroen und einer Amazonenkriegerin. Der athenische Königssohn Theseus soll laut antiker Quellen gemeinsam mit seinem Vetter, Herakles, auf Expeditionsreise zu den Amazonen gewesen sein. Bei diesen angekommen, lud Theseus deren Königin Antiope auf sein Schiff ein, welche der Einladung nur allzu gerne Folge leistete. Kaum auf Theseus Schiff angekommen, ließ der Königssohn den Anker lichten und segelte mit der Amazonenkönigin einfach davon. Andere Quellen hingegen berichten, dass Theseus längere Zeit im Land der Amazonen verbrachte und sich Antiope in ihn verliebte, bevor sie zusammen nach Athen zurückgingen. Die Liebe der Amazone soll sogar so weit gegangen sein, dass sie die Hauptstadt ihres Volkes, Themiskyra am Thermodon, an Theseus verriet. Antiopes Schwester Oreithyia konnte den Raub der geliebten Schwester nicht verkraften. Sie stellte ein Heer von kriegerischen Frauen auf, verbündete sich mit den Skythen und führte die Truppen über den Kimmerischen Bosporus, die Donau und Thrakien nach Griechenland hinein. Vor der attischen Hauptstadt angekommen, schlossen die Angreifer den Belagerungsring rund um Athen, damit den Eingeschlossenen keine Unterstützung von außen zukommen konnte. Schließlich standen sich beide Heere kampfbereit unweit des Areopags gegenüber, jedoch wollte keine der beiden Seiten das Gefecht beginnen. Erst nach sieben Tagen befahl Theseus seinem Heer den Angriff auf die Reihen der Amazonen. Die Auseinandersetzungen waren hart und dauerten angeblich ganze vier Monate an. Erst als der linke Flügel der Athener die Amazonen zurücktrieb, mussten die Angreifer die Waffen strecken, wobei gerade die Verluste unter den kriegerischen Frauen sehr groß waren. In der Schlacht soll Antiope an der Seite ihres geliebten Mannes gegen ihr eigenes Volk gekämpft haben und wurde durch die Amazone Molpadia getötet. Theseus rächte seine Frau umgehend und streckte die Kriegerin nieder. Beide fanden ihre letzte Ruhe in der Nähe des Tempels der Mutter Erde. Oreithyia floh mit den überlebenden Amazonen und Skythen vom Schlachtfeld und starb aus Kummer und Verzweiflung kurze Zeit später in Megara. Die Übrigen wurden von Theseus aus Attika vertrieben und ließen sich in Skythien nieder, wo sie eine neue Heimat fanden. ■

Herakles und der Gürtel der Amazonenkönigin

Andrea Rudolph

An den Hauptportalen des Michaelertrakts, einem Teil der Wiener Hofburg, wurden vier der Heldentaten des Herakles durch monumentale Skulpturengruppen verewigt. Eine davon, gestaltet vom Wiener Bildhauer Johann Scherpe am Ende des 19. Jh., zeigt Herakles im Kampf mit der Amazonenkönigin Hippolyte.

Herakles, Sohn des Göttervaters Zeus und der Alkmene, Königin von Theben, befand sich in einer Ausnahmesituation. Die Machenschaften der Göttin Hera hatten dafür gesorgt, dass er erst im Wahn seine Frau und drei Söhne tötete und sich anschließend zur Sühne als Sklave dem Eurystheus, König von Mykene und Tiryns, unterwerfen musste. Zwölf Aufgaben sollte er nun lösen. Acht lagen bereits hinter ihm, die neunte stand bevor. Eurystheus hatte ihm aufgetragen, der berühmt-berüchtigten Amazonenkönigin ihr Wehrgehänge zu entwenden. Doch eigentlich war es Admete, die Tochter von Eurystheus, die diesen Gürtel unbedingt ihr Eigen nennen wollte.

So reiste Herakles gemeinsam mit seinen griechischen Gefährten zu Schiff gen Nordosten. Dort, am Thermodon an der südlichen Schwarzmeerküste, lag das Reich der kriegerischen Amazonen. An Land angekommen, verschaffte sich Herakles den Gürtel der Amazonenkönigin Hippolyte. Andere sagen, es könnte auch der Gürtel der Amazone Andromache oder der Andromeda gewesen sein. Die Amazonenkönigin hatte ihn von Ares als Geschenk erhalten.

Wie Herakles es schaffte, den Gürtel zu bekommen? Die einen berichten, die Amazonenkönigin wollte ihm den Gürtel anfangs freiwillig überlassen. Aber Hera, wütend darüber, dass Herakles zu leicht an den Gürtel kam, gaukelte den Amazonen vor, der griechische Held plane die Entführung ihrer Königin. Daraufhin griffen die Amazonen die Griechen an, wobei viele Amazonen im Kampf ihr Leben ließen. Durch Raub gelangte der Gürtel schließlich in Herakles' Besitz. Manche aber erzählen, die Griechen hätten sofort zum Angriff gegen die Amazonen geblasen und so den Gürtel gewaltsam errungen. Schließlich verbleibt noch die Meinung, Herakles hätte eine gefangengenommene Amazone gegen den Gürtel eingetauscht. Wie dem auch sei, mit dem errungenen Gürtel segelte Herakles zurück zur Peloponnes. Am Hof des Königs angelangt, übergab er dem Eurystheus schließlich das Zeichen der bestandenen Prüfung. ■

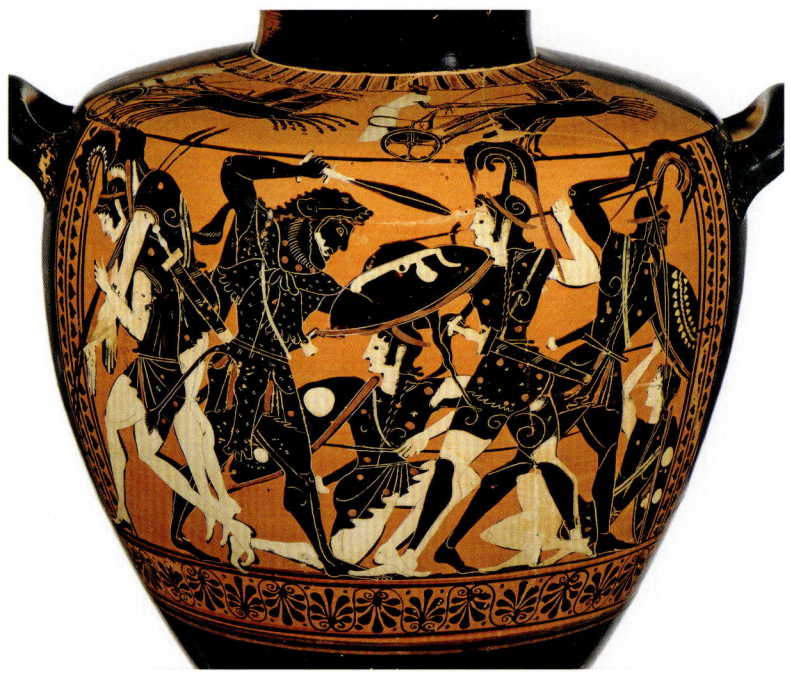

Hydria mit Darstellung Herakles im Kampf gegen die Amazonen

*H. 45,5 cm, Glanzton, schwarzfigurig, Leagros-Gruppe,
um 510 – 500 v. Chr., Vulci
München, Staatliche Antikensammlung und Glyptothek,
Inv.-Nr.: 1711 1 RK A*

Die Taten des Herakles waren vor allem auf schwarzfigurigen Vasen ein beliebtes Bildthema. Diese Darstellung zeigt Herakles inmitten der Schlacht am Thermodon, als er im Zuge seiner neunten Aufgabe für den König Eurystheus den Gürtel der Amazonenkönigin Hippolyte erwerben sollte. Dieser Gürtel wird jedoch weder auf dieser noch auf sonst einer Vasendarstellung abgebildet. Herakles selbst erscheint als furchtlos und unbezwingbar. Während Amazonen und Griechen gleich gerüstet und bewaffnet sind, nur durch die edle weiße Hautfarbe der Amazonen – dem antiken Schönheitsideal der vornehmen Frau – zu unterscheiden, zeigt sich Herakles nur in das Fell des nemeischen Löwen gekleidet, was ihn fast unverwundbar werden ließ. Mit der einen Hand erhebt er das Schwert, die andere führt einen Bogen. Ihm gegenüber ist eine Amazone auf besondere Weise dargestellt. Sie trägt zur üblichen Rüstung noch verzierte Oberschenkelschützer und tritt mit erhobenem Schild und Speer dem Heroen entgegen. Obwohl die einzelnen Gestalten nicht namentlich gekennzeichnet sind, mag man hier an Königin Hippolyte denken.

LB

Literatur: ABV (1956), Frauen (2008)

**Halsamphora mit Darstellung Reiterkampf
Achilles gegen Penthesilea**

*H. 22 cm, Glanzton, schwarzfigurig, Drei-Liniengruppe,
um 520 v. Chr., Vulci
München, Staatliche Antikensammlung und Glyptothek,
Inv.-Nr.: 1502A*

Die attisch-schwarzfigurige Halsamphora zeigt eine eher seltene Variante des Zweikampfes zu Pferd zwischen Achilles und der Amazonenkönigin Penthesilea. Der Reiterkampf der beiden epischen Kontrahenten wird durch die Schriftquellen nicht überliefert und belegt daher, dass auch in der Antike beliebte Geschichten in individuellen Varianten erzählt wurden. Die beiden Gegner sind durch ihre Namenszüge gekennzeichnet, während eine am Boden liegende Amazone unbekannt bleibt.

LB

Literatur: CVA München 8 (1973), Frauen (2008), Taf. 378,6

Kopf der Penthesilea

H. 36 cm, Marmor, um 160 v. Chr.
Basel, Antikenmuseum Basel und Sammlung Ludwig, Inv.-Nr.: BS 214

Die Marmorreplik des Kopfes der Penthesilea war in antiker Zeit Teil einer Figuren-Gruppe, die den tragischen Moment der Legende um Achilles und Penthesilea darstellt. Nachdem Achilles die Amazonenkönigin im Zweikampf niederstreckte, soll er sich in die schöne Amazone in just dem Moment verliebt haben, als diese starb. An der linken Seite sieht man noch die Hand des Achilles, der die sterbende Schönheit stützt.

LB

Literatur: Blome (1999)

Kopf des Achilles

H. 37,2 cm, Marmor, um 160 v. Chr.
Basel, Antikenmuseum Basel und Sammlung Ludwig, Inv.-Nr.: BS 298

Der Kopf des Achilles war wie der Kopf der Penthesilea ebenfalls Teil der Figurengruppe der beiden tragischen Kontrahenten. Sein Blick scheint den epischen Moment der Erkenntnis einzufangen, in der er seine gerade gewonnene Liebe für immer verliert.
Die Figurengruppe wurde im Original um 160 v. Chr. in Bronze gearbeitet, ist jedoch längst verloren. Die marmornen Kopien der Gruppe wurden wohl zeitnah erstellt und scheinen eine beliebte Darstellung gewesen zu sein, noch heute sind zehn Fragmente solcher Kopien erhalten.

LB

Literatur: Blome (1999)

Von Helden und Amazonen

Silberbüchse mit Goldrelief

H. 4,7 cm, Dm. 9,3 cm, Silber, Gold, um 230/220 v. Chr., Sizilien
Basel, Antikenmuseum Basel und Sammlung Ludwig, Inv.-Nr.: BS 608

Diese Silberbüchse zeigt auf ihrem Goldrelief eine Szene aus dem Zweikampf zwischen Achilles und Penthesilea. Im Gegensatz zu der jüngeren Figurengruppe, die den tragischen Moment einfängt, bildet diese Darstellung einen früheren Moment dieses epischen Zweikampfes ab. Achilles packt die Amazonenkönigin, deutlich am typischen Amazonenschild, der Pelta, zu erkennen, an ihren Haaren und reißt sie nach hinten, um sie mit dem Schwert zu töten.

LB

Literatur: Blome (1999)

Halsamphora mit Darstellung Herakles gegen die Amazonen

H. 55 cm, Glanzton, rotfigurig, Berliner Maler, um 490 v. Chr.
Basel, Antikenmuseum Basel und Sammlung Ludwig, Inv.-Nr.: BS 453

Diese herausragende rotfigurige Darstellung des Berliner Malers vom Kampf des Herakles mit den Amazonen zeigt das typische Bildthema dieser Legende. Der Held steht ohne Panzer, dafür im Fell des nemeischen Löwen gekleidet, inmitten des Kampfgeschehens. Die ausgestreckte Hand führt den Bogen, über dem Kopf schwingt er seine Keule gegen die anrückenden Gegnerinnen. An seinem Rücken kämpft ein Gefährte, vermutlich Telamon, ebenfalls gegen Amazonen. Eine der Amazonen, die Bogenschützin rechts des Herakles, zeigt schon eine skythische Tracht, diese Darstellungsweise fand erst im 6. Jh. v. Chr. Einzug in die Vasenmotive. Ihre Gefährtinnen sind mit einem Linothorax, also einem Leinenpanzer, mit Schild und Helm gerüstet und entsprechen noch dem Bild des griechischen Fußkämpfers. Das Bild ist umlaufend und in dieser Form ungewöhnlich für den Berliner Maler, es eilen vier weitere Amazonen den Kämpferinnen zu Hilfe.

LB

Literatur: Blome (1999), CVA Basel 2 (1984), Taf. 300-302, Frauen (2008)

Kolonettenkrater des Panmalers
H. 56,3 cm, Glanzton, rotfigurig, Panmaler, um 470 v. Chr.
Basel, Antikenmuseum Basel und Sammlung Ludwig, Inv.-Nr.: BS 1453

Diese Amazonomachie zeigt eine gewaltige Schlacht zwischen Amazonen und Griechen. Für den antiken Betrachter musste sofort ersichtlich sein, dass es sich dabei nur um die legendäre Belagerung Athens durch die Amazonen handeln konnte, bei der die Athener letztendlich siegreich blieben. Die Amazonen auf dieser Darstellung sind in ihren Rüstungen sehr unterschiedlich. Neben den klassischen griechischen Fußkämpferinnen, als Pendant zu den Hopliten, sind auch skythische Amazonen zu sehen. Am ungewöhnlichsten ist dabei aber vor allem die Mischung zwischen griechischen und skythischen Rüstungselementen an einigen Amazonen. Dadurch wird deutlich, wie gut für die Griechen diese neuere skythische Amazonentradition mit der älteren griechischen vereinbar war.

LB

Literatur: Blome (1999), Frauen (2008)

Herkules besiegt eine Amazone
B. 9,7 cm, H. 13,8 cm, Dm. 21,4 cm, Bronze, um 310 n. Chr., Köln-Deutz
Bonn, LVR-LandesMuseum Bonn, Inv.-Nr.: CLIX.Bronze

Diese Darstellung vom Kampf des Herakles gegen die Amazonen ist in zweierlei Hinsicht etwas Besonderes. Zum Ersten datiert sie ins frühe 4. Jh. n. Chr. und gehört damit zu den jüngsten antiken Amazonendarstellungen. Zweitens zeigt diese Skulptur Herkules im Kampf gegen eine berittene Amazone. Während die attisch-schwarzfigurigen Darstellungen, auf denen der Kampf Herakles gegen Amazonen am häufigsten auftaucht, die Amazonen in diesem Zusammenhang immer als Pendant zu den zu Fuß kämpfenden Hopliten zeigen, erscheint diese Amazone am Übergang zur Spätantike schon vollends im Bild der reitenden Amazone.
Die Skulptur war wohl als verzierender Aufsatz an einem römischen Wagen angebracht. Der Fundort im Kastell Deutz zeigt, dass das Bild der kämpfenden Amazonen auch noch in der Spätantike unter Kriegern, hier den römischen Soldaten bzw. Offizieren, beliebt gewesen zu sein scheint.

LB

Literatur: Kunst (1963)

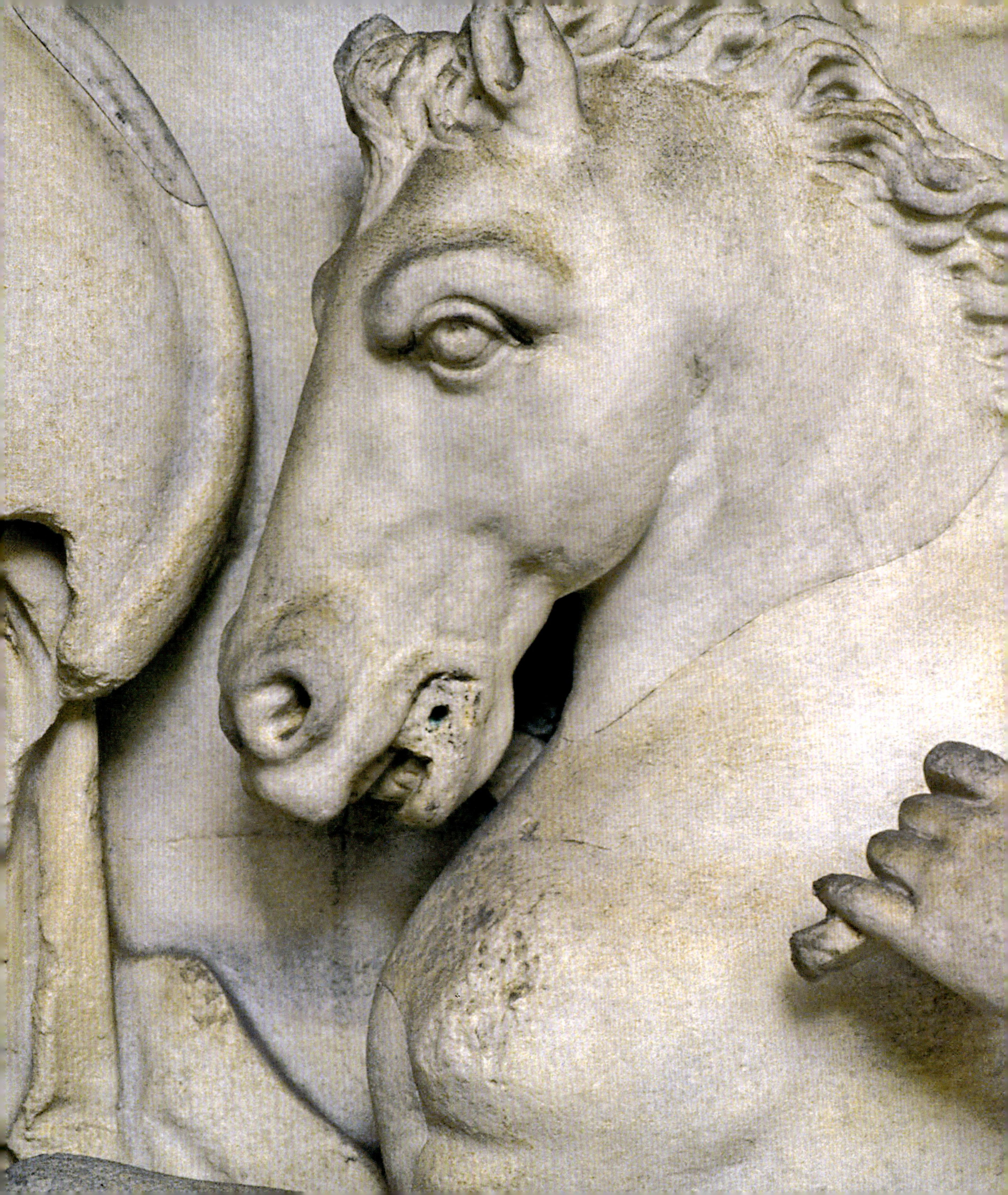

Amazonen-
vorstellungen
der Antike

Amazonenvorstellungen der Antike

Griechisch, skythisch, orientalisch – Das Amazonenbild in der antiken Kunst

Ingrid Krauskopf

Schon zur Zeit Homers waren Sagen um das Volk kriegerischer Frauen, die Amazonen, bekannt. In der *Ilias* werden sie aber nur kurz erwähnt: Sie fielen in Phrygien, wo Priamos gegen sie kämpfte (III 189), und in Lykien, wo Bellerophon sie besiegte (VI 186), ein. Das inhaltlich an die *Ilias* anschließende, verlorene Epos, die *Aithiopis*, begann jedoch mit den Worten „*Es kam aber die Amazone [...]*." und schilderte neben dem Kampf gegen den Aithiopier-König Memnon auch den gegen die Amazonen unter ihrer Königin Penthesilea. Vermutlich kannte man damals auch schon den Mythos von Herakles und den Amazonen, selbst wenn wir schriftliche Quellen dafür erst aus späterer Zeit besitzen. Auch in der Bildkunst, die zur Zeit Homers der Literatur etwas ‚hinterherhinkte', ist der Amazonenmythos sehr früh belegt: Um 700 v. Chr. ist auf einem tönernen Votivschild ein riesiger Krieger dargestellt, der einen Helm trägt und ein Schwertband umhängen hat. Er holt mit dem Schwert zu einem tödlichen Streich aus und packt mit der linken Hand den Helmbusch eines Gegners, der bereits in die Knie gesunken ist, aber noch die Lanze in der Hand hält. Drei weitere Figuren füllen das Bildfeld. Bei der unterliegenden und der unmittelbar hinter ihr kämpfenden Figur fällt etwas auf: Beide tragen ein längeres Gewand als die anderen Kämpfer und sind bartlos. Dadurch sind sie als Frauen und somit als Amazonen erkennbar. Die geometrische Kunst des 8. Jh. v. Chr. hatte über zwei Möglichkeiten verfügt, Frauen zu kennzeichnen: lange Haare und ein bodenlanges Gewand. Die Haare wären bei Kriegerinnen durch den Helm verdeckt, das Gewand beim Kampf sehr hinderlich, und daher hat der Maler einen halblangen, in der Realität wohl nie existierenden ‚Rock' erfunden. Dieser ist wie viele griechische Gewänder nicht genäht, sondern nur lose um den Körper gelegt und durch einen Gürtel gehalten. Er kann sich deshalb bei einem weiten Schritt öffnen, so dass ein Bein sichtbar wird. Dies ist der erste Versuch, die Amazonen als Frauen und zugleich als Kämpferinnen zu charakterisieren. Ob der siegreiche, gewaltige Gegner Achilles oder Herakles sein soll, lässt sich nicht entscheiden. Herakles wird zwar später immer mit Löwenfell, Keule und eventuell mit einem Bogen dar-

Die Kampfszene zwischen einem Krieger und einer Figur in eindeutig weiblicher Kleidung, gilt als die bislang früheste bekannte Darstellung kämpfender Amazonen.

Amazonenvorstellungen der Antike

Die Sarkophagmalerei zeigt die seltene Darstellung von kaum gerüsteten Amazonen als Siegerinnen im Kampf gegen einen griechischen Hopliten.

gestellt, aber dieses Bildschema war um 700 v. Chr. noch nicht entwickelt worden. Als sich im späteren 7. Jh. v. Chr. in der Keramik ein neuer Malstil durchsetzte, bei dem die Figuren schwarz auf den Tongrund gemalt und Details in diese schwarze Fläche eingeritzt wurden, fand man eine weitere Möglichkeit, Frauen zu charakterisieren: eine weiße Haut. Das Weiß wurde auf den schwarzen Grund aufgetragen und ist inzwischen oft abgeplatzt und nur in Resten sichtbar. Die weiße Haut charakterisiert die Frauen als diejenigen, die sich im Haus aufhielten, während sich die Männer bei Sport, Jagd und Krieg der Sonne aussetzten und gebräunt wurden. Zu den Amazonen, die sich wie Männer verhielten, passt die weiße Haut eigentlich nicht, aber die Bildkonvention ‚Frau = weiße Haut' war stärker. Diese Unterscheidung bleibt durch die ganze Antike hindurch überall, wo Farben verwendet wurden, erhalten. Es war nun nicht mehr nötig, Frauen in allen Situationen durch lange Kleider zu charakterisieren. Jägerinnen, durch die Luft eilende Dämoninnen sowie die Göttin der Jagd, Artemis, und die Amazonen konnten nun in dem gleichen kurzen, hemdartigen Gewand (Chiton) gezeigt werden wie die Männer. Auch in Bewaffnung und Kampfweise unterschieden sie sich zunächst nicht von den männlichen Kriegern. Dass sie in der Darstellung häufiger unterliegen, ist dadurch bedingt, dass die Gegner der Hauptkämpferin jeweils unbesiegbare Heroen waren, Herakles, Achilles und später auch Theseus. Wenn jedoch größere Kampfgruppen gezeigt werden, findet sich darunter oft auch eine gegen einen namenlosen Griechen siegreiche Amazone.

Der ‚skythische' Typus

An der Darstellung der Tracht und Bewaffnung der Amazonen änderte sich erst etwas, als die Griechen im 6. Jh. v. Chr. im Rahmen der Koloniegründungen am Schwarzen Meer mit den Skythen und anderen Steppenvölkern bekannt wurden. Deren Kleidungs- und Kampfesweise wurde nach und nach auf die Amazonen übertragen, von denen man schon früher vage vermutete, dass sie irgendwo in den Steppen nordöstlich des von Griechen bewohnten Gebietes leben müssten. In der Bildkunst können Amazonen nun auch lange gemusterte, trikotartig anliegende

Griechisch, skythisch, orientalisch – Das Amazonenbild in der antiken Kunst | **Krauskopf** 41

Attaschenfigur, die einen skythischen Reiter bei der Ausführung des ‚parthischen Schusses' zeigt.

Hosen und langärmelige Jacken sowie Mützen tragen, die oben in einem langen Zipfel enden und in drei Laschen über Schultern und Nacken herabfallen. Von den Skythen unterscheidet sie nur ihre weiße Hautfarbe. Wie diese führen sie nun als Hauptwaffe den Bogen, zu dem der breite Köcher (Goryt) gehört. Zudem sind sie auch mit einer Axt oder Doppelaxt und dem sogenannten Peltaschild, einem leichten Schild von sichel-ähnlichem Umriss, dessen Enden sich zu Voluten einrollen, ausgestattet. Ebenfalls wie die Skythen kämpfen die in der Kunst dargestellten Kriegerinnen oft zu Pferd oder beschäftigen sich generell mit der Reitkunst. Selbst der so genannte ‚parthische Schuss', eine Kampfesweise, für die alle Steppenvölker berüchtigt waren, wird nun auch auf die Amazonen übertragen: Ein Reiter flieht scheinbar, wendet sich dann aber auf dem Pferd nach hinten um und schießt mit dem Bogen auf den darauf nicht vorbereiteten Verfolger. Sogar in das ferne Etrurien war die Kunde von dieser Kampfesweise gelangt. So zeigen einige Bronzestatuetten auf den Rändern etruskischer Kessel sich auf dem Pferd zurückwendende Amazonen, die mit einem Bogen nach hinten zielen.

‚Griechischer' und ‚skythischer' Typus mischen sich – Persische Einflüsse

Neben dieser Darstellungsweise wurde jedoch der Typus der Amazone, die wie ein griechischer, schwer bewaffneter Krieger (Hoplit) kämpft, nie aufgegeben. Vor allem für die Amazonenanführerinnen wie Antiope, Hippolyte und Penthesilea bedienten sich die Künstler meist dieser in den Augen der Griechen edleren Nahkampf-Taktik. Bezüglich der Ausrüstung wird nie streng zwischen den beiden Amazonen-Typen, d. h. dem ‚griechischen' und dem ‚skythischen' getrennt; es finden sich Kombinationen aller Art. Als die Griechen nähere Bekanntschaft mit den Persern machten, wurde auch deren charakteristische Kopfbedeckung, die von Archäologen meist – nicht ganz korrekt – als ‚phrygische Mütze' bezeichnet wird, auf die Amazonen übertragen. Der lange Zipfel der Skythen-Mütze ist allerdings durch ein voluminöseres, rundes Oberteil ersetzt, das meist in weichen Falten in sich zusammenfällt, manchmal aber auch steif aufrecht steht – letzteres zeichnete die Tiara des Großkönigs aus. Daneben werden Amazonen aber immer auch in rein griechischer Bewaffnung abgebildet.

Waffen, Rüstung und Kleidung, sowohl griechische, als auch skythische, entsprechen denen von männlichen Kriegern. Wäre nicht die weiße Hautfarbe, wären die Figuren schwerlich als Amazonen zu identifizieren.

Die unterschiedliche Bewaffnung eines griechischen Hopliten mit Helm, Linothorax, Rundschild, Schwert und Speer gegenüber einem skythischen Krieger mit phrygischer Mütze, skythischem Trikotanzug, Bogen, Goryt und Streitaxt führen diese beiden Amazonen klar vor Augen.

Die siegreiche Amazone stößt ihren Speer mit großer Kraft durch den Schild des am Boden kauernden Griechen. Die Darstellung auf diesem Volutenkrater zeigt die eher seltene Darstellung siegreicher Amazonen.

Selten sind die beiden Typen derart klar getrennt wie im Innenbild einer um 425 v. Chr. entstandenen attisch-rotfigurigen Schale des Museo Nazionale in Neapel. Dass beide Gestalten Frauen sind, zeigen hier nur die langen Haare. Häufiger sind alle erdenklichen Mischungen beider Typen.

In den großen Staatsdenkmälern wie dem Parthenon wird jedoch bei den Metopen (Bildfeldern) fast ausschließlich der ‚griechische' Amazonen-Typus verwendet. Allenfalls eine Pelta oder vielleicht (die West-Metopen des Parthenon sind sehr schlecht erhalten) auch eine Mütze deuten Orientalisches an. Grundsätzlich bleiben Zweikämpfe das Hauptthema, in seltenen Fällen mit Amazonen als Siegern. Auf dem Schild der Gold-Elfenbein-Statue der Athena Parthenos wird der Kampf in einem unebenen Gelände lokalisiert, was die Möglichkeit zu ganz ungewöhnlichen Motiven wie der herabstürzenden Amazone gibt. Gemeint ist – wie vermutlich auf den meisten attischen Vasen der Hochklassik – der von den Athenern zurückgeschlagene Sturm der Amazonen auf die Akropolis. Die Vorliebe für den ‚griechischen' Amazonen-Typus in den Staatsdenkmälern zeigt deutlich, dass die Amazonen zwar ein mythisches Exempel für einen abgewehrten Angriff auf Athen darstellen, aber keineswegs einfach als Vorläufer der Perser angesehen wurden; sie waren eben nicht einfach Orientalen. Die darstellerischen Möglichkeiten des 5. Jh. v. Chr. erlaubten es, die Weiblichkeit der Amazonen deutlicher zur Geltung zu bringen. Im rotfigurigen Malstil, der in den Jahrzehnten um 500 v. Chr. den schwarzfigurigen abgelöst hatte, wurde der Hintergrund der Bilder schwarz eingefärbt und die Figuren ausgespart. Dies erlaubte eine wesentlich reichere Binnenzeichnung; auf die weiße Hautfarbe der Frauen, die die zeichnerischen Möglichkeiten wieder eingeschränkt hätte, konnte man nun verzichten. Im Relief und in der Skulptur war noch eine weitergehendere künstlerische Differenzierung möglich. Der schöne Körper der jungen, athletischen Amazonen spielte in den Bildern nun eine große Rolle, weshalb sie oft nur im kurzen Chiton dargestellt wurden. Manchmal bleibt dabei eine Brust frei. Begründet werden konnte dies damit, dass ein loses Gewand beim Bogenschießen hinderlich sein könnte (obwohl die solcherart dargestellten Amazonen meist keinen Bogen benutzten).

Amazonenvorstellungen der Antike

Achilles versetzt der besiegten Amazonenkönigin Penthesilea den Todesstoß.

Ganz nackt wie bei den Darstellungen griechischer Kämpfer, bei denen auch ein Augenmerk auf der Präsentation schöner Körper lag (realiter hat man natürlich nicht nackt gekämpft), wurden Amazonen aber nie dargestellt. Sie waren eben nicht nur tapfere Kämpferinnen, sondern auch Frauen, bei denen völlige Nacktheit falsche Assoziationen hervorgerufen hätte. Eine erotische Komponente findet sich erstaunlicherweise weniger in Szenen aus der Sage von Theseus und Antiope – eine Ausnahme bildet die Entführungsgruppe aus dem Giebel des Apollontempels in Eretria aus dem späten 6. Jh. v. Chr. – sondern in Bildern von Achilles und Penthesilea, die sich in dem Augenblick, in dem Achilles die Amazonenkönigin tötet, ineinander verlieben. Meisterhaft dezent wird dieses Motiv, das wohl schon im Epos *Aithiopis* angedeutet war, im Innenbild einer Schale des danach benannten Penthesilea-Malers um 460 v. Chr. dargestellt und es bleibt weiterhin ein Motiv der Bildkunst. Die gefallene Gefährtin auf der Penthesilea-Schale trägt unter dem Chiton an Armen und Beinen das Trikot des ‚skythisch-orientalischen' Amazonen-Typus. Dieser hielt sich neben dem ‚griechischen' Typus auf attischen Vasen bis ins 4. Jh. v. Chr. hinein und wurde von dort in die westgriechische Vasenmalerei übernommen, in der sich ein ‚griechisch-orientalischer' Mischtypus etablierte. Charakteristisch ist dabei ein auch in der Realität vorkommender Helm, der die

Griechisch, skythisch, orientalisch – Das Amazonenbild in der antiken Kunst | **Krauskopf**

phrygische Mütze imitiert. Die große Kunst des späten 5. und der folgenden Jahrhunderte v. Chr., z. B. die Friese mit Amazonenkämpfen am Apollontempel von Bassai oder dem Mausolleion von Halikarnassos, folgen jedoch mit wenigen Ausnahmen dem Bild, das die großen attischen Staatsdenkmäler der Klassik geprägt hatten. Abgesehen von relativ häufig verwendeten Streitäxten, Peltaschilden und einzelnen phrygischen Mützen hat sich der ‚griechische' Amazonen-Typus durchgesetzt.

Amazonenbilder der Etrusker

In Etrurien waren griechische Mythen und griechische Kunst hoch geschätzt. Man übernahm meist den jeweils gängigsten Amazonen-Typus. Da Skythen, die das Vorbild für den ‚skythischen' Typus geliefert hatten, in Etrurien wenig bekannt gewesen sein dürften, handelt es sich bei Figuren im skythischen Trikot wohl hauptsächlich um Amazonen, auch wenn keine weiblichen Geschlechtsmerkmale festzustellen sind. Abgesehen von ihrer Verwicklung in griechische Sagen waren die Amazonen für die Etrusker anscheinend ein interessantes, fernes Volk mit merkwürdigen Gewohnheiten.

Dieser Volutenkrater, der sich heute im Archäologischen Nationalmuseum Ruvo befindet, zeigt eine beispielhafte Darstellung von Amazonen in skythischer Tracht und Bewaffnung.

Amazonenvorstellungen der Antike

Die mit der Amazonomachie, der Darstellung kriegerischer Handlung unter Beteiligung von Amazonen, verbundene Ideologie, die den Amazonenkampf unter die mythischen Beispiele der erfolgreichen Abwehr von Gegnern der griechischen Welt eingereiht hatte, interessierte in Etrurien weniger. So ist es möglich, dass auf einem bemalten Marmorsarkophag des 4. Jh. v. Chr., der heute im Museo Archeologico in Florenz aufbewahrt wird, beide Parteien gleich stark sind. Optisch sind die Amazonen sogar überlegen: Auf einer Längsseite des Sarkophags stürmen gleich zwei von Amazonen gelenkte Viergespanne auf eine kleine Gruppe von Griechen zu. Diese Darstellung ist bemerkenswert, da Amazonen-Gespanne ganz selten abgebildet werden. Bis auf die Darstellung eines Gespanns auf einer westgriechischen, apulischen Vase kennen wir lediglich zwei weitere Abbildungen aus Etrurien. Einzigartig an der Sarkophagbemalung ist außerdem die Bekleidung der Amazonen: Die Reiterinnen tragen zwar kurze Chitone und teilweise Hosen, jedoch sind zwei Kämpferinnen auf einer Schmalseite mit einer Art Peplos, d. h. einem griechischen Frauengewand, bekleidet. Die Amazonen des Sarkophags tragen zwar teilweise eine phrygische Mütze und die leichte Pelta, aber generell sind sie gegenüber den schwer bewaffneten Griechen kaum geschützt – und dennoch siegreich. Auch in anderer Hinsicht haben die Etrusker die Amazonen mit mehr Sympathie betrachtet als die Griechen. Es gibt Bronzestatuetten-Gruppen, bei denen zwei Amazonen eine gefallene Gefährtin tragen. Auf einem rotfigurigen etruskischen Krater sind sie in der Unterwelt zu sehen wie in anderen Unterweltsbildern Etrusker oder berühmte griechische Heroen. Zwei der Kriegerinnen treten dem etruskischen Todesdämon Charun gegenüber. Sie kommen offensichtlich gerade in der Unterwelt an, was durch ihre den Kopf bedeckenden Mäntel und die eine Wunde verhüllende Brustbinde einer der Amazonen angezeigt wird. Beigeschrieben sind ihnen ihre Namen „hinthia turmucas", „Schatten der Turmuca" (ins Etruskische übersetzte Form des griechischen Namens Dorymache: „die mit dem Speer Kämpfende"), und „Pentasila" (Penthesilea).

Amazonen bei ihrer Ankunft in der Unterwelt.

Das römische Sarkophagrelief zeigt Szenen aus einem Amazonenkampf sowie der Gefangennahme nach der Niederlage der Kriegerinnen.

Herakles, erkennbar an der Keule, im Kampf gegen eine berittene Amazone.

Obwohl Frauen, die als Gegnerinnen der Griechen wie Männer kämpften, den griechischen Männern in doppelter Weise ein Stein des Anstoßes gewesen sein müssen, hat die griechische Kunst die Amazonen weder verteufelt noch lächerlich gemacht. Sie blieben immer würdige Gegnerinnen. Für die Etrusker waren sie jedoch keine Feinde und dass Frauen auch an ungewohnter Stelle ihren Mann stehen konnten, dürfte sie ebenfalls weniger gestört haben, denn die Etruskerinnen waren zwar nicht völlig den Männern gleichgestellt, besaßen aber wesentlich mehr Rechte und Freiheiten als griechische und römische Frauen.

Römische Kunst

Im Gegensatz zu den Griechen und Etruskern übernahmen die Römer bei der Darstellung der Amazonenkämpfe meist die aus der klassischen und hellenistischen Kunst übernommenen Formen und entwickelten keinen eigenen Typus. Dass im Osten, nach einer längeren friedlichen Zeit, in Gestalt der Parther nun wieder ein Gegner erschienen war, der die Kampfesweise der Steppenvölker mit großem Erfolg einsetzte, spielt in den Bildern selten eine Rolle. Ganz unbeachtet blieb die Parallele aber nicht: Auf einem Sarkophag des 2. Jh. v. Chr. wird im großen Schlachtbild der ‚griechische' Amazonen-Typus verwendet. Im kleinen Fries des Deckels sitzen dagegen Amazonen in orientalischer Tracht, die Hände auf dem Rücken gefesselt, wie wir es von barbarischen Gefangenen in Szenen des römischen Triumphes kennen, oder sie kauern trauernd am Boden wie die Personifikationen eroberter Provinzen auf römischen Münzen.

Seit der griechischen Klassik thematisierten die meisten Amazonomachien den Kampf um Athen oder den vor Troja, mit Theseus bzw. Achilles als Protagonisten auf griechischer Seite. Daneben wurde aber überall in der antiken Welt und zu allen Zeiten kontinuierlich der Kampf des Herakles gegen die Amazonen dargestellt – meist in Form eines ungleichen Zweikampfes –, denn dies war eine der zwölf kanonischen Arbeiten des Herakles, die er im Auftrag des Königs Eurystheus verrichten musste. Eine Bronzestatuetten-Gruppe vom Beginn des 4. Jh. n. Chr. aus den rheinischen Provinzen des Römischen Reiches möge deshalb diesen Überblick abschließen. ■

Literatur: Berger (1994), Boardman (1990), Devambez / Kauffmann-Samaras (1981), Frauen (2008), Giuliani (2003), Junker (2009), Kauffmann-Samaras (1981), Kossatz-Deißmann (1981), Kossatz-Deißmann (2009), Mavleev (1981), Simon (2009a), Simon (2009b)

Amazonenvorstellungen der Antike

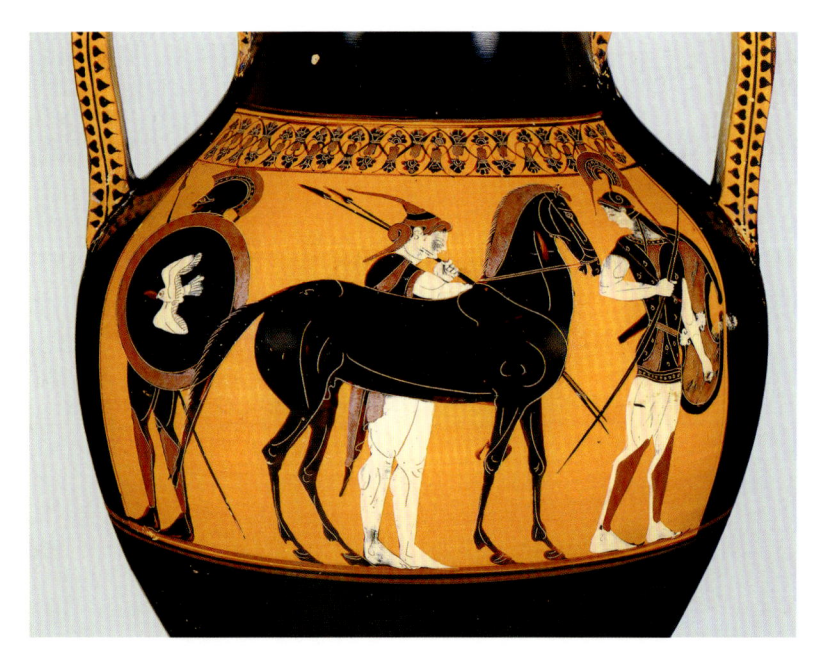

Bauchamphora mit Darstellung zweier Amazonen und Pferd
H. 50 cm, Glanzton, schwarzfigurig, Maler von München 1410,
um 520/510 v. Chr.
München, Staatliche Antikensammlungen und Glyptothek München,
Inv.-Nr.: 1410

Der Wandel, die Amazonen verstärkt als ‚Reitervolk' zu bezeichnen, wird auf dieser Vase besonders hervorgehoben. So zeigt sich die zur Schlacht gerüstete Amazone noch zu Fuß in Hoplitenrüstung und die ‚Pferdeführerin' bereits, in Annäherung an die Reiternomaden, in skythischer Tracht.

LB

Literatur: CVA München 1 (1939), Frauen (2008)

Abformung eines Spiegels
Dm. 13,9 cm, Ton, um 300 v. Chr., korinthisch
München, Staatliche Antikensammlungen und Glyptothek München,
Inv.-Nr.: TC 6676

Nicht nur auf Vasen sind Amazonendarstellungen zu finden. Die Rückseite eines Spiegels wird hier mit der eher seltenen Szene einer siegreichen Amazone im Kampf gegen einen Griechen verziert.

LB

Literatur: Frauen (2008)

Halsamphora mit ausreitenden Amazonen

H. 37 cm, Glanzton, schwarzfigurig, Maler der klagenden Trojanerinnen, 510 – 500 v. Chr., Vulci
München, Staatliche Antikensammlungen und Glyptothek München, Inv.-Nr.: 1504

Auf diesem Bild sind Amazonen einmal nicht bei einer kriegerischen Aktivität zu sehen. Sie reiten zur Jagd aus. Ebenso wie junge griechische Männer sollen auch die Amazonen Freude an der Jagd gehabt haben. Dass dies vor allem ein Element der amazonischen Gegenwelt ist, verdeutlicht die Rückseite der Amphora, auf der junge Griechen exakt die gleiche Aktivität wie die Amazonen ausüben.

LB

Literatur: CVA München 14 (2005), Frauen (2008)

Volutenkrater mit sich rüstenden Amazonen

H. 61 cm, Glanzton, schwarzfigurig, um 500 v. Chr.
München, Staatliche Antikensammlungen und Glyptothek München, Inv.-Nr.: 1740

Dieses Weinmischgefäß ist mit einem zweibändigen Amazonenfries geziert. Dieses zeigt Amazonen bei der Vorbereitung auf einen Kampf. Neben der Hoplitenrüstung werden diese Amazonen auch in skythischer Bewaffnung und als Reiterinnen mit leichter Bewaffnung dargestellt. Das Rüsten für den Kampf ist ein Spiegelbild der Darstellungen von griechischen Kriegern. Auf solchen Darstellungen wird die Gegenwelt der Amazonen, in denen die Rollen der Geschlechter getauscht sind, besonders gut deutlich.

LB

Literatur: Bothmer (1957), Frauen (2008)

Amazonenvorstellungen der Antike

Kolonettenkrater mit Kampfszene
H. 47 cm, Glanzton, rotfigurig, Ariana-Maler, um 440 v. Chr., Sizilien
München, Staatliche Antikensammlungen und Glyptothek München,
Inv.-Nr.: 6450

Diese Kampfszene zeigt die Amazonen, wie sie seit dem 5. Jh. v. Chr. in den schriftlichen Quellen häufig charakterisiert werden, als Reiterkriegerinnen. Während auf anderen Darstellungen die zu Fuß und die zu Pferde kämpfenden Amazonen immer wieder gemischt gezeigt werden, ist auf dieser Szene ein eindeutiger Kampf Reiterin gegen Fußkämpfer zu erkennen. Die Amazone trägt zwar einen skythischen Goryt mit Bogen sowie eine phrygische Mütze, bekleidet ist sie jedoch mit einem kurzen Chiton, ohne weitere skythische Kleidung. Der Chiton ist allerdings vor allem auf den Amazonomachien der berühmten Friese an Tempeln und öffentlichen Gebäuden das typische Kleidungsstück der Amazonen.

LB

Literatur: Bothmer (1957), Frauen (2008)

Pelike mit Amazonenkampf
H. 27 cm, Glanzton, rotfigurig, Maler von München 2365,
um 400 v. Chr.
München, Staatliche Antikensammlungen und Glyptothek München,
Inv.-Nr.: 7512

Der Kampf zwischen den Kontrahenten ist noch nicht entschieden, aber zumindest ein Grieche scheint am Boden geschlagen zu sein. Die Darstellung der Amazone, die einen Felsbrocken auf einen griechischen Gegner schleudert, ist außergewöhnlich. Zu solch ‚barbarischen' Mitteln im Kampf greifen auf den Darstellungen eher die wilden Kentauren. Beide Amazonen erscheinen in skythischer Tracht, die hintere führt dazu noch einen Bogen. Möglicherweise transportiert diese Darstellung etwas von der mit ‚skythischen Amazonen' in Verbindung gebrachten Tradition der Oiorpata, der Männertöterin, die aus griechischer Sicht durchaus als barbarisch angesehen werden kann.

LB

Literatur: CVA München, Frauen (2008)

Skyphos

H. 16 cm, Dm. 21,8 cm, Glanzton, schwarzfigurig, CHC-Gruppe, um 500 v. Chr.
München, Staatliche Antikensammlungen und Glyptothek München, Inv.-Nr.: 9491

Ursprünglich zogen die Griechen nicht als Reiter in den Kampf, sondern ließen sich auf Gespannwagen zum Schlachtfeld fahren, um dann doch zu Fuß zu kämpfen. Dies taten vor allem die Krieger des Adels. In dieser Tradition stehen wohl auch diese beiden Amazonen mit ihrem Vierergespann und verdeutlichen den Gegenweltcharakter der Amazonen.

LB

Literatur: Frauen (2008)

Oinochoe mit Amazonen

H. 23,7 cm, Glanzton, rotfigurig, Keyside-Klasse, 550 – 500 v. Chr., Vulci
Würzburg, Martin von Wagner-Museum der Universität Würzburg, Inv.-Nr.: L 347

Auf dieser schwarzfigurigen Oinochoe zeigt die Darstellung Amazonen, eine in orientalischer Kleidung mit Goryt, die anderen in griechischer Kleidung mit böotischem Schild und Schwert. Eine der griechischen Amazonen trägt ihre Gefährtin über der Schulter. Das Tragen von gefallenen Kriegskameraden galt gerade in der griechischen Antike als höchst ehrenvolle Handlung und bezeugt damit einen ganz besonderen Aspekt der griechischen Amazonenvorstellung. Neben dem deutlichen Gegenweltcharakter ist an solchen bildlichen Darstellungen auch eine Bewunderung und Anerkennung der Amazonen als Gegner gleichen Ranges zu erkennen.

LB

Literatur: ABV (1956)

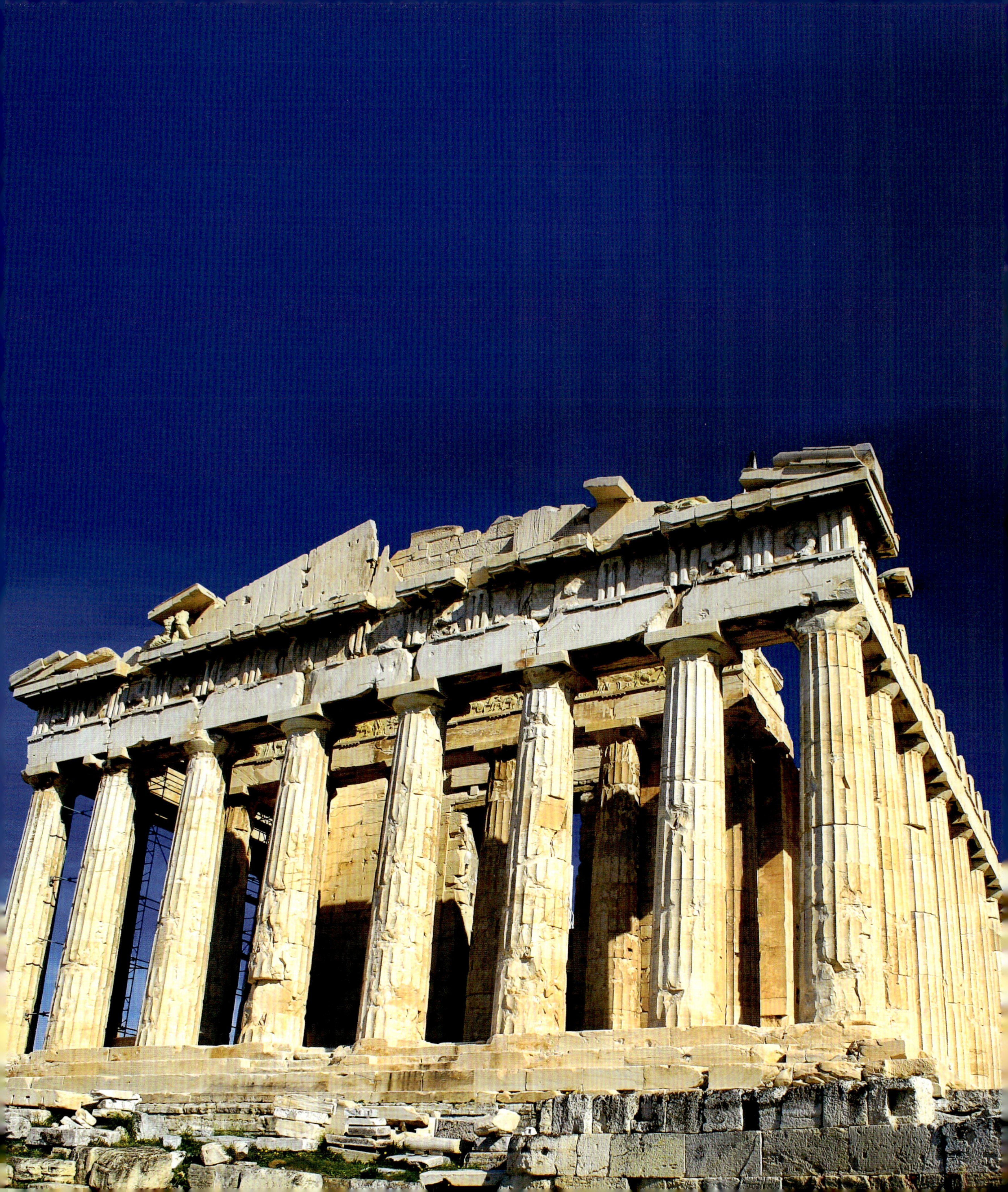

Ein Sieg wie kein anderer? – Athens Triumph über die Amazonen

Jochen Fornasier

Der Zahn der Zeit nagt an dem heute wohl berühmtesten Bauwerk der griechischen Antike, dem Parthenon auf der Akropolis in Athen. Seine Metopen (Bildfelder) an der Westseite sind so stark verwittert, dass eine endgültige Identifizierung der handelnden Personen nur schwer gelingt.

Die Belagerung hatte monatelang angedauert. Immer wieder griffen die erbarmungslosen Arestöchter an und suchten die Entscheidung in einem ehrlichen Kampf Frau gegen Mann. Sie wollten Rache nehmen an den Athenern, deren König Theseus ihre eigene Anführerin Antiope geraubt hatte. Doch in der Zeit der größten Not schlug sich die Entführte auf die Seite der Stadtbewohner und stellte sich gegen ihr eigenes Volk! Antiope wurde aus Liebe zu Theseus zur Verräterin und besiegelte damit gleichsam das Scheitern ihrer mythischen Schwestern. Die Töchter des Ares, des personifizierten Krieges, erlitten eine Niederlage, von der sie sich nicht mehr erholen sollten. Der Stadt Athen hingegen stand die Welt nach diesem Triumph offen – der Grundstein für ihren kometenhaften Aufstieg war gelegt.

Einem aufmerksamen Besucher der attischen Metropole dürften in etwa diese Gedanken durch den Kopf gegangen sein, wenn er im Altertum durch die Straßen Athens wandelte. Überall in der Stadt waren eindeutige Bezüge zum Amazonenmythos erkennbar, etwa auf der prachtvoll ausgestalteten Agora (Marktplatz) oder auf der mächtigen Akropolis, die noch heute einen jeden Reisenden in ihren Bann zieht. Da war das große Gemälde in der *Stoa poikílē* aus der Zeit um 460 v. Chr., das den Kampf der Kontrahenten auf dem Höhepunkt des Geschehens zeigte. Die Amazonen waren als noch nicht besiegt dargestellt, doch jeder Betrachter kannte natürlich den Ausgang der Schlacht. Es gab in der Nähe der Agora ein Heiligtum für die Amazonen, die man hier trotz aller Feindschaft für ihren Mut und ihre Unerbittlichkeit im Zweikampf ehrte (Plutarch, Theseus 27). Laut dem Reiseschriftsteller Pausanias gab es sogar noch zu seiner Zeit im 2. Jh. n. Chr., und damit Jahrhunderte nach dem eigentlichen Geschehen, Amazonengräber in der Stadt, die ebenfalls eine besondere Aufmerksamkeit durch die Einwohner Athens erfuhren (Pausanias I 2,1).

Spätestens aber, wenn der Besucher dann vor der Westfassade des Parthenons auf der Akropolis stand, diesem neuen athenischen Wahrzeichen aus dem dritten Viertel des 5. Jh. v. Chr., dürfte es ihm die

Sprache verschlagen haben. Hoch über den mächtigen Säulen des Tempels waren prachtvolle Metopen (Bildfelder) angebracht, die im Westen – höchstwahrscheinlich – die Kämpfe gegen die Amazonen zeigten, während die Metopen der anderen Tempelseiten die Auseinandersetzungen der Griechen mit den mythischen Giganten, Kentauren und Kämpfe des trojanischen Sagenkreises wiedergaben. Betrat man schließlich den Innenraum und sah sich der ca. 12 m hohen Gold-Elfenbein-Statue der Athena Parthenos gegenüber, so erblickte man sogar noch ein weiteres Mal die Amazonenschlacht auf der Außenseite des mächtigen Schilds, der sich auf der linken Seite der monumentalen Götterfigur befand. In künstlerisch höchstentwickelter Form gruppierten sich die einzelnen Kämpfer neben- und übereinander, passten sich der runden Form des Schildes an und waren auf diese Weise äußerst effektvoll im Relief umgesetzt. Eine Meisterleistung, die niemand anderes als der seinerzeit bedeutendste athenische Künstler Pheidias durchführen ließ.

Doch woran liegt es eigentlich, dass gerade der Amazonenmythos so außerordentlich zahlreich als Bildtopos in Athen Verwendung finden konnte? Es war ein großartiger Sieg, zweifellos, doch reicht dies als Erklärungsansatz aus? Um sich diesen Fragen zu nähern, muss man zunächst konstatieren, dass sich die meisten Denkmäler leider nicht erhalten haben. Das Gemälde aus der *Stoa poikílê* kennen wir beispielsweise nur aus der literarischen Überlieferung (Pausanias I 15) sowie vermutlich von zahlreichen Vasenbildern, die nach der gängigen Forschungsmeinung von die-

Der sogenannte Strangford-Schild aus dem 3. Jh. n. Chr. ist eine kleine Kopie des Schilds der monumentalen Athena-Statue im Parthenon. Die Außenseite zeigt den erbarmungslosen Kampf der Arestöchter gegen die Söhne Athens.

sem beeinflusst worden sein sollen. Der mächtige Schild der Athena Parthenos ist ebenfalls nur in kleinen Marmorkopien und in antiken Beschreibungen auf uns gekommen und das erwähnte Heiligtum sowie die Amazonengräber haben überhaupt keine materiellen Spuren hinterlassen. Dennoch erlauben die wenigen erhaltenen, historisch-archäologischen Quellen einen tiefen Einblick in ein antikes Verständnis des Mythos, der tatsächlich nur in dieser Stadt eine derartige ambivalente Verbreitung finden konnte.

Die streitbaren Frauen verkörperten eine reine Gegenwelt zur hellenischen Kultur. Sie beschränkten sich nicht auf die häuslichen Angelegenheiten, erhoben furchtlos ihre Waffen gegen Männer und trotzten dabei sogar den berühmtesten griechischen Helden, die sich nur mit allergrößter Mühe behaupten konnten. Sie störten damit in jeder Form die gottgewollte Ordnung und mussten für diesen Frevel zweifellos bestraft werden. Und genau dies ist das gemeinsame Grundthema der Metopendarstellungen am Parthenon, da sich die Kentauren, die Giganten und schließlich auch die Trojaner gegen das lang tradierte Ordnungsprinzip auflehnten – ein jeder auf seine Weise. Wie stark verbreitet diese Vorstellungswelt dabei gewesen sein muss, zeigen exemplarisch die Darstellungen am Apollontempel in Bassai oder an der berühmten Tholos in Delphi, wo wir ebenfalls die Amazonenschlacht mit den Kentaurenkämpfen kombiniert finden. Wir können hier also ein Themenrepertoire fassen, das sich offensichtlich aufgrund seiner immensen Aussagekraft in besonderem Maße für die Ausschmückung eines griechischen Tempels eignete. Die Amazonenkämpfe am Parthenon sollten daher nicht politisch gedeutet werden, wie mancherorts in der Forschung geschehen, sondern sind eindeutig in ihrem sakralen Kontext zu verstehen.

Anders sieht es hingegen mit der Wiedergabe auf dem Gemälde in der *Stoa poikílê* aus. Mitten auf der Agora und somit im Zentrum des gesellschaftlichen Lebens war ein monumentales Amazonengemälde angebracht worden, das eindeutig einen direkten und zudem immens wichtigen Bezug zur Stadtgeschichte aufwies. Doch hing auch dieses Gemälde nicht allein, sondern stand inhaltlich in einer Reihe mit weiteren Schlachtenbildern, die zusammen eine für den kundigen Betrachter logische Abfolge ergaben. Gemein-

Auch auf dem Fries am Apollontempel in Bassai war der Amazonenmythos zusammen mit den Kämpfen gegen die Kentauren dargestellt. Damit ist die inhaltliche Verschränkung beider Sagen an Sakralgebäuden auch außerhalb Attikas belegt.

Amazonenvorstellungen der Antike

Der Zweikampf des Achilles gegen Penthesileia, wie er auf dem Deckelrelief dieser Pyxis zu sehen ist, steht im Gegensatz zu den Theseus-Darstellungen, bei denen der Held gemeinsam mit den Athenern den furchtlosen Kriegerinnen gegenübertritt.

sam war ihnen der Rückbezug auf die mythische als auch erlebte griechische Geschichte, aus der Athen seinen weithin dokumentierten Führungswillen entwickelt hatte – exemplarisch in der *Stoa poikílê* in großen Bildern umgesetzt, die neben der Amazonenschlacht die Kämpfe vor Troja, in Oinoe oder gegen die Perser bei Marathon zum Thema hatten. Durch die Kombination dieser Schlachtszenen, die jedes Mal siegreich für die Griechen bzw. Athener endeten, entstand eine gedankliche Verbindung zur aktuell erfahrbaren Geschichte Athens, das sich im dritten Viertel des 5. Jh. v. Chr. auf dem Höhepunkt seiner Macht befand. *„So wie wir uns schon immer siegreich zu Wehr gesetzt haben, so werden wir jetzt und auch in Zukunft immer auf der Siegerstraße bleiben"* – das war die gewollte Aussage dieser Gemälde, die damit Ausdruck eines stetig steigenden Selbstbewusstseins waren.

Eine solch übertragene Bedeutung des Amazonenmythos innerhalb der eigenen Stadtgeschichte konnte allerdings tatsächlich nur in Athen wirklich verstanden werden. Anders als Herakles oder Achilles, die in weiter Ferne gegen die Arestöchter kämpften, hatte der athenische König durch den Raub der Antiope die Gefahr direkt ins Herz der Stadt getragen. Anders als in den Abenteuern, in denen die Helden nahezu im Alleingang gegen die Amazonen siegten, kämpfte in Athen eine ganze Gemeinschaft gegen den personifizierten Feind. Eine Leistung, auf die man auch gemeinsam stolz sein konnte. Es ist in diesem Zusammenhang sehr bemerkenswert, dass die Theseustaten – und damit auch der Amazonenmythos – offenbar erst am Ende des 6. Jh. v. Chr. ihre kanonische Form erhielten, zu einem Zeitpunkt also, als der letzte Tyrann aus der Stadt vertrieben war und die zarte Pflanze der jungen athenischen Demokratie erstmals das Licht der Welt erblickte.

Die Amazonen verkörperten in der gesamten griechischen Welt eine Gegenwelt, eine Feindwelt und manchmal auch eine Spiegelwelt. Im kleinasiatischen Raum konnten sie mitunter sogar – positiv besetzt – als Städtegründerinnen auftreten. Doch nirgends spielten sie eine derart wichtige Rolle wie in Athen. In der attischen Metropole zählte die erfolgreiche Abwehr der Amazonengefahr zu den Meilensteinen der eigenen Geschichte, auf die man sich berufen und auf die man stolz sein konnte – und die man im Ernstfall auch beschwören konnte. Dabei ist der Triumph über die streitbaren Frauen allerdings kein einzigartiger Sieg über die Feinde der Stadt, steht er doch in einer logischen Reihenfolge mit weiteren wichtigen Ereignissen. Eines aber war zumindest jedem Athener der damaligen Zeit bewusst: Der Kampf hatte auf Messers Schneide gestanden – wodurch der letztendliche Sieg über die Amazonen natürlich noch ein Stück süßer wurde. ∎

Literatur:
Blok (1995), Fleischer (2002), Fornasier (2007),
Hölscher (2000), Tyrell (1984), Wagner-Hasel (2002)

„Stelle das Volk beim Feigenbaum auf …" Bürgerinnen und Amazonen im antiken Griechenland

Beate Wagner-Hasel

„Stelle das Volk beim Feigenbaum auf, wo am leichtesten / Ist ersteigbar die Stadt und berennbar die Mauer" (Homer, Ilias VI 433 – 434). Diesen Vorschlag zur Sicherung der Mauern Trojas legt der Dichter der *Ilias*, der ältesten literarischen Überlieferung aus dem antiken Griechenland, nicht etwa dem greisen Herrscher Priamos in den Mund, der seine Stadt vor dem Untergang bewahren und von den Troerinnen das Schicksal der Versklavung abwenden will. Es handelt sich vielmehr um den Ratschlag einer Frau: Ausgesprochen wird er von Andromache (wörtlich: „die gegen Männer kämpft") in der berühmten Abschiedsszene im 6. Gesang der *Ilias*, in der sie Hektor davon abhalten will, sich wieder ins Schlachtgetümmel zu stürzen. Eine Grenzüberschreitung weiblicher Kompetenzen? So sahen es vergangene Historikergenerationen, trotz der zustimmenden Bemerkung des ehelichen Bettgenossen: *„Ja, an all das denke ich auch, Frau"* (Homer, Ilias VI 441). Denn in dieser Szene fällt auch die in der Antike immer wieder zitierte Aussage Hektors über die Arbeitsteilung zwischen den Geschlechtern: *„Doch du geh ins Haus und besorge deine eigenen Werke: Webstuhl und Spindel und befiehl den Dienerinnen / An ihr Werk zu gehen. Der Krieg ist Sache der Männer, aller, und zumeist meine, die wir angestammt sind in Ilion"* (Homer, Ilias VI 490 – 493).

Das römische Standbild zeigt eine weibliche Figur nach attischem Original. Auffallend ist der fein ausgearbeitete Faltenwurf des Peplos der Frau. Im Gegensatz zu den Darstellungen von Amazonen, die oft orientalisch oder in kurzem Chiton dargestellt wurden, trug die griechische Frau meist ein sehr viel längeres Gewand, das einen Großteil ihres Körpers bedeckte.

Es besteht kein Zweifel, dass im antiken Griechenland Männer und Frauen getrennte Aufgabenbereiche und Wirkungskreise hatten. Die Aussage des Dichters der *Ilias* bestätigen auch Historiker und Philosophen der klassischen Zeit wie Xenophon oder Aristoteles. Sache der Männer war es normalerweise, auf den Feldern zu arbeiten und in den Krieg zu ziehen, während die Frauen ihren Geschäften im Innern des Hauses nachgingen, sich um die Vorräte kümmerten und Kleidung herstellten (Xenophon, Oikonomikos VII 4 – 7). Allerdings gibt es auch aus dieser Zeit Berichte über Grenzüberschreitungen: So erzählt der athenische Historiker Thukydides (III 74,1), dass sich die Frauen Korkyras entgegen der ihnen zugeschriebenen Natur (*phýsis*) an Kriegshandlungen beteiligten und die Feinde mit Dachziegeln torpedierten. Die Grenzen des Hauses unversehrt zu wahren und die Mauern der Stadt zu verteidigen, war eben nicht nur Männersache.

Dieser reich verzierte Standspiegel wird in das 5. Jh. v. Chr. datiert. Sein Griff ist in Form einer Frau ausgearbeitet, die mit einem Peplos bekleidet ist. Um die stark korrodierte Spiegelfläche finden sich zahlreiche plastisch ausgearbeitete Tiermotive, darunter Hasen und Hähne. Den Abschluss bildet eine Sirene auf der Oberseite des Objekts, die für den Liebreiz des weiblichen Geschlechts steht.

Entgegen älterer Lehrmeinungen steht nach neueren Forschungen hinter solchen Aussagen über die unterschiedlichen Arbeitsbereiche der Geschlechter keine Abwertung weiblicher Tätigkeiten. Besonders die weibliche Textilarbeit war hoch geschätzt und hatte kultische Bedeutung. Tuche stellten zu allen Zeiten ein wichtiges Heiratsgut dar und bildeten neben Schmuck einen wesentlichen Teil des mobilen Vermögens eines Haushalts. In der Welt des Epos dienten von Frauen gewebte Textilien als Gastgeschenke oder Totengaben; diese trugen dazu bei, ein weitläufiges Netz von Gastfreundschaften aufrechtzuerhalten und den Nachruhm der Toten zu sichern. Gerade die Erbeutung webkundiger Frauen stellte ein wesentliches Kriegsziel dar. Nach der Eroberung Trojas wird es entsprechend das Schicksal der Andromache sein, in Argos für eine andere Frau zu weben (Homer, Ilias VI 456). Fremde Mustertechniken waren begehrt und nur über die Produzentinnen zu erwerben, die ihr Wissen nicht ohne Weiteres preisgaben. Kriegs- und Webarbeit stehen auf einer Ebene – nicht nur in der fiktionalen Welt des frühgriechischen Epos, sondern auch in der von Historikern und Gerichtsrednern beschriebenen Lebenswelt antiker Städte. Das Rollenverhalten von Männern und Frauen ergänzte einander, in der Ökonomie des Hauses und im sozialen Leben der Stadt. In klassischer Zeit gehörte es in zahlreichen Städten wie Athen, Sparta oder Elis zu den vornehmlichsten Aufgaben der Frauen, den Göttern Gewänder zu weben, während sich Männer in allerlei musischen und athletischen Wettkämpfen maßen. Ging man über lange Jahre davon aus, dass vor allem die Frauen in Athen ein zurückgezogenes Leben in der Enge ihres Hauses führten, weil sie an den politischen Versammlungen der waffentragenden Männer nicht teilnehmen konnten, so nimmt man aufgrund der Kultaufgaben, die Frauen ausübten, inzwischen an, dass sie so etwas wie ein ‚Kultbürgerrecht' besaßen. *„An der Polis und an den Heiligtümern teilhaben"*, das ist die Formel, die in Athen den Bürgerstatus kennzeichnete, für Männer wie für Frauen (Demosthenes, Rede gegen Neiaira 122). Außerhalb standen nur jene, die dieses Bürgerrecht nicht besaßen, versklavte Frauen wie Männer. Statusgrenzen waren in antiken Gesellschaften gravierender als Geschlechtergrenzen.

Amazonenvorstellungen der Antike

Derartig unterschiedliche Status- und Geschlechterrollen bedurften der Einübung und der Verankerung im Bewusstsein des Einzelnen. Dies geschah über Nachahmung im alltäglichen Zusammenleben und in der rituellen Praxis, aber auch über mythische Erzählungen. Anders als Kulte, die ein idealtypisches Bild der Gesellschaft wiedergeben, werden in Mythen Konflikte thematisiert und die Umkehrung der Geschlechterrollen vor Augen geführt. Ein prominentes Beispiel bilden die Erzählungen von den kriegerischen Amazonen. Diese sprachen beide Geschlechter an, die sich mit den kriegerischen Frauen entweder identifizieren oder von ihnen abgrenzen konnten. Waren auf den Trinkgefäßen, die die Männer beim Symposion zu Munde führten, in erster Linie kämpfende Amazonen zu sehen, so waren Geräte, die der Wollarbeit dienten wie die *epínetra*, mit Amazonenbildnissen geschmückt, die diese beim Anlegen der Kleidung und der Waffen zeigten. Indem Amazonen im Mythos Anteile an beiden Bereichen zugewiesen werden, an der männlichen Sphäre des Krieges als auch an der weiblichen Sphäre des Hauses, fassbar im Motiv des Eros, kann man den Mythos auch als eine Versinnbildlichung der getrennten, aber doch einander ergänzenden Sphären der Geschlechter lesen.

Mit dieser ambivalenten Zuordnung der Amazonen spielt auch der Dichter Aristophanes in seiner Komödie *Lysistrate*, die gegen Ende des Peloponnesischen Krieges aufgeführt wurde. „*Sieh die Amazonen an! Wie auf Mikons Bild sie kämpfen mit den Männern hoch zu Roß*" (Aristophanes, Lysistrate 679), spottet der Chor der Alten über das Vorhaben der Frauen Athens, sich in die politischen Belange der Männer einzumischen. In dieser literarischen Version einer zeitweiligen ‚Frauenherrschaft' aus dem Jahre 411 v. Chr. befinden sich die Männer im Krieg; die Frauen der verfeindeten Stadtstaaten, Sparta und Athen, ziehen sich zum Liebesstreik auf die Akropolis, den Sitz der jungfräulichen Stadtgöttin Athena, zurück, um so die Männer zum Friedensschluss zu bewegen. Die sexuelle Verweigerung machte sie zu *parthénoi*, zu Jungfrauen, und damit sowohl der Stadtgöttin als auch den Amazonen wesensgleich. Denn Amazonen waren stets junge, unverheiratete Frauen, die ihrer Kriegstätigkeit vor der Heirat nachgehen;

Aus dem 5. Jh. v. Chr. stammt dieses *épinetron* aus dem Musée du Louvre. Abgebildet sind hier auf der einen Seite bewaffnete Amazonen, die Schild und Speer tragen.

erst die Römer kennen die verheiratete Amazone. *„Nicht eher darf eine parthénos heiraten"*, berichtet Herodot über Amazonen im Gebiet der Skythen am Schwarzen Meer, *„bevor sie nicht einen Feind getötet hat. Manche werden alt und sterben, ohne sich zu verheiraten, weil sie den Brauch nicht erfüllen konnten"* (Historien IV 117).

Auch das Eingreifen in das Geschäft des Krieges stellt die Athenerinnen in Zusammenhang mit amazonenhaftem Tun. Das war in der Vorstellungswelt der Athener des 5. Jh. v. Chr. vor allem der Einfall eines Amazonenheeres in Attika. Auf die Darstellung der Schlacht der Athener mit den Amazonen am *Theseion*, der Grabstätte des Theseus bzw. am Theseustempel, und in der *Stoa poikílê* am Nordostrand der Agora von Athen durch den Maler Mikon spielt der Chor der Alten in der Komödie an (Pausanias I 17,2). Und eben diese Zuständigkeit für den Krieg bestätigen die Frauen, indem sie Hektors Worte aufgreifen, aber umkehren: *„Der Krieg ist Sache der Frauen"* (Aristophanes, Lysistrate 538). Diese Kompetenz begründet Lysistrate keineswegs mit der amazonengleichen Kampfeskraft der Frauen Spartas und Athens, sondern mit eben jener weiblichen Aufgabe des Spinnens und Webens, die Hektor seiner Gattin Andromache zuweist. Sie schlägt vor, den verfeindeten Parteien einen Mantel der Eintracht zu weben (Aristophanes, Lysistrate 574 – 586), eben so wie es im Kult auch geschah. Mit diesem doppelten Spiel der Verkehrungen bestätigt der Dichter nicht nur die Geschlechterrollen, sondern auch die jeweils unterschiedlichen Aufgaben von Männern und Frauen für den Bestand der Stadt. ■

Literatur:
Blok (2004), Pomeroy (1992), Reuthner (2006),
Wagner-Hasel (2000), Wagner-Hasel (2002)

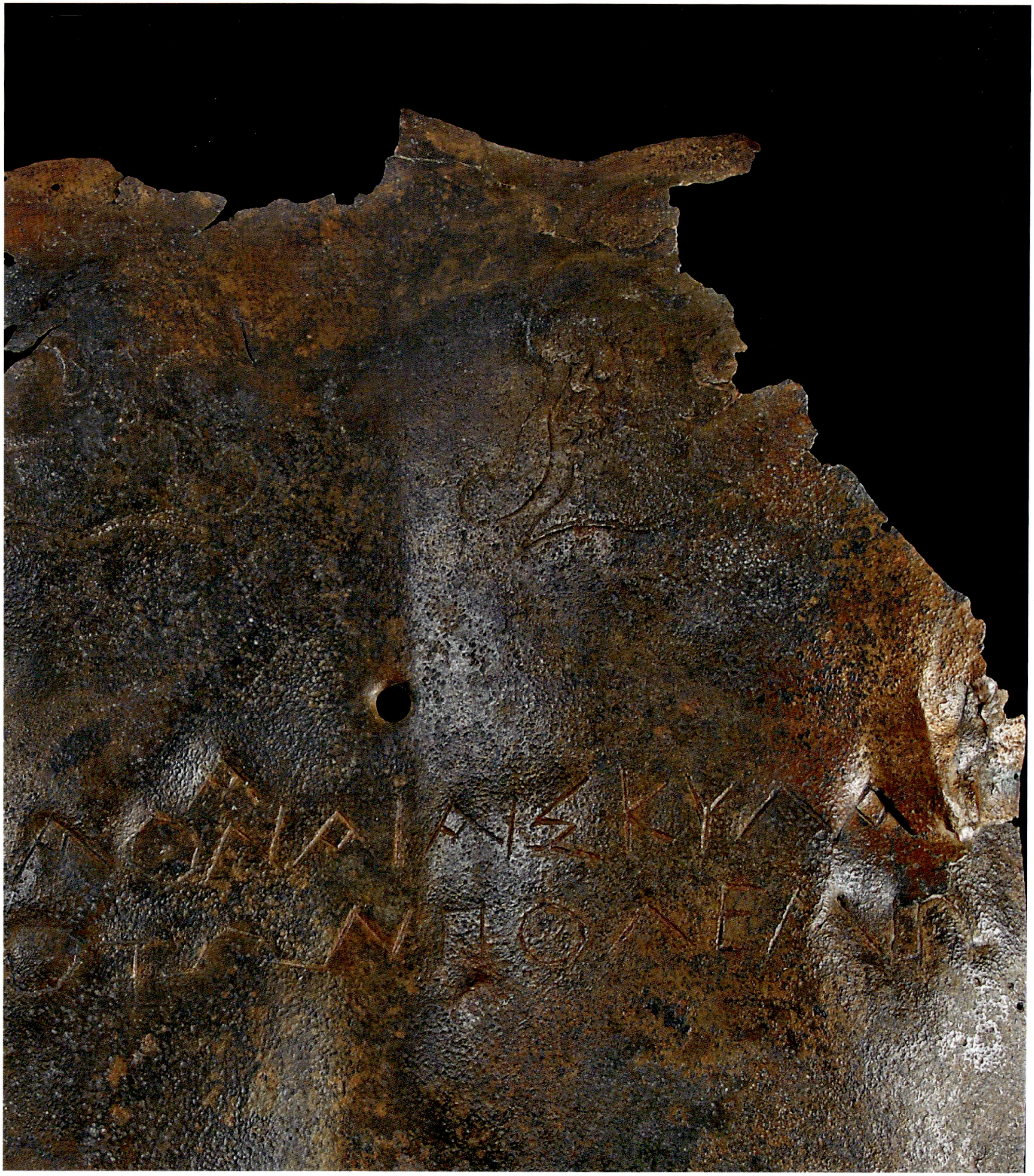

Das ‚Thetis-Fragment'
B. 33 cm, H. 37,5 cm, T. 7,5 cm, Bronze, erste Hälfte 4. Jh. v. Chr.
Mougins, Mougins Museum of Classical Art,
Inv.-Nr. MMoCA.A187

Dieses einzigartige Stück ist das Rückenteil eines antiken Muskelpanzers aus Bronze. Auf den Schulterblättern sind zwei menschliche Köpfe mit langem Haar und spitzer Mütze dargestellt. Sie gleichen in ihrer Darstellungsart den Amazonendarstellungen, bei denen der Einfluss der skythischen Kultur deutlich sichtbar ist. Es könnte sich neben Amazonen auch um Arimaspen oder Dioskuren handeln. Das Fragment wurde als Weihgeschenk in einem Athena-Heiligtum aufbewahrt, darauf verweist die nachträglich eingearbeitete griechische Inschrift „*Für Athena – vom Feind erbeutet*". Der ursprüngliche Besitzer scheint ein kleinerer Mann gewesen zu sein, darauf weisen die Maße der Rüstung hin.

Das Stück ist sehr außergewöhnlich. Neben diesem Fragment ist nur ein einziges weiteres Rüstungsteil mit einer Darstellung von menschlichen Gesichtern bekannt. Auch die Weihinschrift ist eine große Seltenheit. Das ‚Thetis-Fragment' gehört zu nur fünf bekannten Rüstungen mit Votivcharakter. Den Namen hat dieses Exponat durch die Sammlung der ‚Thetis-Stiftung' bekommen, in der es zuerst aufbewahrt wurde.

LB

Literatur: Zimmermann (1986)

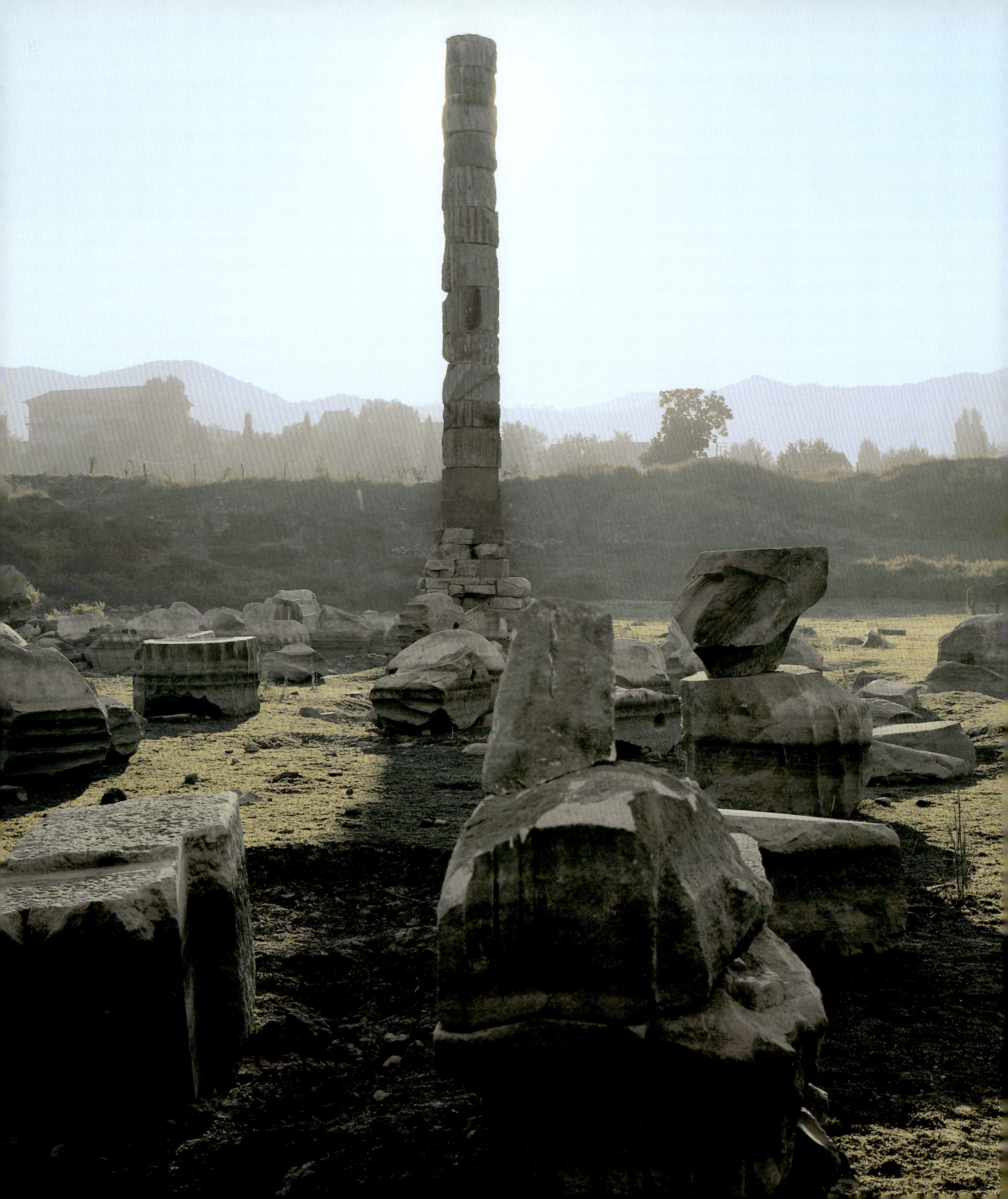

Wenn Frauen ‚bauen' – die Töchter des Ares als Städtegründerinnen

Jochen Fornasier

Wie kaum eine andere Stadt in Kleinasien ist Ephesos mit den Mythen um die Amazonen verbunden. Der Artemistempel dieser angeblichen Amazonengründung zählte in der Antike zu den Weltwundern. Heute zeugt von seiner Monumentalität leider nur noch eine einzelne wieder aufgerichtete Säule.

Sie waren der personifizierte Schrecken, der den Menschen des Altertums unter die Haut fuhr und vor allem den Männern den Angstschweiß auf die Stirn trieb. Allein schon ihr Name brachte das Selbstbewusstsein der stolzen griechischen Kultur ins Wanken: Amazonen, die Töchter des Ares, des furchtbaren Kriegsgottes! Wenn diese streitbaren Frauen auf dem Schlachtfeld erschienen, konnte man nur hoffen, dass man auf der gleichen Seite stand. Große Dichter und Reiseschriftsteller wie Homer, Herodot, Pausanias oder Strabon berichteten über Jahrhunderte hinweg von ihren furchtlosen Taten, mit denen sie immer wieder bestehende Gesellschaftssysteme erschütterten. Und es bedurfte des letzten aufopferungsvollen Einsatzes der größten griechischen Helden Achilles, Herakles oder auch Theseus, damit das von den Göttern gewollte traditionelle Rollenverhältnis zwischen Mann und Frau in der griechischen Gesellschaft am Ende dennoch obsiegte. Die kämpfenden Amazonen waren der Feind schlechthin, deren Überwindung allerdings nicht nur die Abwendung einer akuten Gefahr bedeutete, sondern zugleich eine immens große Auszeichnung war. Ein Kampf gegen mythische Ungeheuer oder menschliche Gegner war das eine, ein Sieg über die Töchter des Kriegsgottes selbst natürlich schon etwas ganz anderes.

Dieser hohe Stellenwert, den die Amazonensagen im griechischen Verständnis innehatten, erfuhr folgerichtig eine bedeutende Umsetzung in unzähligen Darstellungen im Skulpturenschmuck antiker Tempel, auf Vasenbildern und sogar in großen Gemälden, die sich zwar im Original nicht erhalten haben, von deren Existenz wir aber zumindest durch die schriftliche Überlieferung wissen. Fast immer sind die Arestöchter dabei kämpfend oder zumindest bei den Vorbereitungen zur Schlacht wiedergegeben, wodurch uns auch heute noch der wesentliche Aspekt dieses Mythos verständlich erscheint. Doch neben all diesen der Norm entsprechenden Umsetzungen in Wort und

Amazonenvorstellungen der Antike

Der Kampf der Griechen gegen die Amazonen ist gerade im 5. Jh. v. Chr. ein bildgewaltiges Thema in der griechischen Vasenmalerei, wie dieser attische Kolonettenkrater eindrücklich vor Augen führt.

Bild gibt es Ausnahmen in der Überlieferung, die sogar nicht ins gewohnte Bild passen wollen. So weiß die archäologisch-historische Forschung beispielsweise von Amazonendarstellungen auf antiken Münzen zu berichten, die von berühmten griechischen Städten wie Kyme, Smyrna oder Ephesos in Kleinasien – der heutigen Türkei – geprägt worden sind. Die Arestöchter treten hier mehrfach im Zusammenhang mit den Gründungslegenden griechischer Städte oder Heiligtümer auf, ein Faktum, das auf den ersten Blick überhaupt nicht mehr mit unserem heutigen Verständnis des Mythos in Einklang zu bringen ist.

Amazonen als Städtegründerinnen, als eponyme (namengebende) Heroinen auf antiken Münzbildern – wie ist dieses Phänomen vor dem Hintergrund einer männermordenden Kriegerin zu verstehen, die mit beinahe jedem Atemzug ihrer unerhörten Existenz die griechische Kultur bedrohte? Eine Antwort auf diese Frage führt unmittelbar in die komplexe Vorstellungswelt der griechischen Antike, in der die Grenzen zwischen dem für uns heute vermeintlich Fiktiven und Realen verwischen. Mythische und gelebte Geschichte bildeten damals eine einzigartige Einheit, die es erlaubte, dass ein personifizierter Feind gleichzeitig ein Heros sein konnte, auf den eine ganze städtische Gemeinschaft stolz war und den sie sogar als Ursprung des eigenen Umfelds akzeptierte.

Amazonen in Kleinasien waren für den Mythoskundigen zunächst nichts Außergewöhnliches, wurde ihr ursprüngliches Stammland mit der Hauptstadt Themiskyra doch zumeist an der östlichen Schwarzmeerküste lokalisiert – viele Kilometer östlich der heutigen

Der Bildtypus einer stehenden Amazone auf dem Revers antiker Münzen ist gerade in der Prägung des 2./3. Jh. n. Chr. der kleinasiatischen Stadt Smyrna gut belegt. Deutlich treten die typische Bewaffnung und die Mauerkrone als attributive Kennzeichnung der Arestöchter hervor.

türkischen Stadt Sinope. Doch welche der Überlieferungen, die sich im Laufe der Antike im Detail durchaus wesentlich voneinander unterscheiden konnten, man hier auch zu Rate zieht, so ist Themiskyra immer eine Stadt der Arestöchter gewesen, in der sie selbst lebten und die mit ihnen zusammen irgendwann aus der vermeintlich erfahrbaren Geschichte verschwand – und zwar so kompromisslos, dass die archäologische Forschung bislang nicht in der Lage war, diese einstige Hochburg der ungeheuren Frauenmacht zu lokalisieren.

Anders die griechischen Gemeinwesen, die sich mitunter zu außerordentlich bedeutenden Städten ihrer Zeit entwickeln sollten und deren Überreste mancherorts auch noch für heutige Besucher aus aller Welt als Publikumsmagnet dienen. Allen voran ist hier Ephesos zu nennen, dieses weltbekannte hellenische Zentrum, in dem der berühmte Tempel für die Göttin Artemis stand. Und eben dieses Heiligtum, das quasi die Keimzelle der Stadt darstellte und dessen Kultbau bereits in der Antike zu den sieben Weltwundern gezählt wurde, ist nach einer der erhaltenen Überlieferungen sogar eine Gründung der Amazonen. Die Arestöchter selbst waren für den monumentalen Tempelbau des 6./5. Jh. v. Chr. allerdings nicht verantwortlich, da dieser nun mal zweifellos von griechischen Baumeistern in geschichtlicher Zeit entworfen und errichtet worden war. Doch folgt man der bei Pausanias (Pausanias VII 2,7) zitierten Ansicht Pindars, eines griechischen Dichters des 5. Jh. v. Chr., so zeichnen die Amazonen zumindest für die Gründung des ersten Heiligtums an eben dieser Stelle verantwortlich, als sie auf ihrem Rachezug gegen das mächtige Athen dort Station machten.

In der Vorstellungswelt der Griechen war Artemis eng mit den Amazonen verbunden. Wie die Göttin selbst waren sie exzellente Bogenschützen, gnadenlos und treffsicher. Auch galt Artemis als Göttin des Übergangs in den essentiellen Lebensabschnitten wie Geburt – Heranwachsen – Tod, was im Verständnis einer patriarchalisch orientierten Gesellschaft gerade für eine Frauengemeinschaft von grundlegender Bedeutung war. Zudem gingen sie gemeinsam auf die Jagd (Diodor IV 16) und kämpften sogar im Trojanischen Krieg auf Seiten der Stadt gegen die Belagerung durch die Griechen. Doch so einfach eine gedankliche Verbindung zwischen der griechischen Göttin und den Amazonen demnach auch heute noch gelingen mag, so bemerkenswert deutlich wird im gleichen Moment die Diskrepanz im Mythosverständnis: dort die berühmte hellenische Metropole Athen, die nach einer monatelangen Belagerung durch die Amazonen über ihre Gegnerinnen triumphiert und deren Bürger noch Jahrhunderte später aus diesem Sieg ihren Führungsanspruch in der griechischen Welt ableiten. Hier in Ephesos, eine ebensolche berühmte griechische Metropole, die sich auf die gleichen Arestöchter beruft, dabei allerdings in einem ganz anderen Maße auf die ehrwürdigen Verbindungen ihres weltbekannten Heiligtums zu den Amazonen verweist.

Dort ist es der Kampf, ist es all das Zerstörerische und Negative, das die Amazonen durch ihre der griechischen Kultur diametral entgegenstehende Lebensweise verkörpern und das es zu überwinden gilt. Hier ist es der ungewohnt positive Aspekt, in dem die Gründung eines Heiligtums – oder nach anderen Quellen zumindest die intensive erste Nutzung desselben – im Vordergrund steht.

Allein diese exemplarische Gegenüberstellung der literarischen Überlieferungsstränge lässt erahnen, wie stark die Erzählungen über die kriegerischen Frauen durch regionale Besonderheiten beeinflusst werden konnten. Einen einzigen, allgemeingültigen Amazonenmythos gab es nicht! Je nach Entstehungszeit und Kontext der Erzählungen konnten die Berichte aktualisiert, in ihrer Grundstruktur verändert oder einfach nur um notwendige Episoden ergänzt werden. Vielfach versuchte man allerdings, die einzelnen Überlieferungsstränge miteinander zu verweben. So gründeten die Amazonen das Artemisheiligtum in Ephesos eben genau zu jener Zeit, als sie auf ihrem Zug nach Athen diese Stelle passierten – ein schönes Beispiel dafür, wie lebendig griechische Mythologie gestaltet werden konnte!

Wie sehr sich hier in Kleinasien die antiken Sichtweisen vom griechischen Mutterland unterscheiden

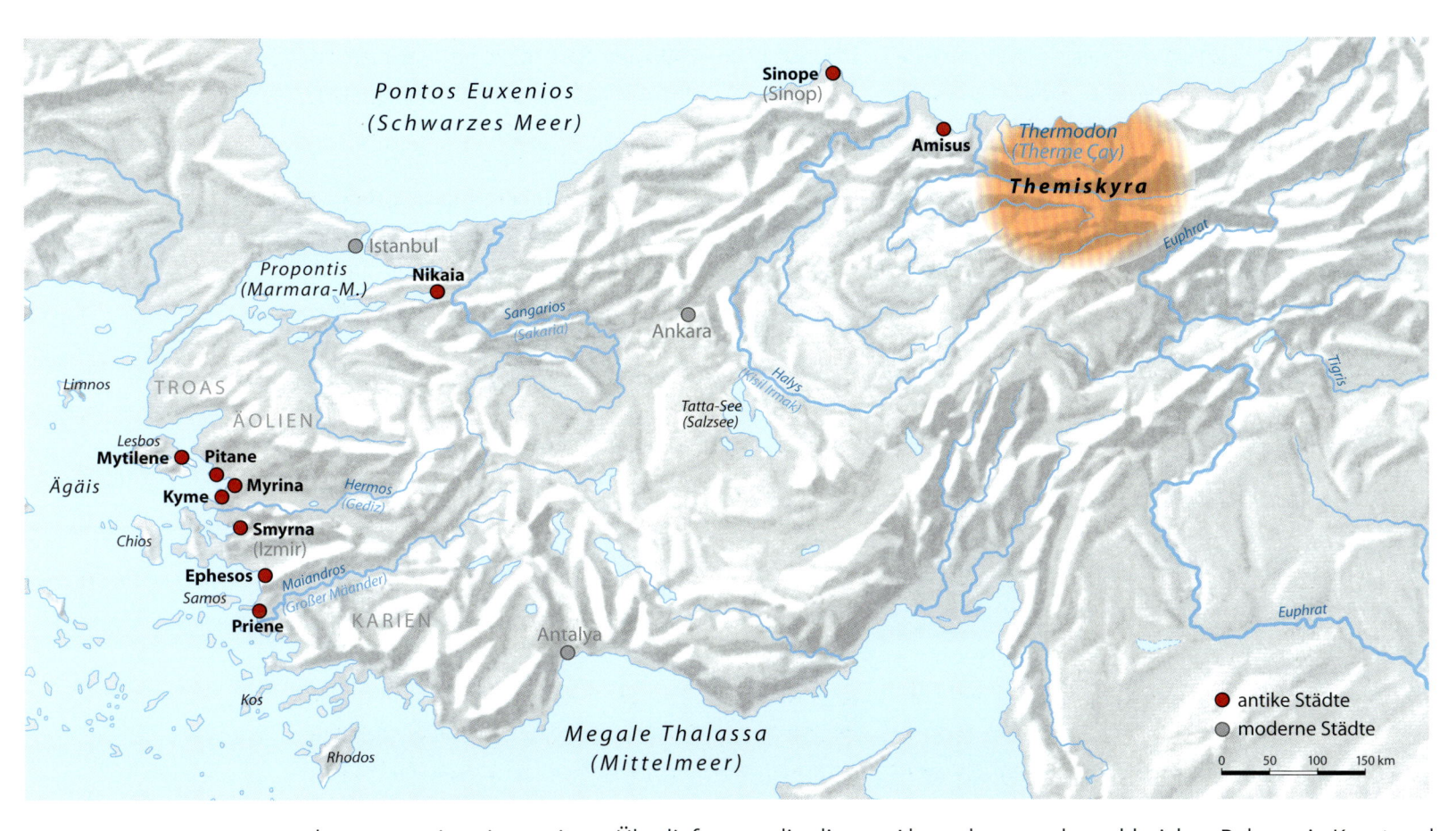

Karte Kleinasiens mit den Städten, die sich in ihren Gründungslegenden auf Amazonen berufen. Die Karte zeigt lediglich eine Auswahl dieser Städtegründungen, da von vielen eine genaue Verortung nicht möglich ist.

konnten, zeigt eine weitere Überlieferung, die diesmal sogar durch die Archäologie eine gewisse Bestätigung erfährt. So berichtet uns Plinius d. Ältere (Naturalis historia 34), der während des katastrophalen Ausbruchs des Vesuvs 79 n. Chr. auf tragische Weise ums Leben kam, dass es im 5. Jh. v. Chr. einen großen Künstlerwettstreit in Ephesos gegeben haben soll, an dem die größten Bildhauer ihrer Zeit teilnahmen. Ihre Aufgabe war es offenbar, eine Amazonenstatue herzustellen, die – im Gegensatz zur sonst gängigen Darstellungsweise – in einer verwundeten Pose gegeben werden sollte. Die prachtvollen Originale aus Bronze haben sich leider nicht erhalten, doch lassen zahlreiche Marmorkopien zumindest ansatzweise erahnen, welchen tiefgreifenden Eindruck die fertigen Kunstwerke beim Betrachter hinterlassen haben mussten. Erneut ist es nicht die furchtlose Kämpferin, die den Griechen erbarmungslos im Kampf gegenübertritt. Im Gegenteil: Es ist die verwundete, auf sich allein bezogene Frau, die im Heiligtum der Göttin Artemis Zuflucht sucht, dem Heiligtum, das die Amazonen nach Pindar eben selbst gegründet haben.

Abgesehen von den zahlreichen Belegen in Kunst und Literatur finden sich allerdings keine konkreten archäologischen Hinweise auf die einstige Präsenz der Arestöchter in Ephesos und werden sich sicherlich auch zukünftig nicht finden lassen – eine mitunter ernüchternde Feststellung, die aber gleichermaßen auch für die anderen überlieferten Stadtgründungen der Amazonen ihre Gültigkeit besitzt. Ebenso hatte kein Grieche sie jemals zu Gesicht bekommen, obwohl man selbstverständlich von Kindesbeinen an wusste, wer diese furchtlosen und schönen Kämpferinnen waren, die in grauer Vorzeit und an weit entfernten Orten lebten, immer jenseits des griechischen Erfahrungshorizontes. Das ‚Gebaute' war aber offenbar für den Menschen des Altertums auch gar nicht so wichtig, immerhin verfügte man zu allen Zeiten über eigene talentierte Baumeister und konnte so für die prachtvolle Ausgestaltung seiner Heimatstadt selbst Sorge tragen. Im Gegenteil: Es reichte vollkommen aus, zu wissen, dass die Amazonen verantwortlich für die Gründung der eigenen Gemeinschaft waren – auch ohne dass ein handfester Beleg in Form erhaltener Architektur existierte.

Der Tempel der Artemis Leukophryene in Magnesia am Mäander besaß einen ursprünglich fast 175 m langen umlaufenden Skulpturenfries, der auf sehr beeindruckende Weise die Verbindung der Amazonen zu dieser Göttin veranschaulicht.

Doch warum bezog man sich dann gerade auf den Amazonenmythos, wenn er auch schon in der Antike keine sichtbaren Spuren im Stadtbild hinterlassen hatte? Die Antwort liegt auf der Hand: Was zählte, war das hohe Alter eines Gemeinwesens, das sich auf die Arestöchter selbst zurückführte! Eine Gründung durch die Amazonen implizierte eine lange, traditionsreiche Stadtgeschichte, die bis in die ehrwürdige Vorzeit reichte, in der die großen griechischen Helden wie Achilles, Herakles oder Theseus ihre berühmten Abenteuer erlebten. Es war die Zeit, als selbst die später so übermächtig erscheinenden Metropolen wie Athen erst am Anfang ihres kometenhaften Aufstiegs standen, als man sich noch mit wilden Fabelwesen und gefährlichen Ungeheuern auseinandersetzen musste. Anders als beispielsweise die zahlreichen griechischen Kolonien an den Küsten des Schwarzen Meeres, die ab dem 8./7. Jh. v. Chr. erst allmählich die Bühne der Weltgeschichte betraten, zählte die eigene Heimatstadt somit zu den frühen Akteuren, was man selbstverständlich nicht müde wurde zu betonen, wenn man daraus doch bestimmte Vorrechte für sich ableiten wollte.

Dieser abstrakte Rückbezug musste allerdings nicht zwangsläufig mit der jeweils aktuellen Realität konform gehen, die im Gegensatz zum eigenen Anspruch mitunter weitaus düsterer aussehen konnte. Es ist in diesem Zusammenhang äußerst bemerkenswert, dass zahlreiche kleinasiatische Zentren die Amazonenikonografie gerade in römischer Zeit verstärkt in ihre Münzprägung aufnahmen, als die Weltpolitik von anderer Stelle aus bestimmt wurde und man vielerorts versuchte, zumindest gedanklich an die eigene, ehemals bedeutende Vergangenheit anzuknüpfen. Die Amazonen dienten dabei der Glorifizierung der eigenen Gemeinschaft und dies, ohne auch nur einmal die Waffe gegen sie erhoben zu haben. Athen musste die Amazonen niederringen, Kyme, Smyrna oder Ephesos wurden indes von ihnen gegründet.

Bei allen Unterschieden in der Mythosverwendung lässt sich im kleinasiatischen Raum aber auch eine kaum überschaubare Vielzahl an Amazonendarstellungen finden, die in der gewohnten Tradition des griechischen Festlands stehen. Am berühmten Mausolleion von Harlikarnassos, diesem monumentalen Grabbau des 4. Jh. v. Chr. für einen lokalen Dynasten, waren ‚klassische' Amazonenkämpfe ebenso vertreten wie beispielsweise im Skulpturenschmuck des prächtig ausgestalteten Artemistempels in Magnesia am Mäander aus dem letzten Viertel des 2. Jh. v. Chr. Dies belegt eindeutig, dass die Amazonensagen in Kleinasien in ihrer kriegerischen Erzählvariante selbstverständlich ebenfalls weit verbreitet waren und dass die Arestöchter in ihrer Funktion als Städtegründerinnen eben nur eine zusätzliche Facette eines unglaublich vielschichtigen Mythos repräsentierten – wenngleich auch eine äußerst bemerkenswerte! ■

Literatur:
Bol (1998), Döhl (1989), Fleischer (2002), Fornasier (2007)

Die Amazonen von Ephesos

Reinhard Stupperich

Im Artemision von Ephesos, das als größter Tempel der Antike, als eines der berühmten sieben Weltwunder galt, standen nach den Angaben des römischen Schriftstellers Plinius d. Ä. in seiner enzyklopädischen Naturgeschichte (Naturalis historia XXXIV 75) Bronzestatuen von Amazonen, die von den berühmtesten Bildhauern gestiftet worden waren. Angeblich wurde daraufhin ein Wettbewerb ausgeschrieben, welche die schönste von ihnen sei, aber vermutlich war schon die gemeinsame Aufstellung Teil dieses Wettbewerbs. Genannt werden dabei fünf Bildhauer, Phidias aus Athen, Polyklet und Phradmon aus Argos, Kresilas aus Kydonia auf Kreta, und Kydon, dessen Name wohl nur durch eine Verwechslung mit Kresilas' Vaterstadt Kydonia ins Spiel kam. Von Phradmon wissen wir wenig, während wir die anderen drei gut kennen. Sie arbeiteten in der Zeit um und nach der Mitte des 5. Jh. v. Chr., die die Römer später als die klassische Blütezeit der griechischen Kunst auffassten.

Mit Kopien von griechischen Meisterwerken dieser Zeit schmückten die Römer gern ihre Heiligtümer, öffentlichen Bauten und Parks. Unter diesen Kopien sind auch eine Reihe passender Amazonenstatuen der Zeit um 440 – 430 v. Chr. Allerdings findet man darunter nur drei Typen, benannt nach den ersten bekannten Beispielen in Rom: die Typen Sosikles, Mattei und Sciarra. In ihnen sieht man darum die Werke von

Amazone im Typus Sosikles

Amazone im Typus Sciarra

Amazone im Typus Mattei

Phidias, Polyklet und Kresilas. Wer welche Statue geschaffen hat, darüber streiten sich die Archäologen schon lange. Oft werden die Sosikles-Amazone dem Polyklet, der Typus Mattei dem Phidias und der Typ Sciarra dem Kresilas zugewiesen. Kopien wurden oft einzeln aufgestellt, das Werk des unbekannteren Phradmon wollte offenbar niemand haben. Die drei Amazonen zeigen starke Übereinstimmungen. Sie sind alle verwundet, haben die rechte Hand über den Kopf erhoben, halten ihren Speer oder Bogen oder stützen sich auf. Ihre Waffen haben sie weitgehend abgelegt, ihr leichtes gegürtetes Gewand hat sich über einer Brust gelöst, das Standmotiv verdeutlicht die muskulösen Körper.

Für den Kopf der Amazone Mattei, der bei keiner Kopie erhalten ist, gibt es mehrere Kandidaten. Er entsprach auf jeden Fall der Art der beiden anderen mit in der Mitte gescheiteltem, hinten in einem Knoten zusammengenommenem Lockenhaar, wie es auch eine kleine Terrakotta-Wiederholung zeigt.
Sie sind also keineswegs etwa als bedrohliche Ungeheuer, sondern sehr positiv dargestellt. Einerseits wird ihre besondere Schönheit herausgestellt. Zugleich werden sie als trainierte, tapfere und effiziente Kriegerinnen aufgefasst, die nach der ganzen Ikonographie klar als den männlichen Heroen gleichwertig zu verstehen sind. Damit entsprechen sie weitgehend in der Kunst der griechischen Klassik der

Darstellungsweise ihrer Schutzpatronin, der Jagdgöttin Artemis. Nach späterer Überlieferung sollte das Artemision oder gar die Stadt Ephesos von Amazonen gegründet worden sein. Das mag eine Analogie zu Gründungssagen anderer Städte sein. Zumindest wurde aber die Einrichtung des berühmten Asyls, d. h. eines Ortes, der jedem Menschen Zuflucht gewährte, im Heiligtum auf die Amazonen zurückgeführt, die sich nach einer verlorenen Schlacht gegen Herakles hierher zurückgezogen haben sollen.

Die Statuen waren, nach der sorgfältigen Ausarbeitung der Falten auf der Rückseite zu schließen, frei aufgestellt. Wenn sich das Asyl aller Wahrscheinlichkeit nach auf den Altar der Artemis bezog, werden sie in dessen Nähe gestanden haben. Wir wissen aber nicht, wie sie dort aufgestellt waren, ob sie zusammen eine Gruppe bildeten, als ob sie nach der Schlacht im Artemis-Heiligtum Asyl suchten, oder ob sie auf Einzelsockeln standen. Auch nicht, ob die Ähnlichkeit auf die Wettbewerbsbedingungen zurückgeht. Vor allem wird ebenfalls nicht gesagt, was der tiefere Sinn dieses Bildhauerwettbewerbs war. Wahrscheinlich sollte durch die Berühmtheit der Künstler der Ruf des Asyls im Artemision verbreitet werden. Durch den Anreiz der großen Konkurrenz wollte man vielleicht die besten Bildhauer der Zeit zum Mitmachen animieren, zudem die Statuen als Weihgeschenke der Künstler an Artemis gratis bekommen. Da jeder der Bildhauer seine eigene Arbeit für die schönste hielt, bekam diejenige den Preis, auf die die meisten Zweitstimmen entfielen – die Amazone des Polyklet. Heute ist uns allerdings unklar, um welches Kriterium es bei der Preisvergabe ging: um die überzeugende Konzeption der Darstellung des Motivs und die Qualität der Arbeit oder einfach um die reine Schönheit der Amazone? Am ehesten wohl um beides.

Jedenfalls kann eine heutige Entscheidung über die Schönheit kaum ermitteln, welche Amazone von Polyklet stammt. Es gibt noch eine Reihe unterschiedlicher Argumente, anhand derer man die Zuordnung zu den einzelnen Bildhauern leisten wollte, aber sie sind alle Wahrscheinlichkeitsargumente. Im Grunde ist jede denkbare Kombination schon vertreten worden. Der gewollt kalligraphisch-drapiert wirkende Typus Sciarra erinnert in seiner metallischen Präzision an polykletische Arbeiten. Er könnte aber auch von Kresilas stammen, der sich gern an Polyklet orientierte. Der Häufigkeit nach auf Platz zwei, könnte sie die Amazone des Phidias sein, des berühmtesten Bildhauers der Antike. Diesem hat man gern den im Faltenwurf überzeugenderen Typus Mattei mit dem stärker vorgesetzten Spielbein zugewiesen, auch wenn er seltener kopiert wurde und folglich den Platz drei des Kresilas markiert. Der im Faltenwurf etwas strenger wirkende Typus Sosikles ist von den Römern am häufigsten kopiert worden, müsste also die Amazone des Gewinners Polyklet sein, zumal Hans v. Steuben bei ihr ähnliche Maßproportionen wie bei Polyklets Doryphoros entdeckt hat. Ebenso gut könnte sie aber auch dem noch beliebteren Phidias zugeschrieben werden.

Dass die Amazonen mit zu den berühmtesten Skulpturen der Antike gehörten, zeigen auch vielfache Nachbildungen auf Reliefs und Gemmen. Gerade in Ephesos selbst haben sich mehrere Reliefabbildungen der Amazonen gefunden, u. a. vom Theater und möglicherweise sogar vom Artemis-Altar, der nach dem Brand im 4. Jh. v. Chr. erneuert wurde. Auch haben sie wahrscheinlich die Darstellungsweise der Amazonen in späteren Werken stark beeinflusst, etwa auf Tempelfriesen oder Sarkophagreliefs. Eine Statuen- oder Tischstütze in der Glyptothek in München nimmt den Typus Sosikles auf. Bei einer sterbenden Amazone aus Virunum, vielleicht Penthesilea, ist entsprechend der gekünstelten altertümliche Darstellungsweise zwar die Brust bedeckt, sie verrät aber deutlich ihre Herkunft von den ephesischen Amazonen. Auch hier liegt der Reiz der Darstellung ganz offensichtlich im Rollengegensatz, im Kontrast von Kriegerrolle, Hilflosigkeit und Schönheit. ■

Literatur:
Bol (1998), Steuben (1973), Weber (2008)

Verwundete Amazone (Amazone Mattei)
B. 16,5 cm, H. 3,5 cm, T. 3,5 cm, Terrakotta,
4. Jh. v. Chr. – 1. Jh. n. Chr.
Dr. H. Thielen

Zu den bekannten, heute nur in Kopien erhaltenen Amazonenstatuen von Ephesos zählt die Version einer verwundeten Amazone vom Typus Mattei. Das Aussehen von Gesicht und Frisur dieses Typus war bislang unbekannt, da die Köpfe der römischen Nachbildungen fehlen. Hinweise gibt nun diese Terrakottastatuette, die offenbar die bisher einzige bekannte vollständige Skulptur des Typus Mattei darstellt. Die Tonfigur reiht sich ein in die Riege der Miniaturnachbildungen von so genannten *opera nobilia*, also ‚edlen Werken'. Solche Kleinplastiken kopierten die großen Statuen und können, wie im Fall der Amazonenterrakotta, Hinweise auf das Aussehen verlorengegangener Originale geben. So zeigt dieses Exemplar einen nach rechts gewandten Kopf mit Mittelscheitelfrisur und am Hinterkopf zum Zopf gebundenen Haaren. Darüber hinaus stimmen die Gewandgestaltung der Statuette, die Helmform sowie die Körperhaltung in Kombination mit Bogen und Köcher mit den Originalfragmenten vom Typus der Amazone Mattei überein und bestätigen diesen.

AR

Literatur: Weber (2008)

Amazonenkopf
B. 25 cm, H. 45 cm, T. 25 cm, Marmor, 2. Jh. n. Chr.
Kopenhagen, Ny Carlsberg Glyptotek, Inv.-Nr.: 543

Dieser Kopf einer Amazone ist keine exakte Kopie der bekannten Typen der ephesischen Amazonen, obwohl nicht nur der leidende Gesichtsausdruck sehr stark daran erinnert. Es ist eine Weiterentwicklung des Typus Sciarra durch römische Kopisten, die den Marmorkopf als Oberteil eines Säulenschaftes, einer so genannten Herme, konstruierten.

LB

Literatur: Catalogue (1951)

Amazonen als Stadtgründerinnen auf kleinasiatischen Münzen

Bernhard Weisser

Münzen sind zentrale Zeugnisse städtischer Selbstdarstellung. Die für die Münzprägung verantwortlichen Magistrate wählten die Themen, mit denen sich die jeweilige Stadt gegenüber ihren eigenen Bewohnern aber auch nach außen in vorteilhafter Weise präsentieren konnte. Münzbilder dienten der Selbstvergewisserung, zur Stärkung einer Identifizierung mit der Kommune und zur Vermittlung religiöser oder politischer Absichten. Mit der Darstellung von Amazonen auf den Münzen kleinasiatischer Städte wurden verschiedene Ziele verfolgt, die miteinander zusammenhingen: Als Gegnerinnen der griechischen Heroen Herakles und Achilles reichte ihre Existenz nach Vorstellung der Griechen bis in die früheste Urzeit griechischer Geschichte zurück. Wer seine Gründung einer Amazone verdankte, konnte den Anspruch erheben, zu den altehrwürdigsten Städtegründungen zu gehören. Städte, die ihre Gründung auf Amazonen zurückführten, waren dadurch in besonderer Weise verbunden und brachten diese Verbundenheit auch auf so genannten Homonoiamünzen (Verbrüderungsmünzen) zum Ausdruck, auf denen sie die Amazonen der verbrüderten Städte gemeinsam zeigten. Die an der äolischen Küste gelegene Stadt Kyme führte ihren Namen auf eine Amazone zurück. Auf den Silbermünzen hellenistischer Zeit ist diese im Typus jugendlicher Göttinnen und Heroinnen ohne typische Amazonenattribute wiedergegeben. Auf vielen verschiedenen Münztypen der Kaiserzeit trägt sie als Attribute Mauerkrone, Dreizack und Globus. Sie ist nur aufgrund der auf der Münze aufgeschriebenen Namensnennung sicher identifizierbar. Die Attribute zeigen, dass die Amazone hier die typische Rolle einer Stadtpersonifikation übernommen hat. Die Mauerkrone ist Attribut der Stadttyche, bei der es sich um die Personifikation des Geschickes einer Stadt handelt. Dreizack und Globus weisen auf die Lage am Meer und den Umstand, dass Poseidon die Hauptgottheit der Stadt war. Die Amazone auf der Münze von Kibyra in Phrygien ist dagegen mit ihrer Bekleidung, kurzer Chiton und Fellstiefel, sowie ihren Attributen, peltaförmiger Schild und Doppelaxt, eindeutig charakterisiert. Im Fall von Kibyra ist mir kein Gründungsmythos bekannt, der eine Amazone als Stadtgründerin nennt. Die zahlreichen Münzen beweisen aber eindeutig, dass auch Kibyra auf eine solche Stadtgründung stolz war. Ebenfalls mit einer Amazone als Stadtpersonifikation war Kibyra auch auf einem zentralen Statuenmonument auf dem Forum Iulium in Rom vertreten, das für Tiberius ca. 23 n. Chr. aus Dank für dessen Hilfen nach einer Erdbebenkatastrophe errichtet worden war. ∎

Literatur:
Imhoof-Blumer (1908), Oakley (1982), RPC (2006), SNG (1969), Weiss (1992), Weisser (2008), www.smb.museum/ikmk

Tetradrachme der Stadt Kyme (Aeolis) aus dem 2. Jh. v. Chr. (ca. 165 – 133 v. Chr.). Durchmesser: 32 mm. Das Geldstück aus Silber wird nach dem Kranz, der das Rückseitenbild einfasst, auch Stephanophor (gr. Kranzträger) genannt. Es zeigt auf der Vorderseite den Kopf der Amazone Kyme mit Haarband. Auf der Rückseite ist ein Pferd mit davor stehendem Krug und der Inschrift ΚΥΜΑΙΩΝ // ΚΑΛΛΙΑΣ (= Kymaion // Kallias) dargestellt. Die Nennung des Magistrats Kallias kennzeichnet die Emission und den Prägeverantwortlichen.

Bronzemünze der Stadt Kyme (Aeolis) aus dem 1. Jh. n. Chr. (54 – 59 n. Chr.). Durchmesser: 20 mm. Die Inschrift ΚΥΜΗ – ΑΙΟΛΙC (= die Amazone Kyme aus der Landschaft Aiolis) auf der Rückseite kennzeichnet die Kriegerin in kurzem Chiton als die Amazone namens Kyme. Auf ihrem Kopf trägt sie eine Mauerkrone, in ihren Händen hält sie einen Globus und einen Dreizack. Die Vorderseite der Münze zeigt den Kopf des römischen Kaisers Nero mit Lorbeerkranz. Die Münze lässt sich in dessen Regierungszeit 54 – 59 n. Chr. datieren. Durch die Inschrift CEBACTON ΘΕΟ-N NEPΩNA (= den göttlichen Kaiser Nero) wird deutlich, dass die Bewohner von Kyme Nero als Gott verehrten.

Bronzemünze der Stadt Kibyra (Phrygien) aus dem 1. Jh. n. Chr. (81 – 96 n. Chr.). Durchmesser: 20 mm. Die Vorderseite der aus Kibyra stammenden Münze schmückt eine drapierte Büste des jugendlichen Senats von Rom. Das Bildnis ist durch die entsprechende Inschrift CYNKΛH-TOC (= Der Senat) eindeutig identifizierbar. Auf der Rückseite der Münze steht eine Kriegerin im kurzen Chiton, die durch ihre Doppelaxt sowie dem Peltaschild als Amazone charakterisiert ist. Die Rückseite trägt die Inschrift ΕΠΙ ΑΡΧΙΕ ΚΛΑΥ ΒΙΑΝΤΟC (= (Geprägt) unter Verantwortung von dem Oberpriester Claudius Bias). Claudius Bias gab in derselben Emission auch Münzen mit dem Kopf des Domitian aus.

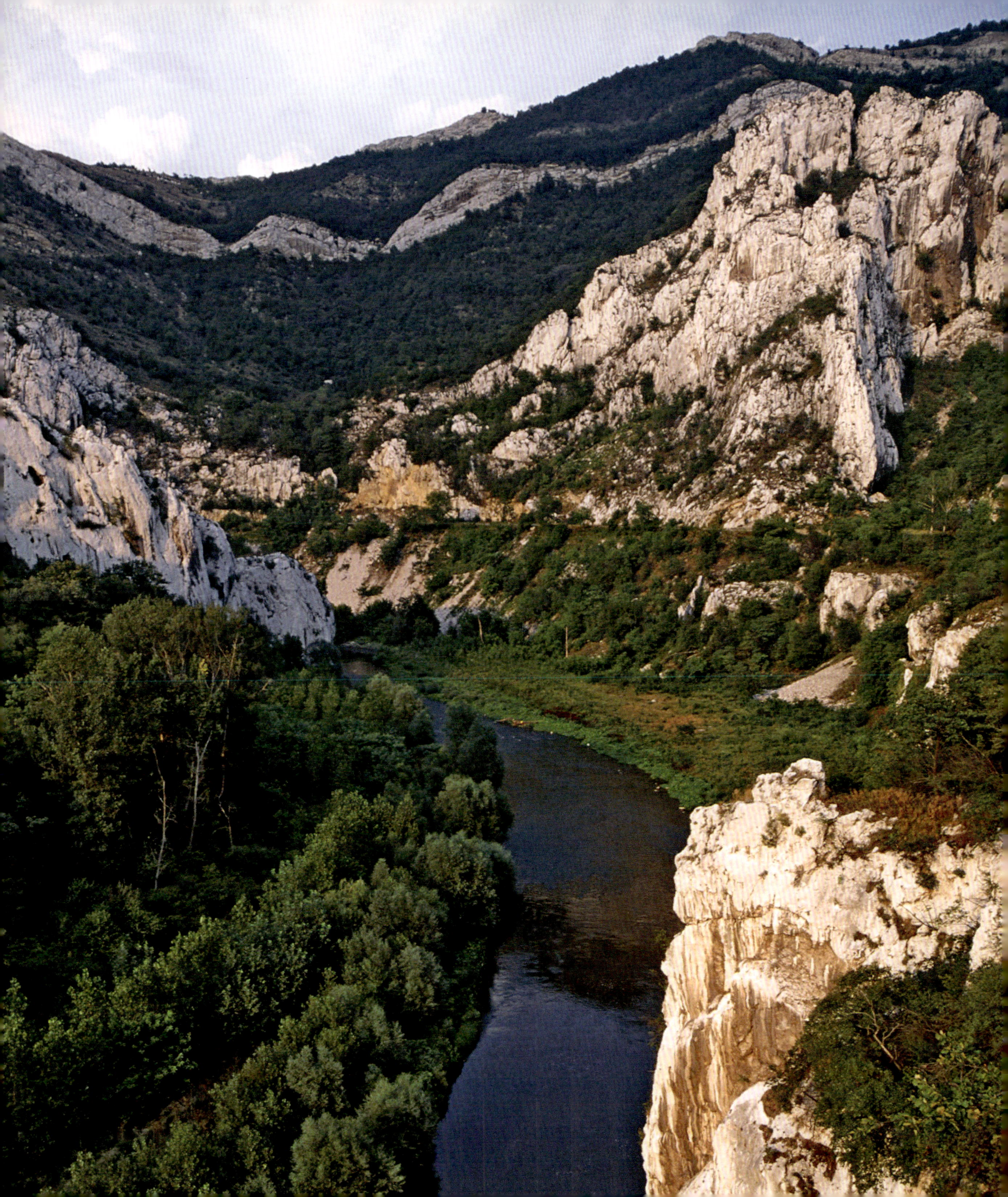

Die Prunkgräber aus Agighiol und Vraca

Emilian Teleaga

In Thrakien bildeten sich im Laufe des 5. Jh. v. Chr., vermutlich auf Grund der Perserkriege, viele Territorialstaaten. So ist Vraca im Nordwesten des heutigen Bulgariens bereits in der Antike von den Thrakern gegründet worden. Die Gegend um Vraca ist auch heute noch wild wie dieser Blick in die Iskar-Schlucht bei Vraca zeigt.

Gleich nach ihrer Entdeckung fanden die Hügelgräber aus Agighiol und Vraca als Ausdruck des Prunks des thrakischen Adels Eingang in die europäische Forschung. Der aufwendige Grabaufbau, die Pferde mit ihrem reichen Geschirr, die Waffen, der Schmuck und vor allem die besonderen thrakischen Kunstgegenstände (Silberhelm, -beinschienen und Gefäße) sind Gründe dafür. Da das Agighiol-Grab Waffen und Schmuck enthielt, wurde es als Bestattung eines Kriegers mit seiner Frau gedeutet. Die neueren anthropologischen Analysen widerlegen jedoch die ursprüngliche und ergeben, dass beide Skelette weiblichen Geschlechts sind. Das Grab 2 unter dem Tumulus Mogilanskata Mogila in Vraca, war besonders reich ausgestattet. Anfangs verkündeten die Archäologen die Entdeckung zweier Skelette, die von den Anthropologen als zwei junge Frauen bestimmt wurden. Erst später erklärten die Ausgräber, von der historisierenden Interpretation beeinflusst, dass dort eine oder zwei Frau(en) und ein Mann bestattet wären.

Die archäologische Zuschreibung der Skelette von Agighiol und Vraca als männlich und weiblich fand ihre Bestätigung bei Herodot und auch bei späteren Autoren, die die Sitte der Bestattung der Thraker mit ihrer Lieblingsfrau erwähnten.

Der vorliegende Beitrag enthält vorläufige Ergebnisse der neuesten Forschung über die Prunkgräber in Agighiol, Vraca und Strelča. Einerseits verlangte die Wiederentdeckung der ursprünglich unpublizierten Dokumentation über Agighiol die erneute Begutachtung der Tier- und Menschenknochen sowie einige Bemerkungen zur Fundverteilung sowie die Rekonstruktion der Pferdegeschirrausstattung. Andererseits konnte festgestellt werden, dass den Wagengräbern Mogilanskata Mogila (Grab 2) in Vraca und Žaba Mogila (bei Strelča), wie in Agighiol, jeweils drei Pferde beigegeben wurden, was somit eine lokalspezifische Bestattungssitte im 4. Jh. v. Chr. darstellt.

Der Tumulus in Agighiol wurde von Grabräubern geplündert, bevor er 1931 bei Notgrabungen untersucht werden konnte. Die Grabkonstruktion bestand aus Dromos (Korridor), Vorkammer und Grabkammer, alle vor der Entdeckung beraubt und zerstört, sowie aus einer abgesonderten Pferdekammer mit

Amazonenvorstellungen der Antike

Dromos, die unberührt geblieben war. Die erste Publikation rekonstruiert die folgenden Bestattungen: In der Vorkammer lag eine 23-jährige Frau mit Pfeilspitzen und Schmuck, in der Kammer ein 20-jähriger Mann mit einem Dolch, Pfeil- und Lanzenspitzen, einem Prunkhelm, Beinschienen und Gefäßen aus Silber sowie Keramik; der Pferdekammer wurden drei vollständige Pferde mit ihrem Geschirr beigegeben. Im Wesentlichen können diese Aussagen der ursprünglichen Dokumentation bestätigt werden, es gibt jedoch wichtige neue Funde und Erkenntnisse: Reste eines menschlichen Skeletts und Tierknochen, einige Goldplatten und Pfeilspitzen stammen aus der von den Grabräubern angehäuften Erdaufschüttung; die Reste eines weiteren Skeletts, Keramik- und Eisenfragmente sowie Plättchen, ein Ohrring und ein Anhänger, alles aus Gold, Pfeilspitzen und eine Silberphiale wurden in der Grabkammer entdeckt.

Aufgrund der Beraubung ist eine Zuschreibung der Beigaben zu dem jeweiligen Skelett nicht möglich. Es ist sicher, dass ein Skelett mit Prunkausrüstung (Helm, Beinschienenpaar und Silbergefäßset, bestehend aus zwei Bechern und vier Phialen, eine von ihnen mit der Inschrift Κότυος. ἐγ Βεο [= Des (thrakischen Königs) Kotys, aus (dem Ort) Beo], Schmuck, Pfeilspitzen und Totenmahlsresten) aus der Grabkammer stammte. Die Lage der restlichen Beigaben kann nicht mehr bestimmt werden.

Bei den alten paläoanthropologischen Analysen wurde das von Anthropologen bestimmte dem von Archäologen bestimmten Geschlecht angepasst. Die neuen Analysen zeigen, dass die Menschenknochen von zwei weiblichen Individuen, einem 18- bis 20-jährigen und einem 21- bis 25-jährigen stammen. Das erste Individuum war ca. 154,5 cm groß, wog ca. 56,5 kg und hatte leichte Spuren einer Osteoarthritis an den Gelenken; das zweite hatte Anämie und wahrscheinlich einen künstlich deformierten Schädel. Während ähnliche Körpergrößen bei Frauen gleichzeitiger Nekropolen aus der Region festgestellt worden sind, wäre der mutmaßlich künstlich deformierte Schädel eine Besonderheit, die in dieser Zeit an der unteren Donau nur noch in Grab 2 aus Vraca festgestellt wurde. In der südwestlichen Pferdekammer lag ein nach Norden ausgerichtetes Pferd (Nr. 2) mit Trense, Kopfgeschirr- und Sattelappliken aus Silber. In dem nordöstlichen Kammerteil lagen zwei weitere Pferde (Nr. 1 und 3), mit den Köpfen nach Osten ausgerichtet. Sie wurden gewaltsam getötet und hatten ein mit Bronzeappliken geschmücktes Geschirr und eine Eisen- bzw. Bronzetrense. Die Lage der restlichen silbernen Zierplatten, -scheiben und -knöpfe ist nicht genau dokumentiert: die meisten schmückten wahrscheinlich die Riemen und den Sattel des Pferdes Nr. 2, das als Reitpferd interpretierbar ist. Die anderen beiden Tiere könnten als Zugpferde eines (fehlenden) Wagens angeschirrt gewesen sein.

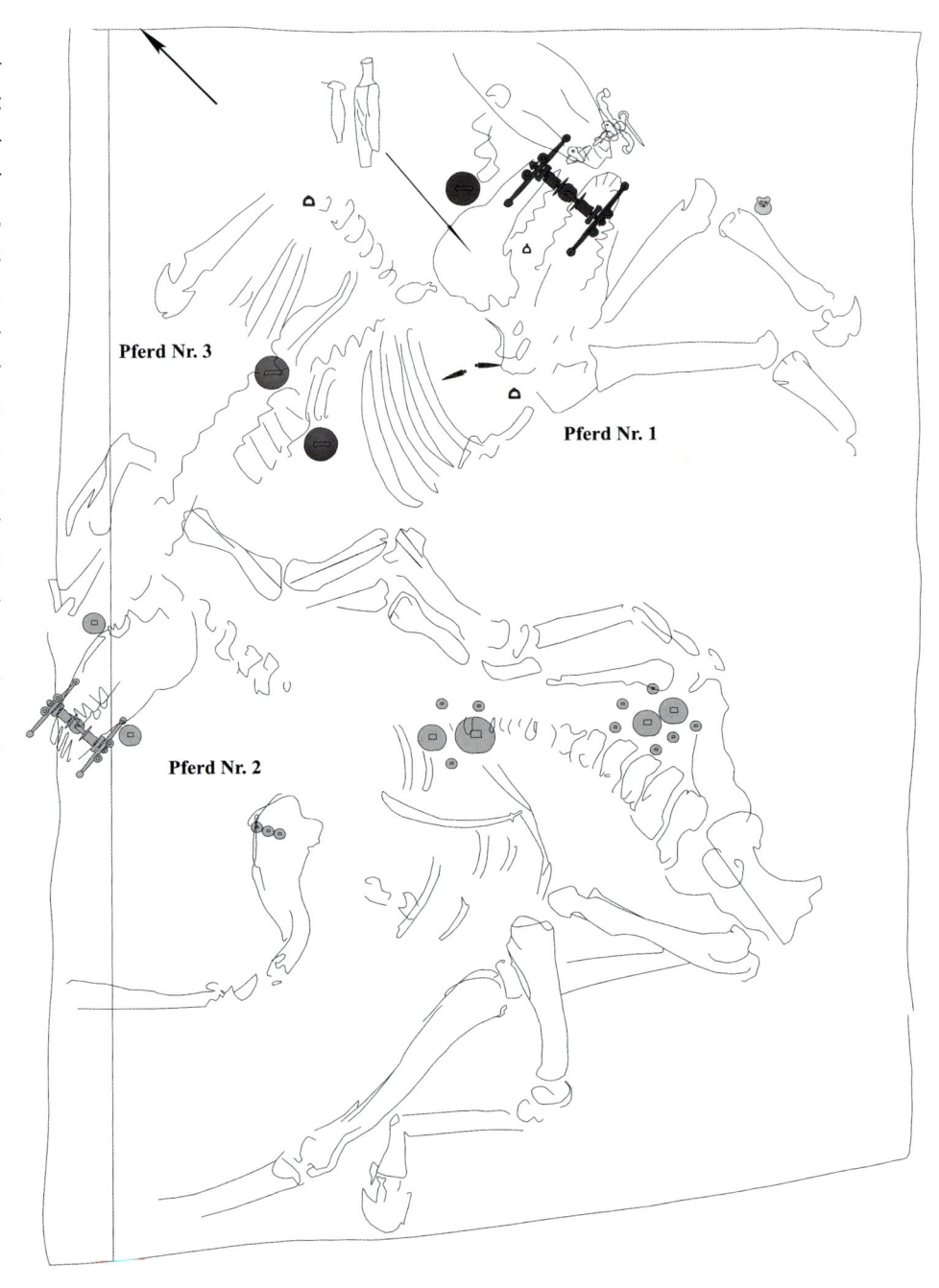

Die Prunkgräber von Agighiol, Vraca und Strelča besaßen eigene Pferdekammern, in denen je drei vollständige Pferde mit Geschirr beigegeben waren. Eines der Pferde war reichlich geschmückt, die beiden anderen vor einen Wagen gespannt. Die Pferde waren wohl für die Totenprozession bestimmt und wurden anschließend getötet und mit ins Grab beigelegt.

Die paläozoologischen Analysen ergaben: ein kleines Pferd mit Widerristhöhe von 132,4 cm, über 3,5 Jahre alt, das aufgrund einer Knochenkrankheit („Überbein") nicht mehr als Reit- und Zugpferd verwendet werden konnte; ein größeres ‚Elitepferd', 9 bis 10 Jahre alt, mit einer Widerristhöhe von 145,9 cm. Die Untersuchung der Knochen gemäß der Fossilisationslehre (Taphonomie) ergab beim ersten Pferd, dass es zergliedert und sein Fleisch vom Knochen abgelöst worden war. Bei den untersuchten Knochen handelt es sich um die in der Grabkammer entdeckten Pferdeknochen, die zusammen mit den Amphoren die Reste eines Totenmahls darstellen. Nur das ‚Elitepferd' stammt aus der Pferdegrabkammer.

Die Grabkonstruktion wurde wahrscheinlich mehrfach verwendet, denn der Dromoszugang wurde für Bestattungen gebaut. Von den Ausgräbern wurden Spuren antiker Zerstörungen festgestellt. Die beiden Bestattungen, die nacheinander oder gleichzeitig erfolgt sein können, sind auf etwa 350 v. Chr. datierbar.

Einige Bauelemente zeigen, dass sie von griechischen Handwerkern gebaut worden sind.

Der Tumulus Mogilanskata Mogila, dessen oberer Teil zerstört war, wurde 1965 – 1967 von B. Nikolov und I. Venedikov untersucht. Er enthielt drei sukzessive Kammergräber unter einem Hügel, die auf eine Kontinuität der örtlichen Herrschaftsstruktur hinweisen und eine treppenförmige Steinkonstruktion, die einen Ausbau als Heroon andeutet.

Das Grab 2 lag zentral im Hügel und bestand aus einer NW-SO-orientierten, rechteckigen Grabkammer (11 × 4 m). In dem östlichen Teil lagen eine junge Frau mit Fibel und Lanzenspitzen aus Eisen sowie ein Wagen mit zwei Zugpferden davor und einem Reitpferd dahinter. In dem westlichen Kammerteil lag in unnatürlicher Lage, mit dem Gesicht nach unten, eine junge Frau (15 – 17 Jahre) mit einem Lorbeerkranz, zwei Ohrringen, zwei Löffelchen, 42 Appliken – alle aus Gold – sowie einer Perlenhalskette mit Anhängern aus Gold, Silber, Bronze

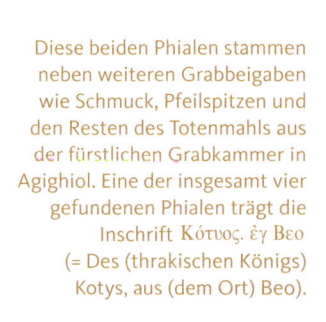

Diese beiden Phialen stammen neben weiteren Grabbeigaben wie Schmuck, Pfeilspitzen und den Resten des Totenmahls aus der fürstlichen Grabkammer in Agighiol. Eine der insgesamt vier gefundenen Phialen trägt die Inschrift Κότυος. ἐγ Βεο (= Des (thrakischen Königs) Kotys, aus (dem Ort) Beo).

und Glas. Ihr waren zudem ein Spiegel, zwei Fingerringe und drei Fibeln – alle aus Bronze – zwei Lampen, ein Tonkopf und 40 tönerne Token beigegeben. In der Nähe des zweiten Skelettes waren 88 bronzene Pfeilspitzen, ein Eisenschwert, zwei Eisenmesser, ein Bronzehelm und eine rechte Silberbeinschiene zusammengruppiert. Ein Bronzegefäßset – bestehend aus zwei Situlen, einer Platte, einer Hydria und einer Oinochoe – lagen mit einem Eisenkandelaber zusammen. Zudem fand man ein Silbergefäßset – bestehend aus einer vergoldeten Kanne, vier Phialen und einem tannenzapfenförmigen Gefäß. Aus demselben Grab stammen importierte und lokale Keramik, ein Miniatursteinbeil und zwei Astragalen. Das Reitpferd mit versilberter Trense war mit Geschirr, Sattel und zahlreichen Silberappliken geschmückt. Die beiden Zugpferde hatten einfache Eisentrensen. Sie zogen mittels des Joches und der Deichsel einen vierrädrigen Wagen, dessen Räder und Achsnaben mit Eisen beschlagen waren. Die Entdeckung zweier junger, weiblicher Skelette ist relativ sicher. Die spätere Aussage, dort wären zwei Frauen und ein Mann bestattet gewesen, ist ein Versuch, die archäologische Situation der herodoteischen Geschichte anzunähern. Die Verteilung der Gegenstände in der Grabkammer kann nicht mehr überprüft werden. Die Kammergräber 2 und 3 aus Mogilanskata Mogila wurden in etwa gleichzeitig (ca. 370 v. Chr.) errichtet, Grab 1 ist jünger.

Den antiken Autoren zufolge liegt Agighiol im Land der Geten und Vraca im Gebiet der Triballen, beide sind nordthrakische Stämme. Die beiden Hügelgräber sind aufgrund der im folgenden aufgelisteten Merkmale die Ruhestätte der jeweiligen Herrscherfamilie:

1. Die aufwendige Grabkonstruktion ahmt südbalkanische Elitebestattungen nach. Ihre Mehrfachverwendung in Agighiol bzw. die sukzessiven Kammergräber unter einem Hügel in Vraca ergeben eine lokale familiäre Kontinuität der Bestatteten.

2. Der besonders ausgestellte Reichtum und die Statussymbole (die Prunkschutzwaffen und der Lorbeerkranz; Angriffswaffen in großer Anzahl sowie das importierte Bronzegefäßset in Vraca und die z. T. symbolhaft verzierten Silbergefäße) heben diese Gräber innerhalb der Elitegräber ab.

Die Prunkgräber aus Agighiol und Vraca | **Teleaga**

Auch bei dieser Beinschiene aus Gold und Silber (380 – 350 v. Chr.), die im Moglianska-Hügel in Vraca gefunden wurde, bildet der obere Teil einen Frauenkopf.

Der besondere Reichtum der Thraker äußert sich in den hervorragend gestalteten Gold- und Schmiedekunstarbeiten, wie diese Beinschiene mit aufwendiger Gestaltung als Frauenmaske eindrücklich zeigt. Tatsächlich wurden einige der auf diesen Masken dargestellten Schmuckelemente – die Perlenkette und der Lorbeerkranz auf der Stirn – den Toten in Agighiol und Vraca als Schmuck beigegeben.

3. Die Oberteile der Beinschienen sind als Frauenmasken gestaltet. Einige der auf diesen Masken dargestellten Schmuckelemente – die Perlenkette und der Lorbeerkranz – sind den Toten in Agighiol und Vraca als Schmuck beigegeben worden.

4. Einige Silbergefäße aus Agighiol und Vraca fügen sich in eine Gruppe, die König Kotys und seinen Nachfolgern gehörte, ein. Sie waren als Tribute für die Odrysenkönige gedacht und sind später von diesen den Geten- und Triballenführern weitergeschenkt worden.

5. Die zweispännigen Wagen in Vraca und in Žaba Mogila im odrysischen Königstal bzw. die zwei Zugpferde in Agighiol und das ‚versilberte' Reitpferd in allen drei Kammergräbern verwandte man bei der Totenprozession. Anschließend wurden sie dem Grab beigegeben.

Aus diesen Gründen wurden die weiblichen Toten aus Agighiol und Vraca als Machthaber innerhalb der Führungsfamilien bei der Bestattung dargestellt. Entgegen ihres biologischen Geschlechts bekamen sie einen den Männern zugewiesenen sozialen Status.

Die politischen und militärischen Machthaber Thrakiens waren Männer: Von den antiken Autoren, durch Münzen, Goldfingerringe, sakrale oder kriegerische Bildsymbole und schließlich durch die oben erwähnten Silbergefäße mit Königsnamen sind uns nur männliche Namen der odrysischen Dynastie überliefert. Frauen vermittelten jedoch politische Allianzen: Eine der Frauen des skythischen Königs Ariapeithes war die Tochter des ersten thrakischen Königs Teres. Dadurch wurde in der nächsten Generation ihr Sohn, Oktamasades, König der Skythen und ihr Bruder, Sitalkes, König der Thraker. Stra-

Amazonenvorstellungen der Antike

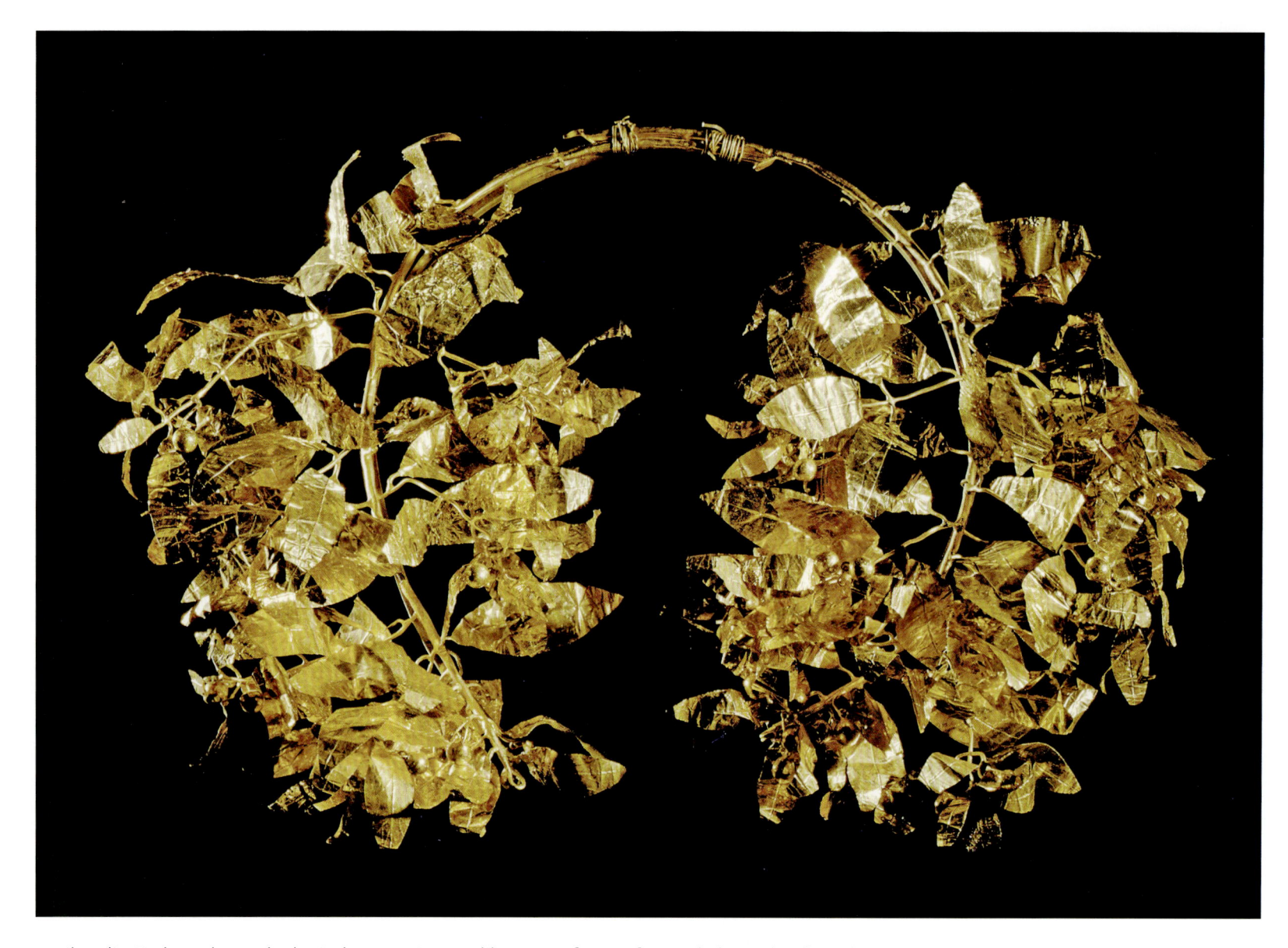

tonike, die Tochter des makedonischen Königs Perdikkas, heiratete Seuthes, den Neffen von Sitalkes. Dieses durch Frauentausch garantierte politische System blieb noch im 4. Jh. v. Chr. in Kraft und ist auch für die Geten überliefert: Meda, die Tochter des getischen Königs Kothelas, wurde die sechste Frau des makedonischen Königs Philipp II. Die Tochter des makedonischen Königs Lysimachos ging mit dem getischen König Dromichaites die Ehe ein.

Die antiken Schriftquellen schrieben den Frauen eine untergeordnete Position in der kriegerischen thrakischen Männergesellschaft zu. Laut der herodoteischen Beschreibung der thrakischen Sitten lebten ihre Stämme nördlich der Krestonaier in Polygamie, töteten und begruben die ausgewählte Lieblingswitwe. Andere Thraker verkauften angeblich die Kinder, ließen die Jungfrauen frei verkehren, kauften die Bräute, ehrten die Müßigkeit, das Kriegs- und Räuberleben.

Mindestens zwei epigraphische Quellen beschrieben die Machtposition der Frauen in den thrakischen Führungsfamilien: Die Inschrift aus Seuthopolis entstand kurz nach dem Herrschaftsende des Seuthes, um 280 v. Chr.: Seine Frau Berenike und ihre Söhne garantierten eidesstattlich die von Seuthes III. versprochene Übergabe eines gewissen Epimenes an Spartokos, den Herrscher von Kabyle. Der Eid belegt, dass auch die Witwe innerhalb der Herrscherfamilie offiziell die politische Macht ausüben konnte. Während Seuthopolis in dem ehemaligen Zentrum des Odrysenreiches liegt, belegt eine Inschrift aus Smjadovo, dass auch bei den Geten die Ehefrauen an die Macht kamen. Diese Inschrift ist auf eine monumentale Grabkonstruktion

Der kostbare Lorbeerkranz aus dem 2. Viertel des 4. Jh. v. Chr., der uns auch schon auf den Beinschienen aus den Gräbern begegnet ist, stammt ebenfalls aus dem Schatzfund von Vraca und diente der beigesetzten Frau als Schmuck. Beide Zweige dieses Statussymbols bestehen aus je 80 Blättern und 14 Früchten.

für Gonimase, der Frau von Seuthes, geschrieben. Da Seuthes ein Königs- oder Adelsname war, zeigt das Einzelgrab seiner Frau ihre Machtposition innerhalb dieser Führungsschicht.

In den bildlichen Darstellungen Thrakiens behaupten sich stets die Machtsymbole der führenden Männer als Krieger, Reiter und Jäger. Auf zwei Silberkannen aus dem Gefäßhort in Rogozen sind jedoch weibliche Pantherreiterinnen mit Pfeil und Bogen sowie Wagenfahrerinnen, die Pfeil und Bogen bzw. Zweig und Kelch tragen und von Lenkerinnen geführt werden, dargestellt worden. Die Reiterinnen und Wagenfahrerinnen wurden als thrakische Artemis, die Lenkerinnen als Dienerinnen oder Priesterinnen gedeutet. Möglicherweise sind die mittels ihrer Prunkschutzwaffen und ihres Schmuckes vergoldeten und versilberten weiblichen Bestatteten aus Agighiol und Vraca mit ihrem ‚versilberten' Reitpferd in diese göttliche Sphäre eingefügt worden. ■

Literatur:
Berciu (1969), Fol u. a. (1989), Nikolov (1986), Teleaga (2008), Teleaga / Soficaru / Bâlâşescu (2010), Teleaga u. a. (2010), Torbov (2005), Werner (1988)

Dieser prunkvolle silberne Becher aus dem 4. Jh. v. Chr. wurde im Fürstengrab von Agighiol gefunden und war Teil der Prunkausrüstung, die man dem Verstorbenen mit ins Jenseits gab.

Diese prächtigen Ohrgehänge (um 380 – 350 v. Chr.) aus dem Schatzfund im Mogilanska-Hügel von Vraca waren den Verstorbenen als Teil einer prunkvollen und symbolhaften Ausstattung zugedacht.

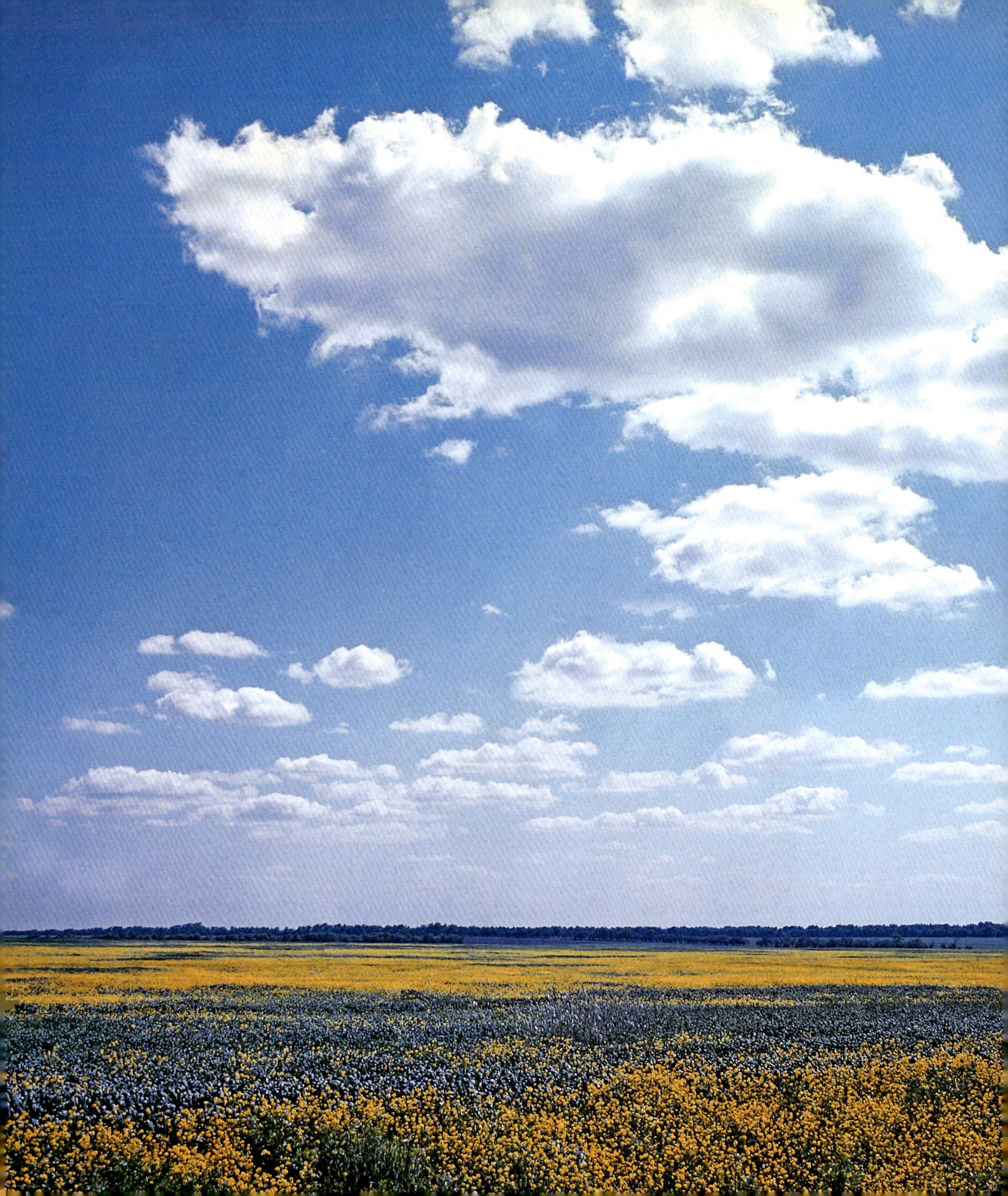

Wo sind die Amazonen hin, wo sind sie geblieben?

Judith Heß

Glaubt man den antiken Geschichtsschreibern, dann sollten die Weiten der skythischen Steppe den Amazonen eine neue Heimat jenseits des Schwarzen Meeres geben.

Einige Forscher verorten den realen Kern, der sich hinter den Amazonenmythen verbirgt, in den Weiten der ukrainischen und russischen Steppe. Doch woher kommt diese Annahme? Auf welche schriftlichen oder archäologischen Quellen stützen sich die Thesen dieser Wissenschaftler? Nehmen wir die Spur auf und werfen zunächst einmal einen Blick in die Vergangenheit. Bereits vor über 2000 Jahren vermuteten Geschichtsschreiber, dass der reale Hintergrund der Amazonenmythen den Gegenden nördlich des Schwarzen Meeres entstammte. Damit folgen die modernen Forscher den Vermutungen und dem Wissen ihrer antiken Vorfahren.

Einer dieser Geschichtsschreiber war Herodot von Halikarnassos (um 484 – 425 v. Chr.), der schon von Cicero als Begründer der Geschichtsschreibung bezeichnet wurde. Seine *Historien*, ein neunbändiges Werk zur Geschichte der Griechen, zeugen von seinem großen Interesse an fremden Kulturen, der Lebensweise anderer Völker, deren Riten und Gebräuche. Im vierten Buch berichtet er ausführlich über das Volk der Skythen und lässt auch deren Begegnung mit dem Volk der Amazonen nicht unerwähnt. Neben dem Heranziehen schriftlicher Quellen unternahm er auch Reisen, bei denen er durch mündliche Überlieferung Stück für Stück seine *Historien* erweitern konnte. Eine dieser Reisen führte ihn Mitte des 5. Jh. v. Chr. auch ins nördliche Schwarzmeergebiet – nach Skythien. Was haben nun aber die Amazonen mit dem nördlichen Schwarzmeer und den Skythen zu tun?

Mit der sogenannten ‚Großen griechischen Kolonisation' begann sich Mitte des 8. vorchristlichen Jh. bis 500 v. Chr. die Vorstellung von der Welt zu verändern. Schließlich siedelten die Griechen im 7. Jh. v. Chr. auch in Gebieten im nördlichen Schwarzmeergebiet, vorzugsweise an großen Flussmündungen wie der Donau, des Dnjepr, des Bugs oder auf der Halbinsel Taman, an der Mündung des Kuban. Dort gründeten sie die Kolonien Phanagoreia, Olbia, Chersonesos, auf der Halbinsel Krim, und Pantikapaion am Kimmerischen Bosporus, der heutigen Meerenge von Kertsch. Dadurch kamen sie mit Völkern in direkten Kontakt, die sie zuvor nur aus Berichten und Erzählungen Weitgereister und Händler kannten. Mit der Ausweitung der griechischen Zivilisation rückte auch das Reich der Amazonen in immer weitere Ferne. Das ursprünglich angenommene Siedlungsgebiet der Kriegerinnen an der Nordostküste Kleinasiens am Fluss Thermodon, vermutlich der heutige Fluss Therme Çay, wurde unglaubhaft, da an den vermutlichen Siedlungsstellen keinerlei Überreste des Frauenvolkes aus den Mythen der grauen Vorzeit gefunden wurden. Das Unbekannte und Fremde, das die Amazonen verkörperten, und das seit jeher immer am Rand der bekannten Welt verortet wurde, musste mit der Ausdehnung der griechischen Lebenswelt gleichsam weiter in die Ferne rücken. Das Nichtvorhandensein des Frauenvolkes erklärt sich bei Herodot dadurch, dass die Amazonen noch in der mythischen Vorzeit ihre Hauptstadt Themiskyra in Kleinasien verließen.

Was sollte die Amazonen zu diesem Schritt bewogen haben?

Bei Herodot ist Folgendes darüber überliefert: Die Hellenen hätten am Thermodon gegen die Amazonen gekämpft und diese vernichtend geschlagen. Diejenigen, die nicht auf dem Schlachtfeld gestorben seien, wären in die Gefangenschaft der Griechen geraten und sollten auf deren Schiffen in die griechische Heimat gebracht werden. Die Amazonen jedoch hätten ihre Eroberer überwältigt und wären anschließend mit den erbeuteten Schiffen über das Schwarze Meer geflohen. Sie, die von der Schifffahrt nichts verstanden hätten, segelten so vom Wind getrieben ins nördliche Schwarzmeergebiet, durch den Kimmerischen Bosporus, bis sie im Deltabereich des Don, dem antiken Tanais, bei Kremnoi an Land gegangen seien. Dort wären sie auf die in diesem Gebiet ansässigen Skythen getroffen, die die Amazonen zunächst für junge Männer hielten und gegen sie in die Schlacht zogen. Als die Skythen jedoch in den toten Kriegern junge Frauen erkannten, hätten sie beschlossen den Kampf aufzugeben. Ihre jungen Männer hätten sie zu den Amazonen geschickt, um mehr über das wunderliche Frauenvolk in Erfahrung zu bringen und sogar Kinder mit den Amazonen zu zeugen. Die jungen skythischen Männer sollten ihre Lagerstätte in der Nähe des Lagers der Amazonen errichten und jeglichem Kampf aus dem Weg gehen. Nach und nach hätten sich die Skythen und die Amazonen angenähert, als die Amazonen bemerkten, dass von den jungen Männern keine Gefahr ausging. Schließlich hätten die Amazonen die Nähe der Skythen akzeptiert.

Bald, so berichtet Herodot weiter, hätten die Skythen erkannt, dass die Amazonen sich um die Mittagszeit einzeln oder in kleinen Gruppen von ihrem Lager zur Verrichtung der Notdurft entfernten. Einem der jungen Männer sei es gelungen, diesen Moment auszunutzen und eine der Frauen zu überfallen. Die Amazone hätte sich jedoch nicht zur Wehr gesetzt und trotz sprachlicher Barrieren hätten sie sich anderntags erneut getroffen. Nach und nach sollen es die anderen jungen Männer und Frauen den beiden gleich getan haben.

Herodot von Harlikarnassos, der ‚Vater der Geschichtsschreibung', unternahm nach eigenen Angaben viele Reisen. So sei er nicht nur in Ägypten, Thrakien oder Makedonien gewesen, sondern auch in Skythien. Eine der zahlreichen Statuen Herodots ziert heute das Parlamentsgebäude in Wien.

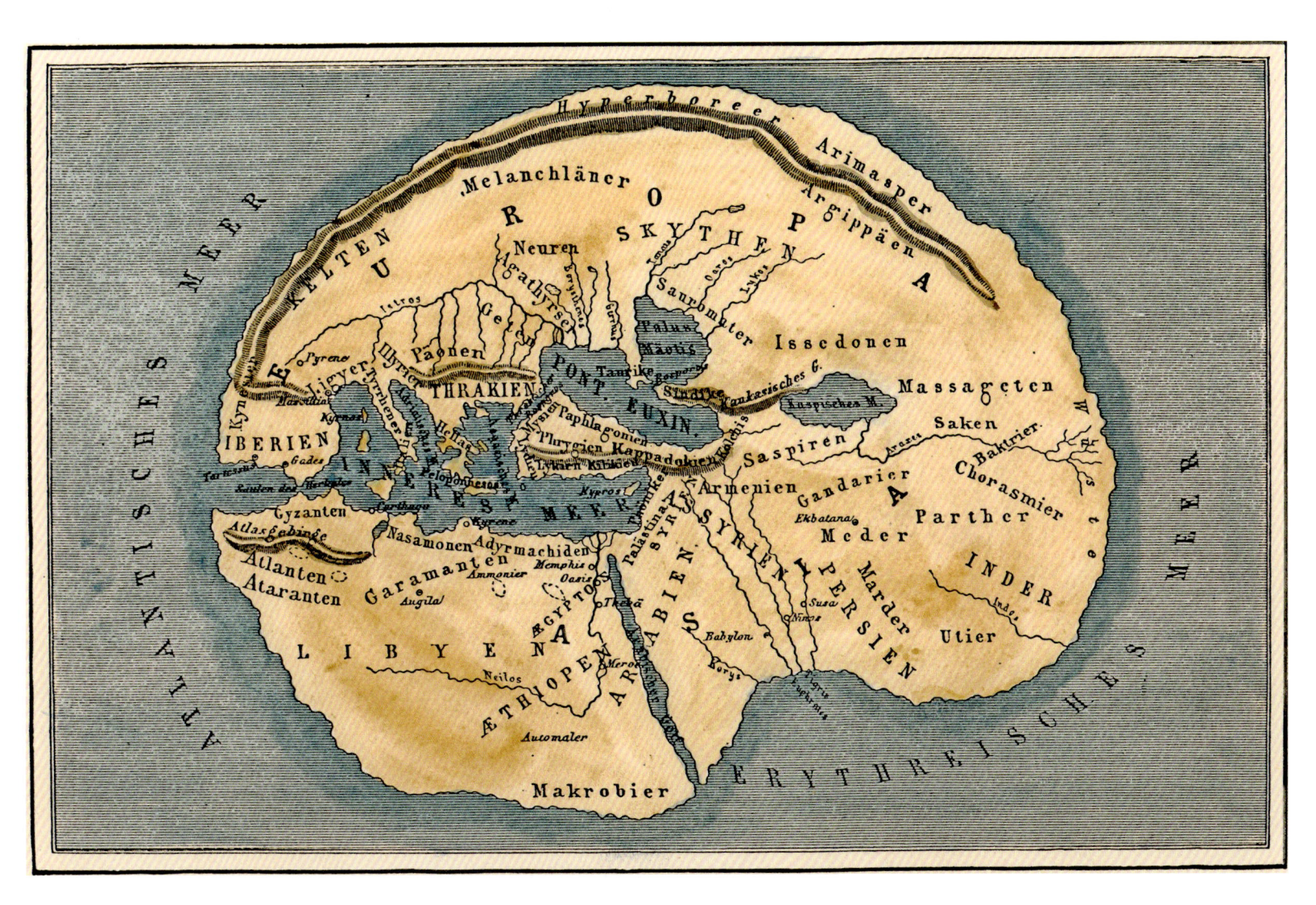

Zu Herodots Zeiten hatten die Menschen noch ein ganz anderes Weltbild. Welche ungefähre Vorstellung die ‚alten Griechen' von der Welt hatten, lässt diese Karte von der *Erde nach Herodot* erahnen.

Endlich hätten die jungen Krieger und die Amazonen ihre Lager zusammengelegt und die Skythen die Amazonen zur Frau genommen. Anschließend hätten sie ihre neuen Frauen gedrängt mit ihnen zu ihrem Volk zurückzukehren und dort als Familie zu leben.
Die Amazonen hätten ihre Unabhängigkeit und ihre Lebensweise aber nicht aufgeben wollen, um mit den skythischen Frauen zusammenzuleben, so Herodot weiter. Diese wären an das nomadische Leben und die Versorgung der Sippe gebunden, was den Amazonen nicht verlockend erschien, wären sie doch die Freiheit gewohnt und ihr Handwerk wären Kampf und Krieg. Sie gaben zu Bedenken, dass sie von der Frauenarbeit nichts verstünden und stellten die Männer vor die Wahl, wenn sie mit den Amazonen leben wollten, dann sollten sie ihren Erbteil holen und mit ihnen allein leben.

Herodot beendet seine Schilderung zu den Amazonen damit, dass sich die jungen Skythen schließlich entschlossen hätten bei den Amazonen zu bleiben und ein Leben nach deren Bedingungen zu leben. Dies bedeutete, dass die Amazonen weiterhin ihre kriegerische Lebensweise beibehielten und doch gleichzeitig mit den Vätern ihrer Kinder im Familienverband lebten. Gemeinsam seien sie in die Gegenden südlich des Tanais und drei Tagesreisen nordöstlich der Maiotis, dem heutigen Asowschen Meer, gezogen, denn die Amazonen hätten sich gefürchtet im Lande der Skythen zu wohnen, zwangen sie doch ihre Männer sich von deren Vätern und Familien zu trennen.

Amazonenvorstellungen der Antike

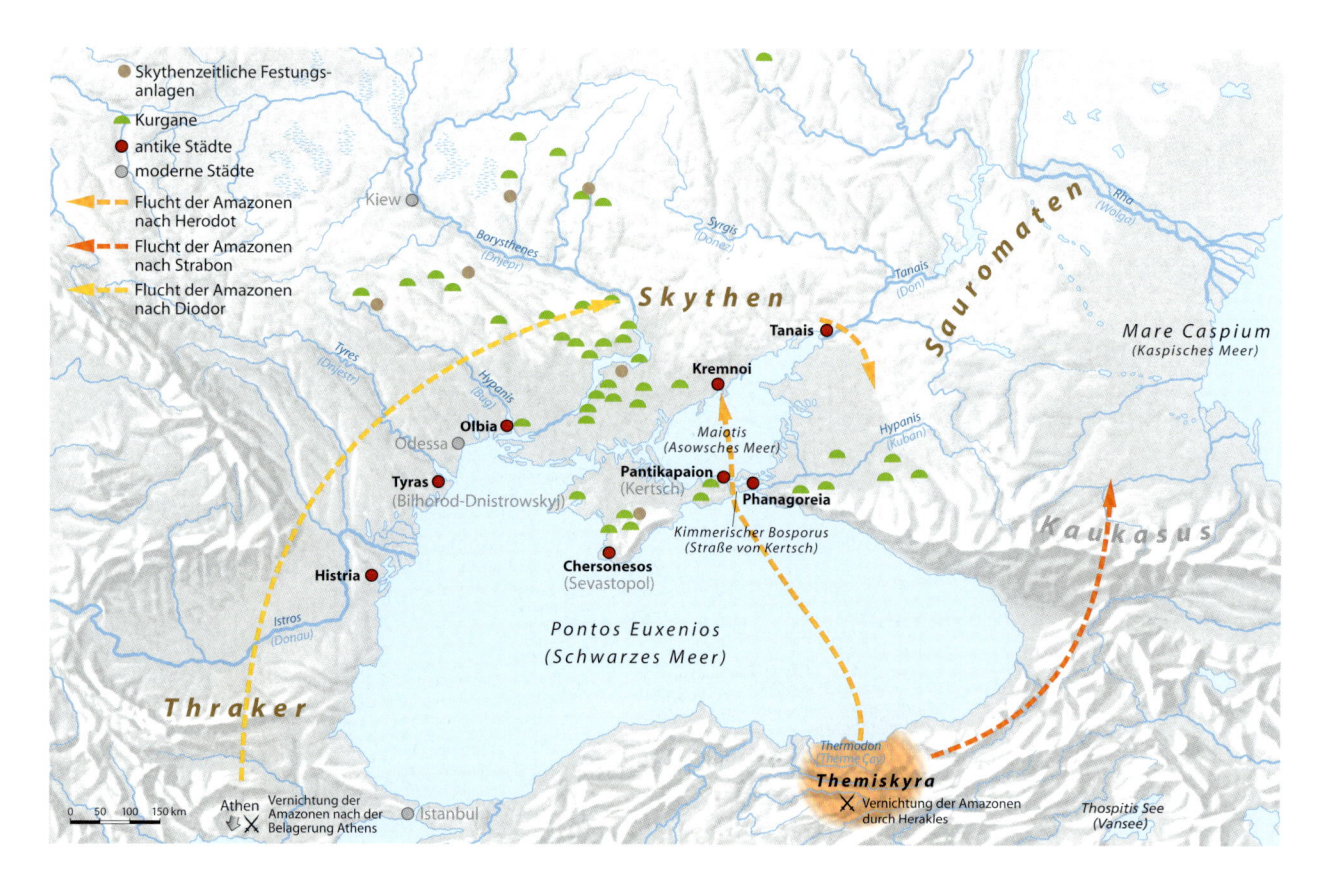

Wo sind die Amazonen hin, wo sind sie geblieben? Die Karte zeigt eine mögliche Neuverortung der Amazonen anhand der Berichte antiker Autoren und Geschichtsschreiber.

Ein neues Volk entsteht

Nach Herodot bedeutete dieser Zusammenschluss von Skythen und Amazonen den Ursprung des Volkes der Sauromaten. Denn die Frauen der Sauromaten hielten an der Lebensweise der Amazonen fest und gingen, wie ihre Männer, reitend zur Jagd, zogen in den Krieg und trugen Männerkleidung. Dies sei das Erbe der Amazonenvorfahrinnen gewesen. Aus den Schriften des Pseudo-Hippokrates geht hervor, dass die Sauromatinnen ritten, geübt im Umgang mit Pfeil und Bogen waren, ebenso den Speerkampf zu Pferde beherrschten und gegen ihre Feinde kämpften, solange sie Jungfrauen waren. Dieser Mythos wird bei ihm sogar noch ausgebaut, denn bevor sie nicht drei Feinde getötet hätten, würden sie weder heiraten noch das Kämpfen und Reiten aufgeben. Heute finden sich auch archäologische Nachweise für bewaffnete Frauen im skythischen Gebiet. Teilweise wird von 20 Prozent Frauenbestattungen mit Waffenbestückung bei den untersuchten Gräbern gesprochen. Herodot liefert eine weitere plausible Erklärung, dass sich die Skythen mit den Amazonen vermischten und fortan zusammenlebten. So unterschied sich die Sprache der Sauromaten von der der Skythen, war aber an das Skythische angelehnt. Dem Geschichtsschreiber zufolge lag der Grund dafür darin, dass es den Amazonen leichter gefallen sei Skythisch zu lernen, als den jungen Skythen die Sprache der Amazonen. Jedoch sollte Herodots Sprachkenntnis mit Vorsicht genossen werden. So sollte man für seine Erläuterungen der Ähnlichkeit des Skythischen mit der Sprache der Sauromaten davon ausgehen, dass er sich diese Information hat zutragen lassen, und weniger aus eigener Erkenntnis zu seiner Schlussfolgerung kam. Heute geht man davon aus, dass sich das Sauromatische nicht aus dem Skythischen entwickelte, sondern ein ‚Schwesterdialekt' ist.

Auch die Legende von der Abnahme der rechten Brust, damit der Bogen ungestört gespannt werden könne, schreibt Pseudo-Hippokrates den Frauen der Sauromaten zu. In der nachchristlichen Antike gehen die Schilderungen des griechischen Geschichtsschreibers Diodor, der im 1. Jh. v. Chr. lebte, sogar soweit, den Amazonen beide Brüste abzunehmen. Bei Herodot findet sich keine Beschreibung dieses

Die von den Archäologen als ‚Kertscher Vase' bezeichnete Keramik stammt aus der Region der griechischen Kolonie Pantikapaion, dem heutigen Kertsch. Auf ihrem Weg nach Skythien seien die Amazonen hier vorbei gekommen. In diesem Zusammenhang findet sich auf diesen Vasen sehr häufig das Motiv einer Amazone mit Pferd und Greif.

Amazonenvorstellungen der Antike

Der fast 2000 km lange Don, der in der Antike als Tanais bekannt war, galt lange Zeit als Grenze zwischen Europa und Asien. Auch in Herodots Überlieferungen bildet der Don eine Grenze, die die Skythen von den Sauromaten trennte.

Phänomens, auch das Töten eines einzigen Feindes genügt bei ihm, dass sich die Frauen vom kriegerischen Leben abkehren konnten, um eine Familie zu gründen.

Mit der Vermischung von Amazonen und Skythen verbannte Herodot die ursprünglichen Amazonen endgültig in das Reich der Mythen und Legenden, denn die Skythen und Sauromaten waren real existierende Völker. So konnte Herodot das Verschwinden oder Nichtvorhandensein der Amazonen in den von den Griechen vermuteten Gegenden plausibel erklären. Mythos und Wirklichkeit schlossen sich nicht länger aus. Damit waren die Amazonen bereits lange vor Herodots Lebzeiten von der kleinasiatischen Schwarzmeerküste in die Steppenregionen Skythiens gelangt und schließlich im Volk der Sauromaten im Gebiet der Maiotis, südlich des Tanais gelegen, aufgegangen – wenngleich diese Lokalisierung nicht gesichert aus den Quellen hervorgeht. Widersprüchliche Angaben verorten sie östlich des Tanais, andere drei Tagesreisen nördlich der Maiotis, eine dritte Angabe spricht wiederum von einem 15 Tagesreisen nördlich der Maiotis gelegenen Gebiet. Die Kernaussage Herodots bleibt jedoch, dass die Amazonen bereits in grauer Vorzeit von ihren Gestaden aufgebrochen seien und schließlich in Skythien eine neue Heimat gefunden haben sollen.

Der einstige Mythos von den „*männergleichen*" Frauen, wie sie bei Homer beschrieben werden, unterliegt in Herodots Schilderung einem Wandel. Er versucht die mitunter kriegerische Lebensweise der Sauromatinnen, wie sie ihm geschildert wurde, plausibel zu erklären. Da er dies nur aus seinem eigenen Kulturkreis heraus tun konnte, griff er auf den ihm wohl am nächsten gelegenen Mythos zurück, aus dem ihm Frauen mit kriegerischem Verhalten und Lebensweise bekannt waren, nämlich den der Amazonen.

... und es steht noch mehr geschrieben

Dass die Griechen auch schon vor Herodot die Amazonen mit den Skythen in Verbindung brachten, zeigen zahlreiche Abbildungen auf griechischen Vasen. Diese weisen darauf hin, dass die Amazonen nicht zwangsläufig als ‚männergleiche Griechinnen' wahrgenommen wurden. Bereits im Laufe des 6. Jh. v. Chr. wurden die Amazonen in skythischer Kleidung und Bewaffnung dargestellt. Skythische Rüstung und Waffen, besonders die Fertigkeit der Skythen mit ihrem Pfeil und Bogen umzugehen, waren den Griechen bekannt, hatte doch Athen eine skythische Stadtwache und die Kolonien pflegten den Handel mit ihren skythischen Nachbarn.

Auch in weiteren Quellen sind die Amazonen und Skythen miteinander verbunden, wenn auch die Kontaktaufnahme auf unterschiedlichste Weise geschildert wird. Die Dichter und Dramatiker Pindar, Aischylos und Euripides wussten bereits im 6./5. Jh. v. Chr., noch vor Lebzeiten Herodots, von Amazonen im Schwarzmeergebiet zu berichten, die im Zuge der Skytheneinfälle in Persien zwischen dem 8. und 6. Jh. v. Chr. aus Gebieten nördlich des Kaukasus nach Kleinasien einwanderten und in Themiskyra sesshaft wurden. Demnach stammten die Amazonen ursprünglich aus Skythien.

Im 1. Jh. v. Chr. berichtet Strabon von den kaukasischen Amazonen. Sie hätten an den nördlichen Abhängen des Kaukasus gelebt. Ursprünglich seien die Frauen am Thermodon beheimatet gewesen und von dort aus nach Norden gezogen. Jedoch zweifelt Strabon an den Berichten von den aus Themiskyra vertriebenen Amazonen, da es keinerlei Beweise für deren Glaubwürdigkeit gäbe.

Der griechische Geschichtsschreiber Diodor liefert uns in seinem Werk ebenfalls einige Anhaltspunkte zur Verortung der Amazonen. Er stützt sich dabei auf heute verlorengegangene und teilweise unkritisch übernommene Quellen. Die ursprüngliche Heimat des kriegerischen Frauenvolkes sei ihm zufolge am Thermodon gewesen, wo sie in einer Gemeinschaft ohne Männer, die lediglich als Knechte bei ihnen Akzeptanz fanden, gelebt hätten. Von einer Königin geführt und im Kampf geübt hätten die Amazonen von ihrer Hauptstadt Themiskyra aus ihre Nachbarvölker bekämpft. Ihre Kriegszüge hätten sie dabei bis an die Ufer des Tanais geführt. Schließlich habe das Reich der Amazonen von Thrakien, westlich des Schwarzen Meeres gelegen, bis nach Syrien gereicht.

Dass von diesem einst großen Herrschaftsbereich der Amazonen später nichts mehr zeugte, erklärt Diodor mithilfe der Legende um Theseus und der Belagerung von Athen. So hätte ein Teil der Amazonen nach der erfolglosen Belagerung der Stadt nicht mehr in ihre Heimat zurückkehren wollen und sie seien zusammen mit den Skythen in deren Heimat gezogen, um dort gemeinsam zu siedeln.

Welchem der Geschichtsschreiber oder Literaten man nun eher Glauben schenken mag, bleibt jedem selbst überlassen. Ob nun der Geschichtsschreiber Herodot, der wohl am ausführlichsten ein Zusammentreffen von Amazonen und Skythen beschreibt, oder Diodor, der die Amazonen freiwillig mit den Skythen ziehen lässt, eine der Legenden aufgreift und ausschmückt, beide Male vermischen sich die mythologischen Amazonen mit einem der bekannten ‚exotischen' Völker am Rande der vertrauten Welt. Tatsache ist auch, dass es bereits in der Antike Versuche gab, sich das Phänomen ‚Amazonen' zu erklären, und die Wahrheit, die dahinter stecken musste, plausibel zu ergründen. Allen Überlieferungen gemeinsam bleibt, dass die Amazonen letztendlich in den Gebieten der Skythen verortet werden und sich dort ihre Spuren im Laufe der Geschichte verwischen. ∎

Literatur:
Bichler (2000), Blok (1995), Faure (1981), Fornasier (2007), Fox (2010), Herodot (1963), Miller (1997), Petermann (2007), Ranke-Graves (2003)

Amphora mit skythischen Amazonen
H. 22,5 cm, Glanzton, rotfigurig, um 430 v. Chr., aus Agrigent
München, Staatliche Antikensammlungen und Glyptothek München,
Inv.-Nr.: 2342

Diese Amphora ist ganz den skythischen Amazonen gewidmet. Sie zeigt auf beiden Seiten eine Amazone in skythischer Tracht und in Aktionen, die mit den Steppennomaden in Verbindung gebracht werden. Der Umgang mit Pfeil und Bogen gehörte bei den Skythen mit zum wichtigsten Kriegshandwerk. Eine Besonderheit des Skythenbogens sind die stark ausgeprägten Kurven des gut zu erkennenden Reflexbogens. Die Reiterin auf der gegenüberliegenden Seite ist keine Neuheit in Amazonendarstellungen. Obwohl das Reiten auf den ersten Blick wie selbstverständlich mit den Skythen in Verbindung gebracht werden kann, zeigten frühere Vasenbilder mit traditionell ‚griechischen Amazonen' die kriegerischen Frauen schon zu Pferde.

LB

Literatur: CVA München 2 (1944), Taf. 69, 1 – 2, 7 – 8, Frauen (2008)

Oinochoe mit skythischen Amazonen
H. 19,5 cm, Dm. 11, 6 cm, Glanzton, rotfigurig, Mannheimer Maler, 475 – 425 v. Chr.
aus Orvieto
Mannheim, Reiss-Engelhorn-Museen,
Inv.-Nr.: Cg 61

Dieses Gefäß war nur noch in wenigen Fragmenten erhalten. Die Zusammenfügung und Ergänzung ergab jedoch ein eher seltenes Bildmotiv für Amazonen, das dem Mannheimer Maler zugeschrieben wurde. Von den drei Amazonen, alle in skythischer Tracht gekleidet, testen zwei Kriegerinnen ihre Bögen. Die Tätigkeit der dritten Amazone lässt sich nicht mehr erkennen. Der Einfluss der skythischen Amazonengeschichte des Herodot ist jedenfalls unverkennbar.

LB

Literatur: ARV² (1963)

Gefäßattasche
B. 15,2 cm, H. 11,5 cm, Bronze, 510 – 490 v. Chr., Capua
London, British Museum, Inv.-Nr.: 1964,1221.1

Ursprünglich war die etruskisch-campanische Bronzeplastik einer reitenden Amazone auf einem Lebes angebracht. Im antiken Griechenland wurden beckenförmige Lebetes sowohl als Koch- wie auch als Waschkessel verwendet. Das besondere an dieser Amazonenplastik ist die Darstellung der Reiterin in skythischer Art, gut an der spitzen Mütze, mit der das Reitervolk charakterisiert wurde, zu erkennen. Die Armhaltung lässt vermuten, dass sie ursprünglich einmal einen Bogen gehalten hat. Der Bogen, das Reiten und die Darstellung als Skythin verdeutlichen ein besonderes Charakteristikum in der Entwicklung des Amazonenmythos. Mit dem Kontakt zu den Skythen wurde der griechische Mythos um diese wesentlichen Merkmale des Reiternomadentums erweitert.

LB

Literatur: Bothmer (1957)

Exponate 95

Kelchkrater

H. 29,2 cm, Dm. 25,1 cm, Glanzton, rotfigurig, 2. Drittel 4. Jh. v. Chr., aus Südrussland Heidelberg, Antikenmuseum und Abguß-Sammlung der Universität Heidelberg, Inv.-Nr.: B 208

Das attisch-rotfigurige Weinmischgefäß zeigt auf der Vorderseite eine amazonenhafte Gestalt, die sich gegen zwei große, weiße Greifen zur Wehr setzt. Die Greifen wurden in den altgriechischen und skythischen Quellen nördlich der Skythen verortet, wo sie große Goldvorräte horteten. Zudem sind die Greifen ein zentrales Element der skythischen Mythologie. Der Kampf der ursprünglich aus der griechischen Mythologie stammenden Amazone gegen die ‚skythischen' Greifen zeigt die Verschmelzung der Mythen im Bereich des nördlichen Schwarzmeers im Gebiet der griechischen Kolonien. Die Darstellung belegt den kulturellen Austausch, aus dem auch die Weiterentwicklung des Amazonenmythos, den antike Autoren wie Herodot überliefern, hervorging.

LB

Literatur: Krim (1999), Kat. A.3.2.2, Abb. 132

Kantharos mit Amazone

H. 26,6 cm, Glanzton, rotfigurig, Stuttgarter Gruppe, 320 – 310 v. Chr., Süditalien, Apulien Würzburg, Martin von Wagner-Museum der Universität Würzburg, Inv.-Nr.: H 4667 (Sammlung Barone)

Dieser Kantharos, ein wertvolles Trinkgefäß, zeigt eine jüngere Variante der antiken Amazonendarstellungen, die seit dem 4. Jh. v. Chr. aufkommt. Die Kriegerin weicht im Kampfgeschehen nach hinten aus. Damit wird ihre bevorstehende Niederlage verdeutlicht. Sie trägt einen kurzen griechischen Chiton, wobei diese kurze Variante eigentlich von Männern getragen wurde und auch dadurch die Gleichheit mit den Männern symbolisiert wird. Ihre Kopfbedeckung ist eine Spitzmütze, wie sie von den Völkern nördlich des griechischen Kulturraums getragen wurde. Der Schildtyp den sie trägt, die Pelte, wird häufig auf Amazonendarstellungen abgebildet und kann ebenso wie die Streitaxt als eine Art Markenzeichen gesehen werden. Die Pelte wurde auch von Skythen und Thrakern verwendet, stammt vielleicht sogar aus dem Kriegertum dieser Völker, und kann in dieser Darstellung als Verdeutlichung der Fremdartigkeit, des exotischen Charakters der Amazone gesehen werden.

LB

Literatur: CVA Würzburg 4 (1999)

Alabstron mit einer skythischen Amazone

H. 16,6 cm, Glanzton, weißgrundig, um 490 v. Chr.
Basel, Antikenmuseum Basel und Sammlung Ludwig, Inv.-Nr.: Kä 403

Dieses Gefäß, in dem meist kostbares Köperöl aufbewahrt wurde, zeigt auf einer Seite eine Amazone mit Bogen und Streitaxt. Diese beiden Waffen sind vor allem ein Merkmal des steppennomadischen Einflusses auf die Vorstellungen der kriegerischen Amazonen. Reflexbogen und Streitaxt gehören nicht zu den klassischen Waffen griechischer Fußkämpfer, sondern zur Bewaffnung der barbarischen Völker des Nordens.

LB

Literatur: ARV² (1963), 269.2, 1641

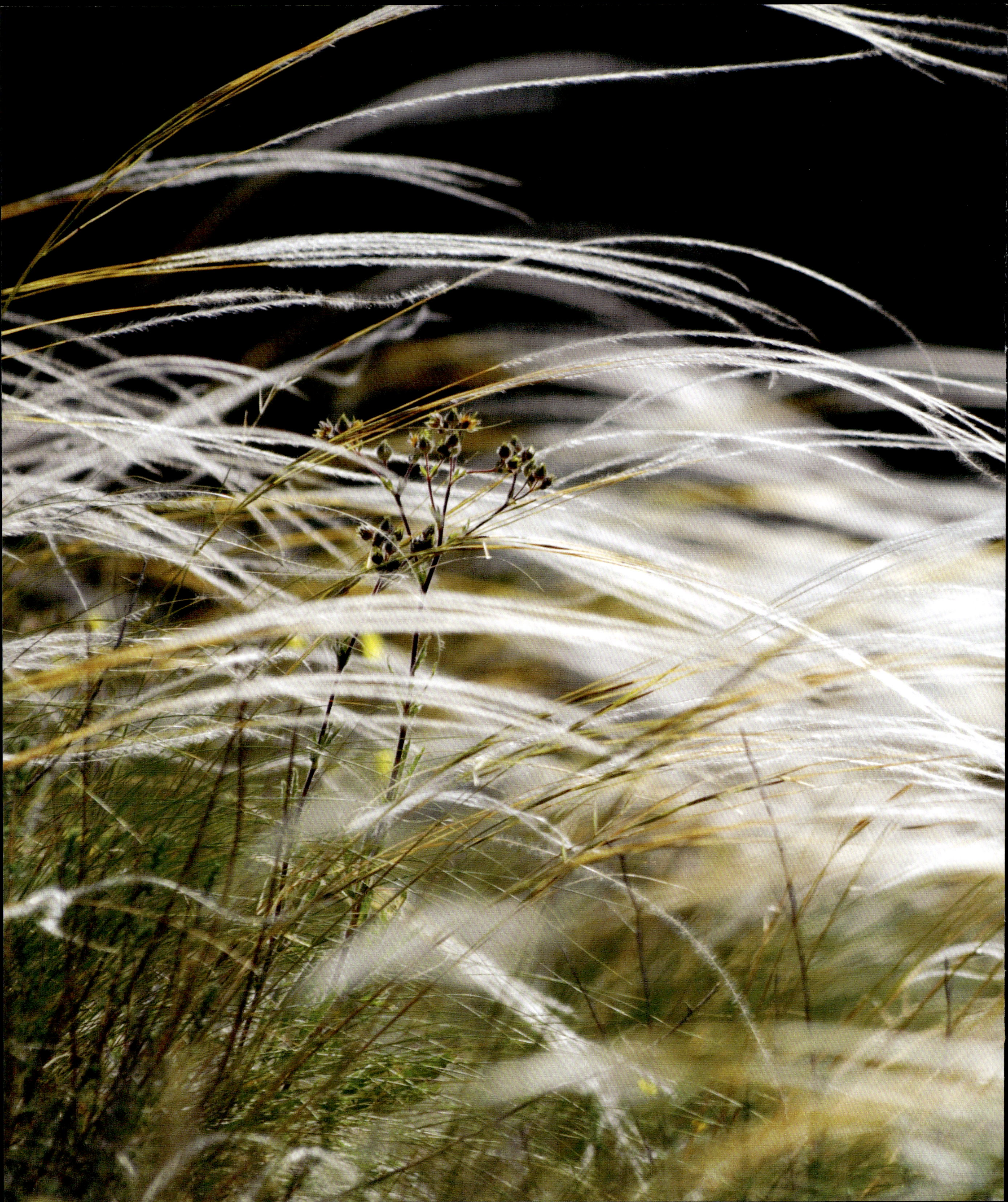

Die Welt der Steppennomaden

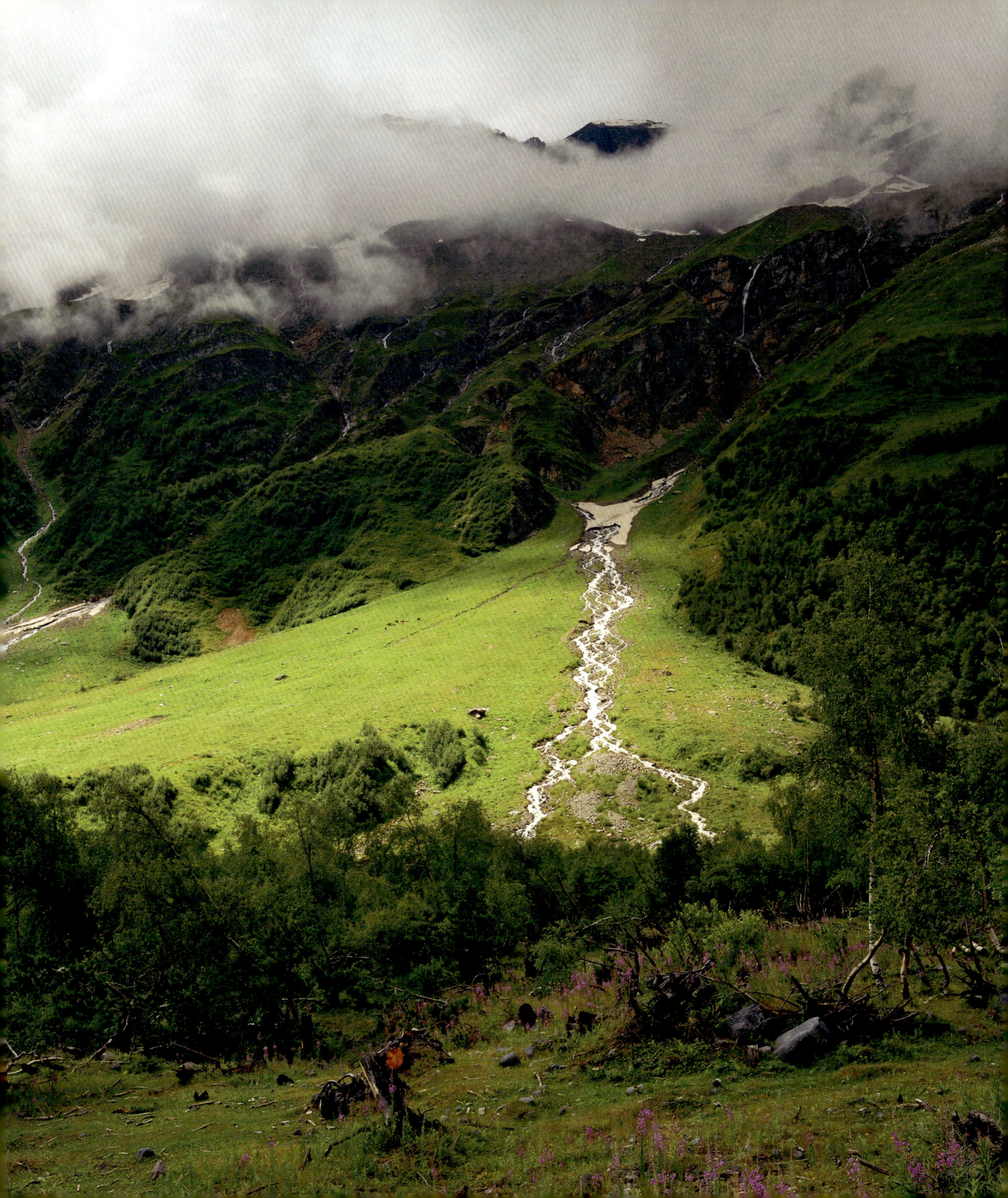

Zur skythischen Geschichte und Kultur

Renate Rolle

Der Kaukasus spannt sich zwischen dem Schwarzen Meer im Westen und dem Kaspischen Meer im Osten auf mehr als 1000 km Länge. Nördlich dieser beeindruckenden Gebirgskette haben die Skythen ursprünglich gesiedelt.

Die Skythen sind, neben ihren Vorgängern den Kimmeriern, das älteste uns namentlich bekannte Reiterkriegervolk. Ihre Kunst und Kultur bilden glanzvolle Kapitel der osteuropäischen und zentralasiatischen Archäologie, und sie werden gerne kontinentüberspannend als eine der grundlegenden Kulturen Eurasiens eingeordnet. Ab dem 7. vorchristlichen Jh. sind Skythen in Nordkaukasien und wenig später in den nordpontisch-kaspischen Steppen präsent. Die archäologischen Fundkarten der Frühen Eisenzeit spiegeln die Inbesitznahme dieser Gebiete durch das aus dem Osten (Innerasien) und Südosten (Vorderasien) vorgedrungene Reitervolk. Aus unserer Sicht bilden die Skythen eine heterogene Nomadenföderation, die sich in den weiten osteuropäischen Steppen- und Waldsteppengebieten als Resultat von Wechselbeziehungen zwischen einander verwandten iranischsprachigen Stämmen einheimischer Nomaden (Kimmerier) und einer zu Beginn des 7. Jh. v. Chr. von Osten her vordringenden neuen Nomadenpopulation (Protoskythen) ergab. Den anthropologischen Daten entsprechend gehören beide Populationen zur Gruppe der Alteuropiden. Nach ihrer Niederlassung im Nordschwarzmeergebiet sind mehrere Skythenstämme zu unterscheiden. An der Spitze stehen die Königsskythen, es folgen die Nomaden- und die Ackerbauerskythen.

Eine der wesentlichen Quellen für die Analyse der skythischen Kulturgeschichte bilden mehrere Tausend überlieferte Grabanlagen. In vielem stellen diese Gräber einen Spiegel der tatsächlichen Lebensverhältnisse dar und geben Einblicke in die komplizierten sozialen Strukturen der skythischen Gesellschaft. Ein Schwerpunkt des älteren skythischen Fundhorizonts konzentriert sich in den Steppen und Tälern Nordkaukasiens und des Kubangebiets. Hier wurden die bedeutendsten Kurgane des 7./6. Jh. v. Chr. gefunden und untersucht. Sie zeugen davon, dass dieser Raum während der militärisch erfolgreichen, so genannten Vorderasienzüge ab dem beginnenden 7. Jh. v. Chr. nicht nur als Aufmarschgebiet diente und die Ernährungsbasis für den Vorstoß der skythischen Heeresabteilungen nach Süden über den kaukasischen Hauptkamm bildete, sondern dass er auch zu den

Die Welt der Steppennomaden

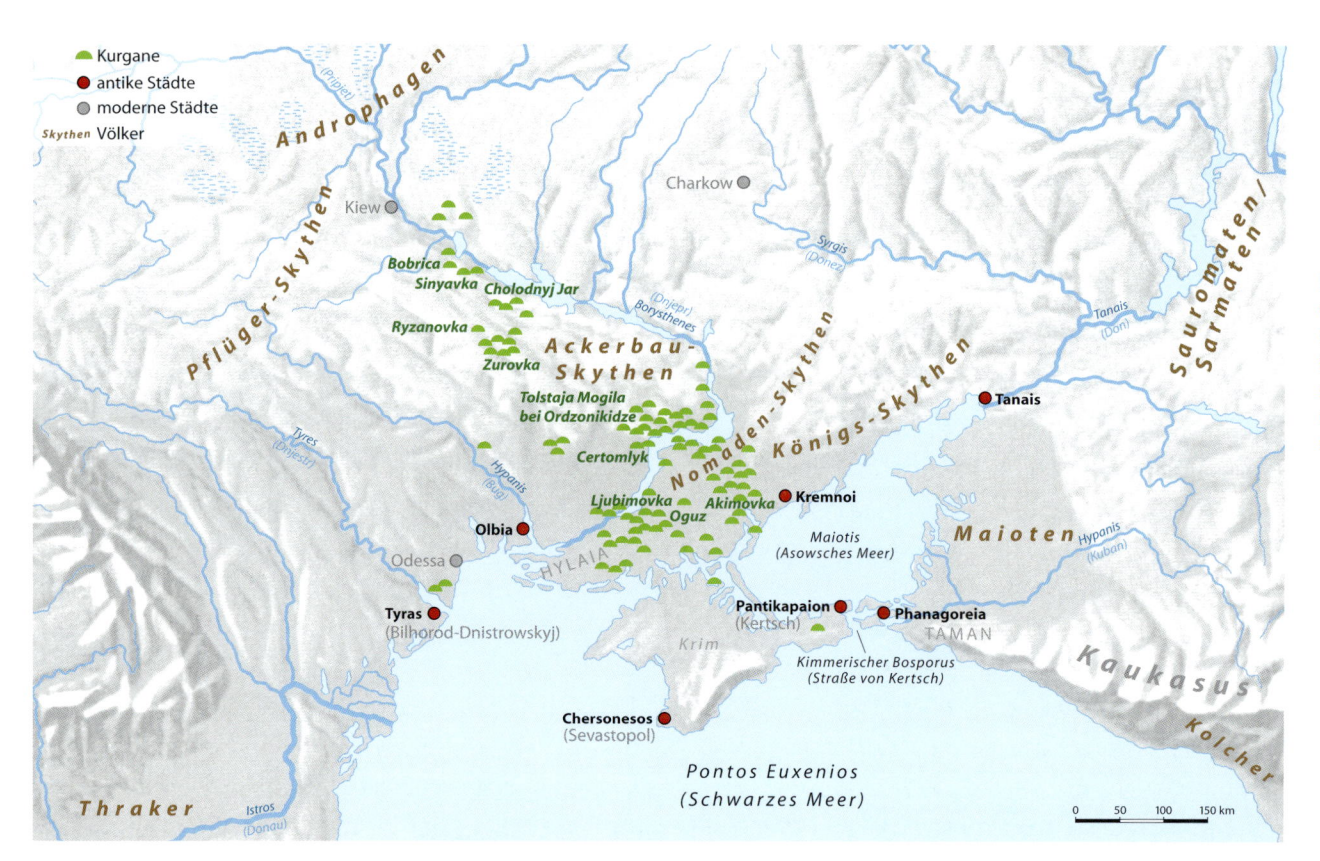

Der Lebensraum der Skythen verlagerte sich in die fruchtbare Steppenregion nördlich des Schwarzen Meeres. Archäologen stoßen in diesen Gegenden auf unzählige Nekropolen der einstigen Steppenbewohner.

Weidegründen des Stammkernes gehörte. Bei diesen Feldzügen, die sich über lange Zeit hinzogen und vielleicht größere Landnahmebewegungen darstellten, erfolgten enge politisch-kulturelle Berührungen mit den alten Reichen des Vorderen Orients, Assyrien, Medien, Urartu und vielleicht sogar Ägypten. Sie finden sich als Einflüsse und eigenständig weiterverarbeiteter kultureller Rückstrom in der archaischen skythischen Kultur wieder.

Diese Situation ändert sich in der zweiten Hälfte des 6. Jh. v. Chr., als nach Abschluss der Vorderasienzüge eine Westbewegung einsetzte und sich das eigentliche Nordschwarzmeer-Skythien herauskristallisierte, dessen Zentrum am unteren und mittleren Dnjepr lokalisiert werden kann. Der Dnjepr, dessen antiker Name Borysthenes überliefert ist, bildet mit seinen Zuflüssen eine Art Mittelachse des Herrschaftsgebietes, wobei er die Grassteppe mit der Waldsteppenzone der heutigen Ukraine und Südrusslands verbindet. Hier gruppierten sich die meisten der Grabfunde des 6./5. bis 4. Jh. v. Chr., die sowohl die Nekropolen der einfachen Bevölkerung umfassten als auch die Großtumuli mit den ‚Fürsten'- und ‚Königsgräbern'. Diese Grabhügel heben sich nicht nur durch ihre eindrucksvollen Ausmaße als ‚Pyramiden der Steppe' ab, sondern auch durch den üppigen Reichtum ihrer Grabinventare. In diesen Gräbern der Elite lassen sich Tod und Begräbniszeremonien mit ihrem aufwendigen und düsteren Leichenpomp besonders vielschichtig nachvollziehen. Intensive Handelsbeziehungen und sonstige Kontakte bestehen während dieser Zeit mit den kurz zuvor gegründeten griechischen Pflanzstädten, die als schmaler Streifen die Nord-

Zu den prunkvollsten und kulturell bedeutendsten Funden zählt das goldene Pektorale aus dem Kurgan Tolstaja Mogila bei Ordzonikidze. Die beiden Figurenfriese zeigen sowohl Motive aus der skythischen Fabelwelt, als auch Szenen aus dem Alltagsleben der Skythen.

schwarzmeerküsten umziehen. Die Handwerker und Händler dieser Städte, die damals noch unbefestigte Ansiedlungen darstellten, wurden wohl im gegenseitigen Einvernehmen zwischen Griechen und Skythen ins Land geholt und beschäftigen sich vielfach speziell mit Auftragsarbeiten bzw. mit Import (Wein und Trinkgeschirr) und Export (Getreide) im Auftrag der skythischen sozialen Oberschicht. Die Entwicklung intensiviert sich noch mit der Gründung des Bosporanischen Reiches im 5. Jh. v. Chr., das den Südosten der Krim und die Halbinsel Taman mit der Kuban-Mündung umfasste. Im Westen der Nordschwarzmeerküste ist es besonders die an der Bug- und Dnjeprmündung gelegene Pflanzstadt Olbia, die ein ausgedehntes Wegenetz nach Norden ins Landesinnere auf- und ausbaut und dabei eine bemerkenswerte wirtschaftliche, architektonische und kulturelle Blüte erlebt. Dies zieht interessierte Reisende an, von denen Herodot (Historien IV) und wenig später ein Schreiber aus den Hippokratischen Schriften (Pseudo-Hippokrates, De aere, aquis, locis) die bedeutendsten sind.

Aus diesem ethnographischen Kontext stammt eine Fülle herausragender Kunsterzeugnisse, die nicht nur von handwerklicher Perfektion, sondern auch von eigenständiger künstlerischer Ausdruckskraft und durch direkte Beobachtung gespeistem Einfühlungsvermögen zeugen. Man schätzt sie als Schöpfungen eines graeco-skythischen Stil- und Meisterkreises ein. Dieser könnte durchaus auch von Mix-Hellenen mitgetragen worden sein sowie von Wanderhandwerkern, die nicht nur in den griechischen Zentren an der Schwarzmeerküste ansässig waren. Es ist auch daran zu denken, dass sie vielleicht in den großen Burgwallanlagen arbeiteten, die wir archäologisch aus dem skythischen Landesinneren kennen und die uns Hinweise auf intensives Metallhandwerk, darunter auch auf die Arbeit mit Edelmetallen, geben. Hier könnten auch die ausdrucksvollen Tierstilarbeiten geschaffen worden sein, die eine Leitform der skythischen Kultur darstellen.

Durch die Überlieferung der antiken Autoren und durch die kunstfertigen Gold- und Silbererzeugnisse der Skythen erhalten wir zahlreiche Informationen. Sie berichten nicht nur über ihr Äußeres, die Bewaffnung und die Tracht, ihre Umgebung und die Herden- und Jagdtiere, sondern auch über Mythen und Legenden, die sich die einheimische Bevölkerung erzählte; dies oft in Kombination mit Versionen der Griechen und Mix-Hellenen. Im Zentrum steht dabei die Waldlandschaft Hylaia, am Unterlauf des Dnjeprs, wo in einer Höhle eine Tochter des Flussgottes hausen sollte, ein Wesen halb Mensch halb Schlange. Auf seinen zahlreichen Wanderungen, so heißt es, sei auch Herakles in den Bann dieser ‚schlangenfüßigen' Göttin geraten, die ihm seine Streitwagenpferde raubte und sie erst zurückgab, als er mit ihr drei Söhne gezeugt hatte. Der jüngste und geschickteste im Gebrauch des Bogens und des Kampfgürtels, Skythes, wurde zum Stammvater der Skythenkönige. Die exotische Göttin mit ihren langen ‚Schlangenbeinen' dient deshalb gern als Motiv des Stirnschmucks königlicher Streitrösser.

An den Enden dieses goldenen Halsreifs aus einer Männerbestattung bei Ryzanovka finden sich Elemente des skythischen Tierstils, jeweils ein liegender Löwe.

Die Welt der Steppennomaden

Herodot beschreibt uns dies als Ursprungslegende der Sauromaten – also des unmittelbar östlichen Nachbarstammes – die er zu den skythischen Völkern rechnet und die wesentliche Übereinstimmungen in ihren Bräuchen und die gleiche Sprache aufwiesen. Die angekommenen Amazonen hätten mit den Frauen der Skythen nicht harmoniert, da deren bevorzugte Lebensweise auf dem Wagen ihnen nicht behagte. So seien sie mit ihren Männern einige Tagereisen nach Osten gezogen. Die Frauen der Sauromaten trügen die Tracht der Männer, zögen in den Krieg und auf die Jagd. Um heiraten zu dürfen, müssten sie mindestens einen Feind getötet haben, würden aber manchmal alt darüber und stürben, ohne die Aufgabe erfüllt zu haben. Pseudo-Hippokrates erhöht bei seinen Angaben das geforderte Pensum gleich auf drei Feinde, die zu töten wären. Er vermeldet weiterhin, dass diese Frauen keine rechte Brust hätten. Ihre Mütter sollen den kleinen Mädchen ein kupfernes Gerät aufgesetzt haben, das, glühend heiß gemacht, die rechte Brust ausbrannte. Nach seiner Auffassung – immerhin die eines Mediziners damaliger Zeit – diente diese Maßnahme dazu, das Wachstum an der Stelle zu verhindern und dafür zu sorgen, dass Kraft und Fülle in die rechte Schulter und den Arm übergingen. Nach unserer Kenntnis weist von den vielen bekannten Amazonendarstellungen jedoch keine diese körperliche Deformation auf.

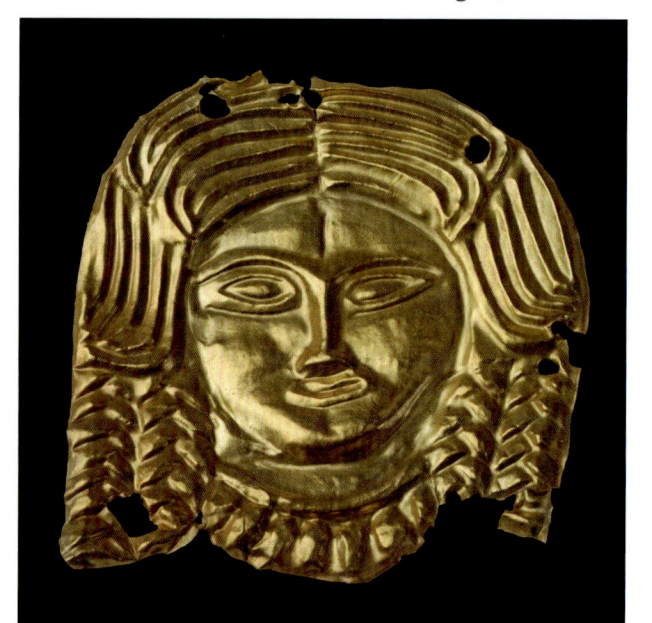

In den Appliken dieser rekonstruierten Kopfbedeckung zeigt sich eine weitere häufige Darstellung des skythischen Tierstils – ein stilisierter Hirsch. Die Trägerin dieser prächtigen Kappe starb an der Wende des 7. zum 6. Jh. v. Chr. bevor man sie in einem Kurgan bei Sinyavka zur letzten Ruhe bettete.

Zu den zentralen Mythen gehören aber auch jene über die Amazonen, gefürchtete Kriegerinnen, die die Skythen selbst in ihrer Sprache *Oiorpata* (Männertöter) nannten. Den Schilderungen Herodots zufolge (IV 110ff) geht ihr Ursprung auf drei Schiffsladungen mit am Südufer des Schwarzen Meeres gefangen genommenen Kriegerinnen zurück. Nach einer Schlacht am Thermodon geraten sie in griechische Hand, es gelingt ihnen aber auf hoher See sich ihrer griechischen Bewacher zu entledigen. Da sie jedoch die Beherrschung von Schiffen nicht verstehen, müssen sie sich der Strömung anvertrauen und so treiben sie an der Nordküste des Skythenlands, beim Ort Kremnoj am Asowschen Meer, an Land. Dort rauben sie sich Pferde, gehen auf Jagd- und Beutezüge und geraten so in Konflikt mit den Skythen. Von denen werden sie zunächst als Männer erachtet, bis gefallene Kriegerinnen in ihre Hände geraten. Da die Skythen gerade von solchen Frauen Kinder wünschen, wählen sie die jüngsten und wohl ansehnlichsten unter den skythischen Kriegern aus, denen es gelingt, mit den jungen Frauen einig zu werden.

Kleidung mit goldenen Aufnähplättchen zu verzieren, konnten sich nur Angehörige höherer sozialer Schichten leisten. Diese Mädchenkopf-Applik aus einem Kurgan bei Volkovcy könnte einen Hinweis auf die Frisur skythischer Frauen geben.

In dieser Bestattung aus der Certomlyk-Nekropole, 4. Jh. v. Chr., einer skythischen Frau befand sich ein typisches Mischinventar. Neben einer stark korrodierten Lanzenspitze gab man ihr auch griechische Miniaturkeramik sowie einen bronzenen Spiegel, der sich unter ihrem rechten Schulterblatt befand, mit ins Leben nach dem Tod.

Grabungsfunde, die diesen nach Skythien führenden Sagenstrang archäologisch untermauern, tauchten bereits in den 80er Jahren des 19. Jh. auf, als während der umfangreichen Ausgrabungen des Grafen Aleksej Bobrinskoj bei dem kleinen Städtchen Smela, im heutigen Gebiet von Čerkassy in der Ukraine, in mehreren Grabhügeln Bestattungen bewaffneter Frauen freigelegt wurden (u. a. Cholodnyj Jar, Kurgan 20; Sinjavka, Kurgan 100; Bobrica, Kurgan 35). Nach anfänglichen Zweifeln hinsichtlich der anthropologischen Zuordnung, konnte die Interpretation der Grablege als Bestattungen bewaffneter Frauen jedoch immer überzeugender argumentiert werden: Besonders bemerkenswert war die kennzeichnende Ausstattung solcher Frauen mit ‚Mischinventaren'. Darunter versteht man die Beigabe von Waffen, die in diesen Bestattungen mit geschlechtsspezifisch weiblichen Beigaben kombiniert sind. Typischerweise sind dies Spinnwirtel, ganze Spindeln, kleinteiliger Schmuck, Schminke, Kosmetikzubehör und Miniaturgefäße für Salben, Duftstoffe und andere Essenzen.

Die ersten Funde von Kriegerinnen vom Ende des 19. Jh. wurden zunächst als Grablegungen fremder Frauen aus dem Osten angesehen, die ins skythische Waldsteppengebiet westlich des Dnjeprs eingeheiratet hätten. Nachdem in späterer Zeit immer mehr Kriegerinnengräber gefunden wurden, konnte diese Auffassung jedoch nicht mehr aufrechterhalten werden. So wurde klar, dass Gräber von Kriegerinnen längst nicht nur für das östliche, sauromatische Gebiet kennzeichnend sind, sondern gerade auch in Skythien selbst eine hohe Verbreitung haben, wo inzwischen weit über hundert Befunde bekannt sind. Dennoch blieben bei der Interpretation der Funde strittige Fälle, die in der wissenschaftlichen Literatur bis heute kontrovers diskutiert werden. Sie betreffen in erster Linie durch Grabräuber gestörte Bestattungen, die den Erhaltungszustand der Skelette stark beeinträchtigt haben. Auch in den Gräbern, in denen, der skythischen Bestattungssitte entsprechend, mehrere Tote gleichzeitig eingebracht wurden, treten oft Schwierigkeiten bei der eindeutigen Interpretation auf. Dabei handelt es sich um Grabanlagen mit einer Hauptbestattung und vorsätzlich getöteten Begleitpersonen, die dem Verstorbenen der Hauptbestattung im Jenseits zu Diensten sein sollten. Es kann sich hierbei um eine Person handeln (ein typisches Beispiel zeigt Cholodnyj Jar, Kurgan 20) oder, wie in den Grabanlagen der sozialen Elite, auch um mehrere Begleiter. Eine gewisse Dunkelziffer kommt auch dadurch zustande, dass in der Vergangenheit viele der gefundenen Gräber nicht anthropologisch untersucht wurden. Über eine lange Zeit hinweg wurde darüber hinaus in Osteuropa – ähnlich wie auch im mitteleuropäischen Bereich – von vielen Ausgräbern jedes Grab mit Waffenausstattung, insbesondere mit Bestandteilen von Schutzrüstungen, automatisch als ‚Männergrab' deklariert. Die bisher bekannte Zahl der Kriegerinnengräber ist also eher als Mindestzahl anzusehen. Eine methodische Unterstützung für die Zukunft zeichnet sich vielleicht durch genetische Untersuchungen, d. h. durch DNA-Analysen, wie sie in den USA und Deutschland begonnen wurden, ab. Allerdings dürfte es dabei schwierig werden, ältere Fundkomplexe zu bearbeiten, da sie für die Untersuchungen, teils aus ideologischen Gründen, kaum zur Verfügung stehen dürften bzw. durch die Handhabung in den vergangenen Jahrzehnten mit fremder DNA kontaminiert sind. ■

Literatur:
Bobrinskoj (1901), Davis-Kimball / Behan (2002), Galanina (1997), Herodot (1977), Hippokrates (1955), Parzinger (2004), Rolle (1980a), Rolle (1980b), Rolle (2001), Rolle / Murzin / Alekseev (1998)

Umwelt und Wohnverhältnisse. Frauenleben zwischen Wagen, Jurten und Zelten, im Sommer- wie im Winterlager

Renate Rolle

Der Entwicklungsprozess des Vielzüchternomadismus in Osteuropa ist archäologisch, über die Bronzezeit hinweg, nur durch schlaglichtartige Befunde greifbar. Umfangreiche, teils riesige Burgwallanlagen, die als Großsiedlungen in skythischer Zeit kennzeichnend werden, weisen in den vorausgegangenen Kulturen keine Vorbilder auf. So schließt z. B. das Burgwallsystem von Bel'sk (Ostukraine) mit einer etwa 35 km langen Wallanlage von beachtlichen 10 m Höhe eine Innenfläche von über 4000 Hektar ein. Diese Burgwallanlagen bilden anscheinend einen Reflex auf die während der Vorderasienzüge stattgefundenen Auseinandersetzungen mit den Stadtanlagen der alten vorderorientalischen Reiche. Die proto-urbanen Großsiedlungen mit ihren starken Befestigungen waren Anlagen, die Macht und Prestige der Skythenherrscher spiegeln sollten, und die sesshaften Bevölkerungsanteilen wie Händlern und Handwerkern günstige Standorte für ihre Tätigkeiten und sonstigen Aktivitäten lieferten. Den mobilen Bevölkerungsschichten boten sie auf jeden Fall in den strengen Wintermonaten Unterkunft und Schutz, wobei im Umfeld reichlich Futter für die Weidetiere zur Verfügung stand. Auch für Griechen, die im Landesinneren tätig waren bzw. zeitweilig dort lebten, dürften sie Anziehungspunkt gewesen sein.

Die Skythen eröffnen im Nordschwarzmeergebiet das breite Spektrum nomadischen Lebensstils, wie wir es in den folgenden Jahrhunderten bis zur Frühneuzeit von allen großen und bekannten Nomadenvölkern kennen. Die nordpontisch-kaspischen Steppen waren nicht zufällig ein begehrter Lebensraum. Das gut bewässerte Land, dessen Untergrund über riesige Flächen hinweg aus fruchtbarer, den Weidebewuchs begünstigender Schwarzerde bestand, zog Viehzüchternomaden geradezu magisch an. Die Wa-

Noch heute leben die Steppennomaden in ihren beweglichen Behausungen – den Jurten. Wie schon bei den Skythen ist dies die Lebenswelt der Frauen.

Wagen diesen Typs wurden in der Ukraine noch im 18. – 19. Jh. verwendet. Der Wagenunterbau dieses Stücks aus dem Nationalmuseum der Ukraine in Kiew entspricht sogar noch den Wagen aus skythischer Zeit.

genparks aus ochsengezogenen Wohn- und Reisewagen, die den Skythen im ersten vorchristlichen Jahrtausend ein so markantes Erscheinungsbild als ‚Volk auf Wagen' verliehen, lassen sich allerdings mit vielen Beispielen bereits in der Bronzezeit dokumentieren. Sie traten in verschiedenen Typen im Nordschwarzmeerraum auf, wo auch bereits der Planwagen bekannt war, und fanden sich in erstaunlich großer Zahl im Nord- und Transkaukasusbereich. In der Frühen Eisenzeit scheint die Entwicklung geradezu zu eskalieren. Ein armer Skythe, der nur einen Wagen mit Rindergespann sein eigen nannte, wurde nach seinen Zugtieren geringschätzig als ‚Achtfüßler' bezeichnet, vornehme Familien konnten bereits um die 80 Wagen besitzen.

Die nomadische Lebensweise mit unterschiedlich konstruierten Wohnwagen gestattete größeren Bevölkerungsgruppen ein relativ hohes Maß an Mobilität und vollzog sich auf gut organisierten und genau geregelten Weiderouten, die Futter und Wasser für die Herden garantierten. Sie hatte darüber hinaus aber auch andere wichtige Konsequenzen. So spielten Wagen im Totenbrauchtum eine bedeutsame Rolle und wurden für aufwendige Totenumfahrten eingesetzt. Auch die verstorbenen und einbalsamierten Skythenkönige wurden dabei auf einer letzten ‚Weidetour' 40 Tage lang zu all ihren untergebenen Völkerschaften gefahren. Im archäologischen Befund lässt sich nachweisen, dass der Wagen eine kennzeichnende Beigabe für Frauen ist. Er wurde in demontierter Form entweder im Grab selbst oder zumindest in der Aufschüttung des Grabhügels niedergelegt.

Die Welt der Steppennomaden

Rekonstruktion eines skythischen Planwagens aus dem Archäologischen Landesmuseum Schloß Gottorf in Schleswig.

Wie bereits erwähnt, werden die Wagen ausdrücklich als bevorzugter Aufenthaltsort der Frauen und Kinder beschrieben. Die Frauen gingen auch selbstständig mit Wagen und Vieh um und konnten offensichtlich für deren Sicherheit sorgen. Pseudo-Hippokrates, der die ‚sitzende Lebensweise' zu Pferd oder zu Wagen heftig kritisierte und auf die negativen gesundheitlichen Folgen für Knaben und Frauen aufmerksam machte, schildert in knappen Zügen die Konstruktion und Inneneinrichtung eines solchen Gefährts. Demnach hatten die kleinsten dieser Wagen vier Räder, die anderen sechs. Sie waren mit Filz überzogen und innen *„wie Häuser"* eingerichtet, hatten zwei bis drei Räume, waren überdacht und wurden von zwei oder auch drei Jochen Rindern gezogen. Auf den Wagen wohnten die Frauen, die Männer ritten zu Pferd. Den Wagen folgten die Herden aus Kleinvieh, Rindern und Pferden. Wie verschiedene Terrakottamodelle zeigen, bestanden die Fahrzeuge bereits in skythischer Zeit aus demontierbaren Ober- und Unterwagen, wobei die Oberwagen an den Rastplätzen herabgehoben und am Boden zu den notwendigen Räumlichkeiten zusammengesetzt werden konnten. Dieser abnehmbare Wagenoberbau gestattete an den Lagerplätzen eine schnelle Gruppierung ganzer Raum- bzw. Gebäudekomplexe und konnte dabei unterschiedlichste Funktionen erfüllen. Aus den späteren mittelalterlichen Quellen ist ersichtlich, dass der Umfang solcher Lager, kombiniert aus Tausenden von Wagen, Jurten und Zelten, auf die fremden Besucher den Eindruck von Städten machte, die jederzeit als ‚Städte auf Rädern' in Bewegung gesetzt werden konnten.

Der Typ dieses ‚Wohnwagen-Nomadismus' findet sich bei zahlreichen Nomadenvölkern. Neben den Skythen liegen auch von Sarmaten, Hunnen, Chazaren, Petschenegen, Polovzern, Mongolen und Tataren recht ausgiebige Berichte vor, die die Lebens-, aber auch die Kampfesweise mit Wohn- und Reisewagen beschreiben und Angaben zur Größe des Aufbaus, zur Außengestaltung und der oftmals kostbaren und luxuriösen Innenausstattung aus weißem Filz, Pelz, Brokat und goldgewebter Seide machen. Die Größe der verschiedenen Wohnwagentypen variierte von kleineren Modellen bis hin zu 30 Fuß langen Jurten- und Zeltwagen bei Chazaren und Mongolen. In diesen Fällen reichte der Aufbau weit über den Unterwagen hinaus. Im 18. Jh. scheint dieser Lebensstil dann ausgestorben zu sein. Der letzte wissenschaftliche Beobachter war vermutlich der Gelehrte Peter Simon Pallas, der eine etwa tausendköpfige Gruppe von Tataren auf einer Weidetour dokumentierte.

Wie bereits betont, scheint das Versorgen der Zugtiere sowie das Fahren und Rangieren der Wagen bereits in skythischer Zeit Aufgabe der Frauen gewesen zu sein. Später wird dies über die Mongolen ausdrücklich überliefert, da es westlichen Besuchern besonders ins Auge fiel. Ein *„schwaches Frauenzimmer"* könne 20 bis 30 Wagen führen und Plano de Carpini, der im 13. Jh. als italienischer Geistlicher im Auftrag des Papstes die Ukraine bereiste, klagte dabei auch, dass junge Frauen nur sehr schwer von Männern zu unterscheiden wären, *„weil sie sich durchweg wie Männer kleiden"*. ■

Literatur:
Bessonova (1982), Pallas (1967), Rolle (1985), Rolle (1992a), Rolle / Müller-Wille / Schietzel (1991), Rolle / Murzin / Šramko (1991)

Innenansicht der Planwagenrekonstruktion.

Skythische Lebenswelt Mann

Silberbecher
H. 12 cm, Dm. 11,1 cm, Silber,
1. Viertel 3. Jh. v. Chr., Ryzanovka
Kiew, Institute of Archaeology of the National
Academy of Sciences of Ukraine,
Inv.-Nr.: KP-711/147

Dieser einem Toten mitgegebene Silberbecher wurde bei neueren Ausgrabungen bei Ryzanovka gefunden. Der kugelförmige Bauch ist in der unteren Hälfte mit einem Stabmuster verziert und zeigt in der oberen Hälfte eine Greifendarstellung. Wunderschön herausgearbeitet zeigt die Darstellung, wie sich zwei Greifen auf einen am Boden liegenden Hirsch stürzen, der sich kaum noch erwehren kann. Eine zweite Szene zeigt ebenfalls Greifen, die ein Rind erlegen.
Wahrscheinlich wurde dieser Becher für Kultzwecke verwendet wie die mythologischen Tierszenen und ähnliche Funde aus anderen Kurganen, darunter auch besonders prächtige aus Gold, nahelegen.

JH

Literatur: Firsov / Žuravlev (2007), Gold (1991)

Kessel
H. 55 cm, Dm. 35 cm, Bronze, 4. Jh. v. Chr.,
Certomlyk-Kurgan, Nordgrab
Kiew, Institute of Archaeology of the National
Academy of Sciences of Ukraine,
Inv.-Nr.: AM-2871/8195

Aus einer Männerbestattung im Nordgrab des Certomlyk-Kurgan stammt dieser Kessel mit Standfuß. Das florale Dekor in der oberen Hälfte der bauchigen Kesselwand wurde griechischen Mustern entlehnt. Zwei kleine Henkel am Kesselrand ermöglichen das Tragen des Geschirrs.
Diese Art Kessel wurde zum Fleischkochen verwendet und kommt in skythischen Gräbern häufig vor. Oft finden sich noch Knochenreste, die davon zeugen, dass dem Verstorbenen eine Wegzehrung ins Reich der Toten mit gegeben wurde, wie schon bei Herodot zu lesen war. In diesem Kessel fanden sich Überreste eines Hammels ohne Kopf und die Gebrauchsspuren an der Kesselwand deuten darauf hin, dass er lange in Verwendung gewesen war.

JH

Literatur: Gold (1984), Gold (1991), Rolle / Murzin (1991)

Schwert
L. 50 cm, Eisen, Gold, weißes Metall,
1. Viertel 3. Jh. v. Chr., Ryzanovka
Kiew, Institute of Archaeology of the National
Academy of Sciences of Ukraine,
Inv.-Nr.: Z-4248

Rüstung und Waffen spielten im skythischen Alltag eine große Rolle. Schwerter, wie dieses mit goldenem Griff, das einem skythischen Krieger in einem Kurgan bei Ryzanovka mit ins Jenseits gegeben wurde, befinden sich für gewöhnlich nur bei Heerführern oder Adligen.
Die eiserne Schwertklinge hat die Zeit weniger gut überdauert als das vergoldete Heft. Die in das Blech getriebenen Tierfiguren sind typische Verzierungen für skythische Waffen. Hier könnte es sich um die Darstellung von Greifen oder Panthern handeln.

JH

Literatur: Černenko (1991), Grakow (1978)

Schildzeichen

B. 6 cm, H. 22 cm, Bronze, 4./3. Jh. v. Chr., Ordzonikidze, Kurgan 12, Bestattung 1
Kiew, Institute of Archaeology of the National Academy of Sciences of Ukraine,
Inv.-Nr.: AM-804/4877

Zur Schutzpanzerung eines skythischen Kriegers gehörte auch der Schild. In einer Männerbestattung bei Ordzonikidze bargen Archäologen Überreste eines Schildes, der mit diesem bronzenen Fisch als Schildzeichen ausgestattet war. Der Künstler legte dabei besonderen Wert auf das Herausarbeiten der Fischschuppen und der Kiemen. Das Verzieren sämtlicher Rüstungsteile mit Tierdarstellungen aus Bronze oder anderen Metallen war bei den Skythen üblich.

JH

Literatur: Černenko (1991)

Siegelring

Dm. 1,8 cm, Gold, 314 – 294 v. Chr., Ryzanovka
Kiew, Institute of Archaeology of the National Academy of Sciences of Ukraine,
Inv.-Nr.: Z-4391

Dass die Skythen mit ihren Nachbarvölkern in regem Austausch standen, wird u. a. auch an Hand eines Siegelrings aus einem Kurgan bei Ryzanovka bestätigt. Die Vorderseite des Rings schmückt ein mit Efeu bekränzter Satyrkopf, eine Gestalt aus der griechischen Mythologie. Auf der Rückseite des Rings ist ein Flügelgreif mit Löwenkopf und Ziegenhörnern abgebildet, der über eine Kornähre geht und eine Lanze im Maul trägt. Diese Motive finden sich häufig auf Münzen aus der griechischen Kolonie Pantikapaion, wie die Inschrift auf dem Revers bestätigt.

JH

Literatur: Gold (1993)

Skythische Lebenswelt Frau

Kessel
*H. 19,5 cm, Dm. 14,5 cm, Bronze, 4./3. Jh. v. Chr.,
Kamenka-Dneprovskaja, Kurgan 1, Bestattung 9
Kiew, Institute of Archaeology of the National
Academy of Sciences of Ukraine*

Mit nur knappen 20 cm Höhe vom Fuß bis zum Kesselrand ist der schlichte Bronzekessel der kleinste Bekannte dieser Art. Wie bei den Männerbestattungen gaben die Skythen auch ihren Frauen solche Fleischkessel für die rituelle Totenspeise mit ins Grab. Nach skythischem Glauben verweilten die Verstorbenen noch 40 Tage nach ihrem Tod als *„lebende Leichname"* weiter, bis sie nach Ablauf dieser Frist zu *„lebenden Toten"* wurden. Dadurch erklären sich auch die von Herodot ausführlich beschriebenen Begräbnisrituale und die Speiseüberreste in den Kurganen.

JH

Literatur: Rolle (1980a)

Spindel
*H. 18,8 cm, Dm. 3,6 cm, Knochen,
4./3. Jh. v. Chr., Zlatopol, Kurgan 16,
Bestattung 2
Kiew, Institute of Archaeology of the National
Academy of Sciences of Ukraine,
Inv.-Nr.: 47 bis 49*

Zum Alltag einer skythischen Frau gehörte zweifellos auch die Verarbeitung von Wolle zur Herstellung von Kleidung oder Decken. Aus der Frauenbestattung in Zlatopol, Kurgan 16, überdauerte diese Spindel aus Knochen die Zeit. Auf den verdickten Mittelstab wurden fünf gedrechselte Aufsätze gesteckt. Den in seiner Form an eine Schachfigur erinnernde Aufsatz steckte man auf das spitze Ende der Spindel. Spindeln dieser Art sind in skythischen Kurganen häufig zu findende Grabbeigaben. In der Regel messen sie im Durchschnitt 33 bis 35 cm, womit dieses Stück verhältnismäßig kurz ausfällt.

JH

Literatur: Kločko (1991)

Löffel
*H. 13,3 cm, Dm. 3,7 cm, Knochen,
Ende 4./Anfang 3. Jh. v. Chr.,
Grusevka, Kurgan 5, Bestattung 1
Kiew, Institute of Archaeology of the National
Academy of Sciences of Ukraine,
Inv.-Nr.: 12*

Der geschnitzte Knochenlöffel fand sich in einer Frauenbestattung eines Kurgans bei Grusevka. Das Griffende ziert ein stilisierter Schweinekopf mit deutlich herausgearbeiteter Nase und Ohren. Knochen als Material für Gebrauchsgegenstände des täglichen Bedarfs zu verwenden lag nahe, gab es in der Lebenswelt der Nomaden doch nur wenig Holz.

JH

Literatur: Schiltz (1994)

Frauenkopfbedeckung
B. 20,5 cm, H. 12,5 cm, Gold, Stoff,
1. Viertel 3. Jh. v. Chr., Ryzanovka
Kiew, Institute of Archaeology of the National
Academy of Sciences of Ukraine,
Inv.-Nr.: Z-4252 bis Z-4302

Das legendäre Gold der Skythen zierte einst das Haupt vornehmer Skythinnen. Diese zylindrische Prunkhaube aus einer Mehrfachbestattung lag bei den sterblichen Überresten einer vornehmen Frau. Das Stirnband, auch als Metopis bezeichnet, zieren Palmetten und florale Ornamente. Zwei weitere durchbrochene Goldbänder schmücken den Haubenschaft. Den Deckel der Kappe umfasst ein goldenes Band mit kleinen Goldplättchen, die die Trägerin beim Gehen einst durch leises Klingeln begleitet haben mögen. Den Abschluss bildet eine schon beinahe schlicht anmutende Reihe dreieckiger Goldbleche.
Nach der Fundlage des Goldbesatzes konnte die Form der Haube rekonstruiert werden, die auch als ‚Skythischer Kalathos' bezeichnet wird. Als Kalathos bezeichnete man im antiken Griechenland Weidenkörbchen, die junge Mädchen bei Fruchtbarkeitsritualen als Opfergaben den Göttern darbrachten.

JH

Literatur: Kločko (1991), Rolle (1980a)

Amulettanhänger
B. 10 cm, L. jeweils 2,1 cm, Gold,
330 – 300 v. Chr., Oguz-Kurgan, Nordgrab
Kiew, Institute of Archaeology of the National
Academy of Sciences of Ukraine,
Inv.-Nr.: Z-1010 bis Z-1013

Dieses ungewöhnliche und kostbare Armband mit Amulettanhängern aus Gold wurde neben 6000 weiteren Gegenständen gefunden, obwohl die Kammer zum Zeitpunkt der Grabung bereits zweimal Ziel von Plünderungen gewesen war. Die unglaublich fein gearbeiteten Amulette zeigen einen liegenden Löwen mit geöffnetem Maul, einen zylinderartigen Anhänger, einen Widderkopf sowie ein münzförmiges Goldstück. Vermutlich sollte dieses Schmuckstück Unheil von seiner Trägerin abwenden.
Hinter dieser Filigranarbeit werden griechische Handwerker vermutet, die in der Lage waren solche Arbeiten durch zuführen, die sich nur die skythische Oberschicht leisten konnte. Die Archäologen gehen davon aus, dass es sich bei dieser Bestattung um die Frau oder Tochter des Fürsten aus der sogenannten Königsbestattung von Oguz handeln müsse.

JH

Literatur: Boltrik / Fialko (1991), Boltrik / Fialko (2007)

Ohrgehänge „Sphinx"
B. 1,1 cm, H. 3,5 cm, T. 0,6 cm, Gold,
330 – 300 v. Chr., Oguz-Kurgan, Nordgrab
Kiew, Institute of Archaeology of the National
Academy of Sciences of Ukraine,
Inv.-Nr.: Z-452

Ebenfalls zum Fundkomplex um die mögliche skythische Fürstin oder Prinzessin aus Oguz gehört dieses Ohrgehänge. Die geflügelte und auf einem Podest sitzende Sphinx wird von einer ebenso filigran gearbeiteten Rosette gekrönt. Die Sphinx findet sich häufig in der griechischen Kunst wieder, jedoch weniger im Schmuck. So mag diese herausragende Arbeit ein Produkt griechischer Goldschmiede vor allem im nördlichen Schwarzmeergebiet gewesen sein. Einen ähnlichen Fund bargen Archäologen auch aus dem Drei-Brüder-Kurgan bei Kertsch, was verdeutlicht, dass die Frauen der skythischen Oberschicht im 4. Jh. v. Chr. einen immer größeren Gefallen an Schmuck aus griechischen Werkstätten entfalteten.

JH

Literatur: Boltrik / Fialko (2007), Gold (1993), Jacobson (1995)

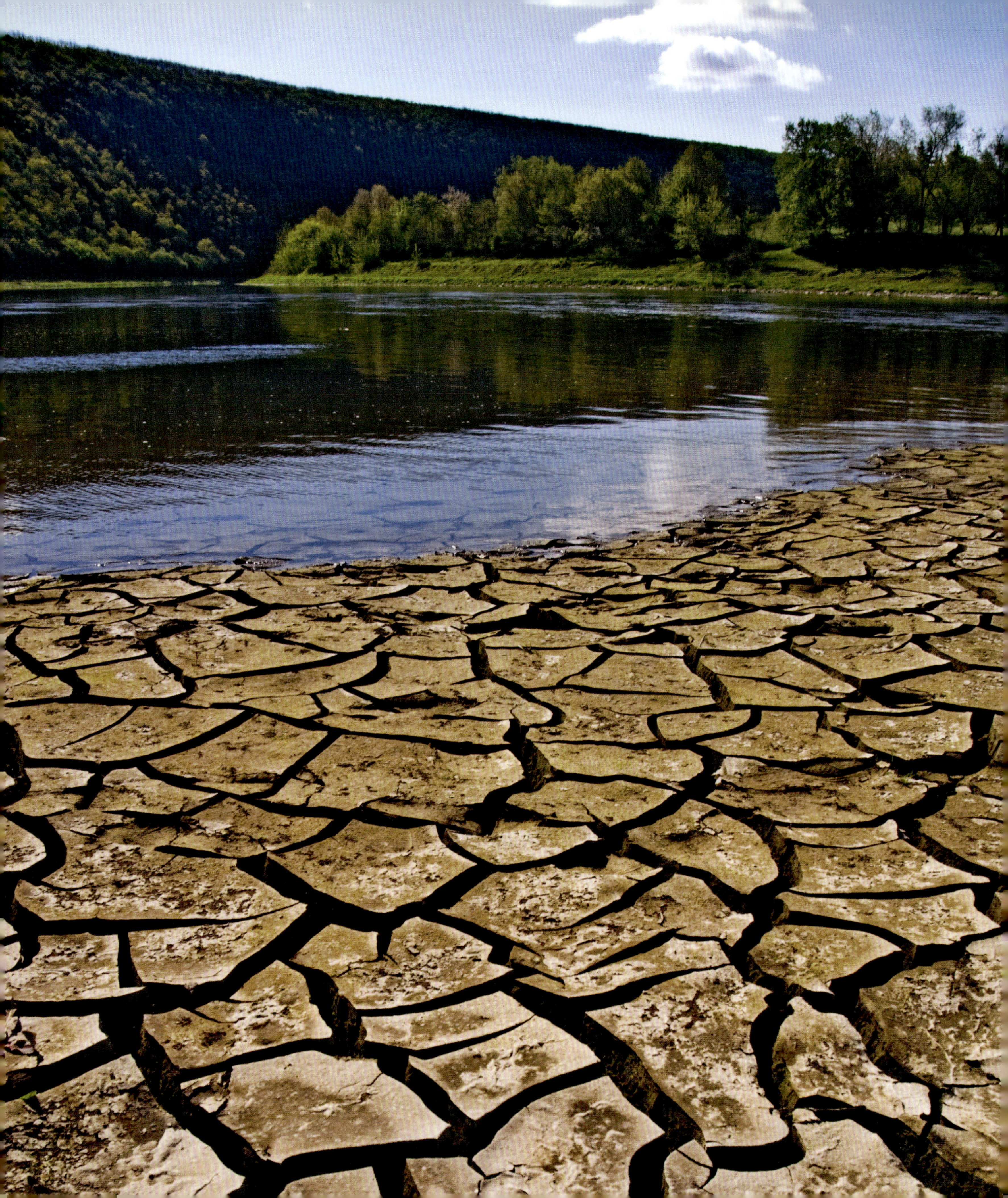

Tod und Begräbnis – Nekropolen und die bisher erkennbare Stellung von Frauen mit Waffen

Renate Rolle

Die Skythen siedelten einst bis in die Gegenden des Flusses Tyres – sein heutiger Name lautet Dnjestr – im Südwesten der heutigen Ukraine. In der Nähe der einstigen griechischen Kolonie Tyras strömt er ins Schwarze Meer.

Grabhügel bilden im Land der Skythen eine unverkennbare Besonderheit der historisch gewachsenen Landschaft. Allerdings sind viele durch die neuzeitliche Landwirtschaft und durch Planierraupen zerstört worden. Im osteuropäischen Raum bestehen solche Grabhügel überwiegend aus Rasensoden und aus mit Hilfe von Wasser geformten Schlammziegeln (*valki*), die raffiniert kombiniert wurden, um die Standfestigkeit zu gewährleisten. Es handelt sich dabei also um geplante, in Sektoren gebaute Grabhügelarchitektur, die wohl von speziell ausgebildeten Baumeistern errichtet wurde. Bei den Gräbern von ‚Fürsten' und ‚Königen' konnten die Kurgane bei einem Basisdurchmesser von etwa 100 m und außerordentlich steilen Neigungswinkeln der Abhänge die stattliche Höhe von 5- bis 6-stöckigen Häusern erreichen. Dies erklärt die markanten Silhouetten der Kurgane in der ebenen, ständig in Bewegung wogenden Steppenvegetation. Analysen haben gezeigt, dass die Erde, welche zum Aufbau der Hügel Verwendung fand, Feuchtbodenmaterial von besonderer Güte war und mehrfach sogar aus Entfernungen von ca. 6 bis 8 km mühsam antransportiert werden musste. Meiner Auffassung nach stellt ein Großkurgan, zumindest im europäisch-skythischen Raum allem Anschein nach das weithin sichtbare Symbol einer Weidefläche für das Jenseits dar, einer großen ‚himmlischen Weide' für die Pferde und die anderen Tiere der verstorbenen Herrscher. Dies traf auch auf Frauen zu, die sowohl in der Gruppe der ‚Fürstengräber' vertreten sind als auch in den sonstigen Nekropolen, wo sie, genau wie die Männer, ein Anrecht auf einen eigenen Kurgan hatten. Häufig wurden Frauen aber auch in ‚Familiengräbern' gemeinsam mit den Männern in einen Grabhügel eingebracht, dessen Aufschüttung man für die Nachbestattungen ausbaute. Auf der Spitze der wichtigsten Grabhügel standen einst menschengestaltige Steinfiguren, die man bevorzugt als Ahnenfiguren interpretiert.

Aus dem geheimnisvollen Dunkel der unterirdischen Grabkammern kamen seit dem 18. Jh. viele kostbare Beigaben ans Licht, die den Toten jeweils mitgegeben wurden. Sie spiegeln uns archaische Jenseitsvorstellungen wider, die gewisse Rückschlüsse auf die

In der Weite der ukrainischen Steppe fällt die Erhebung eines Kurgans schon auf große Entfernung auf. Wegen ihrer Höhe, die drei- und mehrstöckigen Häusern entsprechen können, zählen sie zu den höchsten Hügelgräbern.

einstige Vorstellungswelt im Diesseits zulassen. In der Mitbestattung des Totengefolges von sowohl Menschen als auch Tieren werden zudem die Jenseitserwartungen der Elite und ihrer Nachkommen deutlich. Verfügungsgewalt wurde ihnen auch nach dem Tod zuerkannt: Sie waren Herrscher, Anführer und Kämpfende im Diesseits wie im Jenseits. Aufwendige Außenanlagen, Hinterlassungen von Opferhandlungen und besonders die Überreste reichhaltiger Totenmahlzeiten, die nachträglich an den Grabhügeln zelebriert wurden, zeigen, wie lange dieser Respekt für die Ahnen wirksam war.

Feststellbare Ausstattungsmuster der Beigaben gestatten eine relativ genaue Einschätzung der sozialen Stellung der Verstorbenen. Die skythische Kulturgeschichte lässt sich im Spiegel der Edelmetallobjekte erschließen, da die mitgegebenen Gold- und Silbergegenstände durch die darauf gezeigten Darstellungen eine bedeutsame erzählende Quelle liefern. Die Vorliebe für Gold, das als Statussymbol anzusehen ist, erlaubt anhand außerordentlich qualitätvoller Fundstücke Einblicke in die Tier- und Arbeitswelt, wofür das Goldpektorale aus dem Kurgan Tolstaja Mogila ein beredtes Zeugnis ablegt. Eine weitere, sozusagen ‚nationale' Ausdrucksform bildet die meist unter dem Ausdruck skytho-sibirischer Tierstil zusammengefasste Darstellungsweise, die als kultureller Code und als Symbolsprache der besonderen Art angesehen werden muss, auch wenn ihre letzten Geheimnisse immer noch nicht ganz entschlüsselt sind. Dieser Stil, aus Tieren und Tierelementen kompliziert gestaltet und zu neuen Motiven zusammengestellt, durchzog das Leben der Menschen damaliger Zeit buchstäblich in allen Bereichen und findet sich auf fast allen zur Verfügung stehenden Materialien.

Prachtvolle Arbeiten stellen neben den Metallerzeugnissen die oft goldummantelten Schnitzereien aus Holz dar, sowie die Textilien und Lederarbeiten, die mit farbenfrohen Applikationen bestickt und zusammengestellt wurden, wodurch sie oft einen mehrdimensionalen Eindruck erwecken. Eine spezielle Form dieses Tierstils findet sich als ‚dynamische Körperkunst' auf den Menschen selbst, die, Männer wie Frauen, kunstvolle Tatauierungen trugen. Obwohl diese Kunstform nach den Schriftquellen schon lange bekannt ist, sind gerade in den letzten Jahren in

Nach Herodots Auskunft galten Tatauierungen bei den Thrakern als Zeichen eines hohen sozialen Rangs. Diese Körperkunst war aber auch bei den Skythen bis weit nach Sibirien bekannt und verbreitet, wie zahlreiche Mumienfunde beweisen.

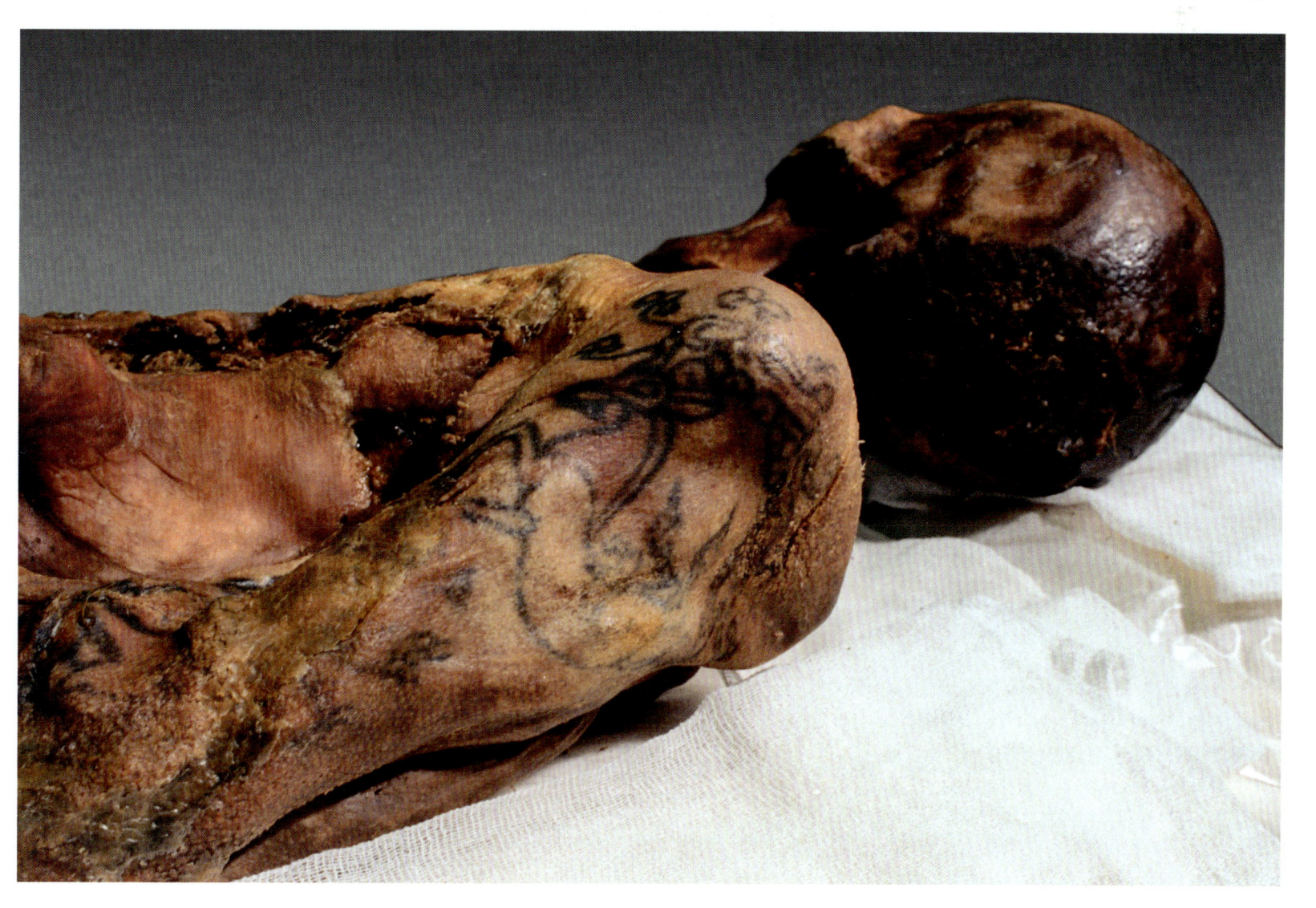

den frostkonservierten Kurganen des östlichen Verbreitungsgebiets neue Funde in größerer Zahl zutage gekommen.

Im archäologischen Befund ist bei den Frauen im Beigabeninventar allgemein eine altersmäßige, soziale, funktional-kultische und auch eine modische Staffelung zu beobachten. Liebevoll ausgestaltete Kopfbedeckungen mit reichlich Goldbesatz lassen sich teils als komplizierte Bildprogramme aufschlüsseln und sind in großer Bandbreite vorhanden. Perlengehänge, an Ohren, Hals und Armen getragen, aus Goldröhrchen montierte Schulternetze, mit aufgestickten Goldappliken besetzte Umhänge, Schuhe und knöchelhohe Stiefelchen (die so genannten *skythici*) sind in zahlreichen sozialen und modischen Nuancen überliefert. Verbreitet ist daneben die Sitte, an jedem Finger einen Goldring zu tragen.

In diesem sozialen Kontext müssen wir uns auch die ‚Amazonen' vorstellen, die, wie die Grabbefunde zeigen, auf ihre weibliche Seite durchaus Gewicht legten. Schmuck, Schminke, Kosmetika, Spiegel usw. betonen diese Facette ihrer Persönlichkeiten. Dass im Kampf, auch auf der Jagd und bei längeren Distanzritten die Männertracht gute Dienste leistete, ist mit Sicherheit anzunehmen und kann anhand des weit im Osten dokumentierten Befundes aus Ak-Alacha 1, dank der günstigen Erhaltungsbedingungen, auch erstmals zweifelsfrei nachgewiesen werden.

Einige singuläre Beobachtungen zum ‚Amazonenleben' konnten bei den Ausgrabungen von 1983 bis 1986 in der Nekropole am Certomlyk-Kurgan getätigt werden. Der zahlenmäßige Anteil von mit Waffen versehenen Kriegerinnen schwankt von Nekropole zu Nekropole etwas, jedoch treten solche Bestattungen niemals gehäuft auf. Im Rahmen der am Certomlyk erzielten Ergebnisse entfielen von insgesamt 50 skythischen Bestattungen aus dem 4. vorchristlichen Jh. sechs (evtl. sieben) auf Gräber von Kriegerinnen. Sie konnten anhand der Beobachtungen des bei den Grabungen anwesenden Anthropologen Michael Schultz (Zentrum Anatomie der Universität Göttingen) fotografiert und bearbeitet werden. Vier der Gräber fallen besonders ins Auge und sollen hier beispielhaft vorgestellt werden.

Zum einen ist dies die leider von Grabräubern gestörte Bestattung in Kurgan 30. In der Einfüllung und im Kopfbereich fanden sich Reste eines mit Eisenlamellen verstärkten Kampfschildes. Die untere Hälfte des Skeletts wurde in situ angetroffen, dabei lagen ein großer Bronzespiegel, Perlen, rote und gelbe Schminke sowie fünf so genannte Wurfsteine, die wohl zu einer Schleuder oder einer bolaähnlichen Waffe gehörten. Unter dem rechten Arm und der zugehörigen Hand wurden mehrere Krallen eines großen Raubtieres gefunden (Löwe oder Bär), die wohl zeigen, dass die Tote in ihrem trogförmigen Sarg auf ein Raubtierfell gebettet war.

Eine weitere interessante Beobachtung stammt aus Kurgan 11, Bestattung 2, wo der Bestatteten ein in Stoff gehülltes Bündel Pfeilspitzen mitgegeben war. Die Spitzen wiesen noch Reste der Schäfte auf. Der Mittelfinger der rechten Hand zeigte deutliche Spuren von Überbeanspruchung und Verschleiß, wahrscheinlich vom ständigen Bogenschießen.

Diversen Schmuck, darunter zwei Ohrringe und die Reste eines Köchers mit 13 Pfeilspitzen, enthielt die

Auch in der Bestattung des Kurgan Tatjanina Mogila der Certomlyk-Nekropole fanden sich die Überreste eines reichen Goldbesatzes, den einst die Haube einer vornehmen Trägerin zierte.

Über 1000 knöcherne Sarkophagverzierungen dieser Art in Form von Palmetten, Blütenkelchen, Herzen, Spiralen, Blättern oder kleinen baumähnlichen Stücken schmückten einst den Sarkophag einer Frauenbestattung aus dem Nordgrab des Oguz Kurgans.

Frauenbestattung in Kurgan 16. Das Skelett der ca. 20 Jahre alten Frau lag längs der Nordwand. Zwischen linkem Arm und Brustkorb fand sich das Skelett eines Säuglings, dessen Schädel zerdrückt war. Die Lage seiner Arme konnte nicht genau beobachtet werden, das Kind scheint jedoch gewickelt gewesen zu sein, denn die eng zusammenliegenden Kinderfüße wurden, wie schützend, von den Fingern der Frau überdeckt. Ihr Kopf war anscheinend speziell auf das Kind ausgerichtet und zur linken Seite herabgebeugt deponiert worden.

Im Kurgan 9, Bestattung 2, wurde ein Frauenskelett in gestreckter Rückenlage auf Holzplanken liegend aufgefunden. In der Südwestecke des Grabes lag eine wuchtige, ca. 43 cm lange eiserne Lanzenspitze, zu der ein Lanzenschuh in der Südostecke gehörte. Hinzu kamen die Reste eines Köchers, der 18 Pfeilspitzen dreier verschiedener Typen enthielt. Speisebeigaben, wohl Rippen und Schulterblatt eines Hammels, sowie ein eisernes Messer fanden sich am Kopfende. Unter dem rechten Schulterblatt der Toten war ihr Bronzespiegel mit Holzgriff anscheinend in einem am Rücken getragenen Futteral deponiert. Glasperlen von Armbändern, Bruchstücke bronzener Schläfenringe und ein fünfspiraliger Fingerring gehörten zur Schmucktracht. Antike Miniaturgefäße für Kosmetika und ein Bleispinnwirtel standen bzw. lagen am Kopfende in der Nordwestecke. Bei der Untersuchung des während des Transports bandagierten Schädels wurde im Inneren eine in situ steckende dreiflüglige skythische Bronzepfeilspitze gefunden. Die vermutlich berittene Verstorbene wurde von unten seitlich hinter den Kiefer getroffen und ist wahrscheinlich an dieser Verletzung gestorben. ■

Literatur:
Aruz u. a. (2000), Derevjanko (2000), Niemeyer (1996), Rolle (1979), Rolle (1986), Zeichen (2007)

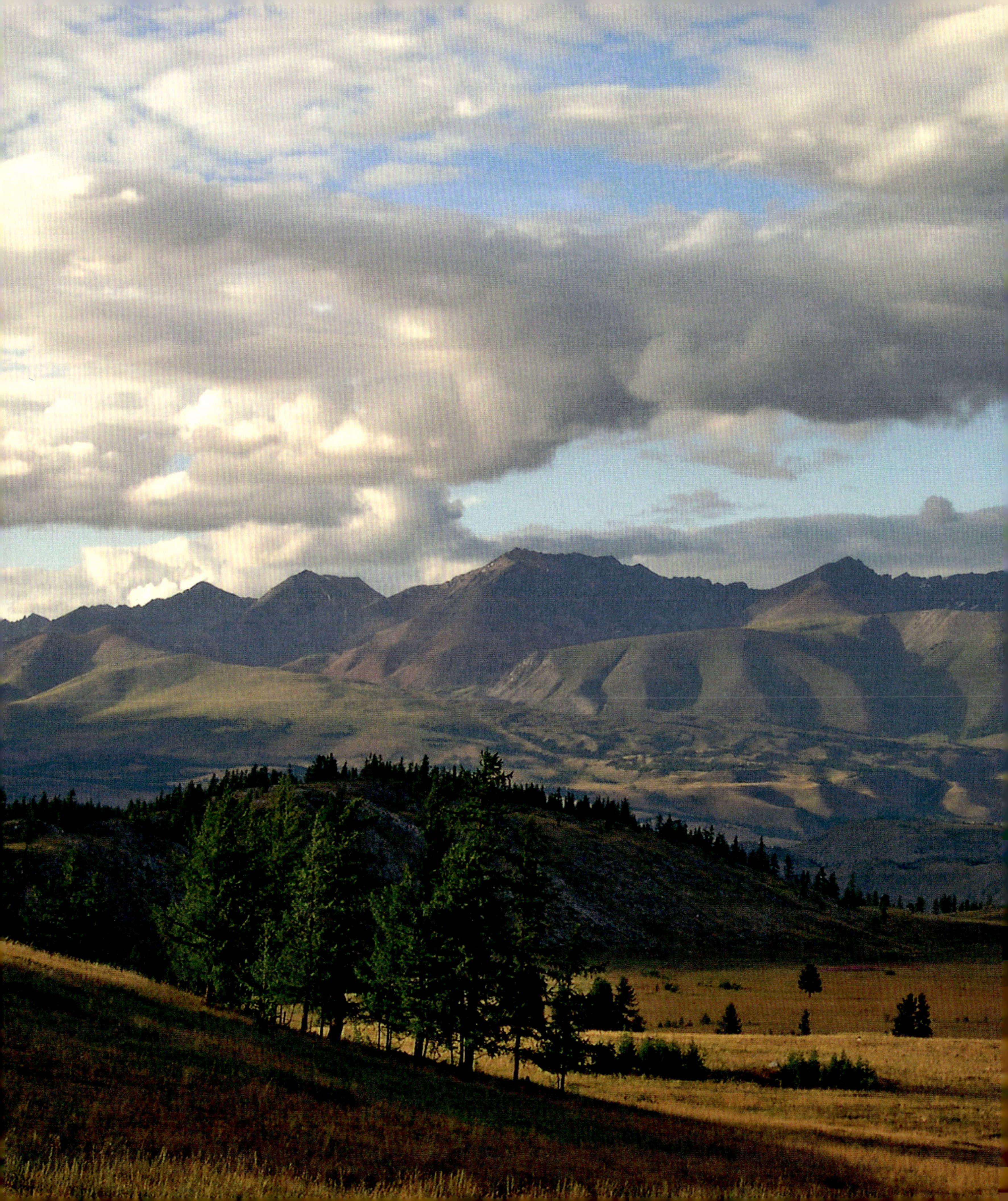

Skythische ‚Amazonen' in den Nordschwarzmeersteppen

Elena Fialko

Archäologische Untersuchungen in den Steppengebieten und Gebirgen des südlichen Osteuropa bis hin in den Altai förderten Frauengräber zutage, die neben weiblichen Beigaben auch Waffen enthielten. Die Gräber der skythischen ‚Amazonen' werfen Fragen zur Realität des griechischen Mythos auf.

In der zweiten Hälfte des 20. Jh. wurden in der südlichen Ukraine, die einst von antiken Nomadenvölkern – Kimmeriern, Skythen, Sarmaten – bewohnt wurde, archäologische Ausgrabungen durchgeführt. Dabei stellte sich heraus, dass es unter den Nomaden Frauen gab, die wie die Männer Waffen trugen und an bewaffneten Auseinandersetzungen teilnahmen. Jüngere archäologische Funde zeigen, dass bei den Skythen Frauengräber mit beigegebenen Waffen weit verbreitet waren. Sie befinden sich in der Dnjepr-Waldsteppe, am unteren Don, im nordwestlichen Schwarzmeerbereich, im Kaukasus und am Kuban. Gemessen an der Gesamtzahl der skythischen Gräber mit Waffen stellen diejenigen von Kriegerinnen eine beträchtliche Zahl dar. Diese Tatsache lässt vermuten, dass viele Krieger der Skythen des Nordschwarzmeerbereichs Frauen waren. Im Süden der Ukraine wurden um die 130 Gräber von Kriegerinnen aus dem 5. bis 4. Jh. v. Chr. gefunden. Der anthropologische Typ der ‚Amazonen' war ebenso wie ihre Begräbniszeremonien identisch mit denen der übrigen skythischen Bevölkerung.

Bei einem Drittel der Kurgane handelte es sich um Primärbestattungen, die restlichen waren Sekundärbestattungen in Gräbern aus der Bronzezeit. Die Aufschüttungen waren gewöhnlich 0,2 bis 1,2 m hoch mit Ausnahme von drei Hügelgräbern, deren Höhe jeweils 1,6, 2,3 und 2,5 m betrug (Kurgan 11 nahe Ordzonikidze, Kurgan 11 nahe L'vovo und Kurgan 1 nahe Soldatskoe). Es gab drei Arten von Gräbern: Am häufigsten waren Nischengräber verbreitet (60 %), gefolgt von Katakombengräbern (ungefähr 30 %) und Grubengräbern (unter 10 %). Wie auch die Männer wurden Frauen gestreckt auf dem Rücken liegend bestattet, die Ausrichtung der Toten nach Westen überwog.

Die Grabbeigaben lassen sich in drei Gruppen unterteilen: 1. allgemeine Grabbeigaben, 2. Grabbeigaben für Frauen und 3. für Männer. Zur ersten Gruppe gehören Fleischgerichte auf einer Platte oder einem Tablett aus Holz zusammen mit einem Eisenmesser und verschiedenen Gefäßen. Zur Gruppe der geschlechtsspezifischen Grabbeigaben für Frauen gehören Spiegel, Ohrringe, Perlen, Armreife und Kosmetikartikel

Die Welt der Steppennomaden

sowie Arbeitsgeräte wie Spindeln, Nadeln und Ahlen. Zu den Grabbeigaben für Männer zählen Waffen – Pfeile, Lanzen und Wurfspeere, Schleudersteine, Schutzwaffen – persönlicher Schmuck, Halsreifen und Ringe. ‚Amazonengräber' sind durch die Kombination von Gegenständen aus den drei Gruppen identifizierbar.

Die Auswahl an Waffen war begrenzt. So gut wie jede ‚Amazone' hatte einen Bogen und mehrere Pfeile, viele waren mit Wurfspieß oder Speer (oder beidem) bewaffnet. Nur drei Gräber enthielten Eisenschwerter (Kurgan 6 nahe dem Dorf Mar'evka, Kurgan 38 nahe dem Dorf Ljubimovka, Kurgan 22 nahe dem Dorf Vinogradnoje). Diese wiesen jedoch keine Schutzrüstung auf. Insgesamt kennen wir lediglich drei Frauengräber, die Kampfgürtel aufwiesen (Kurgan 16 Novofilippovka, Kurgan 11 nahe L'vovo, Kurgan 423 nahe Zurovka). Hieraus lässt sich mit Vorsicht schließen, dass Frauen eine leicht bewaffnete Kavallerie bildeten.

Eine Ausnahme stellt der Kurgan 5 nahe Zelenoje dar, wo drei Gräber von Mädchen mit schwereren Waffen gefunden wurden. Das Grab eines Mädchens im Alter zwischen 10 und 15 stellte die Hauptbestattung des Kurgans dar. Zu ihren Grabbeigaben gehören ein Speer, ein Wurfspieß, eine Schuppenrüstung mit Schild und Helm, drei Schleudersteine, ein Spiegel, eine Handmühle mit einem hölzernen Stößel und eine Halskette mit Glasperlen. Den kleinen Mädchen aus den zwei anderen Gräbern waren lediglich Glasperlen und ein bzw. drei Pfeile beigegeben worden. Der Ausstattung nach zu urteilen wurden in diesem Kurgan eine ‚Amazone' mit ihren zwei Dienerinnen begraben. Der Kurgan ist einzigartig, da es bisher keine anderen Kriegerinnen in voller Ausrüstung unter den skythischen Grabmonumenten der Nordschwarzmeersteppen gibt.

Kriegerinnen wurden anscheinend nicht zusammen mit ihren Schlachtrössern begraben und nur wenige Gräber enthielten Metallfragmente von Pferdezaumzeug (Kurgan 447 nahe Zurovka, Kurgan 35 nahe Bobrica). Das wirft viele Fragen auf und ist schwer zu erklären, denn vermutlich kämpften die ‚Amazonen' ursprünglich zu Pferd. Vielleicht nahmen seit der zweiten Hälfte des 5. Jh. v. Chr. die Aggressivität und Unabhängigkeit der ‚Amazonen' ab oder spiegelten sich nicht mehr so deutlich im archäologischen Befund. An begleitenden Tierbestattungen findet sich nur ein Hund, der am Eingang zu der Grabkammer des Kurgans 5 auf dem Mamaj-Gora-Friedhof lag und der eine gewisse Ähnlichkeit mit einem kleinen südrussischen Schäferhund aufweist.

Grundsätzlich geben die archäologischen Quellen Zeugnis einer Strukturierung der Gesellschaft in soziale Schichten. Die Unterschiede in der Größe der Begräbniskomplexe und der Zusammenstellung von

Sowohl in männlichen als auch weiblichen Bestattungen gehörten Eisenmesser zum üblichen Grabinventar. Die Griffe konnten aus verschiedenen Materialien gefertigt sein, z. B. aus Knochen wie im Fall des Messers von einem Mann, der in Zavadsky Mogila, Kurgan 10, Bestattung 2, beerdigt wurde. Dagegen stammt das Messer, dessen Griff mit Kreisaugen verziert ist, aus einem Frauengrab von Ispanova Mogila, Kurgan 9, Bestattung 2.

Das ‚Amazonengrab' von Ljubimovka, Kurgan 38, Bestattung 3, zeigt eindrucksvoll die Kombination der verschiedenen Arten von männlichen und weiblichen Grabbeigaben. Neben den typisch weiblichen Gegenständen wie Keramik, Perlen und Spiegel waren der Frau zwei Lanzen, ein Akinakes sowie 135 Pfeilspitzen als Waffen mitgegeben worden. Die dreiflügeligen Pfeilspitzen enthielten zum Teil noch Reste der Holzschäfte.

Zum Schmuck der ‚Amazone' von Ljubimovka zählte neben halbmondförmigen Goldohrringen mit filigranen Ornamenten auch ein goldener Halsring. Zwölf dünne Golddrähte waren hier miteinander verflochten worden und bildeten so ein aufwändig gefertigtes Accessoire. Der Goldschmuck wie auch der im Grab gefundene Bronzekessel sprechen dafür, dass es sich um eine Frau von höherem sozialen Rang handelte, die zudem eine militärische Führungsposition innehatte.

Grabbeigaben beweisen dies ebenfalls. Größtenteils handelte es sich bei den gefundenen Kriegerinnen um Mitglieder der sogenannten Mittelschicht. Es gibt jedoch auch einige ‚Amazonengräber' mit beigegebenem Goldschmuck – Ohrringe, Fingerringe – und aufwendigen, schwarz gefirnissten und rotfigurigen Import-Tongefäßen (z. B. Kurgan 2 und 3 nahe Akimovka, Kurgan 16 auf dem Friedhof Mamaj-Gora etc.). Sie weisen auf einen höheren sozialen Status der bestatteten Frauen hin. Außerdem fand sich unter den Grabbeigaben mehrfach ein bronzener Kessel (Kurgan 38 nahe Ljubimovka, Kurgan 8 nahe Volchansk) und bzw. oder ein metallener Halsreif (Kurgan 16 auf dem Friedhof Mamaj-Gora). Diese Gegenstände kennzeichneten vielleicht die Bestattungen von Frauen, die eine militärische Untereinheit anführten.

Das Grab von Kurgan 2 bei Zelenoje ist von besonderem Interesse. Die ‚Amazone' wurde in einem Grabhügel zusammen mit einem Mann bestattet, jeder von ihnen hatte jedoch eine separate Grabkammer. Beide gehören eindeutig zur gesellschaftlichen Oberschicht. Die Frau hatte ein Stück Leder auf dem Kopf und trug Lederstiefel mit eingeprägten Verzierungen. Ihr Schmuck bestand aus einer goldenen Halskette, einem Silberring und einem Armband aus Glasperlen. Unter den Grabbeigaben waren außerdem ein Schmuckkästchen mit einem Spiegel, zwei Pyxiden (Kosmetikgefäße), eine Spindel und eine Ahle, eine Handmühle mit hölzernem Stößel, drei importierte Gefäße, ein Speer und ein Köcher mit 107 Pfeilen. Wahrscheinlich handelte es sich bei den in dem Hügel Bestatteten um ein Paar.

Die Zahl der Bestattungen von Frauen mit Waffen auf den Friedhöfen schwankt. Auf manchen machen solche Bestattungen ganze Gruppen aus (Elizavetovsky-Friedhof, Friedhof nahe Ljubimovka, Friedhof von Certomlyk, Friedhof nahe Zelenoje, Friedhof Mamaj-Gora). In manchen Friedhöfen fanden sich ein bis drei Begräbnisse, in anderen überhaupt keine. Die repräsentativste Reihe von Gräbern wurde auf dem größten Friedhof des Nordschwarzmeergebietes entdeckt: Mamaj-Gora. Von den 317 skythischen Gräbern sind 12 ‚Amazonen' zuzuordnen.

Die Kriegerinnen waren nicht alle gleich alt – ihr Alter reichte von 16 bis 60 Jahren, ungefähr die Hälfte war jedoch zwischen 25 und 35 Jahre alt. Bei den Gräbern handelte es sich fast ausnahmslos um Einzelbestattungen. Nur vier von ihnen bargen eine junge Frau und ein Kleinkind (Kurgan 16 in der Gruppe von Certomlyk, Kurgan 48 in der Gruppe von Shirokoje-2, Kurgan 13 nahe Ordzonikidze, Kurgan 14 nahe Vyshetarasovka). Und vier der Frauen wurden von Bediensteten ins Grab begleitet (Kurgan 14 nahe Vyshetarasovka, Kurgan 12 in der Nosaki-Gruppe, Kurgan 18 nahe L'vovo, Kurgan 48 nahe Ljubimovka). Nur jede zehnte mit Waffen bestattete Frau hatte ein Alter von 60 Jahren erreicht.

Was das ursprüngliche Siedlungsgebiet der ‚Amazonen' betrifft, nimmt man an, dass es die Stadt Themiskyra (Kleinasien) an der Mündung des Flusses Thermodon war – letzterer wurde mit dem Fluss Therme Çai identifiziert, der in das Schwarze Meer fließt.

Es gibt drei Konzentrationen von Frauengräbern mit Waffen aus dem 5. und der ersten Hälfte des 4. Jh. v. Chr. im Bereich der pontischen Steppe. Eine sehr umfangreiche befindet sich im nordwestlichen Bereich des Asowschen Meeres, an der Mündung des Flusses Molochnaya nahe dem Hafen Kremnoi, eine kleinere entlang der linken Uferseite des unteren Dnjepr und die größte Konzentration entlang des rechten Ufers des Dnjepr bis zur Mündung des Flusses Bazavluk.

Dies stimmt mit den Angaben des Geschichtsschreibers Herodot überein. Zahlreiche Gräber von Kriegerinnen wurden im Bereich des Asowschen Meeres gefunden – dem angeblichen Ort der Ankunft der ‚Amazonen' in Skythien. Entlang des Flusses Don, nahe Kolbino und Ternovoje, wurde ebenfalls eine große Anzahl Gräber von Kriegerinnen aus der genannten Zeit gefunden. Trotzdem kann man kaum behaupten, dass im Nordschwarzmeerbereich ein Amazonenreich existierte. Archäologische Funde liefern keine Hinweise darauf, dass die Kriegerinnen grimmige ‚Gattenmörderinnen' waren. Und doch sind, wenn man alle Quellen vergleicht, viele Ähnlichkeiten zu den sagenhaften ‚Amazonen' offensichtlich.

Generell bietet es sich an, das ‚Amazonentum' als universalhistorisches Phänomen zu betrachten. In allen Gesellschaften, in denen Männer in bewaffneten Konflikten stehen, müssen auch Frauen ihr Zuhause, ihre Familie (Kinder und Alte) und Herden verteidigen. Während manche Frauen sich ausschließlich an der Verteidigung beteiligten, nahmen andere, den Männern gleich, offensiv an den Kämpfen teil. Tatsächlich war dies im Laufe der gesamten Menschheitsgeschichte für viele Nationen typisch und nicht ausschließlich den legendären ‚Amazonen' vorbehalten. ■

Literatur: Andruch (2001), Andruch / Toščev (1999), Andruch / Toščev (2004), Charbonneaux / Martin / Villard (1970), Charbonneaux u. a. (1969), Evdokimov (1983 / 1985), Fialko (1991), Fialko (2009), Savostina (2001)

Keramik zählte zu den typischen griechischen Importwaren der Skythen, die sich in erster Linie die Oberschicht leisten konnte. Der schwarz gefirnisste und innen mit einem Blumenmuster verzierte Kantharos aus Akimovka, Kurgan 2, Bestattung 1, lässt vermuten, dass es sich bei der bestatteten Frau um eine Person höheren Ranges handelte.

In der Nekropole von Olbia-99 wurde diese rotfigurige Pelike des 4. Jh. v. Chr. gefunden, deren eine Seite eine Amazonomachie zeigt. Das Phänomen bewaffneter Frauen, die aktiv an Kampfhandlungen beteiligt waren, ist heute jedoch nicht mehr nur mit den mythischen ‚Amazonen' verbunden. In zahlreichen Kulturen lassen sich mittlerweile kämpfende Frauen belegen.

Der bemalte Sarkophag aus dem skythischen Kurgan

Elena Fialko

In einem skythischen Kurgan nahe dem Dorf Marjowka, Gebiet Saporoschje (Ukraine), fand man Überreste eines bemalten Holzsarkophags, darunter ein Deckel mit mehrfarbiger Malerei, der Schlachtszenen zeigt. Die farbenprächtige Gestaltung umfasst auf drei durch Ornamentgürtel abgesetzten Ebenen einen Bereich von 130 x 30 cm. Auf jedem Fries ist die Schlacht zwischen zwei sich gegenüberstehenden Fußkriegern dargestellt. Alle Figuren sind zu drei Vierteln dargestellt. Die Gestalten in verschiedenfarbiger greller Bekleidung sind mit einer schwarzen Kontur umrissen, was ihnen Räumlichkeit verleiht. Die wehenden Gewänder und enthusiastischen Posen der Krieger betonen die Dynamik ihrer Bewegungen und verleihen dem Sujet Nachdruck. Eine detaillierte Analyse der gemalten Gestalten und der Vergleich mit den Ornamentfriesen griechischer und römischer Sarkophage sowie bemalten Vasen erlauben davon zu sprechen, dass auf dem Deckel eine Amazonomachie dargestellt ist – eines der beliebtesten Sujets der altgriechischen Mythologie.

Komposition und Gegenstand der Malerei zeugen davon, dass der Sarkophag von einem Meister aus dem Bosporusraum bemalt wurde. Der Sarkophag und ebenso die gesamte Grabanlage werden auf das Ende des 4. Jh. bis Anfang des 3. Jh. v. Chr. datiert. ∎

Literatur:

Bunyatan / Fialko (2009), Fialko (2010)

124　Die Welt der Steppennomaden

Das ‚Amazonengrab' von Bobrica
7./6. Jh. v. Chr., Bobrica, Kurgan 35
Kiew, National Museum of History of Ukraine (NMHU)

Nahe Bobrica, einem Dorf im Bezirk Čerkassy südöstlich von Kiew, wurden seit Ende des 19. Jh. mehrere Kurgane erforscht. In einem dieser Kurgane ruhte die früheste bekannte ‚Amazone' im Nordschwarzmeerraum. Es handelt sich um Kurgan 35, der in das 7./beginnende 6. Jh. v. Chr. datiert werden kann. Die hölzerne Grabkammer barg die ‚Amazone' als Hauptbestattung, eine weitere Frau als Nebenbestattung sowie ein Pferd zu Füßen der ‚Amazone', weswegen sich auch eine eiserne Ringtrense in der Nähe der ‚Amazone' befand. Die traditionellen Speisebeigaben mit dem zugehörigen Eisenmesser waren ebenfalls in der Nähe der Bestatteten platziert, in einer Ecke des Grabes zudem eine Schüssel, ein Becher und zwei Schöpfgefäße.
(Herzlichen Dank an Lyudmila Strokova, Kiew, für die freundlich zur Verfügung gestellten Informationen.)
AR

Literatur: Bobrinskoj (1901), Chanenko / Chanenko (1900), Kovpanenko (1981)

Zwei Pfeilspitzen
B. 1 cm, H. 4,1 cm / B. 0,9 cm, H. 3,8 cm, Bronze
Kiew, National Museum of History of Ukraine (NMHU),
Inv.-Nr.: B 757/1-2

Rechts von der ‚Amazone' wurde ein verkohlter hölzerner und mit Leder überzogener Köcher freigelegt, in dem sich 21 Bronzepfeilspitzen befanden. Die Pfeilspitzen waren zweiflügelig und damit hinsichtlich ihrer Form Vorgänger der späteren dreiflügeligen Spitzen mit höherer Durchschlagskraft.

Halskette
Dm. der Perlen 0,6 – 2,3 cm, Achat, Serdolik, Quarz, Chalzedon, Bernstein, Glas
Kiew, NMHU, Inv.-Nr.: B 759

Die ‚Amazone' trug zwei Perlenketten um den Hals und hatte eine drei Meter lange Glasperlenschnur neben der Schulter liegen.

Becher
H. 6 cm, Mündungsdm. 5,2 cm, Körperdm. 7,5 cm, Ton
Kiew, NMHU, Inv.-Nr.: B 756

Schöpfgefäß
H. 13,9 cm, Dm. 10,7 cm, Ton, Kiew, NMHU, Inv.-Nr.: B 37-79

Ring
Dm. 2,6 cm, Bronze
Kiew, NMHU, Inv.-Nr.: B 758

Fragment eines Ohrrings
B. 1,3 cm, H. 1,2 cm, Dm. des Kopfes 0,8 cm, Bronze
Kiew, NMHU, Inv.-Nr.: B 404

Der Ohrring gehört zur Nebenstattung von Bobrica. Der Frau waren außerdem ein weiterer Bronzeohrring, zwei Kleidernadeln, eine Schüssel aus Sandstein mit roter und weißer Schminke, eine Kette aus Glas- und Bernsteinperlen sowie eine Schale mitgegeben worden.
AR

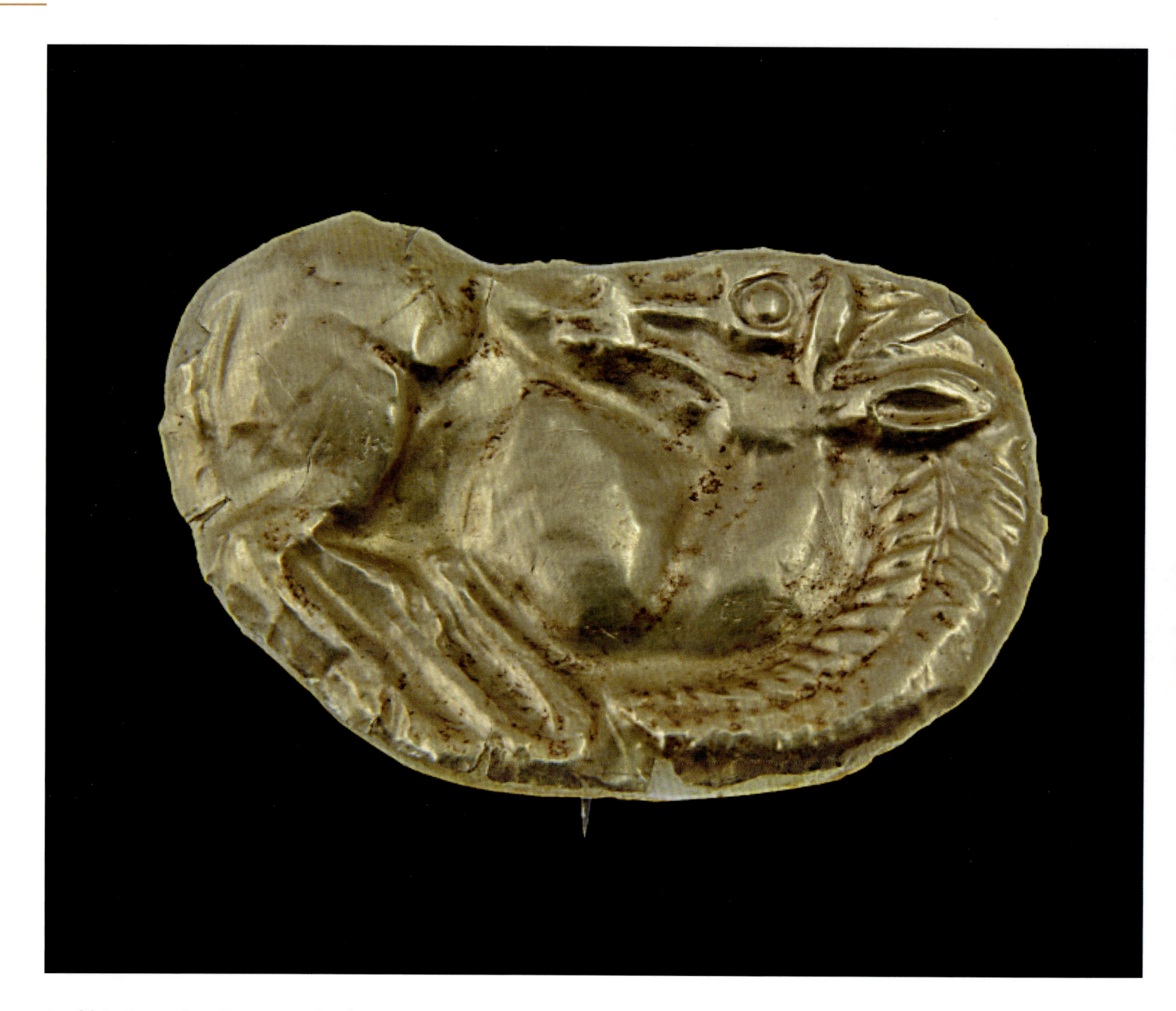

Applik in Form eines Bergziegenbocks
B. 4 cm, H. 2,7 cm, Gold
Kiew, Museum of Historical Treasures of Ukraine, Inv.-Nr.: AZS-988/3

Mehr als 30 unterschiedliche Goldappliken, 19 von ihnen in der Form einer Bergziege des archaischen skythischen Tierstils, wurden in der Nähe des Kopfes der ‚Amazone' gefunden. Sie waren Bestandteil einer einstigen Kopfbedeckung, an der sie angesichts der fehlenden Löcher oder Ösen wohl ursprünglich festgeklebt waren.

AR

Literatur: Bobrinskij (1901), Chanenko / Chanenko (1900), Kovpanenko (1981)

Spiegel
Dm. 14 cm, H. des Griffs 3 cm, Bronze
Kiew, NMHU, Inv.-Nr.: B 760

Der Spiegel, der in einem Lederfutteral gefunden wurde, kann aufgrund seiner Lage genau zwischen den beiden Frauen keiner der beiden eindeutig zugeordnet werden. Der Spiegel in Scheibenform mit zentralem Griff gehörte zu den in der Steppe verbreiteten Spiegeltypen. Auf der Griffplatte selbst ist ein stehendes Wildschwein abgebildet.

AR

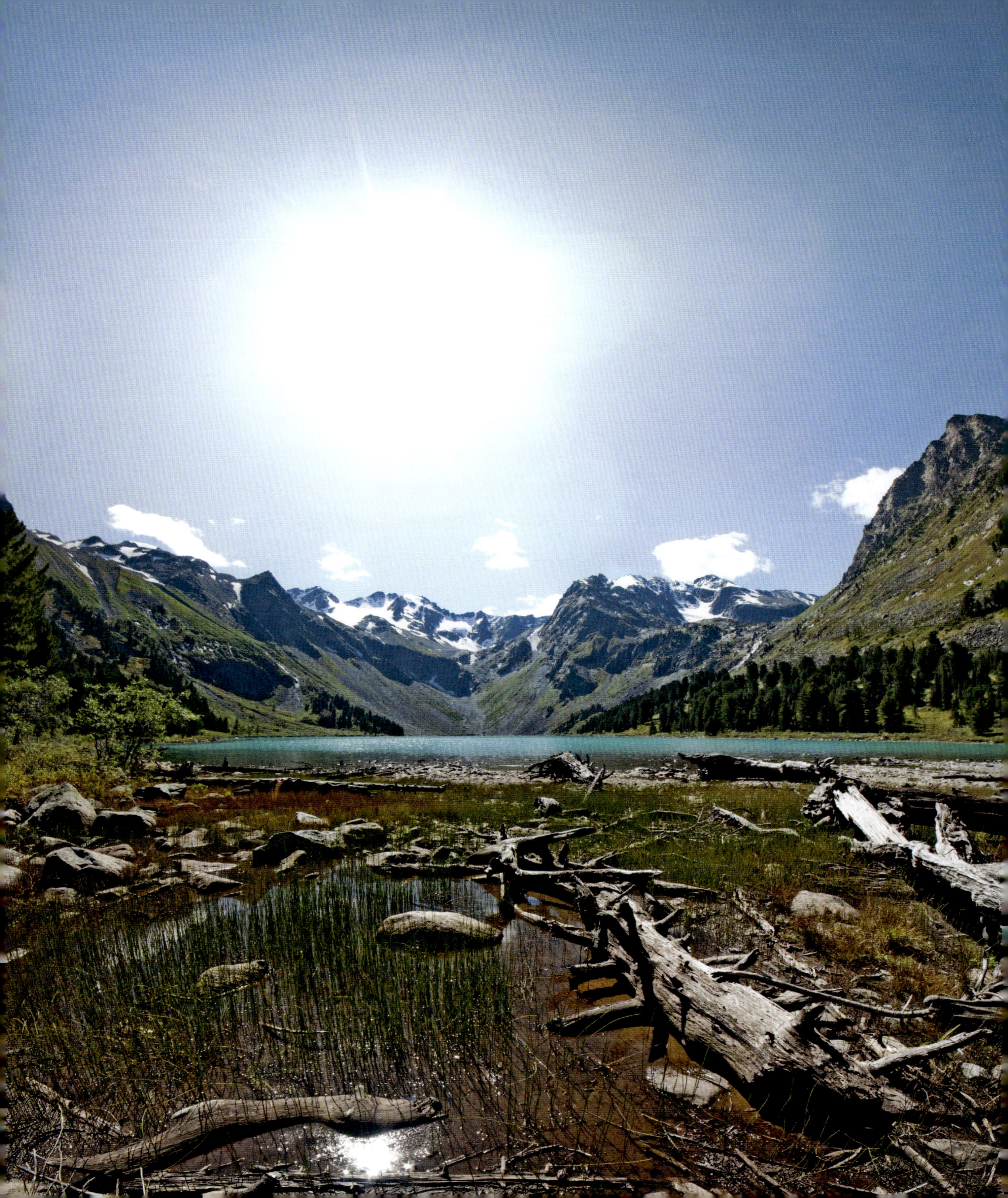

Die ‚Amazone' von Pazyryk

Natalia V. Polos'mak

Die erste Bestattung einer bewaffneten Frau der Pazyryk-Kultur wurde im Jahr 1990 auf dem Ukok-Plateau im Hochaltai aufgefunden. Zwei einzigartige Umstände – der Erhaltungsgrad der Gegenstände aus organischem Materialien in dem gefrorenen Grab sowie die Tatsache, dass diese elitäre Grabstätte nicht im Altertum geplündert worden war – gestatteten zum ersten Mal einen Einblick in die vollständige Ausstattung der Kriegergräber.

Beschreibung des Grabkomplexes

Der Kurgan 1 des Grabkomplexes Ak-Alacha 1 hatte einen Durchmesser von 18 m. Das ist für einen Kurgan der Pazyryk-Kultur eine durchschnittliche Größe. Die großen ‚Königskurgane' im Hochaltai erreichen im Durchmesser über 50 m, die Größe der einfachen Kurgane variiert zwischen 5 und etwa 12 m.

Die Aufschüttung des Kurgans bestand aus großen Steinen, auf die von oben feine Kieselsteine aus dem Flussbett des Ak-Alacha aufgeschüttet wurden. Die Grabgrube befand sich im Zentrum des Kurgans. Sie hatte eine viereckige Form mit den Abmessungen 4,80 x 4,75 m, die Tiefe betrug 2,60 m. Auf dem Grund der Grube befand sich ein Gefüge aus Lärchenbalken von 4 x 4,10 m und einer Höhe von etwa 1 m. Das Balkengefüge bestand aus sieben Kränzen und war von oben mit 38 Balken einer zerlegten vieleckigen Wohnstätte abgedeckt. Der nördliche Teil des Balkengefüges war mit großen Steinen gefüllt. Diese verschlossen die zum Grabkomplex gehörende Pferdebestattung. Der Abschnitt für die Pferde maß 3,70 x 0,90 m. In diesen kleinen, engen Bereich wurden neun Tiere eingebracht: Erhalten blieben die vom Schlag eines Streitpickels eingeschlagenen Schädel, das Fell sowie die zu Zöpfen geflochtenen Schweife. Die Pferde waren in zwei Schichten aufgeteilt: Sieben zeigten mit dem Kopf nach Westen, zwei nach Osten. Aufgrund der dichten Konzentration an Tieren blieben die knöchernen Überreste der Pferde sehr schlecht erhalten. Anhand der Pferdezähne konnte im Rahmen einer Altersbestimmung nach der Methode von G. A. Klevezal' festgestellt werden, dass die Grablegung im Kurgan Ende Mai bis Anfang Juni stattgefunden hatte. Die mitbestatteten Tiere zähl-

Zu unwirtlich zum Leben mutet die schroffe Schönheit des Ukok-Plateaus im russischen Altai Gebirge an. Dennoch lebten bereits vor zweieinhalbtausend Jahren Skythen der Pazyryk-Kultur in dieser kargen Gegend.

ten zu den berühmten hochrassigen Pferden des Altertums und hatten eine Widerristhöhe von 150 cm (zum Vergleich: Die zeitgenössischen Altai-Pferde haben im Schnitt eine Widerristhöhe von ca. 137 cm). Die Tiere wurden mit Zaumzeug und weiterer Ausrüstung bestattet. Schließlich konnten Archäologen sieben vollständige Sätze Riemenschmuck in Form geschnitzter Holzgegenstände (wofür die Pazyryk-Bevölkerung Zedernholz verwendete) von hohem künstlerischem Wert bergen. Hauptsächlich handelt es sich bei den Objekten um verschiedene Darstellungen von Fantasiewesen wie Greifen mit Adlerköpfen, die im ‚Bestiarium' der Pazyryk-Bevölkerung einen exklusiv wichtigen Platz einnahmen. Dieser Sachverhalt lässt die Schlussfolgerung zu, dass es sich bei den ‚Gold bewachenden Greifen' – jenem am Rande der Oikumene lebenden Volk, das dank der Erwähnung in den *Historien* des Herodot (IV 13) Bekanntheit erlangt hatte – um die Pazyryk-Bevölkerung handelte. Zusammen mit den Pferden wurden in dem Grababschnitt noch drei kleine Holzschilde gefunden, die wahrscheinlich an den Sätteln befestigt waren. Bei den Überresten der Sättel handelt es sich um zwei vernähte, weiche, mit Gras ausgestopfte Kissen. Bedeckt waren diese mit Schabracken, die mit eleganten farbenprächtigen Applikationen auf Filz verziert waren. Auf den Satteldecken waren in erstaunlicher Kunstfertigkeit ausgeführte Filzapplikationen in Form von Fischen und Wölfen befestigt.

Das Entfernen der Abdeckung über der Grabkammer gab den Blick auf das zweite innere Balkengefüge mit den Abmessungen 2,40 x 3,20 m frei. Dieses war oben von 14 Balken abgeschlossen und mit dünnen Bahnen aus vernähter Birkenrinde abgedeckt, welche die Balken vor Fäulnis schützten. Die Grabkammer setzte sich aus fünf Balkenkränzen zusammen, der Boden aus 13 Bohlen. Die gesamte innere Grabkammer war mit Eis gefüllt. In ihrem südlichen Teil waren zwei trogförmige Holzsärge aus Lärchenstämmen dicht nebeneinander und nahe an der Wand angeordnet. Der erste war 2,70 m, der zweite 2,60 m lang. Sie waren mit Deckeln versehen und mit Holzkeilen verrammt.

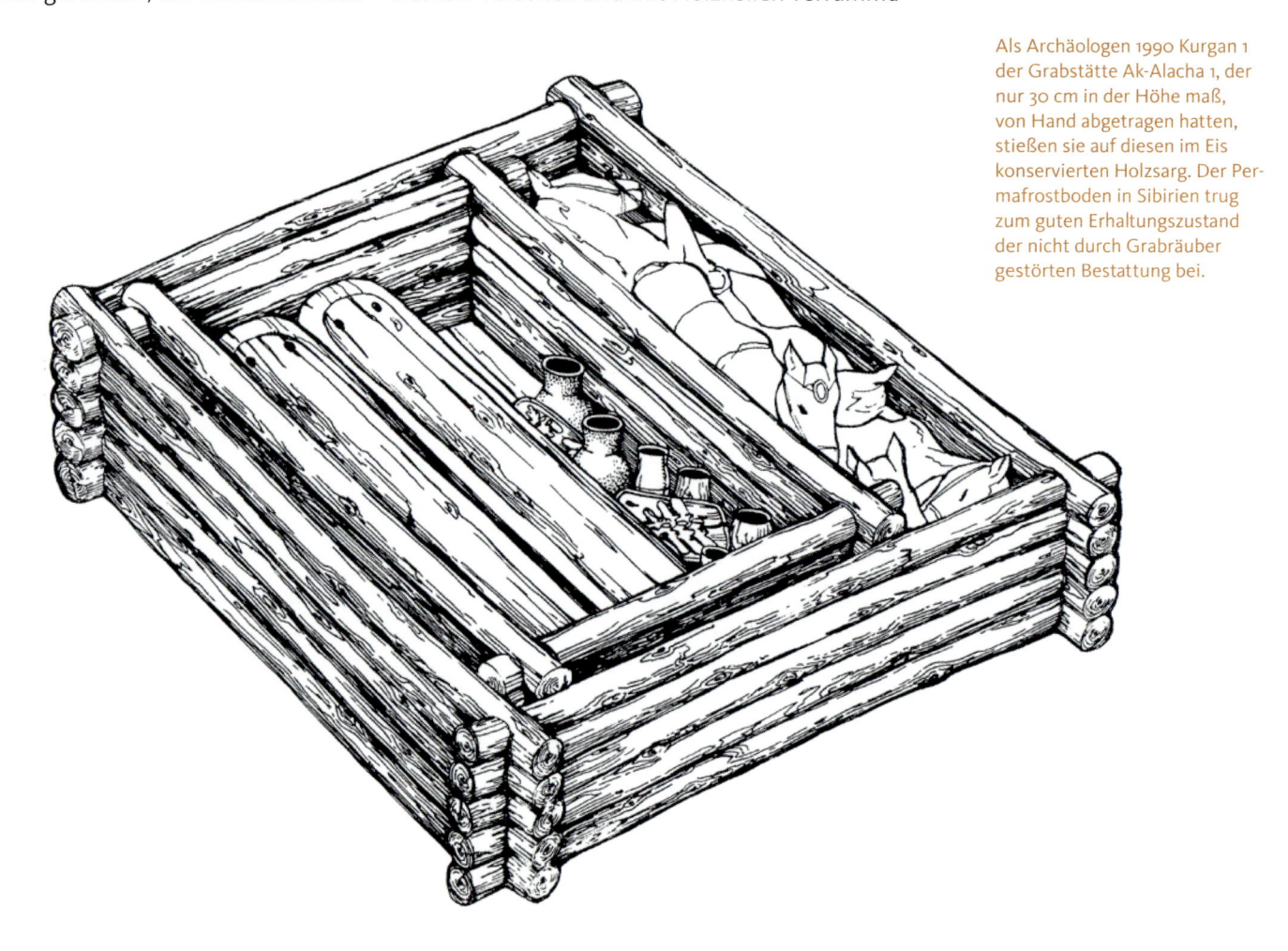

Als Archäologen 1990 Kurgan 1 der Grabstätte Ak-Alacha 1, der nur 30 cm in der Höhe maß, von Hand abgetragen hatten, stießen sie auf diesen im Eis konservierten Holzsarg. Der Permafrostboden in Sibirien trug zum guten Erhaltungszustand der nicht durch Grabräuber gestörten Bestattung bei.

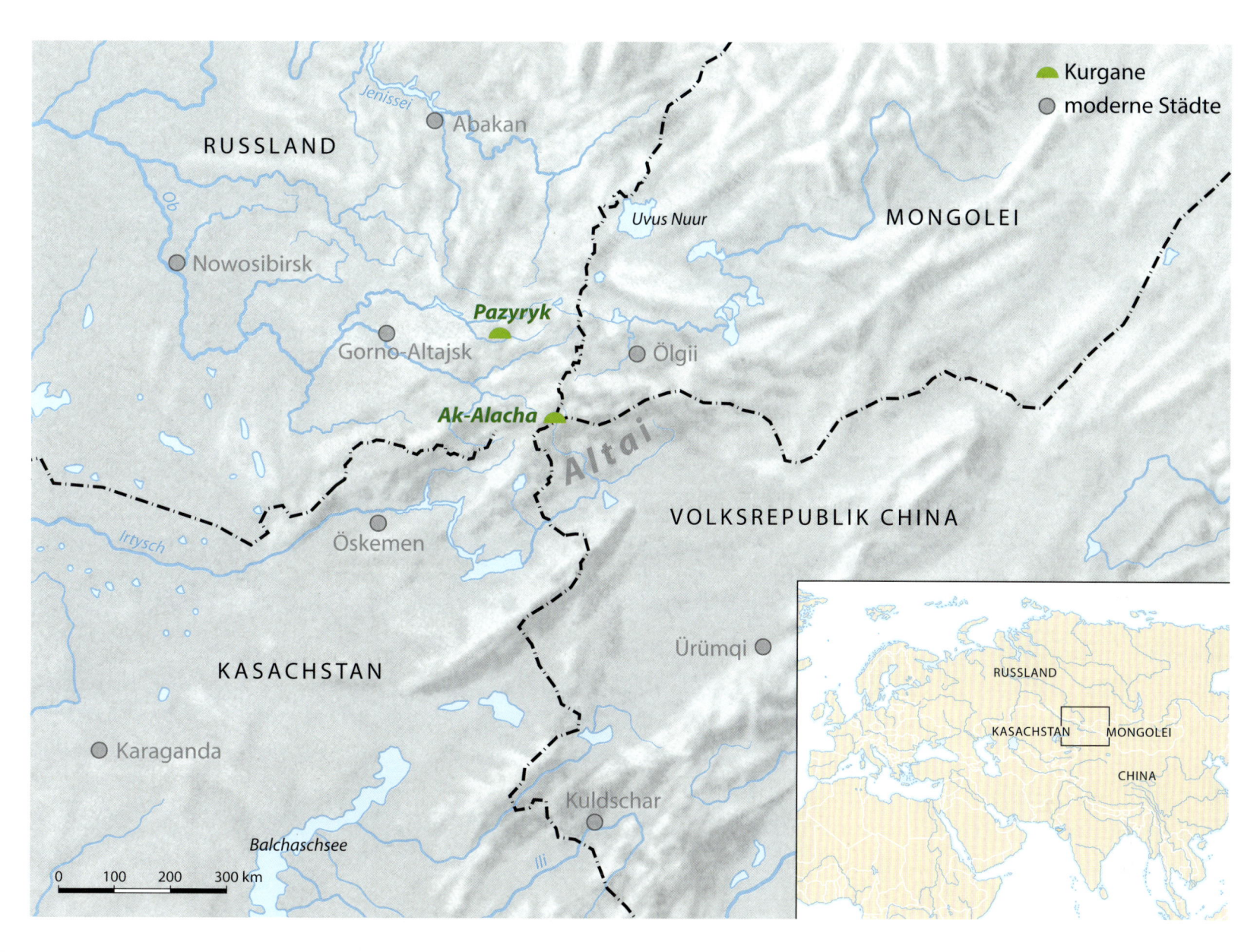

Die Fundstätte Ak-Alacha im russischen Altai-Gebirge

Im freien nördlichen Teil der Grabkammer wurden jeweils zwei Gefäße aus Holz, Keramik und Horn sowie zwei Holzschüsseln mit kurzen Beinchen gefunden. Sämtliches Geschirr war durch das Eis stark beschädigt worden. In den Gefäßen befanden sich wahrscheinlich Getränke wie Milch, Wasser und Kumys (vergorene Stutenmilch). Auf den Schüsseln lagen Schwanzwirbel von Hammeln und einige Wirbelstücke von Pferden – die Überreste einer Fleischmahlzeit. Alle diese Gaben waren möglicherweise für die Götter bestimmt, zu denen die Verstorbenen aufbrachen.

Die Männerbestattung von Kurgan 1 Ak Alacha 1

Im großen Holzsarg an der Südwand der Grabkammer war ein Mann europiden Typs im Alter von 45 bis 50 Jahren bestattet. Er lag gestreckt auf der rechten Seite, unter dem Kopf befand sich eine abgerundete hölzerne Kopfstütze. Erstmals in der Geschichte der Erforschung der Pazyryk-Kultur blieb eine aus Filz gefertigte Kopfbedeckung mit Holzverzierungen erhalten: es handelte sich um eine die Ohren bedeckende, aus zwei identischen Teilen vernähte Kappe mit einem hohen Aufsatz in Form eines hölzernen, mit Goldfolie ummantelten Vogelkopfes.

Die Welt der Steppennomaden

Anhand der Anzahl, der Pferderasse und den Beigaben lassen sich Rückschlüsse auf die soziale Stellung der bestatten Skythen ziehen. Die sorgfältig gearbeiteten Zaumzeugapplikationen aus Kurgan 1 waren ursprünglich mit feiner Goldfolie umwickelt und zeugen auch davon, dass die Verstorbenen wohl einer höheren sozialen Schicht angehörte.

Der Scheitel des Vogelkopfes weist eine Fuge auf, in die eine hölzerne Pferdefigur eingefügt war. Eine ebensolche Pferdefigur wurde im Scheitelbereich der Kappe befestigt, während auf der linken Seite auf einer leicht gewölbten Scheibe eine große Flachrelief-Darstellung eines Hirsches mit großem montierbarem Kopf angenäht war. Alle Tierköpfe wiesen jeweils vier kleine Löcher zum Einsetzen von Ohren und Hörnern aus Leder auf. Die Holzpferde waren mit Öffnungen versehen, in welche die Schweife eingesetzt werden konnten.

Um den Hals des Beerdigten lag ein Reif, dessen vorderer Teil aus Holz geschnitzt und auf dem eine Tierkampfszene dargestellt war: Zwei Schneeleoparden mit gefletschten Zähnen, zwischen ihnen der voluminöse Kopf eines Hirschs. Der hintere Teil des Reifs war aus Bronze gefertigt. Am rechten Ohr trug der Mann einen Ohrring in Form eines feinen hölzernen, mit Goldfolie überzogenen, Blütenblatts. Am Gürtel hatte er zwei Holzschnallen mit der Darstellung aufrecht stehender Schneeleoparden sowie einige weitere mit Goldfolie ummantelte, holzgeschnitzte Schnallen. Daneben fand man einen kleinen Kamm. Entlang des rechten Beins befand sich ein mit dem Kopf nach oben ausgerichteter eiserner Streithammer mit Holzgriff und eiserner Tülle. Am rechten

Dieses Seitenteil einer mit großem handwerklichem Können gefertigten Satteldecke in Form eines Fischs gehörte ebenfalls zu den Beigaben aus der Pferdebestattung aus Ak-Alacha. Die ungeheure Wertschätzung der Pferde bei den Skythen wird durch solche kunstvollen Beigaben zusätzlich unterstrichen.

Oberschenkel lag ein Eisendolch mit sehr schlecht erhaltener Holzscheide. Am linken Oberschenkel lag eine Holzplatte mit kleinen Löchern an einem Rand, bei der es sich um die Basis eines nicht erhalten gebliebenen Köchers handelt. Daneben fand man fünf Pfeilspitzen aus Knochen mitsamt Schäften sowie Teile eines hölzernen Bogens. Es stellte sich heraus, dass die aus Filz gefertigten Köcher der Pazyryk-Bevölkerung auch mit Filzdeckeln versehen waren. Diese zierten Anhängsel in Form von auf gedrehte Wollschnüre aufgezogenen Filzkugeln. Die Köcher waren in einem leuchtenden Rotton bemalt. Der Tote trug lange rote, aus sechs Einzelteilen zusammengefügte Wollhosen und mit einem breiten roten Band abgesetzte Filzstiefel. Außerdem trug er einen Pelzmantel, von dem sich Fragmente erhalten hatten.

Die Mädchenbestattung aus Kurgan 1, Ak-Alacha 1

Im zweiten, kleineren Holzsarg lag ein Mädchen bzw. eine junge Frau europiden Typs im Alter von 16 bis 17 Jahren. Auch sie hatte eine runde hölzerne Kopfstütze unter dem Kopf. Neben dem Kopf lagen die Reste einer Kopfbedeckung. Sie bestanden aus einem Aufsatz in Form eines Vogelkopfes sowie den Figuren eines Hirsches und zweier Pferde. Den Hals der Toten zierte ebenfalls ein Reif. Auf der hölzernen Schauseite des Schmuckstücks waren zwei mit Goldfolie ummantelte Wölfe dargestellt. Die Hinterseite des Reifs war in Bronze ausgeführt und in ein Lederfutteral eingenäht. Im Beckenbereich fand man 34 Kaurischnecken, die als weibliches Symbol angesehen werden, da einzelne Funde von Kaurischnecken in der Pazyryk-Kultur in der Regel lediglich bei Frauengräbern vorkommen. Am Gürtel fand man, in einem mit der stilisierten Darstellung eines Vogels verzierten Lederfutteral, einen Bronzespiegel in der so genannten Medaillenform mit Öse mit einem Durchmesser von 6,5 cm. Entlang des rechten Oberschenkels lag ein eiserner Streithammer mit Holzgriff. An der rechten Hüfte wurde ein sehr schlecht erhaltener Eisendolch mit Holzscheide und Resten von Lederriemen gefunden. An der linken Hüfte bargen die Ausgräber die hölzerne Basis eines Köchers. Auf dieser waren Tierkampfszenen zwischen Wildschweinen und Schneeleoparden dargestellt. Daneben fand

Die Welt der Steppennomaden

Überreste organischer Natur sind in archäologischen Grabungen oft nicht oder nur in schlechtem Zustand erhalten. Umso glücklicher ist der Umstand, dass diese Kopfbedeckung aus Filz und teilweise noch mit Goldfolie überzogenen Zierelementen aus Holz, im Eis und gefrorenen Boden die Jahrtausende überdauert hat.

man sieben Pfeilspitzen aus Knochen, dazugehörige Schäfte sowie Teile eines hölzernen Bogens. An den Beckenknochen blieben Überreste von Hosen aus rotem Wollgewebe erhalten. Im Bereich des Gürtels lagen zwei mit Goldfolie umhüllte Holzschnallen. Diese bilden eine Seltenheit der Pazyryk-Gräber, da Gürtel mit Schnallen nur von einem engen Kreis Männer besessen wurden – nämlich von Kriegern. Insgesamt entsprechen die Kleidung und Ausstattung der jungen Frau gänzlich denen des Mannes, einschließlich der Bewaffnungsgegenstände.

Auf dem Schädel der bestatteten Frau verblieb das Fragment eines dünnen geflochtenen Zopfes, auf dem männlichen Schädel fand man lange dunkelbraune Haare.

en aus den privilegierten Schichten aus sozialen und wirtschaftlichen Gründen durch ihre Kampfeslust hervor.

Als eine andere Erklärung für die Seltenheit solcher Bestattungen bei der Pazyryk-Bevölkerung ließe sich, ausgehend von den Beobachtungen des Pseudo-Hippokrates über die Sauromaten (Sarmaten), anführen: *„Deren Weiber reiten zu Pferde, schießen mit dem Bogen, werfen Speere und kämpfen mit den Feinden, solange sie Jungfrauen sind. Sie begeben sich nicht eher ihrer Jungfrauschaft, als bis sie drei Feinde getötet, und nicht eher heiraten sie, als bis sie die landesüblichen Opfer dargebracht haben."* Wie aus dieser Passage folgt, legten die jungen Frauen bis zur Heirat Kampfeslust an den Tag. Danach änderte sich ihr sozialer

Die sterblichen Überreste des 16-jährigen Mädchens bargen die Archäologen aus dem zweiten Baumsarg in Ak-Alacha 1. Zur Identifizierung wurden Knochenproben aus dem linken Unterschenkelknochen der jungen Skythin entnommen.

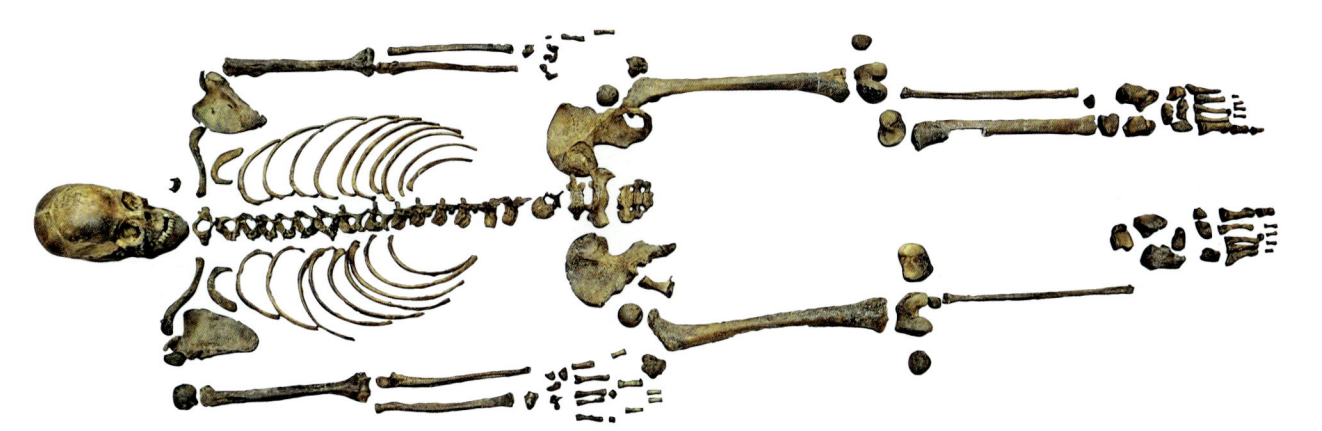

Das kurze Leben der ‚Amazone' der Pazyryk-Kultur
Die Bestattung der nach männlicher Art gekleideten und vortrefflich bewaffneten jungen Frau ist für die Pazyryk-Kultur bisher einzigartig. In den großen ‚Königskurganen' wurden die Frauen in reicher, dem Geschlecht entsprechender Kleidung und ohne Waffen bestattet. Man kann begründet behaupten, dass Waffen ebenso wenig im Inventar der zahlreichen einfachen Frauengrabstätten des Hochaltai vorkamen. Die Erklärung für den beschriebenen Fall ist meiner Ansicht nach, dass auf dem Ukok-Plateau erstmals die Grabstätten von Vertretern der bisher wenig bekannten Eliteschicht der Pazyryk-Gesellschaft, welche die Mittelposition zwischen der einfachen Bevölkerung und denen einnahmen, die sich als Stammesführer bezeichnen lassen, entdeckt und untersucht wurden. Wie ethnografische Daten zeigen, taten sich die Frau-

Status und selbst wenn sie in ihrem weiteren Leben zu den Waffen greifen mussten, so traten sie ihren Weg in die jenseitige Welt entsprechend ihrer Position in der Gesellschaft und somit in Frauenbekleidung an – in Rock, Hemd, mit Perücke. ‚Amazonen' (Reiterkriegerinnen) waren sie nur für einen kurzen Zeitraum ihres Lebens. Somit sind die Grabstätten bewaffneter Frauen, insbesondere unter den Pazyryk-Gräbern, sehr selten. Zumal es sich bei allen Bestattungen der Reiterkriegerinnen um Gräber junger Frauen handelt, deren Leben auf tragische Weise beendet wurde. Im Kurgan 1 der Nekropole Ak-Alacha 1 sind wir wahrscheinlich auf einen solchen Fall gestoßen.

Interessant ist, dass der Mann, neben dem die junge Frau bestattet wurde, schwer erkrankt war: Alle seine Knochen waren von einer Variante chronischer Poliarthritis befallen. Seine Erkrankung lässt sich als ankylo-

Die Skythen galten schon bei ihren Zeitgenossen als außergewöhnliche Bogenschützen. Die von ihnen verwendeten dreiflügligen Pfeilspitzen aus Bronze waren tödliche Waffen. In Form und Größe ähnelten sie den sieben aus Knochen und Holz, die in Kurgan 2 der Grabung in Ak-Alacha und jenen aus der Männer- und Frauenbestattung im Kurgan 1 gefunden wurden.

sierende Spondylarthritis bestimmen, die ebenso als Versteifung der Wirbelsäule oder Morbus Bechterew bekannt ist. Da die Krankheit Männer in jungem Alter befällt, hatte sie zum Todeszeitpunkt – einem Alter von 45 bis 50 Jahren – den gesamten Organismus erfasst. Geäußert hat sich die Erkrankung in der Einschränkung der Beweglichkeit der gesamten Wirbelsäule. Der Betroffene konnte nicht selbstständig aufs Pferd steigen. Möglicherweise prägte sich bei dem Mann eine für den progressiven Verlauf dieser Krankheit charakteristische ‚Bettlerpose' (gekrümmte Körperhaltung) aus und der Betroffene litt ständig unter starken Schmerzen. Bei langem Verlauf der Krankheit tritt mit hoher Wahrscheinlichkeit eine Amyloidose auf, eine Eiweißdystrophie, bei welcher die Nieren, Milz, Leber und Nebennieren befallen werden, was in der Gesamtheit zum Tod führt. Es scheint so, dass die junge Frau eine für den Mann erforderliche Gehilfin war, die ihn begleitete und bewachte. Anthropologen haben an ihren Knochen den Beginn derselben Deformierungsprozesse wie an denen des Mannes festgestellt. Die identischen Symptome der Erkrankung, die genetisch vererbt wird, können auf verwandtschaftliche Verbindungen dieser Personen hindeuten. Genauer wird diese Frage in Kürze eine genetische Analyse der Knochen der Bestatteten beantworten. Der Tod des Mannes kann als Ergebnis der ungehinderten Entwicklung seiner Erkrankung eingetreten sein. Auch wenn er lange Zeit nicht imstande war zu arbeiten, blieb sein Status in der Gesellschaft hoch und er wurde mit großen Ehren bestattet. Den Reichtum von Viehzüchtern stellt nicht Gold, sondern Vieh dar. Entsprechend wurde in diesem Kurgan zusammen mit den zwei Personen eine kleine Pferdeherde bestattet.

Das Schicksal des Mädchens ist rätselhafter und direkt mit dem Tod des Mannes verbunden. Die Beobachtungen bei der Untersuchung dieser Grabstätte haben gezeigt, dass beide Holzsärge gleichzeitig in die Grabkammer gelegt wurden, das heißt, dass die junge Frau und der Mann nicht einfach nebeneinander, sondern gemeinsam bestattet wurden. Was

Streitäxte waren eine gebräuchliche Waffe der Skythen des Altai Gebirges. Diese schmale und eher elegant als gefährlich anmutende Streitaxt aus Eisen stammt aus Kurgan 2 der Grabstätte Verkh-Kaldzin 2 und entspricht jener aus dem Grab in Ak-Alacha.

hätte der Grund für den Tod der jungen Frau sein können? Starb sie eines natürlichen oder eines gewaltsamen Todes? Wahrscheinlich Letzteres. Dies ließ sich bisher jedoch nicht eindeutig beweisen. Die Skelettknochen weisen keine Spuren von zu Lebzeiten erlittenen Verletzungen auf. Nach Meinung der Anthropologen wurde der Schädel posthum deformiert. Durch den Druck des Eises, das sich im Holzsarg gebildet hatte, wurden die Knochen der rechten Hälfte der Gehirnhöhle und des Jochbeins zerstört. Diese Deformation macht eine Restaurierung der Knochenbereiche um das Gehirn und im Gesicht unmöglich, behinderte aber nicht die grafische Rekonstruktion des Gesichts des Mädchens. Es ist möglich, dass diese wie ein Mann gekleidete junge Frau eine Art Waffenträgerin oder Beschützerin des in seinen Bewegungen eingeschränkten und an der Krankheit leidenden Mannes war, der bis zu seinem letzten Tag die Lebensweise eines Kriegers, Herdenbesitzers und Sippenoberhaupts fortführte. Wahrscheinlich musste das Mädchen, das mit 17 zu einer echten Kriegerin wurde (hiervon zeugt auch ihre großartige und anhand der Skelettknochen ermittelte Körperbeschaffenheit – hohe Statur, gut entwickelte Muskulatur), dem Mann, der ihr Vater sein könnte, nicht nur im irdischen Leben, sondern auch in der jenseitigen Welt helfen. Sie ist für immer eine ‚Amazone' geblieben. ∎

Literatur:
Čikiševa (1994), Klevezal' (1988), Polos'mak (1994), Polos'mak (2001), Rudenko (1953)

Zur absoluten Datierung der Hügelgräber der Pazyryk-Kultur

Mathias Seifert

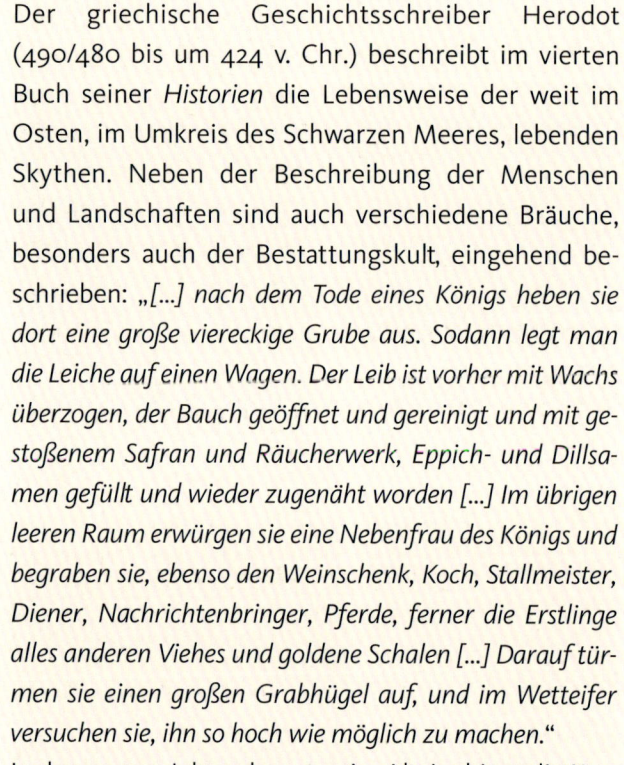

Grabkammer mit Baumsarg einer jungen Frau im Kurgan Ak-Alacha 3.

Der griechische Geschichtsschreiber Herodot (490/480 bis um 424 v. Chr.) beschreibt im vierten Buch seiner *Historien* die Lebensweise der weit im Osten, im Umkreis des Schwarzen Meeres, lebenden Skythen. Neben der Beschreibung der Menschen und Landschaften sind auch verschiedene Bräuche, besonders auch der Bestattungskult, eingehend beschrieben: „[...] *nach dem Tode eines Königs heben sie dort eine große viereckige Grube aus. Sodann legt man die Leiche auf einen Wagen. Der Leib ist vorher mit Wachs überzogen, der Bauch geöffnet und gereinigt und mit gestoßenem Safran und Räucherwerk, Eppich- und Dillsamen gefüllt und wieder zugenäht worden [...] Im übrigen leeren Raum erwürgen sie eine Nebenfrau des Königs und begraben sie, ebenso den Weinschenk, Koch, Stallmeister, Diener, Nachrichtenbringer, Pferde, ferner die Erstlinge alles anderen Viehes und goldene Schalen [...] Darauf türmen sie einen großen Grabhügel auf, und im Wetteifer versuchen sie, ihn so hoch wie möglich zu machen.*"

In den 1940er Jahren konnten im Altaigebirge die Kurgane von Pazyryk durch russische Archäologen ausgegraben werden. Dank des Permafrosts hatten sich die bestatteten Personen – die alle in ähnlicher, wie bei Herodot beschriebener Art mumifiziert und balsamiert waren –, die Grabeinbauten, die mitbestatteten Pferde und die Beigaben fast im Zustand wie zum Zeitpunkt der Begräbnisse erhalten. Aufgrund der Übereinstimmungen zwischen den Grabungsbefunden und der schriftlichen Überlieferung Herodots wurden und werden die Volksgruppen des Altai als Skythen, heute präziser als Altai-Skythen, bezeichnet. Dies obwohl sie fast 4000 km östlich jenes Raumes lebten, zu dem der griechische Geschichtsschreiber seinen Bericht verfasste. Die Übereinstimmung mit den Beschreibungen Herodots führte auch dazu, dass die Gräber ins 5. und 4. Jh. v. Chr., also in die Lebenszeit Herodots und das folgende Jahrhundert, datiert wurden. Funde, die eine genauere Datierung erlauben, waren in den Gräbern nicht vorhanden.

Zwischen 1959 und 1994 wurden von russischen Dendrochronologen Anstrengungen unternommen, die fünf Grabhügel anhand von Jahrringmessungen an den Balken der Grabkammern in ihrer Abfolge zu bestimmen. Obwohl diese verschiedenen Untersuchungen nicht zu den exakt gleichen Resultaten führten, kamen doch alle zum Schluss, dass die Grabhügel innerhalb einer kurzen Zeitspanne (maximal 48 Jahre) errichtet worden waren. Dies stimmte auch mit der Einheitlichkeit der Beigaben aus den fünf Grabhügeln überein, die auf eine kurze Belegungszeit schließen ließ. Da kein lückenloser Jahrringkalender von der Gegenwart bis ins 1. Jt. v. Chr. bestand, konnten die Jahrringkurven der Balken aus den Grabkammern nicht absolut datiert werden. Um wenigstens den zeitlichen Rahmen zu kennen, ließ ein Bearbeiter von Jahrringsequenzen mehrerer Balken aus den Gräbern 1, 2 und 5 Altersbestimmungen mit der Kohlenstoffmethode vornehmen. Die Daten ermöglichten keine genauere Einordnung als ins 5./4. Jh. v. Chr. Der Grund ist mit dem Verlauf der Kohlenstoff-Korrekturkurve, der so genannten Kalibrationskurve, zwischen 800 und 400 v. Chr. zu erklären. In diesem Zeitraum verläuft sie nahezu horizontal. Für ein Datum, das in diesen Bereich fällt, beispielsweise 2430 ± 40 BP (BP ist die Abkürzung für ‚before present', womit vor dem Jahr 1950 gemeint ist), ergibt sich als Datierung die Zeitspanne von 753 – 402 v. Chr., die nach archäologischen Kriterien zu wenig präzise ist. Mit der erfolgreichen Entwicklung der Beschleuniger-Massenspektrometrie (AMS) ist es in der Zwischenzeit möglich geworden, an kleinsten Probenmengen Kohlenstoffmessungen vorzunehmen. Damit können auch kurze Sequenzen von 10 und weniger Jahrringen auf ihr Alter hin untersucht werden. Entnimmt man einem Balken vom Zentrum bis zur Rinde im gleichen Intervall Sequenzen von 10 Jahrringen und datiert diese in der AMS-Anlage, ergibt sich eine Abfolge von Daten, die, ähnlich einer Jahrringkurve, auf der Kalibrationskurve so exakt eingepasst werden kann, dass die Jahrringdaten auf ± 10 Jahre genau absolut fixiert sind. Mit dieser Methode konnte vor wenigen Jahren die Entstehungszeit der Gräber von Pazyryk und einer Serie weiterer Friedhöfe der Altai-Skythen zeitlich scharf eingegrenzt werden. Als Grundlage dienten die Hölzer von 50 Gräbern der Region, die zwischen 1993 und 1998 in einem russisch-schweizerischen Gemeinschaftsprojekt beprobt und dendrochronologisch ausgewertet worden waren. Es gelang die Korrelation und Synchronisation von Balken aus 23 Gräbern. Darunter ist auch der 1993 im Ukok-Hochtal untersuchte Kurgan Ak-Alacha 3, in dem eine junge Frau bestattet worden war. Mit einem Ausreißer (Ulandryk 1, Kurgan 12) liegen alle datierten Gräber in einem Zeitraum von 110 Jahren.

Die größten Probleme traten bei der Synchronisation der Jahrringkurven der Hölzer aus den Pazyryk-Gräbern mit jenen der anderen Orte auf. Dies dürfte in erster Linie mit der großen Entfernung und den unterschiedlichen Höhenlagen der Wuchsorte der verarbeiteten Baumstämme zu erklären sein. Zur Bestimmung der absoluten Datierung wurden von den Kurganen Pazyryk 2 und Ulandryk 4/1 an zwei Balken mit möglichst vielen Jahrringen die oben erwähnten Intervallmessungen mit AMS durchgeführt. Die ermittelten Daten konnten auf der Kalibrationskurve in Synchronlage gebracht werden und ermöglichten damit die absolute Datierung mit einem Fehlerbereich von etwa ± 20 Jahren. Damit sind auch die anderen, über die Jahrringmuster verknüpften 21 Gräber fixiert. Die Grablegungen haben demnach schwerpunktmäßig in der zweiten Hälfte des 4. und in der ersten Hälfte des 3. Jh. v. Chr. stattgefunden und sind damit deutlich jünger als lange angenommen wurde. Der Grabhügel 5 von Pazyryk, aus dem auch der berühmte Teppich stammt, wurde als jüngster um 241 v. Chr. errichtet. Die junge Frau aus dem Grab Ak-Alacha 3 starb 33 Jahre vorher, in der Zeit um 274 v. Chr. ∎

Ergebnisse der dendrochronologischen Untersuchung zur Bestimmung der Baufolge der Kurgane von Pazyryk.

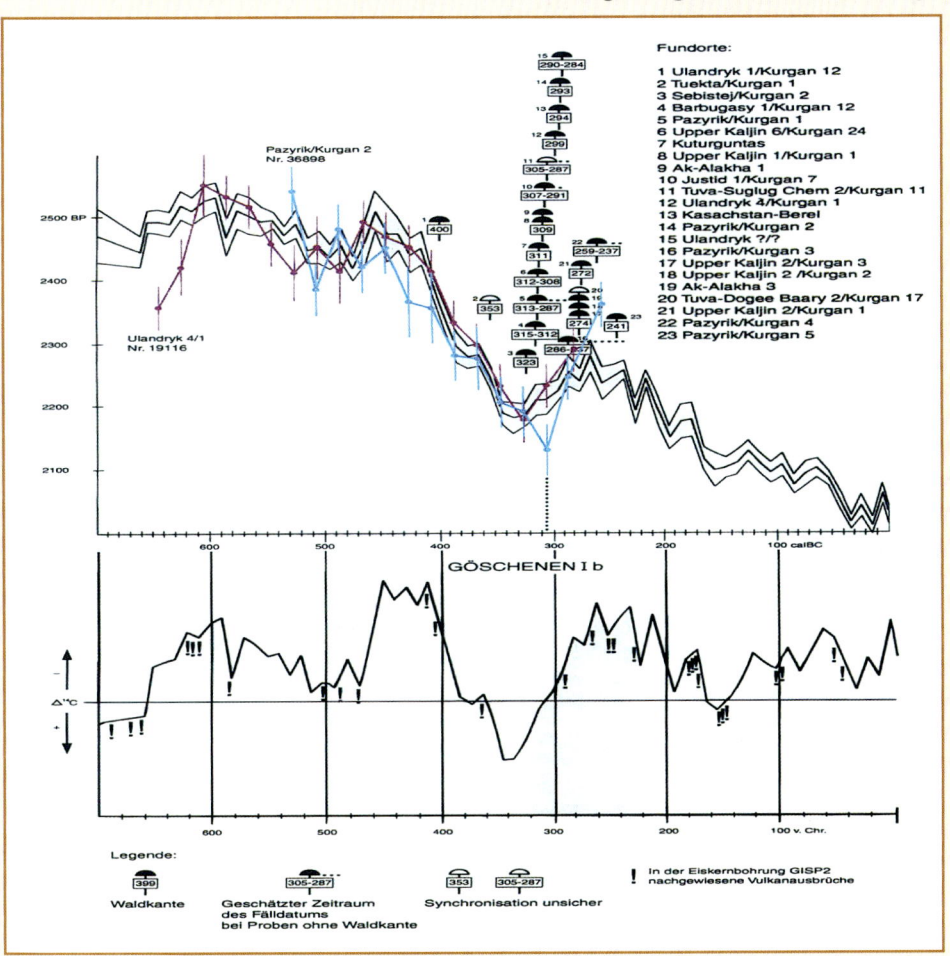

Literatur:
Bunker u. a. (1991), Hajdas / Bonani / Seifert (2002), Hajdas u. a. (2005), Polos'mak / Seifert (1996), Rageth (1999), Rolle (1992b), Rudenko (1970), Seifert / Sljusarenko (1996)

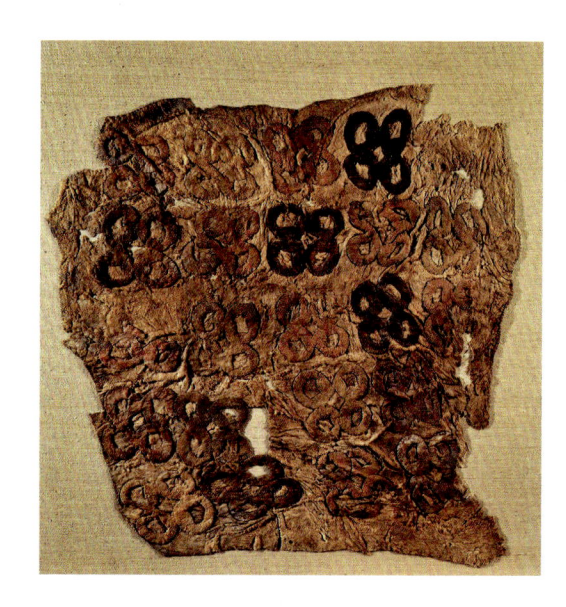

Schabracke
B. 61,5 cm, H. 60 cm, Filz, 4./3. Jh. v. Chr.,
Ak-Alacha 1, Kurgan 1
Nowosibirsk, Institute of Archaeology and
Ethnography of the Siberian Branch
of the Russian Academy of Sciences,
Inv.-Nr.: 4744

Der besondere Stellenwert der Pferde bei den Skythen lässt sich an den reich verzierten Sätteln erahnen, die man in den Hügelgräbern fand. Diese Schabracke aus Filz wurde aufwendig mit zahlreichen blütenförmigen Ornamenten, ebenfalls aus Filz, bestickt.
Die Konstruktion skythischer Sättel war denkbar einfach. So befanden sich auf einigen der Pferde in Kurgan 1 Sättel, die aus zwei mit Stroh und Wolle gepolsterten und aneinander genähten Kissen aus Filz gefertigt wurden. Über diese legte man die reich verzierte Satteldecke. Ursprünglich waren diese Sättel farbenreich und besaßen keine Steigbügel. Ein skythischer Reiterkrieger konnte sich lediglich mit den Beinen und an der Mähne des Pferdes festhalten.

JH

Literatur: Polos'mak (1994b), Rolle (1980a)

Seitenteil des Sattels
B. 25 cm, H. 39 cm, Filz, 4./3. Jh. v. Chr.,
Ak-Alacha 1, Kurgan 1
Nowosibirsk, Institute of Archaeology and
Ethnography of the Siberian Branch
of the Russian Academy of Sciences,
Inv.-Nr.: 2674

Skythische Sättel waren an den Seiten oftmals mit Verzierungen aus Filz versehen, die so am Sattel befestigt waren, dass sie an der Seite des Pferdes herabhingen. Auf diesem Seitenteil wurde in aufwendiger Stickarbeit das Bildnis eines Wolfes aufgenäht, wodurch wohl symbolisch die positiven Eigenschaften, die man dem Wolf zuschrieb, auf das Pferd übergehen sollten. Deutlich sind die ornamentartigen Zähne in der leicht geöffneten Schnauze und die Ohreninnenseiten zu erkennen.

JH

Literatur: Parzinger (2007), Polos'mak (1994b)

Schild
B. 37,5 cm, H. 29 cm, Holz, Farbreste,
4./3. Jh. v. Chr., Ak-Alacha 1, Kurgan 1
Nowosibirsk, Institute of Archaeology and
Ethnography of the Siberian Branch of the
Russian Academy of Sciences, Inv.-Nr.: 3295

Zwei von ursprünglich drei kleinen Holzschilden befanden sich in der Grabkammer bei den Pferdeleibern in der Bestattung von Ak-Alacha 1. Die rechteckigen Schilde lagen in der Nähe der Sättel und waren vermutlich an diesen befestigt.
Die Verzierung aus senkrecht geschnitzten Stäbchen soll einen tatsächlich im Kampfeinsatz genutzten Schild imitieren, der aus zusammengebundenen Ruten und einem Überzug aus Leder bestand. Der zweite Schild, dekoriert mit ineinanderlaufenden Ritzungen, hat keinerlei Ähnlichkeit mit Schilden, die aus anderen skythischen Grabstätten geborgen wurden.

JH

Literatur: Polos'mak (1994b)

Schild
B. 38,5 cm, H. 28 cm, Holz, 4./3. Jh. v. Chr.,
Ak-Alacha 1, Kurgan 1,
Nowosibirsk, Institute of Archaeology and
Ethnography of the Siberian Branch of the
Russian Academy of Sciences, Inv.-Nr.: 2659

JH

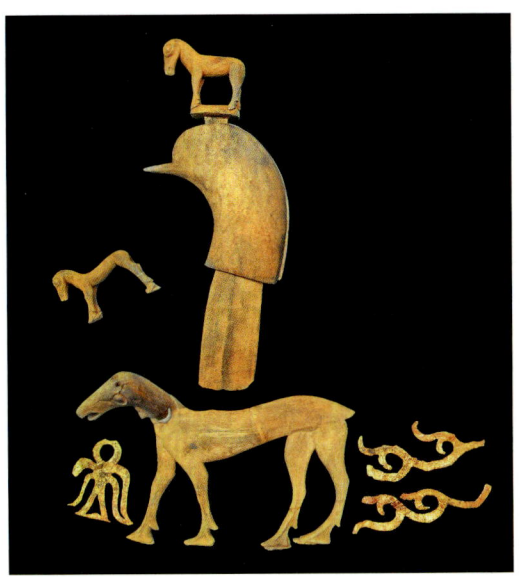

Verzierung der Kopfbedeckung
B. 5,7 – 15,2 cm, H. 2,6 – 10,9 cm, T. 5,5 cm,
Holz, Goldfolie, 4./3. Jh. v. Chr.,
Ak-Alacha 1, Kurgan 1
Nowosibirsk, Institute of Archaeology and
Ethnography of the Siberian Division of the
Russian Academy of Sciences,
Inv.-Nr.: 2633/2, 4554/1-5, 4750/1-3

Von der Kopfbedeckung aus dem Grab der Altai-Skythin haben sich lediglich acht teilweise aus Holz und Filz oder Leder gefertigten Tierornamente und -figuren erhalten. Die an einen Vogelkopf mit Schnabel erinnernde Applikation mit der darauf angebrachten Pferdefigur zierte ursprünglich den Zipfel der Mütze. Eine ähnliche Figur war auch im Scheitelbereich der Kopfbedeckung angebracht. Die größte der Holzfiguren zeigt einen Elch und befand sich über der Ohrpartie. Sämtliche Schnitzereien weisen kleine Löcher zur Befestigung von Hörnern, Ohren und Schwänzen auf, die jedoch nicht erhalten geblieben sind. Vermutlich verwandte man diese Mützen, die bereits von Herodot erwähnt wurden, nur bei bestimmten Zeremonien oder bei Begräbnissen.

JH

Literatur: Polos'mak (1994b),
Polos'mak / Seifert (1996)

Ohrring
B. 1,6 cm, H. 5,2 cm, Holz, Golddraht, Goldfolie, 4./3. Jh. v. Chr., Ak-Alacha 1, Kurgan 1
Nowosibirsk, Institute of Archaeology and
Ethnography of the Siberian Branch of the
Russian Academy of Sciences, Inv.-Nr.: 4748

Dieser Ohrring in Form eines Blütenblatts gehörte einer wohl im Alter von etwa 16 Jahren bestatteten Skythin aus Ak-Alacha. Das Medaillon wurde aus Holz gefertigt, welches mit Goldfolie umwickelt wurde. Ein Golddraht diente zur Aufhängung am Ohr.

JH

Literatur: Polos'mak / Seifert (1996)

Rahmenplatte eines Köchers
B. 63,5 cm, H. 6 cm, Holz, 4./3. Jh. v. Chr.,
Ak-Alacha 1, Kurgan 1
Nowosibirsk, Institute of Archaeology and Ethnography of the Siberian Branch of the Russian Academy of Sciences, Inv.-Nr.: 2656

Die hier gezeigte Rahmenplatte aus dem Frauensarg aus der Grabung Ak-Alacha 1 bildete ursprünglich die Grundlage für den Aufbau des Köchers, der auch als Goryt bezeichnet wird. Wie die Löcher entlang der Leiste erkennen lassen, diente sie zur Befestigung an der Tasche für Pfeile und Bogen. Die kunstvolle Schnitzarbeit zeigt einen Kampf zwischen zwei Schneeleoparden und einem Wildschwein. Solche Tierkampfszenen finden sich in der skythischen Kunst sehr häufig und versinnbildlichen die magischen Mächte des skythischen Weltverständnisses. Der sogenannte Tierstil lebt durch die deutliche Herausarbeitung der jeweils typischen Eigenheiten des abgebildeten Tieres, was die besonderen Wesenszüge des Tieres verstärken soll. Die Darstellung eines Kampfes zwischen Raubtieren und ihrer Beute zeigt den Weltblick des Jägers und Kriegers, d. h. in diesem Fall der Kriegerin.

JH

Literatur: Parzinger (2007),
Polos'mak / Seifert (1996)

Kaurischnecken
B. 0,8 cm, H. 1,3 cm, Kalk, 4./3. Jh. v. Chr.,
Ak-Alacha 1, Kurgan 1
Nowosibirsk, Institute of Archaeology and Ethnography of the Siberian Branch of the Russian Academy of Sciences, Inv.-Nr.: 2646/1-11

Insgesamt 34 dieser Kaurischnecken fanden die Archäologen bei der Ausgrabung der Frauenbestattung von Kurgan 1 in Ak-Alacha. Kaurischnecken werden seit mehreren tausend Jahren als beliebte Schmuckstücke verwendet oder als Zierelemente auf Kleidung aufgenäht. So ist in diesem Falle auch anzunehmen, dass die Schnecken als Kleidungs- oder Gürtelbesatz dienten.
Der Lebensraum der Kaurischnecken befindet sich in der Regel in tropischen Meeren. Durch Handel gelangten die Gehäuse jedoch auch in kältere und weit von einem Meer entfernt liegende Gebiete, wie eben auch zu den Skythen im Altai-Gebirge.

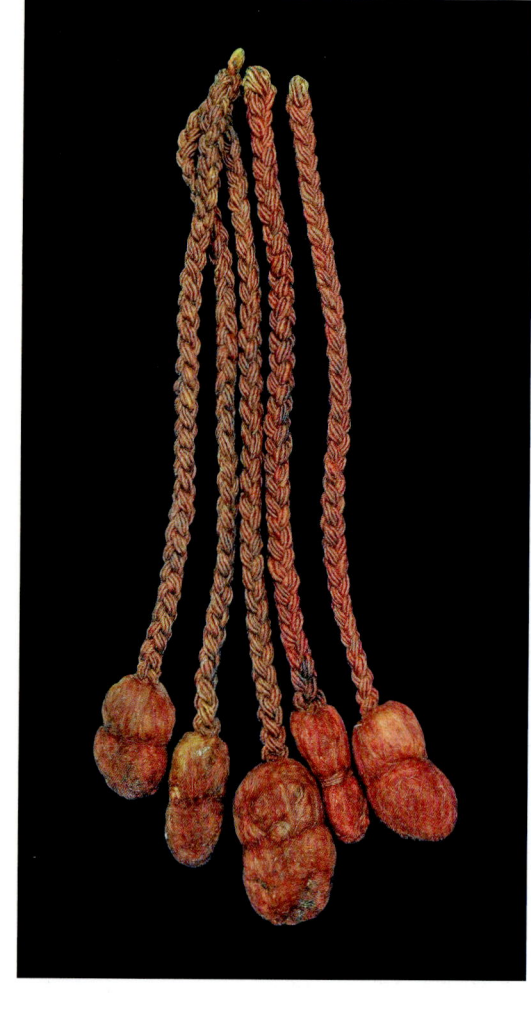

JH

Balaboschki
B. 2 cm, H. 19 cm, Wolle, 4./3. Jh. v. Chr.,
Ak-Alacha 1, Kurgan 1
Nowosibirsk, Institute of Archaeology and Ethnography of the Siberian Branch of the Russian Academy of Sciences, Inv.-Nr.: 4563

Die geflochtenen Kordeln zierten die Kleidung der jungen Skythin aus Kurgan 1. An jedem der fünf leuchtend rot gefärbten Wollstränge sind Anhänger aus mit Garn umwickelten Wollenbällchen, so genannte Balaboschki, befestigt. Diese Art von Kleidungsbesatz fand man bisher in keiner anderen Grabstätte der Pazyryk-Kultur. Das leuchtende Rot jedoch ist charakteristisch für die skythische Kleidung, die farbenprächtig gestaltet war.

JH

Literatur: Polos'mak (1994), Polos'mak (1995), Polos'mak / Seifert (1996), Rolle (1980a)

Gürtelschnallen aus der Frauenbestattung

B. 2 – 3,7 cm, H. 1,5 – 3,2 cm, Holz,
4./3. Jh. v. Chr., Ak-Alacha 1, Kurgan 1
Nowosibirsk, Institute of Archaeology and
Ethnography of the Siberian Branch of the
Russian Academy of Sciences, Inv.-Nr.: 4555

Die vier einfachen glatten aus Holz gefertigten Schnallen waren Bestandteile eines Gürtels aus der Frauenbestattung aus Ak-Alacha. Die kleinen Löcher dienten wahrscheinlich zum Aufnähen auf dem Gürtel.

JH

Literatur: Partzinger (2007),
Polos'mak / Seifert (1996)

Gürtelschnallen aus der Männerbestattung

B. 3,3 – 7,5 cm, H. 3,2 – 3,7 cm, Holz,
4./3. Jh. v. Chr., Ak-Alacha 1, Kurgan 1
Nowosibirsk, Institute of Archaeology and
Ethnography of the Siberian Branch of the
Russian Academy of Sciences,
Inv.-Nr.: 4543/1-6

In Höhe der Hüfte des bestatteten Mannes aus Kurgan 1 fanden die Archäologen Überreste eines Gürtels. Dieser war mit den hier gezeigten Schnallen aus Holz verziert, die teilweise noch mit der ursprünglich aufgetragenen Goldfolie überzogen sind. Die zwei größten Gürtelschnallen zeigen zwei aufrecht gehenden Schneeleoparden. Die übrigen drei zieren hervorragend gearbeitete Schnitzornamente.

JH

Literatur: Polos'mak (1994),
Polos'mak / Seifert (1996)

Dolchscheide

B. 4,9 cm, H. 20,7 cm, Holz, 4./3. Jh. v. Chr.
Ak-Alacha 1, Kurgan 1
Nowosibirsk, Institute of Archaeology and
Ethnography of the Siberian Branch of the
Russian Academy of Sciences, Inv.-Nr.: 4559/1

In einer Kriegerbestattung dürfen die Waffen nicht fehlen. Der bestattete Skythe aus der Bestattung in Kurgan 1 trug an seiner linken Seite einen eisernen Dolch, der in einer Scheide aus Holz steckte. Die Archäologen fanden die Scheide jedoch in einem schlechten Erhaltungszustand vor. Neben Pfeilen und Bogen gehörten auch Dolche zur Waffenausstattung der Skythen.

JH

Literatur: Polos'mak (1994)

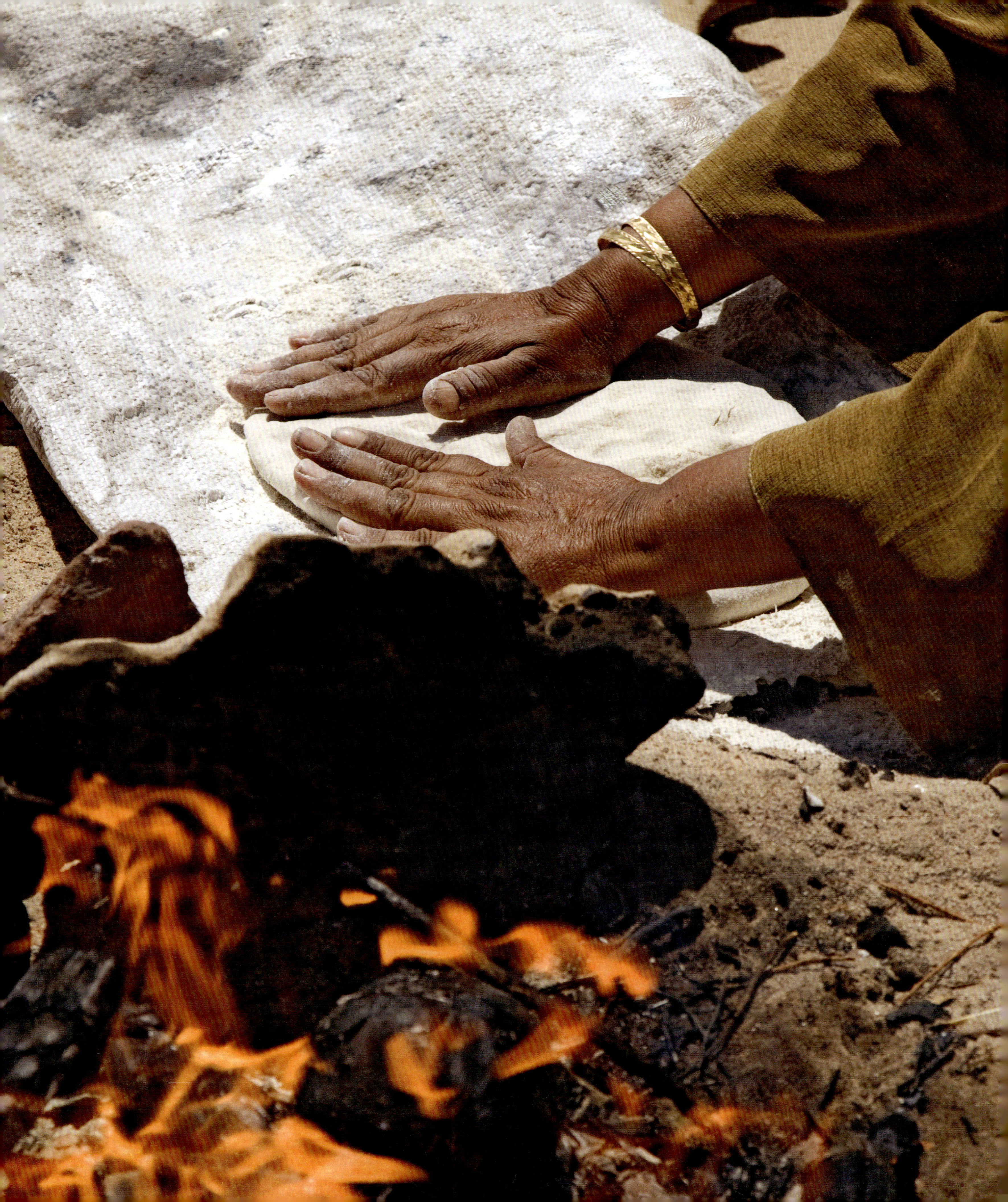

Die Frauen in der skythischen Gesellschaft

Sergey Makhortykh

Der Lebensalltag in der skythischen Gesellschaft war geschlechtspezifisch und arbeitsteilig organisiert. Für die Frauen bedeutete das vor allem die Verantwortung für den Haushalt, was u. a. das Kochen und die Vorbereitung von Speisen sowie die Textilverarbeitung einschloss.

Die Frage nach der Situation der Frauen bei den Skythen wurde lange diskutiert. Während ein Teil der Forscher den Standpunkt verteidigte, dass die Frauen in der skythischen Gesellschaft einen recht hohen Status hatten, stützte sich ein anderer Teil der Wissenschaftler auf Informationen aus schriftlichen Quellen und vertrat die Meinung einer in gewissem Umfang unterlegenen Position der Frauen. Es muss jedoch betont werden, dass sich diese negative Einschätzung einer niedrigen sozialen Stellung infolge einer unzureichenden Untersuchung der Materialien aus skythischen Grabstätten herausgebildet hat. Neue Forschungen hingegen haben unter den Wissenschaftlern die Ansicht einer gleichgestellten Position von Frau und Mann bei den iranischsprachigen Nomaden und dabei nicht nur bei den Sauromaten (Sarmaten), sondern auch bei den Skythen, gefestigt.

Der Aufbau der skythischen Gesellschaft

Die skythische Nomadengesellschaft des nördlichen Schwarzmeergebiets stellte ein kompliziertes soziales Gefüge dar. Ihre strukturelle Grundlage bildete eine vielstufige Sippen- und Stammesorganisation, die sich in ihren unteren Gliedern auf die Bande der Blutsverwandtschaft und in ihren höchsten Gliedern auf eine fiktive genealogische Verwandtschaft stützte – letztere als ein Mittel zur gesellschaftlichen Integration und ideologischen Begründung der vorhandenen sozialen Beziehungen. Charakteristisch für diese Gesellschaft war die hierarchisch untergliederte mehrschichtige Differenzierung, in deren Zusammenhang auch die unterschiedlichen Rollen der Männer und Frauen in der Produktion und im sozialen und kultischen Bereich stehen.

Schriftsteller der Antike (Herodot, Pseudo-Hippokrates sowie die diese wiederholenden späteren Schriftsteller) beschreiben die skythische Gesellschaft als ein Gefüge mit deutlich ausgeprägter patriarchaler Ordnung. So vergleicht beispielsweise Herodot (Historien IV 114) die Lebensweise der skythischen Frauen mit der Lebensweise ihrer östlichen Nachbarn, den Sauromaten (Sarmaten), indem er die sauromatischen Amazonen zu den skythischen Jünglingen sagen lässt:

Die Welt der Steppennomaden

„Mit euren Frauen können wir nicht zusammenleben; denn wir haben nicht die gleichen Sitten wie sie. Wir schießen mit Pfeilen und Speeren und leben auf dem Pferd; Frauenarbeit haben wir nicht gelernt. Eure Frauen hingegen tun nichts von dem, was wir aufzählten, sondern leisten Frauenarbeit, bleiben auf dem Wagen, gehen weder auf die Jagd noch anderswohin." Allerdings hat sich die Lebensweise der skythischen und sauromatischen Frauen wohl kaum derart grundsätzlich unterschieden. In der Ukraine befanden sich unter den skythischen Grabkomplexen über 100 Bestattungen von Frauen, die Waffen als Grabbeigaben aufwiesen. Das erlaubt, nicht nur von sauromatischen, sondern auch von skythischen ‚Amazonen' zu sprechen. Jedoch führten die skythischen Frauen ebenso wie jene anderer Nomadenvölker einen Haushalt, fertigten Keramik und beschäftigten sich mit dem Spinnen, Weben und Nähen von Kleidung und Schuhwerk. Zu den weiblichen Pflichten gehörte es wahrscheinlich ebenso, Wagen zu lenken, Pferde und Kühe zu melken sowie Milchprodukte herzustellen.

Daneben waren die Frauen unter den Lebensbedingungen einer Nomadengesellschaft, in der die Männer häufig und für längere Zeit in den Krieg zogen, gezwungen, neben ihren häuslichen Arbeiten die Aufsicht über die Herden zu übernehmen sowie zu den Waffen zu greifen, um sich an der Verteidigung ihrer Weidegründe, ihres Besitzes und ihrer Kinder zu beteiligen.

Die Aufteilung der produktiven Funktionen zwischen den unterschiedlichen Geschlechtergruppen wird vor allem anhand des Inventars der weiblichen und männlichen Gräber deutlich. Spinnwirtel, Überreste von Spindeln und Nadeln sind häufige Bestandteile des Grabinventars skythischer Frauen, darunter auch solcher, die mit großem Prunk in Kul-Oba, im Kurgan von Alexandropol und in anderen Königsgrabhügeln bestattet wurden. Allerdings sind ihre Spindeln nicht aus Holz, sondern aus Silber gefertigt. Die weiblichen Schmuckgegenstände unterscheiden sich auch durch ihre Masse und das große Sortiment: Sätze aus Ketten, Anhängern, Ohrringen und Armbändern in

Das Schuhwerk der skythischen Frauen konnte reich verziert sein. Das rekonstruierte Paar Schuhe mit den originalen Goldplättchen in Form von Dreiecken veranschaulicht den Prunk, der bis ins kleinste Detail auf der Kleidung zum Einsatz kam. Der Goldbesatz wurde im Frauengrab von Kairy, Kurgan 2, Bestattung 3, gefunden.

Neben Goldgeschmeide gehörten Perlenketten zum typischen Schmuck der vornehmen skythischen Frau. Die Perlen wurden aus verschiedenen Steinen gefertigt oder aber aus Glas in unterschiedlichen Formen und Farben hergestellt. Eine solche Glasperlenkette, die so genannte Augenperlen phönizischen oder mediterranen Ursprungs aufweist, befand sich auch in der Frauenbestattung von Novomikolaevka, Kurgan 11, Bestattung 3.

Der reiche Goldbesatz auf der rekonstruierten Kappe mit Umhang stammt aus einer Frauenbestattung von Tatjanina Mogila (Certomlyk-Nekropole). Die Goldappliken zeigen verschiedene Blumen und Gesichter, die sowohl Männerköpfe als auch Gorgonen abbilden.

unterschiedlichen Formen und Materialien. Nur in Frauengräbern ist das Vorhandensein mehrerer Arten von Schmuckgegenständen innerhalb einer Grabstätte möglich. Dass es sich um Gräber von Frauen handelt, wird auch durch das Vorhandensein von Spiegeln und Brocken von Realgar (Rauschrot), einer färbenden Substanz, welche die Skythenfrauen häufig als Schminke verwendeten, deutlich. Bei den nomadischen Skythen überwogen die kleinen und weit verstreuten Familien, die gleichzeitig die wichtigsten wirtschaftlichen Zellen der Gesellschaft darstellten sowie Besitzer des Viehs und des beweglichen Mobiliars waren. Angaben über Polygynie (Vielweiberei) beziehen sich hauptsächlich auf die skythischen Könige. So erwähnt Herodot (Historien IV 78, 80) drei Frauen des Königs Ariapeithes: Eine Griechin aus einer Stadt in Istrien, die den zukünftigen König Skyles gebar, die Skythin Opoia, die ihm den Sohn Orikos schenkte, sowie die Tochter des thrakischen Königs Teres, von der Ariapeithes den Sohn Oktamasades hatte, welcher in der Folgezeit am erfolgreichen Aufstand gegen Skyles teilnahm und selbst König wurde.

Skythische Elitebestattungen

Bis zum 4. Jh. v. Chr. war in der skythischen Kultur die Tradition weit verbreitet, Kurgane als Familiengräber für die soziale Oberschicht anzulegen. Dabei kommen die Frauengräber darin nie allein vor, sondern werden immer von Männergräbern begleitet, die entweder vorher im Kurgan angelegt oder später dorthin eingelassen wurden. Eine Analyse der Zusammensetzung der damals in den Kurganen bestatteten Adligen führt zur Schlussfolgerung, dass zwischen den unter jedem Kurgan bestatteten Männern und Frauen Eheverhältnisse bestanden.

Selbstverständlich hatten nicht alle Frauen in der skythischen Gesellschaft den gleichen Rechtsstatus. Die höchste gesellschaftliche Position hatten die Vertreterinnen der skythischen Elite inne, deren Gräber in den Kurganen (z. B. Melitopol und Alexandropol) die Hauptbestattungen darstellten. Ihr charakteristisches Merkmal ist der Reichtum an Goldausstattung und -verzierungen der Frauentracht, insbesondere der Kopfbedeckungen, die Ausdruck ihres sozialen Ranges war und eine magische Bedeutung hatte. Die zylindrischen und konischen Kopfbedeckungen wurden aus Leder oder Filz gefertigt, mit Gold wurde vornehmlich der vordere Teil verziert, während die Rückseite von einem Umhang abgedeckt wurde. Die Platzierung von Aufnähplättchen auf der Oberfläche der Kopfbedeckung entsprach der allgemeinen Tradition innerhalb der angewandten Kunst der Skythen – rhythmische Reihen, alternierende Streifen, Schichtungen und Anordnungen gleichartiger, voneinander durch Gürtel abgesetzter Sujets. Anzumerken ist ebenso die bedeutende Anzahl und die Kostbarkeit der in diesen Gräbern entdeckten

Zusätzlich zu Schmuck und edler Bekleidung zählten Haushaltsgeräte unterschiedlicher Art zu den üblichen Grabbeigaben. Vor allem Keramikgefäße, wie diese schwarz gefirnisste Schüssel mit Blumendekor, sind in den Frauengräbern zu finden. Das abgebildete Exemplar entstammt dem Frauengrab von Perekop, Kurgan 22, Bestattung 1.

rituellen Küchen- und Tisch-Utensilien. Alles spricht für eine ehrenvolle Position der skythischen Frauen und dafür, dass diese mit ihrer prunkvollen Bekleidung und den sie im Tod begleitenden Dienern und Sklaven ihre vornehmen Familien mit Würde in der jenseitigen Welt vertreten sollten. Durch ihre üppige Ausstattung und das aufwendigen Grabritual heben sich auch einige nachbestattete Frauengräber in den skythischen ‚Königskurganen' (Kurgan Oguz, Tolstaja Mogila, Mordvinov-Kurgan und andere) ab. Besondere Aufmerksamkeit zieht der Reichtum der Kleidung der beigesetzten Frauen auf sich, der nicht nur durch mannigfaltige aufgenähte goldene Appliken, sondern auch durch Halsreifen, Geschmeide, Schläfenanhänger, Armreifen und Fingerringe repräsentiert wird. Die Skythen verbanden Gold mit ewigem Leben, welches ihnen die persönliche Unsterblichkeit ‚garantieren' und ihnen nach dem Tod bei der Wiedergeburt in der jenseitigen Welt helfen sollte.

Mit einigen der oben erwähnten Gräber vornehmer Frauen, die zugleich hohe priesterliche Pflichten ausübten, stehen auch Funde von Leichenwagen in Beziehung. Neben ihrer Funktion als Transportmittel heben sich auch die Komplexe von Ziergegenständen des Begräbniszuges hervor, in erster Linie die so genannten Stangenaufsätze. Diese Funde wurden als kultische Ausstattung der mobilen Tempel einer mächtigen weiblichen Gottheit ausgelegt. Ähnlich den Fuhrwagen fand man sie alle entweder in zweifelsfrei weiblichen Grüften oder in Grabstätten von Pärchen, in denen sie ebenfalls als Grabbeigabe von Frauen ausgelegt werden können. Die von derartigen Funden begleiteten Frauengräber lassen sich in die Rubrik ‚Dienerinnen des Bestattungskults' einordnen.

Ansehen und Unabhängigkeit der skythischen Frauen

Die Rolle der Frau als ‚Hüterin des Glaubens' erklärt sich durch die Besonderheit der skythischen Götterwelt und insbesondere dadurch, dass dort drei weibliche Gottheiten – Api, Tabiti und Argimpasa – eine hohe Position einnehmen. Wahrscheinlich war jede dieser Göttinnen in der Vergangenheit eine mächtige Stammgottheit und verkörperte in der skythischen Götterwelt eine der drei wichtigsten gesellschaftlichen Funktionen. Mit Api steht am engsten die Funktion der Fruchtbarkeit in Zusammenhang, mit Tabiti die der Souveränität und mit Argimpasa die des Krieges. Am meisten verehrten die Skythen die Göttin Tabiti, die den Titel ‚Königin der Skythen' trug und der griechischen Göttin Hestia entsprach.

Den wichtigen Stellenwert der weiblichen Gottheiten im skythischen Pantheon erklären die Forscher durch den Kompromiss zwischen der alten matriarchalen Ordnung und der neuen patriarchalen Ideologie. Auch in der von Herodot überlieferten Legende über die Herkunft der Skythen sehen manche Forscher den Widerhall der matriarchalischen Tradition der Machtübergabe durch die Frau. Jedoch darf man nicht davon sprechen, dass bei den Skythen ein Matriarchat bestand, ebenso gibt es keine Angaben über das Vorhandensein einer mütterlichen Verwandtschaftslinie bei den Skythen. Die Materialien aus den verschiedenen Nomadenvölkern bestätigen ebenfalls das Fehlen einer direkten Abhängigkeit zwischen der Position der Frauen in der einen oder anderen Gesellschaft und deren Linearität. So kann die Frau in patrilinearen Gesellschaften eine vergleichsweise hohe Position einnehmen, während im Gegensatz dazu die entscheidende Rolle in vielen matrilinearen Gesellschaften dem Mann obliegt. Außerdem ist die Verwandtschaftslinie selbst im Grunde ein Rechtsgebilde, das nicht unmittelbar mit dem Entwicklungsstand und dem Charakter der gesellschaftlichen Verhältnisse zusammenhängt.

Offensichtlich ist es nicht übertrieben zu behaupten, dass die vorhandenen Daten von einer ausreichend selbstständigen und relativ hohen Position der Frau in der skythischen Gesellschaft zeugen, was übrigens Nomadenvölkern unterschiedlicher geschichtlicher Epochen eigen ist. Die Frauen in der skythischen Gesellschaft waren unabhängig und nahmen recht aktiv am gesellschaftlichen Leben teil.

Abschließend soll ein uns durch Herodot (Historien IV 75) überliefertes skythisches Kosmetikrezept angeführt werden: *„Ihre Frauen verreiben auf einem rauen Stein Zypressen-, Zedern- und Weihrauchholz, gießen Wasser darüber und bestreichen mit dem dickflüssigen Brei den ganzen Körper und das Gesicht. Das verleiht ihnen einerseits Wohlgeruch; andererseits sind sie, wenn sie am folgenden Tage diese Schicht abschaben, rein und glänzend."* Diese Anleitung zeugt neben den vorhandenen archäologischen Funden davon, dass die skythischen Frauen nicht nur gut mit Waffen umgehen konnten, sondern auch die Zeit fanden, sich zu pflegen und für ihre Liebsten schön und attraktiv zu sein. Beweise dafür, dass ihnen dies gelang, können wir in den zahlreichen und speziell für sie geschaffenen Kostbarkeiten, darunter Juwelierzeugnissen, sehen, die bei uns heute noch Erstaunen und Begeisterung auslösen. ∎

Dieses frühskythische Gefäß aus dem westlichen Waldsteppengebiet des Dnjepr entspricht in seiner Form den wesentlich kleineren Schüsseln, die in zahlreichen Frauengräbern gefunden wurden. Die erhaltenen Farbspuren sowie die Vertiefung an der schmalen Seite lassen vermuten, dass die Schale zur Herstellung von Schminke, möglicherweise aber auch für Kultzwecke verwendet wurde. Man fand die Schale in Izobilne, Kurgan 15, Bestattung 1.

Literatur:
Bessonova (1988), Il'inskaâ / Terenožkin (1983),
Rolle / Murzin / Alekseev (1998), Terenožkin / Mozolevskij (1988)

Das ‚Amazonengrab' von Akimovka

4. Jh. v. Chr., Akimovka, Kurgan 3, Bestattung 6
Kiew, Institute of Archaeology of the National Academy of Sciences of Ukraine (IAU)

In der Nähe von Akimovka, einem kleinen Dorf in der südukrainischen Region Zaporizhia, wurden mehrere skythische Gräber entdeckt, unter denen sich auch ‚Amazonengräber' befanden. Der dritte Kurgan, im Jahr 1984 durch Juri Boltrik ausgegraben, barg u. a. die Bestattung einer Skythin, die neben für Frauen charakteristischen Beigaben wie Goldohrringen und Perlenschmuck, Keramik und Kosmetika, auch mehrere Waffen bei sich führte. Die Mischung aus als typisch weiblich und typisch männlich betrachteten Grabbeigaben entspricht dem Bestattungstyp der skythischen ‚Amazone'.

AR

Armreif

Dm. 8,5 cm, Bronze
Kiew, IAU

Zum Schmuck der Bestatteten gehörte ein aus Bronze gegossener Armreif. Als einziges gestalterisches Element zeigt er ein regelmäßiges Muster mit je drei schmalen und einer breiten Rippe.

AR

Literatur: Fialko (1991)

Spiegel

H. 34 cm, Dm. der Spiegelfläche 20 cm, Bronze
Kiew, IAU

Spiegel gelten neben anderen Kosmetikartikeln wie z. B. Toilettenbesteck als charakteristische Beigabe von Frauenbestattungen. Auch der ‚Amazone' von Akimovka wurde ein Spiegel mitgegeben. Der aus Bronze gegossene Spiegel ist typisch für Varianten des 5. und 4. Jh. v. Chr., deren Griffe nicht wie die jüngeren Exemplare figürlich gestaltet sind. Allerdings ist in diesem Fall zumindest ein Löwe auf dem Griff eingraviert, der mit dem Kopf Richtung Spiegelfläche blickt.

AR

Literatur: Fialko (1991)

Drei Spinnwirtel
H. 0,9 cm, Dm. 1,6 cm, Eisen
H. 1,9 cm, Dm. 2,2 cm, Ton
H. 1,2 cm, Dm. 1,8 cm, Stein
Kiew, IAU, Inv.-Nr.: Nr. 11, 12, 13

Spinnwirtel dienten der Herstellung von Fäden verschiedener Stärke und wurden als eine Art ‚Schwungrad' auf dem unteren Teil des Spindelstabes aufgesteckt. Je nach Form und Gewicht der Wirtel konnte die Qualität der Fäden variiert werden.

AR

Literatur: Fialko (1991), Jakovenko (1991)

Schale
H. 3 cm, Dm. 9,5 cm, Ton
Kiew, IAU, Inv.-Nr.: Nr. 14

Messer
B. 2 cm, H. 11,6 cm, Eisen
Kiew, IAU, Inv.-Nr.: Nr. 10

4 Pfeilspitzen
H. zwischen 2,8 und 3,3 cm, Bronze
Kiew, IAU, Inv.-Nr.: Nr. 20

Zur Bewaffnung der ‚Amazone' von Akimovka gehörten neben Lanze und Wurfspieß auch mehrere Pfeile. Die erhaltenen dreiflügeligen Pfeilspitzen waren typischerweise aus Bronze gefertigt. Da der Bronzeguss eine schnellere Produktion von Spitzen in hoher Auflage erlaubte – im Gegensatz zur Herstellung aus geschmiedetem Eisen – zählten Bronzespitzen zu den am weitesten verbreiteten Typen.

AR

Wurfstein
B. 3,9 cm, H. 2,1 cm, T. 2,9 cm, Stein
Kiew, IAU, Inv.-Nr.: Nr. 19

Literatur: Schiltz (1994)

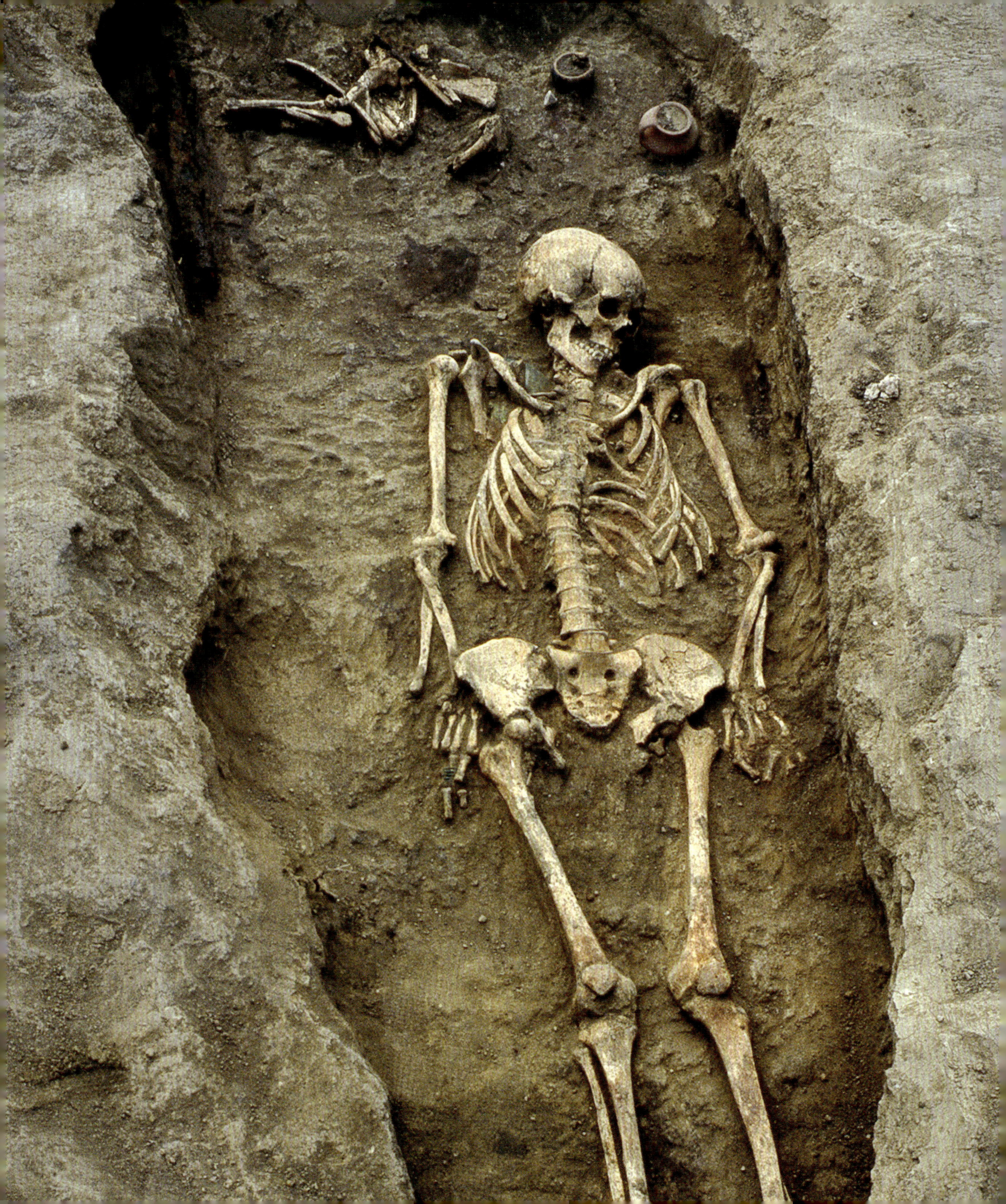

Bewaffnung und mögliche Kampfweise skythischer Kriegerinnen

Renate Rolle

Diese Bestattung in der Certomlyk-Nekropole, Kurgan 9, Bestattung 2, kann ein Hinweis auf die ‚Amazonen' des Herodot sein. Denn das Skelett einer Frau war mit dem typischen Mischinventar skythischer Kriegerinnen beigesetzt worden. So fanden sich neben griechischer Miniaturkeramik, Schmuck und einem Bronzespiegel auch die Überreste einer Lanzenspitze und eines Köchers.

Der für die skythische Kampfweise kennzeichnende Bewaffnungstypus kristallisierte sich in den Steppen nördlich des Schwarzen Meeres im 7. Jh. v. Chr. heraus und wurde von da an in wichtigen Etappen vor Ort weiterentwickelt. Der Komplex der verschiedenen Angriffswaffen weist dabei in mehrerer Hinsicht gewisse lokale Vorformen auf. Ausschlaggebend für die Herausbildung der Schutzrüstung ist jedoch die vorangegangene Auseinandersetzung mit den militärischen Vorbildern im Vorderen Orient und in Kleinasien. Auf den so genannten Vorderasienzügen sollen die Skythen bis an die damaligen Grenzen Ägyptens vorgestoßen sein, wo sie nur Tributgaben des Pharaos zur Umkehr bewogen. Verwandtschaftliche Beziehungen ihrer Herrscher zum assyrischen Königshaus und genaue Kenntnis von der militärischen Ausrüstung der gegnerischen Armeen, der Assyrer, Meder und besonders Urartäer, ließen die Skythen einen Schutzrüstungskomplex für die eigenen Belange kreieren und weiterentwickeln, der derart ausgefeilt und effektiv war, dass er später noch bei den Reiterkriegerarmeen bis weit ins Mittelalter Gültigkeit behielt. Damit erfanden sie die schwere Panzerreiterei.

Die antiken Autoren, an ihrer Spitze Herodot, der mit seinem Skythenbuch (Historien IV) eine mit enormem Faktenwissen unterlegte, spannende und erstaunlich tolerante Beschreibung des Volkes am Nordrand der damals bekannten Welt hinterließ, heben zwar die Skythen besonders hervor, was Bevölkerungszahlen, aber auch Höhe und Differenziertheit ihrer Kulturentwicklung betrifft. Trotzdem reichen diese Angaben häufig nicht aus, um die verschiedenen Nachbarstämme archäologisch von ihnen abzusetzen. Dies liegt auch daran, dass eine intensive Landnahme mit wirtschaftlicher und kultureller Einflussnahme im ganzen Herrschaftsgebiet ablief. Es scheint so, als würde sich nach relativ kurzer Zeit ein Miteinander verbündeter Komplex aus Skythen und den eng verwandten Nachbarstämmen herausgebildet haben, die zum Teil die gleiche Sprache sprachen, übereinstimmende Bräuche pflegten und vor allen Dingen die gleiche Tracht und Bewaffnung trugen, wobei sie optisch möglicherweise kaum zu unterscheiden waren. Man nennt diesen Stammesverbund gern die Stämme der ‚skythischen Welt', um diese Übereinstimmungen in der Kulturhöhe deutlich zu machen, die sie von anderen unterscheidet.

Soweit wir einschätzen können, agierten die Kriegerinnen im Rahmen dieser großräumigen geografischen Bedingungen. Die Frage, seit wann es wehrtüchtige Frauen gegeben haben mag, ist anhand des archäologischen Materials noch kaum zu beantworten. Der älteste uns bisher bekannte Fund scheint das Grab von Semo-Awtschala zu sein, das 1927 von N. Nioradze in Georgien freigelegt wurde. Die in einer holzüberdeckten Grabgrube aufgefundene, sitzend bestattete Tote hatte auf den hochgezogenen Knien ein Kurzschwert bei sich, an ihrer rechten Seite wurden eine Lanzenspitze und ein Eisenmesser oder -dolch gefunden. Armringe, fünf Fingerringe, viele Perlen, eine Ahle sowie zwei Tongefäße bildeten die sonstige Ausstattung. Der Unterkiefer eines Pferdes im Grab könnte meiner Ansicht nach dafür sprechen, dass es sich um eine Reiterin handelte, deren Pferd im Rahmen der Bestattungsfeierlichkeiten gemeinsam verspeist wurde. Das Ergebnis der anthropologischen Bearbeitung fällt besonders ins Auge. Die mit 1,47 m auch im Rahmen der damaligen Zeit körperlich nur sehr kleine Frau war etwa 30 bis 40 Jahre alt geworden. An ihrer linken Schädelseite wurden Spuren einer schweren Verletzung von 28 mm Länge und 7 mm Breite beobachtet, die allerdings begonnen hatte sich zu schließen, bevor die Reiterin verstarb. Die Verwundung wurde also um einige Zeit überlebt. Nach den Angaben des Ausgräbers handelte es sich dabei keinesfalls um eine einstige Trepanation (Schädelöffnung), sondern um die Folgen eines schweren Schlags oder Stichs.

Dieser Befund steht nicht allein. Eine schwere Schädelverletzung, ebenfalls von Schlag oder Stich, beschreiben die Ausgräber am Skelett der Frau aus dem Kurgan 447 von Zhurovka (mittleres Dnjeprgebiet, Grabung A. Bobrinskoj). Im linken Knie der Toten im Kurgan 13 von Ordzhonidzemarganec, Gruppe BOF, steckte noch eine verbogene Pfeilspitze (Grabung A. Terenozhkin). Auf die tödliche Verletzung der Frau in der Certomlyk-Nekropole wurde bereits hingewiesen. Da Pfeilspitzen in situ steckengelassen wurden bzw. nicht zu entfernen waren, kann mehrfach ein präziser Beweis für die Ernsthaftigkeit der Kämpfe, denen diese Frauen ausgesetzt waren, geführt werden.

Offensivwaffen

Die kennzeichnenden Waffen der in diesem Beitrag vorgestellten Frauen sind Pfeil und Bogen, die sich in allen Gräbern finden. Vermutlich wurden sie, wie im Nordschwarzmeerraum üblich, in einem Goryt getragen, wobei der Bogen gespannt war. Sicherlich ist es kein Zufall, dass Pfeil und Bogen, meist mit den üblichen Jagdmessern, in allen Gräbern waffenführender Frauen auftreten. Durch die Fernwaffe Bogen lässt sich die bei Frauen geringere Muskelkraft am besten ausgleichen. In Skythien sind zwei Bogentypen verbreitet, am bekanntesten sind Bögen von geringer Höhe (60 – 70 cm) und eine längere Variante von etwa 1 m Höhe. Es handelt sich um zusammengesetzte Reflexbögen aus Holz und Knochen mit klebenden Zwischensubstanzen. Die übliche Pfeillänge liegt um 45 cm, Pfeilnocken, Befiederung und Spuren farbiger Markierungen werden häufig beobachtet. Kennzeichnend sind so genannte mehrflügelige Pfeilspitzen in einer Fülle von Varianten, aus Bronze, Knochen und Holz gefertigt (kaum aus Eisen). Sie weisen häufig Widerhaken auf und waren auf raffinierte Art vergiftet. Die Rezepturen des skythischen Pfeilgiftes (toxikon skythicon) sind überliefert und belegen, dass das Gift gestaffelt über mehrere Etappen wirksam wurde, falls der Pfeil nicht gleich tödlich traf.

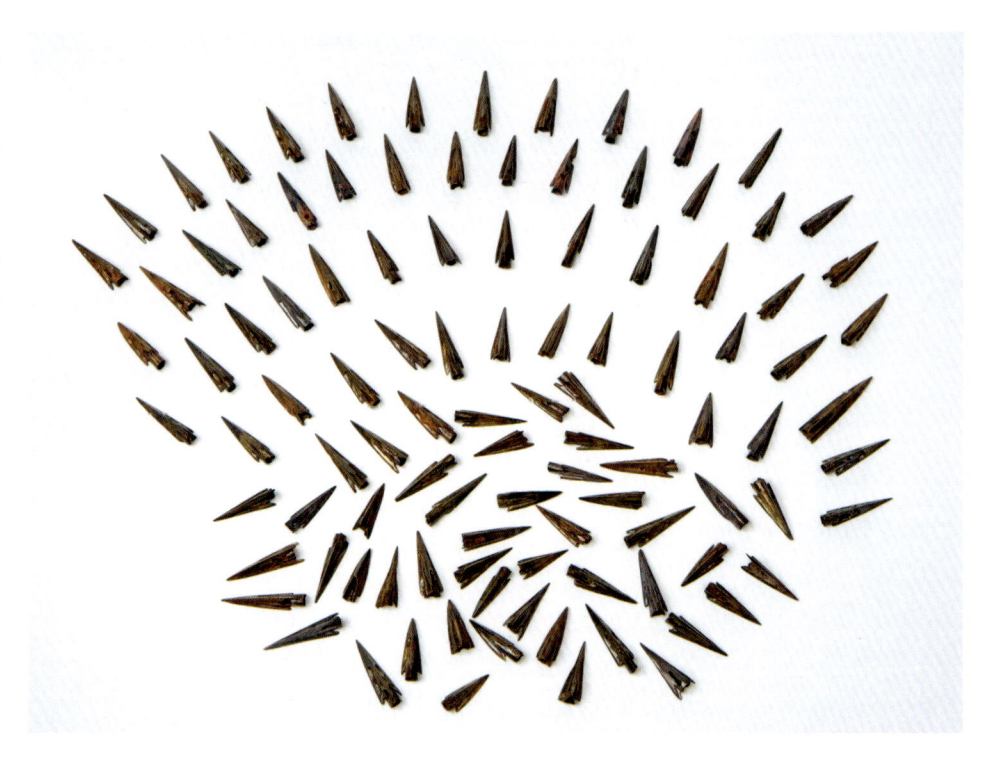

Im Kurgan 2 der vierten Bestattung bei Vysoke im Südosten der Ukraine wurden 104 Bronzepfeilspitzen geborgen. Die Spitzen haben eine dreiflügelige Form. Dadurch erhielten die Pfeile einen panzerbrechenden Charakter.

Der Wurfspieß aus Eisen, gefunden im Männergrab von Vodoslavka, Kurgan 6, Bestattung 1-2, gehörte neben Pfeil und Bogen, Lanze und Speer zu den typischen Waffen der Skythen.

In den Gräbern sind die Toten häufig mit mehreren pfeilgefüllten Köchern ausgestattet, die Zahl der Pfeile kann in den Männergräbern mehr als 1000 Exemplare erreichen. Sie wurden in Kampfbereitschaft messerscharf angeschliffen. Von den Männern erfahren wir, dass das beidhändig gleich gute Bogenschießen gezielt geübt wurde, außerdem das Vor- und Rückwärtsschießen, so dass die vorgetäuschte Flucht gut zum Angriffsmanöver umfunktioniert werden konnte. Im ganzen Altertum und darüber hinaus waren die Skythen für ihre Kunst des Bogenschießens zu Pferd berühmt, so dass die griechische Wortschöpfung *hippotoxotai* (,Pferdebogner') für sie üblich wurde. Alles dieses könnte auch auf die Frauen zugetroffen haben. Ob das Ausbrennen ihrer rechten Brust, wie es Pseudo-Hippokrates beschreibt, wirklich die Qualifikation zum Bogenschießen erhöhte, kann angezweifelt werden. Vielleicht handelte es sich viel mehr um ein Ritual, das die Zugehörigkeit zu einem Bund oder einer Gruppe symbolisierte.

An zweiter Stelle der Waffen sind Lanze, Speer und Wurfspieß vertreten. Bei diesen Waffen sind für die meisten Frauen die Voraussetzungen deutlich schlechter als bei Männern, da die Valgusstellung des Frauenarmes (Krümmung nach außen) zumeist stärker ist. In der Praxis bedeutet dies, dass selbst beim Aufwenden der gleichen Kraft, durch die ungünstigere Winkelstellung der Armknochen, die Kraftübertragung weit weniger effektiv ist. Für die gleiche Leistung muss eine Frau also mehr Kraft aufbringen als ein Mann. Da es nicht allein auf den Weitwurf, sondern auch auf die Durchschlagskraft ankam, dürften Frauen sich vielleicht mehr auf die kürzere Stechlanze verlegt haben. Dazu kam sicherlich der in mehreren Befunden nachgewiesene Wurfspieß, der im skythischen Waldsteppengebiet eine Lokalentwicklung darstellte. Er war mit einer Lederschnur zum Zurückholen versehen und wurde ähnlich wie ein römisches Pilum eingesetzt, d. h. als Spezialwaffe gegen den Schild des Gegners.

Das Schwert ist in Frauengräbern relativ selten, es kommen aber, wie bei den Männern, Langschwerter und Akinakes (Kurzschwerter) vor. Im gesamten skythischen Gebiet sind Streitäxte und die oft modernen, Spitzhacken ähnlichen Streitpickel vielfach belegt. Ihre Variationsbreite ist beachtlich. Auf zahlreichen bildlichen Darstellungen sehen wir Amazonen damit ausgestattet und geschickt sowie zugleich aggressiv hantierend. Im archäologischen Befund ist das erste sicher belegte Beispiel die Kriegerin aus Ak-Alacha 1. Auch muss auf jeden Fall mit Schleudern und einer der heutigen Bola ähnlichen Waffe gerechnet werden, wie Wurfsteine in Frauengräbern und vereinzelte Abbildungen verdeutlichen. Aber noch eine weitere Waffe sollte unbedingt in die Überlegung mit einbezogen werden: Furchteinflößend konnte in geübten Händen auch eine Peitsche sein, die in Eurasien bereits seit der Bronzezeit nachgewiesen werden kann. Auf den Abbildungen, die uns skythische Edelleute zeigen, sitzen diese zumeist in lässiger Pose und halten in der erhobenen Hand die *nagajka*-ähnliche, mehrschwänzige Peitsche. Dass die Peitsche als Würdezeichen betrachtet wurde, bezeugt auch Herodot (Historien IV 3 – 4). Bestehend aus einem kurzen festen Stiel, der mit Goldband umflochten sein konnte, und den ledernen, vermutlich mit Knoten bestückten Peitschenstriemen, ließ sich damit besonders das ungeschützte Gesicht des Gegners treffen, auch dürfte der Schreckmoment für das feindliche Pferd erheblich gewesen sein. Es wird vermutlich aber auch Peitschentypen mit langen Lederstriemen gegeben haben, wie man sie im volkskundlichen und im zirzen-

Die Welt der Steppennomaden

Aus der Männerbestattung im Berdjanskij-Kurgan in der Gegend von Berdjansk am Asowschen Meer stammt dieser mit einem Wolfkopf verzierte knöcherne Peitschengriff.

sischen Bereich noch heute auch bei uns sehen kann. Aus dem eurasischen Bereich meldet eine Fülle von historischen Schriftquellen den verbissenen Einsatz der Peitschen in der Endphase eines Kampfgeschehens, wenn alle anderen Waffen aufgebraucht waren. Nach den Angaben war dort die Peitsche, am Handgelenk befestigt, quasi zum Bestandteil des menschlichen Armes geworden und wurde daher kaum abgelegt.

Defensivwaffen

Nicht genau abzuschätzen bleibt bis heute der Verbreitungsgrad von schwerer Schutzrüstung im Milieu kriegerischer Frauen. Schuppenpanzer und Zusatzbestandteile sind uns heute aus vielen hundert Befunden bekannt. Die detaillierten Studien von E. Chernenko aus Kiew haben eindringlich die grundlegende Bedeutung gerade dieser Waffenkategorie, die ihre militärische Schlagkraft begründete, im Rahmen der skythischen Heere herausgearbeitet. Heute kann aufgrund seiner Arbeiten bereits anhand von wenigen kennzeichnenden Fragmenten der Typus der einst vorliegenden Schutzrüstung bestimmt werden. Früher wurde die mit Bronze- bzw. Eisenschuppen besetzte Schutzbewaffnung für Frauen als zu schwer zum Tragen erachtet. In neuerer Zeit muss diese Auffassung hinterfragt werden, denn mit dem Einsetzen experimenteller Studien zeigte sich ganz klar, dass der innen ausgepolsterte Schuppenpanzer durch seine Elastizität einen guten Tragekomfort aufweist, der auch beim Sturz vom Pferd eine relativ hohe Sicherheit garantiert. Die einzeln lederunterfütterten Schuppen wurden so zusammengefügt, dass jede von ihnen die benachbarte in allen Richtungen um ein Drittel überdeckt. Experimente, bei denen Fragmente der Schuppenrüstungen unter intensiven Pfeilbeschuss genommen wurden, belegen, dass die Pfeile kaum durchzudringen vermochten, sondern in den meisten Fällen beim Träger nur für Hämatome gesorgt hätten, da der genau durchdachte Aufbau des Schuppenbesatzes den Druck nach mehreren Richtungen abzuleiten vermag. Die Pfeilspitzen schafften es lediglich, sich unter bzw. zwischen den Schuppenreihen zu verkeilen, wo sie, extrem stark verbogen, festhakten.

Diesen eisernen Lamellenschild aus der Frauenbestattung des Kurgan 2 bei Zelenoje hatte eine Skythin einst quer über den Schultern auf dem Rücken getragen. Der v-förmige Einschnitt am unteren Ende diente der Befestigung am Rücken der oder des Gepanzerten. Dadurch blieben im Kampf die Hände frei.

Bei Grabungen kamen die Überreste dieses Schuppenpanzers aus dem 4. Jh. v. Chr. in einer Frauenbestattung bei Zelenoje ans Licht. Die Schulterpartie, der Kopfschutz und der Brustpanzer aus Eisen schützten die Kriegerin vor schweren Verletzungen.

Die Schuppenrüstung, die die Skythen offensichtlich auch selbst herzustellen und zu reparieren verstanden, findet im 5./4. Jh. v. Chr. für fast alle Bereiche des menschlichen Körpers Einsatz. So kennen wir, neben kurzen Formen, auch lange Panzer, die ebenso die Hüften schützten, sowie Schuppenhelme mit Brünne, Oberschenkelschutz und Beinschienen. Lamellenbesetzte Kampfgürtel und Schilde mit Schildzeichen komplettierten eine vollständige Ausrüstung. Ein weiterer, bisher singulärer Schuppenrüstungskomplex stammt aus Kurgan 2, Bestattung 3, beim Dorf Zelennoe (Gebiet Cherson, Grabung G. Evdokimov 1983). Diese Ausrüstung wurde im Grab eines 7 bis 10 Jahre alten Mädchens freigelegt, dessen Kopf mit einem goldbesetzten Lederband geschmückt war. Zum weiteren Inventar gehörten zwei eiserne Lanzenspitzen und ein steinerner Mörser mit hölzernem Stößel.

Kampfweise

Versucht man anhand der bisher bekannten Waffenkombinationen aus Frauengräbern vorsichtige Rückschlüsse auf die Kampfweise zu ziehen, so ergibt sich, dass Ausdauer, Kraft und Schnelligkeit, wie auch Geschicklichkeit und Flexibilität notwendig waren, die nur durch gezieltes Training, möglichst von Kindesbeinen an, erreicht werden konnten. Jagd- und Kampfsituationen erforderten eine kurze Reaktionszeit, die auch stabil gegen Störfaktoren sein musste. Bildliche Darstellungen zeigen, dass die Männer zum Bogenschuss die Zügel auf den Pferdehals fallen ließen bzw. sich die Zügel um die Taille schlangen und die Pferde mit Körpereinsatz lenkten. Es ist wichtig zu betonen, dass im ersten vorchristlichen Jahrtausend Satteldecke und Sattel zwar verbreitet, der Steigbügel jedoch noch nicht bekannt war. Insofern muss man davon ausgehen, dass eine sehr souveräne Beherrschung der Pferde im Kampf und auf der Jagd erforderlich war. Nicht umsonst war die skythische Reiterei im ganzen Altertum berühmt, sie galt als unschlagbar und war sogar der persischen Reiterei überlegen. Wollten Frauen in diesem Umfeld bestehen, war entsprechendes Können und Durchhaltevermögen nötig, besonders im Kampf, wo beim Sturz oder Tod des eigenen Pferdes auf jedem beliebigen anderen Tier weitergeritten werden musste.

Die Welt der Steppennomaden

Vielleicht war auch eine Ausübung der bei den Männern üblichen Kriegerbräuche, die in vielen anderen Kulturen ihre Parallelen finden, für die Frauen Pflicht und Ansporn. Dazu gehörte die Mitnahme der Köpfe getöteter Feinde, die u. a. das Recht auf Beute sicherte; das Trinken des Blutes des ersten getöteten Feindes, weiterhin die Fertigung von und das Trinken aus menschlichen Schädelbechern, das Abziehen der Skalpe getöteter Feinde und menschlicher Haut, insbesondere der rechten Hand, als Trophäen. Beides wurde gegerbt und diente als Zügelschmuck bzw. zu anderen Zwecken, wohl auch als Dokumentation des Sieges. Trifft einiges davon oder sogar alles auch auf die Kriegerinnen zu?

Versucht man eine ungefähre Vorstellung vom physischen Erscheinungsbild dieser Frauen zu gewinnen, so scheint es logisch, dass wir sie uns sehr zäh und muskulös, aber nicht allzu wuchtig vorzustellen haben, da Ausdauer und Geschicklichkeit durch Masse gestört werden. Durch ihre stark fleisch- und eiweißhaltige Kost – in erster Linie Pferde- und Hammelfleisch sowie sämtliche aus Pferdemilch zu gewinnenden Produkte wie auch Käse und Butter – und auch durch die Vielseitigkeit der erforderlichen Kampfdisziplinen, entsprachen sie im Ganzen wohl eher dem Typus der heutigen Mehrkämpferinnen und Distanzreiterinnen: kräftig, flexibel, dabei beweglich und schlank.

Wir haben also ‚Leistungssportlerinnen' der Antike vor uns, was die Schönheit und Ausstrahlungskraft vieler Darstellungen von ihnen erklärt. Gleichzeitig liegt darin oft auch die negativ besetzte Faszination, etwa im griechischen Bereich, begründet. Von Aristoteles soll das Zitat stammen, *„dass Fünfkämpfer die schönsten Menschen seien"*. Ob er dies allerdings auch einer Frau zugestanden haben würde, muss dahingestellt bleiben.

Im 5. Lendenwirbel einer ‚Amazone' der Čertomlyk-Nekropole, die in den Weiten der ukrainischen Steppe ihre letzte Ruhe fand, steckten die Reste einer bronzenen Pfeilspitze, eine schwere Verletzung, die vermutlich zum Tod der Frau führte.

Die Interpretation der Gräber waffenführender Frauen

Das Problem der Interpretation von archäologisch nachweisbaren Gräbern waffenführender Frauen hat in der Literatur unterschiedliche Behandlung erfahren. Erklärungsversuche bewegen sich beispielsweise zwischen Zeugnissen von Gynaikokratie, also Frauenherrschaft, und Überresten eines Matriarchats, wogegen jedoch gewichtige Gründe vorgebracht werden konnten. Unter anderem sind viele verschiedene Zeitabschnitte und unterschiedlichste geographische Zonen mit Hinweisen auf ‚Amazonen' bekannt, für die es allerdings schwieriger und künstlicher Konstruktionen bedarf, um das Vorhandensein auf dieser Basis zu erklären. Aufgrund von Hinweisen auf rituelle Besonderheiten in manchen der skythischen Gräber deutete man die Frauen auch als ‚Priesterinnen' oder als ‚Schamaninnen', aber auch dies erscheint nicht überzeugend. Frauen mit Waffen finden sich in so gut wie allen sozialen Schichten. Dass eindeutige Funde innerhalb der ‚Fürstengräber' noch ausstehen, scheint eher an methodischen Nachweisproblemen zu liegen. Eine ‚Amazonenkönigin', wie viele schriftliche und bildliche Quellen sie beschreiben, würde als tatsächlicher archäologischer Fund im eurasischen Verbreitungsgebiet kaum überraschen.

Die Ursache für das Auftreten von Kriegerinnen sah man weiterhin in einem starken Ansteigen der militärischen Aktivitäten, durch die, eher der Not gehorchend, auch Frauen zu Kriegszwecken herangezogen werden mussten. Manche Forscher vertraten die Auffassung, dass den jungen Mädchen bis zur Verheiratung ein größeres Maß an Freiheiten zugestanden wurde, wir somit also einen Jungmädchensport vor der Ehe vor uns hätten. Einige Skelette hatten jedoch ein Lebensalter von 30 bis 40 und sogar deutlich mehr Jahren erreicht. Als ein Erklärungsmodell wurde das Argument des Fernheiratens aus dem Osten herangezogen. Es hielt der Argumentation jedoch ebenso wenig stand, wie die gern postulierte patriarchalische Struktur bei den Skythen. Diese ist meiner Ansicht nach eine fehlerhafte ideologische Prämisse, die erst nach der Islamisierung nomadischer Populationen zutrifft. Eine sehr überdenkenswerte Auffassung wurde von V. Kovalevskaja vorgetragen, die die Ursache für das Aufkommen wehrtüchtiger Frauen in den Besonderheiten der Lebens- und Wirtschaftsweise der eurasischen Viehzüchternomaden sieht. Was die Reiterkriegervölker, und damit auch die Skythen betrifft, so möchte ich mich dieser Auffassung anschließen, da sich dort die Stellung der Frau und ihre Aufgabenbereiche in ganz anderer Form entwickeln konnten als in sesshaften Kulturen. Diese diktierten vermutlich schon die Notwendigkeiten des täglichen Lebens und seine Gefahren, denn neben einem beträchtlichen Arbeitspensum und körperlichem Einsatz zu Pferd oblag den Frauen auch die Sicherheit der Herden, der Weidegründe und der Familien – zumindest dann, wenn die männliche Bevölkerung durch kriegerische Aktivitäten in Anspruch genommen war. ∎

Literatur:
Bobrinskoj (1901), Černenko (2006), Kovalevskaja (1977), Nioradze (1931), Rolle / Müller-Wille / Schietzel (1991)

Frauen und Pferde

Renate Rolle

Obwohl in den skythischen Gräbern Pferde als Grabbeigabe im Rahmen der Bestattungszeremonien weit verbreitet waren und aus manchen Großtumuli sogar mehrere Hundert bestattete Tiere bekannt sind, liegen kaum gründliche Studien über diese vor. Eine der wenigen positiven Ausnahmen bilden die Arbeiten des Paläozoologen V. Vitt, der die ins Grab mitgegebenen Pferde aus den frostkonservierten Kurganen im Altai-Gebiet gründlich untersuchte und dadurch Aussehen und Lebensweise der Tiere rekonstruierte. Durch die ungewöhnlichen Kältebedingungen im Hochaltai waren diese in einem bis dahin ungekannt guten Erhaltungszustand, so dass Gesundheits- und Ernährungszustand, Alter, Zahnstatus, Mageninhalt, Fell, die Farbe der Tiere und viele weitere Einzelheiten von ihm beschrieben werden konnten. Auch bei den modernen Grabungen im Osten Eurasiens wurden Pferde gefunden, aber ohne dass bisher eine ähnlich grundlegende Arbeit über sie erfolgte.

Bildliche Darstellungen der Pferde

Die bildlichen Darstellungen von Pferden auf Goldfunden haben Spezialisten angeregt Studien über die Tiere anzufertigen, die mit den gleichzeitigen archäologisch-paläozoologischen Befunden in Verbindung gesetzt wurden. V. Calkin und in neuerer Zeit V. Bibikova und E. Sekerskaja konnten damit wichtige Fakten zum Reitpferdebestand der Steppenskythen erbringen. Auf einem bekannten Pektorale aus dem Kurgan Tolstaja Mogila aus dem 4. Jh. v. Chr. sind im oberen und unteren Fries verschiedene Tiere dargestellt. Die Darstellungen des Pektorales sind nur streichholzgroß, aber derart präzise, dass Adern und Muskulatur der Tiere genau zu erkennen sind. Oben sowie links und rechts der beiden Zentralfiguren sind edle Stuten mit ihren Fohlen wiedergegeben.

Auf dem Ukok-Plateau im Altai-Gebirge, unweit der heutigen Grenze zu China und der Mongolei, lebten vor 2500 Jahren die Altai-Skythen der Pazyryk-Kultur. Deren Verbundenheit mit ihren Pferden wird durch aufwendiges Pferdegeschirr in den Kurganen immer wieder belegt.

Obwohl die skythischen Pferde zu den vergleichsweise größten ihrer Zeit gehörten, sind sie für unser modernes Verständnis klein. Die größten unter ihnen messen 1,50 bis 1,52 m im Widerrist, entsprechen

Das prunkvolle Pektorale aus dem 4. Jh. v. Chr., das sich in einer reichen skythischen Bestattung in der Tolstaja Mogila befand, zeigt neben zahlreichen weiteren Szenen aus dem skythischen Alltag auch eine Stute beim Säugen ihres Fohlens.

Weitere Szenen des Pektorals zeigen Kampfszenen zwischen jeweils einem Pferd und zwei Greifen. In diesen Szenen wehrt sich das Pferd vergeblich, bis es sich, von den Greifen niedergedrückt, in sein Schicksal ergibt.

also ungefähr den heutigen Vollblutarabern bzw. den ursprünglichen Achal-Tekkinern. Ganz unten sehen wir eher kleinwüchsige bzw. mittelgroße Pferde, die vielleicht zur Gruppe der 1,28 bis 1,44 m im Widerrist messenden Tiere gehören sollten und die von Fabeltieren, geflügelten Greifen, gerissen werden. Beide Pferdearten wurde auch in Realität auf unterschiedlichem Niveau im Grabhügel gefunden – die kleinen Pferde als Reste von Speisebeigaben und Opfermahlzeiten, die größeren Tiere mit kostbarem Pferdegeschirr als Reitpferde der Elite.

Nach den erhaltenen Fellresten zu schließen, waren die damaligen Reitpferde auffallend oft von roter oder goldroter Farbe. Die Mähnenfarbe wechselte zwischen dunkelrot-braun und schwarz. Weißgestiefelte Tiere wurden anscheinend ausgesondert. Da die Pferde noch ohne Hufeisen liefen, hielt man möglicherweise ihre Hufe für spröder oder empfindlicher. Mehrfach lässt sich beobachten, dass die Tiere sorgsam frisiert waren, einen eingeflochtenen Schweif und verschiedenen Zierrat trugen. Sie hatten entweder eine Mähnenhülse oder eine gestutzte Stehmähne, in der v-förmige Einschnitte ausgearbeitet waren. Dies geschah aus praktischen Gründen, damit sie beim Bogenschuss nicht störte. Nur am Widerrist blieben einige längere Strähnen, um den ohne Steigbügel aufsitzenden Reitern das Aufsteigen zu erleichtern und Halt zu bieten.

Innerhalb der Darstellungen von ‚Amazonen' sehen wir diese mehrfach auf vergleichsweise hochwüchsigen und edlen Pferden. Die Anforderungen, die an die Tiere gestellt wurden, erforderten ohne Zweifel eine vorbereitende Dressur. Dies kennen wir nicht nur von den Skythen, sondern etwa auch von den Persern. Nach Xenophon (Hipparch I 17) richteten diese ihre Pferde auch zum Niederknien ab. Auf Darstellungen, die uns berittene Skythen zeigen, ist zu erkennen, dass die Dressur bei ihnen noch ein weiteres Moment beinhaltete: Gelehrige Pferde wurden dahingehend dressiert, sich mit angezogenen Beinen auf dem Bauch niederzulassen, um so dem Reiter oder der Reiterin das Aufsteigen zu ermöglichen. Das Niederknien kann in mehreren Ausbildungsstufen antrainiert bzw. unterschiedlich vom Pferd ausgeführt werden. Erstens als Niederknien auf einem Vorderbein, wobei das zweite manchmal betont ausgestreckt wird (eine besonders würdevolle Variante), zweitens das Niederknien auf beide Vorderbeine (was die Tiere ‚gebrochen' wirken lässt) und drittens das Niederknien unter Einbeziehung von Vorder- und Hinterbeinen. Hinzu können mehrere Zwischenstufen kommen sowie das völlige Niederlegen auf eine Seite (‚Totstellen' oder ‚Deckung bietend'). Im Gegensatz zum heutigen ‚Kompliment' oder zur ‚Referenz' im Zirkus, wofür etwa ein Monat Zeit zur Ausbildung veranschlagt wird, dauert die Dressur des Niederlegens, die bei manchen Pferden Panikattacken auslöst, wesentlich länger und es werden zur Abrichtung mehrere Personen mit Longen benötigt.

Die Dressur der Pferde

Im Reiterkriegermilieu der Skythen, wo vermutlich gesteigerter Wert auf eine schnelle und effektive Ausbildung der Pferde gelegt werden musste, können durchaus recht harte Dressurmethoden eingesetzt worden sein. Eine in der Forschung berühmte Szene zeigt womöglich einen solchen Dressurakt. Bereits 1862/63 wurde durch Ivan Zabelin eine 70 cm hohe, silber-vergoldete griechische Amphore in einem Frauengrab freigelegt. Diese Amphore aus dem Chertomlyk-Kurgan wurde aufgrund ihrer Schönheit, aber besonders aufgrund ihres kulturgeschichtlichen Aussagewertes weltberühmt. Trotzdem war die einstige Bedeutung der Pferdeszene auf der Vorderseite viele Jahre lang heftig umstritten. Drei Personen umringen dabei ein Pferd, das am unteren Rand des Halses eine Öse aufweist. Von den Händen der drei Personen führten ursprünglich aus Silberdraht gefertigte ‚Seile' zu den Beinen und dem Hals des Tieres. Diese gingen bei den Ausgrabungen verloren, sind aber als Reste in den Händen der dargestellten Personen vorhanden. Höchst unterschiedliche Deutungen wurden in der nicht enden wollenden Kontroverse vorgetragen. Dabei wurde das Tier, dessen Geschlecht nicht näher angegeben ist, mal zum Hengst und mal zur Stute, mal wurde das Tier niedergeworfen, mal ‚gebrochen', um es aufzäumen zu können, manchmal geopfert, zur Paarung vorbereitet oder kastriert. Bei einer Überprüfung anhand des Originals waren die Öse am unteren Teil des Halses und der Negativabdruck des einst um den Hals führenden Seils deut-

Die Darstellung über den Ablauf einer Pferdedressur zeigt eines der bekanntesten Fundstücke aus einem skythischen Grab. Es handelt sich hierbei um eine silberne und teilweise vergoldete Amphore aus dem Certomlyk-Kurgan.

Frauen und Pferde | **Rolle**

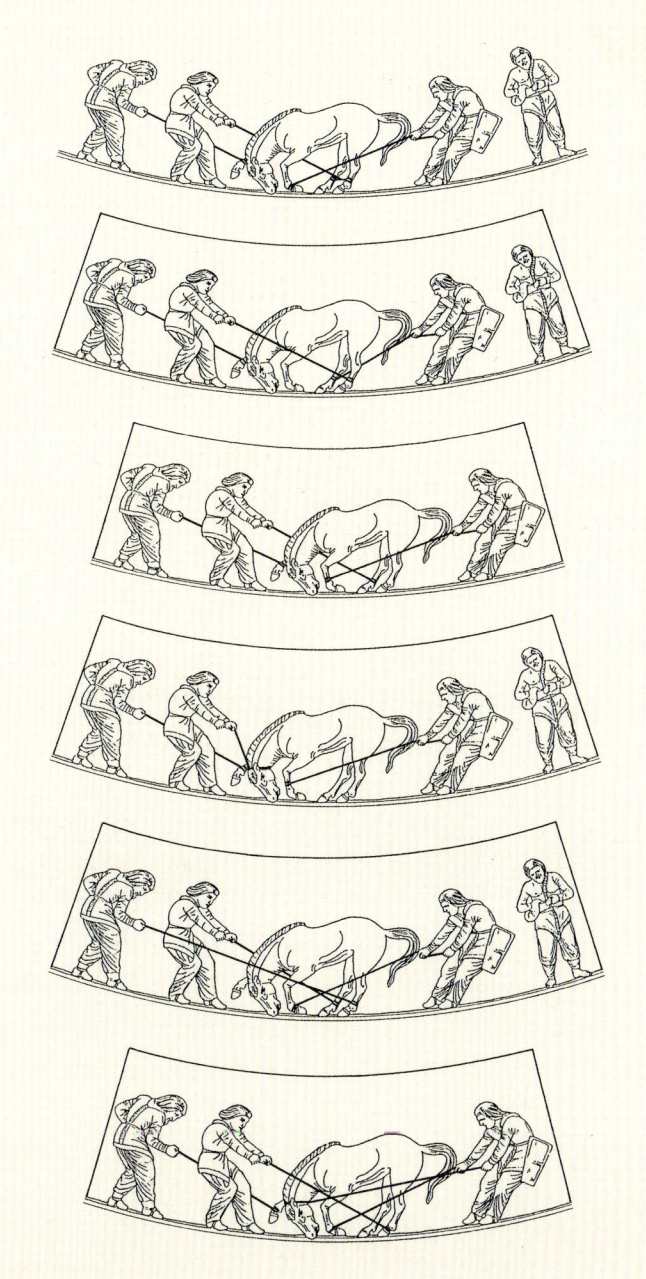

Diese Umzeichnungen einer Szene der Certomlyk-Amphore zeigen mehrere Versionen der möglichen Seilführung zu verschiedenen Maßnahmen, z. B. Opfer, Kastration u. a. Das Abschnüren der Luftzufuhr in der untersten und drittletzten Zeichnung, soll nach Archäologensicht einen schnellen Lernerfolg erzielen und stellt eine Interpretation als Dressurszene dar.

Warum war diese Dressur so wichtig, dass wir sie auch bei den Pferden der ‚Amazonen' voraussetzen dürfen? Das Auf- und Absteigen beim steigbügellosen Pferd war mit der entsprechenden Waffenausrüstung mühselig, extrem schwierig und vermutlich in vielen Situationen gar nicht möglich. Pferde, die auf Abbildungen Elemente dieser Dressur zeigen, hielt man bei der Interpretation oft für sterbend bzw. für tot zusammenbrechend. Das schien gut zu den anmutig sterbenden, vom Pferd sinkenden Amazonen zu passen. O. Benndorf und G. Niemann, die dem so genannten Heroon von Gjölbaschi-Trysa – einer lykischen Grabanlage, deren figurengeschmückte Friese u. a. Amazonomachien zeigen – eine Spezialstudie widmeten, haben in ihrer Publikation bereits damals, 1889, bei den in kennzeichnender Tracht dargestellten Amazonen eine entsprechende Pferdedressur herausgestellt: *„Dienstfertig kniet hier im Gewühl der Schlacht das Pferd der Amazonenkönigin auf beide Beine nieder [...]"*, so heißt es in ihrem Text. ∎

Literatur:
Benndorf / Niemann (1889), Bibikova (1973), Calkin (1966), Gisone (1570), Rolle (1976), Rolle (1998), Vitt (1952)

Umgezeichnete Vasendarstellung einer Amazone mit Pferd aus der Sammlung Campana in der Eremitage. Das Niederknien des Pferdes, um das Auf- und Absteigen zu erleichtern, musste erst antrainiert werden.

lich zu erkennen. Das Tier sollte damit wohl nicht getötet, sondern der üblicherweise ausgeübte Druck durch gezielte Luftbeschränkung – der als Belohnung auch gelockert werden konnte – zusätzlich unterstützt werden. Auf der Suche nach Parallelen in der Pferdeausbildung stieß die Verfasserin auf Literatur aus dem Barockzeitalter und darin auf die ritterliche Ausbildung in der Pferdedressur. Die gezeigten Abbildungen weisen viele Ähnlichkeiten zu den Darstellungen der Silberamphore auf, besonders diejenigen von Federigo Grisone aus dem Jahr 1570, wo es darum geht *„wie ein Roß gelernt werden soll / das es sich auff alle vier niederlasse / zum auff und absitzen / Item zuerzaigen die Reverentiam"*.

Sattelbeschlag

B. 5,8 cm, L. 29 cm, Gold, 330 – 300 v. Chr., Oguz-Kurgan
Kiew, Institute of Archaeology of the National Academy of Sciences of Ukraine, Inv.-Nr. Z-1180

Zum Sattelzeug der Skythen gehörten Satteldecken oder leichte, farbig bemalte Sättel mit Sattelbeschlägen. Steigbügel dagegen waren den Skythen unbekannt. Goldene Sattelbeschläge wie dieses Exemplar aus dem Königsgrab von Oguz waren vermutlich den vornehmsten Reitern vorbehalten. Der Sattelbeschlag ist ein Exemplar von mehreren dieser Art aus dem Oguz-Kurgan, die zum Sattelzeug der Pferde vom königlichen Gefolge gehörten.

AR

Literatur: Gold (1991), Rolle (1980a), Zeichen (2007)

Trense

Gebiss (2teilig): L. 13,5 cm / L. 14,2 cm, Psalien: H. 23,8 cm / H. 23 cm
Eisen, 4. Jh. v. Chr., Tolstaja Mogila, Pferdebestattung
Kiew, Institute of Archaeology of the National Academy of Sciences of Ukraine, Inv.-Nr.: Nr. 940

Den skythischen Steppennomaden war das Pferd eines der wichtigsten Tiere, ob als Fleisch- und Milchlieferant oder als Opfer-, Reit- und Lasttier. Hengste galten als beliebte Reittiere, während Stuten – ähnlich wie bei arabischen Völkern – bevorzugt im Kampf eingesetzt wurden. Zur Kontrolle und Lenkung der Tiere wurden anfangs bronzene Gebisse verwendet. Seit etwa der zweiten Hälfte des 6. Jh. v. Chr. kamen eiserne, eher starre Trensen bei den Skythen zum Einsatz, an denen einfach verzierte oder figürlich gestaltete Psalien aus Eisen oder Bronze angebracht waren.

AR

Literatur: Grakow (1978), Mosolewskij (1979), Rolle (1980a)

Sattel- und Zaumzeugverzierungen

Gold, Eisen, 330 – 300 v. Chr., Oguz-Kurgan
Kiew, Institute of Archaeology of the National Academy of Sciences of Ukraine, Inv.-Nr.: Z-1170 bis Z-1174

Nicht nur der Sattel, auch das Zaumzeug konnte in Bestattungen von Personen mit hohem sozialen Rang mit aus Gold gefertigtem Schmuck verziert sein.

AR

Literatur: Boltrik / Fialko (1991)

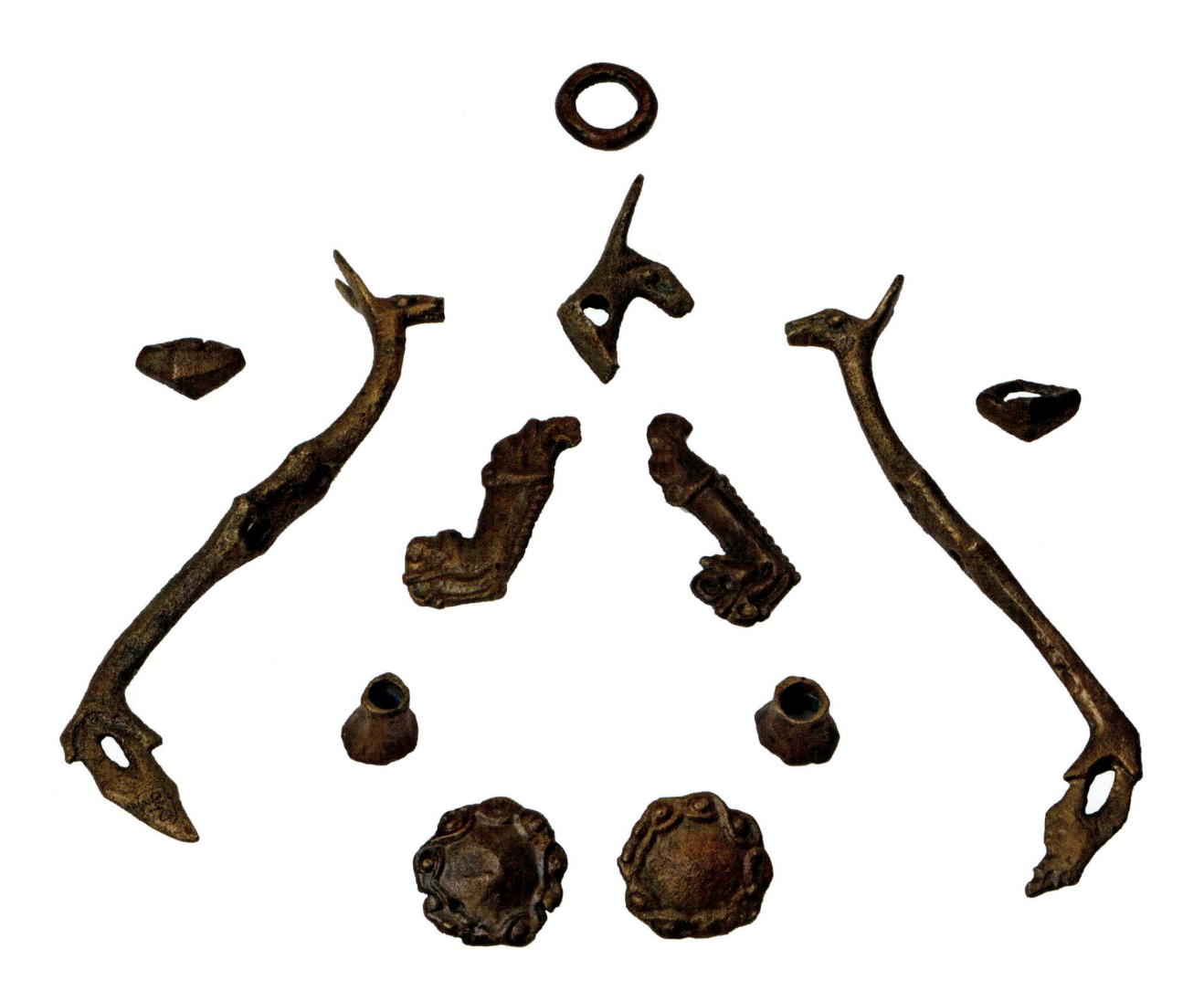

Pferdezaumzeug
Bronze, 5. Jh. v. Chr., Akimovka, Kurgan 11, Bestattung 3
Kiew, Institute of Archaeology of the National Academy of Sciences of Ukraine, Inv.-Nr.: Nr. 940 (nur Psalie, alle anderen ohne Inv.-Nr.)

Die Pferde der Skythen wurden teils mit ihrem vollständigen Sattel- und Zaumzeug beigesetzt. Geschirrteile konnten aber auch separat bei den menschlichen Bestattungen liegen. Vor allem die Verzierungen von Sattel- und Zaumzeug sind bis heute erhalten und geben so Auskunft über den fantasievollen Pferdeschmuck der Skythen. Je höher der Rang der Reiter, um so reicher fielen die Verzierungen aus. So schmückten Stickereien und Applikationen das Lederzeug, an dem auch Amulette unterschiedlicher Art, Siegestrophäen oder kleine Glöckchen befestigt sein konnten. Ebenfalls verziert war das Zaumzeug, dessen Schmuck teilweise im skythischen Tierstil gefertigt war, wie bei diesem Set aus einer Mehrfachbestattung in der südostukrainischen Region Zaporizhia.

AR

Literatur: Boltrik / Fialko (2010), Rolle (1980a)

Zwei Psalien
H. 16,3 cm / H. 16 cm

Pferde-Nasenschmuck
B. 2,2 cm, H. 4,4 cm, T. 2 cm,
Zwei Wangenplatten,
beide B. 2,7 cm, H. 6,7 cm

Zwei Riemenkreuzungen
B. 2 cm, H. 2,7 cm, T. 1,5 cm /
B. 1,8 cm, H. 2,6 cm, T. 1,3 cm

Zwei Phaleren
Dm. 3,6 cm / Dm. 3,7 cm

Zwei Riemenzylinder
H. 1,9 cm, Dm. 1,8 cm /
H. 1,8 cm, Dm. 2 cm,
Zügelführungsring, Dm. 2,6 cm

166　Die Welt der Steppennomaden

'Amazonengrab' mit Pferdezaumzeug

5. Jh. v. Chr., Volkovcy, Kurgan 4, Bestattung 4
Kiew, National Museum of History of Ukraine (NMHU)

Der 1897 von I. A. Linničenko untersuchte Kurgan bei Volkovcy im Nordosten der Ukraine barg vier Grabkammern, von denen die vierte für zwei Frauen als letzte Ruhestätte bestimmt worden war. Die beiden Frauen gehören zu den wenigen ‚Amazonen', die tatsächlich auch Reitzubehör im Grab hatten. Zu ihren persönlichen Beigaben zählten ein Bronzekessel, Keramik, ein Eisenmesser mit Knochengriff, Goldohrringe, Gold- und Glasperlenketten, Goldapliken und vergoldete Armreifen aus Eisen. Auf der Abbildung sind zudem zwei Exemplare ihrer bronzenen Fußringe, der Bronzespiegel und eine der zahlreichen Bronzenadeln zu sehen, die ebenfalls bei den Frauen gefunden wurden. Das Zaumzeug, das an der Ostwand des Grabes gelegen hatte, bestand aus einer eisernen Trense, Psalien mit als Raubtierkrallen geformten Enden, die einen Vogelkopf erfassen, zwei verzierten Rossstirnen, rosettenförmigen Riemenplatten, Geschirrplatten im Tierstil mit Ösen auf der Rückseite und weiterem Zaumzeugschmuck. Das Zaumzeug wurde im Grab eingerahmt von einem kegelförmigem Stangenaufsatz zur einen und 26 Bronzeglöckchen auf der anderen Seite, die ursprünglich an den 26 Löchern des Aufsatzes angehängt waren.
(Herzlichen Dank an Lyudmila Strokova, Kiew, für die freundlicherweise zur Verfügung gestellten Informationen.)

AR

Literatur: *Il'inskaâ (1954), Il'inskaâ (1968), Linničenko (1897)*

Zwei Fußringe
Dm. 12,5 x 12 cm / 13,5 x 12,4 cm, Bronze
Kiew, NMHU,
Inv.-Nr.: B 1157, B 1158

Rossstirn
B. 8,2 cm, H. 34,1 cm, Bronze
Kiew, NMHU, Inv.-Nr.: B 1162

Spiegel
H. 26,8 cm, Dm. der Spiegelfläche 14 cm, Bronze
Kiew, NMHU, Inv-Nr.: B 1129

Sechs Riemenplatten
Dm. 2,9 – 3,7 cm, Bronze
Kiew, NMHU, Inv.-Nr.: B 1161/1-6

Stangenaufsatz
H. 15,1 cm, Dm. der Basis 17,4 x 13,7 cm, Bronze
Kiew, NMHU, Inv.-Nr.: B 1151

Drei Pferdegeschirrplatten
B. 3,2 – 3,3 cm, H. 6,5 – 6,8 cm, Bronze
Kiew, NMHU, Inv.-Nr.: B 33-42, B 33-43; B 41-40

Vier Glöckchen
H. 6 – 6,3 cm, Dm. der Basis 3,6 – 4,4 cm, Bronze
Kiew, NMHU, Inv.-Nr.: B 1152/1-4

Zwei Psalien
B. 12,8 cm, H. 16,5 cm / B. 13,2 cm, H. 15,7 cm, Bronze
Kiew, NMHU, Inv.-Nr.: B 1159/1-2

Nadel
H. 10,7 cm, Dm. des Kopfes 2,6 cm, Bronze
Kiew, NMHU, Inv.-Nr. B 33-53

Literatur:
Boltrik / Fialko (1991 / 1996), Boltrik / Fialko (2010), Grakow (1978), Il'inskaâ (1954), Il'inskaâ (1968), Linničenko (1897), Mosolewskij (1979)

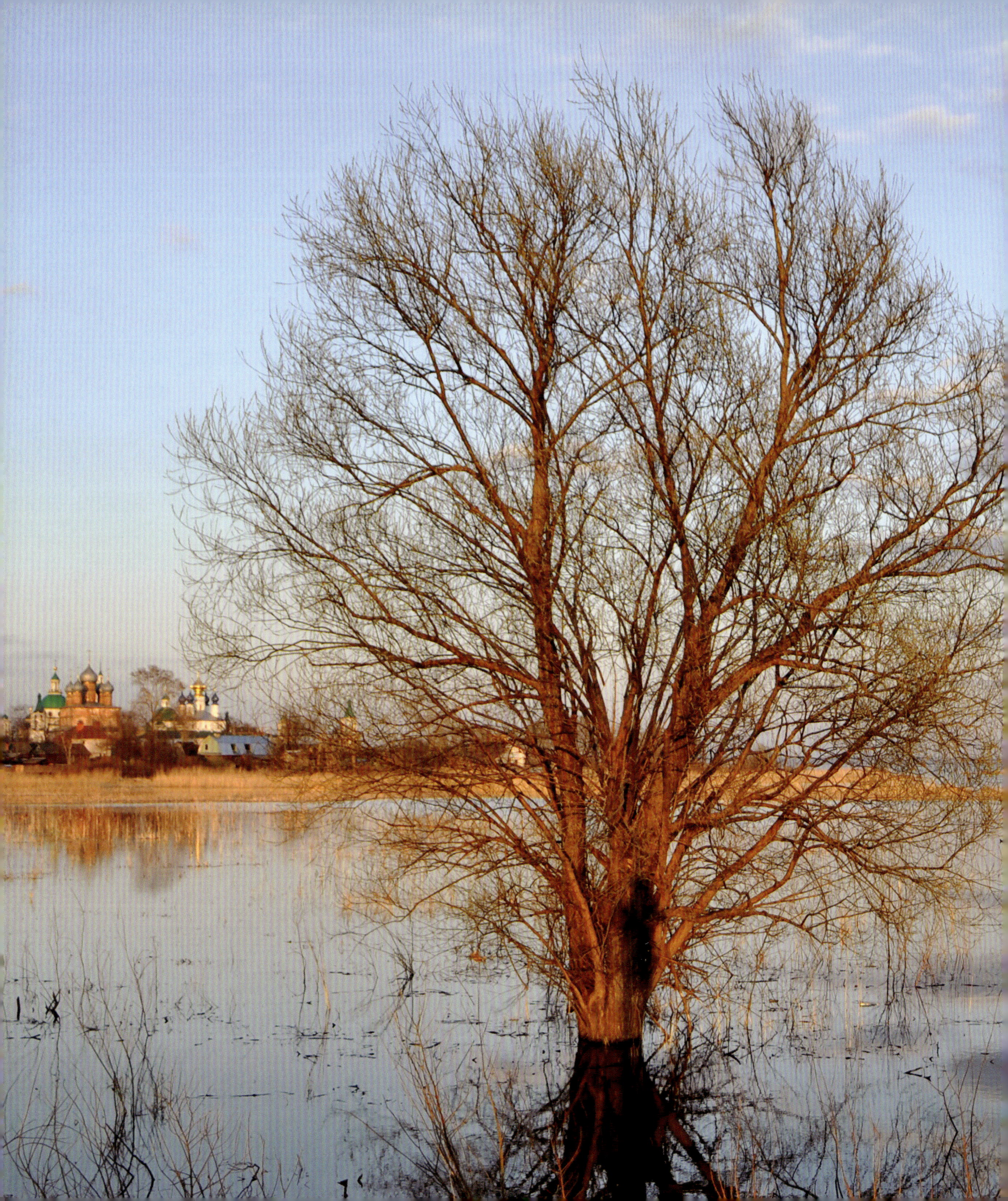

Penthesileas
Vorfahren?
– Kriegerinnen
der Urzeit

Die erste ‚Amazone' der Nordschwarzmeersteppe

Nadja S. Kótova

Zu einem Teil des Grabinventars der vorgeschichtlichen Bevölkerung der Nordschwarzmeersteppe in der Balkanregion werden Waffen erstmals im Neolithikum (ca. 6300 – 5100 v. Chr.). Aus der Zeit davor kennt man lediglich Grabfunde in Form von Pfeilspitzen, die die Todesursache der Beigesetzten darstellten. Aber selbst in der Epoche des Neolithikums kamen Grabstätten mit Waffenbeigaben nur in Einzelfällen und ausschließlich bei männlichen Bestattungen vor (6 von 350 bisher bekannten Bestattungen). Die Anzahl der Gräber mit Waffenbeigaben stieg jedoch in der Nordschwarzmeersteppe im Frühäneolithikum (ca. 5100 – 4200 v. Chr.) an. Zu dieser Zeit fertigten die Menschen die ersten Kupfererzeugnisse, die sich von der Balkanregion her ausbreiteten. Die Bevölkerung der Srednij-Stog-Kultur, welche die Steppe zwischen Don und Dnjepr besiedelte, organisierte ausgedehnte Expeditionen nach Westen auf der Suche nach Kupfergegenständen und Rohstoffen. Diese Expeditionen erforderten eine bewaffnete Begleitung und die Gräber mit Waffenbeigabe wurden zahlreicher. In ihnen fand man Pfeil-, Speer- und Wurfspießspitzen aus Feuerstein sowie steinerne Keulenköpfe. Messer und Dolche aus Flint mit einer Länge von 20 bis 30 cm befanden sich meist in der Hand oder am Gürtel der Bestatteten.

Wahrscheinlich wurden auch in der Mehrzahl dieser Waffengräber Männer bestattet, aber unzweifelhaft entfiel ein bestimmter Teil auf Frauen. Gegenwärtig haben die Anthropologen lediglich fünf weibliche Skelette der Srednij-Stog-Kultur untersucht, von denen einem Skelett Waffen beilagen. Das Skelett stammt von einer jungen Frau im Alter von 17 bis 20 Jahren, deren Grab in der Umgebung der Stadt Aksaj im Gebiet Rostow (am unteren Don) ausgegraben wurde. Das Mädchen wurde unter einem der weltweit ältesten bekannten Kurgane bestattet (4800 – 4300 v. Chr.). Es waren gerade die Träger der Srednij-Stog-Kultur, die als erste mit der Anlage dieses Grabtyps, der sich zu späteren Zeiten in Eurasien weit verbreitete, begannen. Man geht davon aus, dass die Aufschüttung der Kurgane sehr viel Arbeits- und Zeitaufwand erforderte und einen hohen sozialen Status des Bestatteten widerspiegelt. In der Srednij-Stog-Kultur wurde nur ein Teil der fernab der Siedlungen liegenden Gräber, vornehmlich entlang der ausgedehnten Handelsrouten, unter Kurganen angelegt. Neben den Siedlungen wurden nur Flachgräber gebaut.

Die Bevölkerung der Srednij-Stog-Kultur, welche um 5100 – 4200 v. Chr. die Steppe zwischen Don und Dnjepr besiedelte, zog in Richtung Westen, um nach Kupfer und Rohstoffen zu suchen. Zum Schutz waren die Menschen bewaffnet. Das erklärt, warum man in ihren Gräbern Pfeil-, Speer- und Wurfspießspitzen aus Feuerstein sowie steinerne Keulenköpfe fand.

Das Grab der jungen Frau befand sich in einer Katakombe, was für die Srednij-Stog-Kultur ungewöhnlich ist, da ihre Grabstätten hauptsächlich aus Gruben bestanden. Der Eingang in die Grabkammer war mit Holzstangen und Steinplatten verschlossen, der Boden mit Kreide und Ocker bestreut, worüber eine pflanzliche Unterlage gelegt war. Das Skelett der jungen Frau, das reich mit dunkelrotem Ocker bestreut war, lag gehockt auf dem Rücken mit dem Kopf nach Osten ausgerichtet. Die Arme waren leicht gebeugt, so dass die Hände auf den Beckenknochen auflagen. An der linken Hand lag ein 16 cm langer Feuersteinabschlag, an der Rechten eine Obsidian-Klinge in einer Länge von 25 cm. Beide Gegenstände lassen sich als Waffen interpretieren. Am Schädel lag eine Flintplatte, am Gürtel eine Kupfernadel. An den Füßen des Skeletts befanden sich angeschliffene Schulterblätter eines großen Horntieres und abgetrennte obere Epiphysen (Röhrenknochen). Diese könnten als Musikinstrument gedient haben. Ebenso fand man im Grab drei Zehenglieder von Hunden und ein Stück Hämatit. Solche Funde sind für Gräber des Frühäneolithikums ungewöhnlich und zeugen möglicherweise davon, dass die junge Frau bestimmte religiöse Funktionen ausübte.

Das frühe Priestertum der Srednij-Stog-Kultur

Bei der Srednij-Stog-Kultur können wir die Existenz eines frühen Priestertums annehmen, d. h. Personen, die als Mittler zwischen der Welt der Lebenden und dem Reich der Toten dienten. Von der Sonderstellung dieser Mittler zeugen das mannigfaltige Grabinventar, das eine große Komplexität in der Totentracht und im mythologischen Bereich aufweist, sowie die

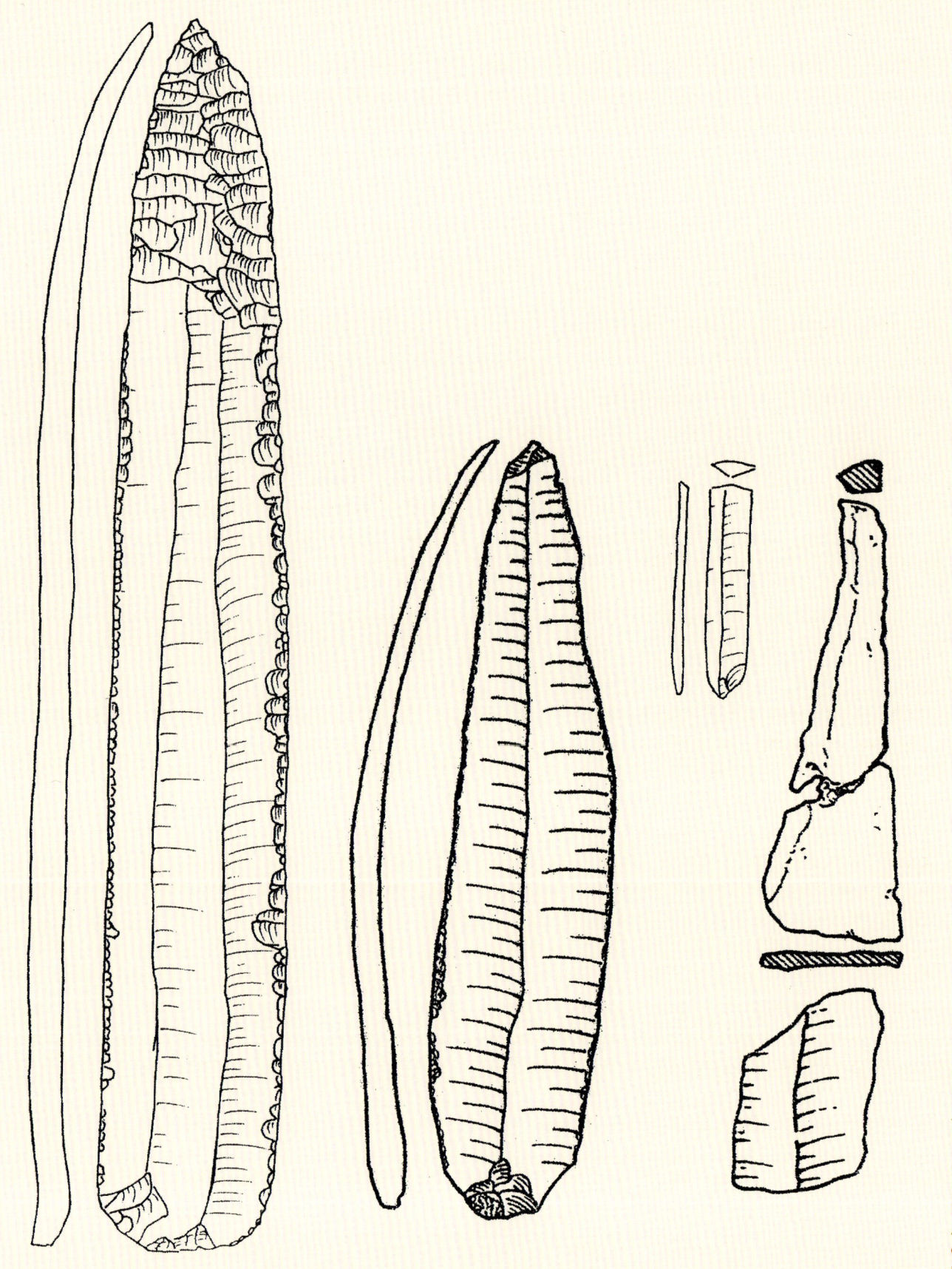

172 Penthesileas Vorfahren? – Kriegerinnen der Urzeit

Auch Frauen wurden möglicherweise mit Waffen begraben. Bis jetzt haben Anthropologen jedoch lediglich fünf weibliche Skelette der Srednij-Stog-Kultur untersucht, von denen einem Skelett Waffen beilagen. In der Nähe der Stadt Rostow am Don in Südrussland entdeckten die Anthropologen dieses Skelett einer Frau, die zum Zeitpunkt ihres Todes um die 17 bis 20 Jahre alt gewesen sein muss.

Überreste komplizierter, mit den Leichenfeiern zusammenhängender Zeremonien. Diese religiösen Handlungen wurden neben den Gräbern durchgeführt und von ihnen blieben Reste von Totenfeierlichkeiten, Schädel und Knochen von Tieren, Arbeitsgeräte und zerbrochene Gefäße erhalten. Bei der jungen Frau aus der Stadt Aksaj, die mit Waffen, Musikinstrumenten und Hundeknochen in einem für die Steppe einzigartigen Katakombengrab bestattet wurde, könnte es sich somit um eine Vertreterin des frühen, mit dem Kriegerkult in Zusammenhang stehenden Priestertums gehandelt haben.

Die Anordnung des Schmucks erlaubt es, Elemente der Kleidung des Mädchens zu rekonstruieren. Anscheinend trug das Mädchen ein Hemd, das an der Brust mit Kupferperlen und einem Ring verziert und bis zum unteren Saum mit Muschelperlen bestickt war. Ebenso trug es einen mit Perlmuttperlen verzierten kurzen Rock oder eine Hüftbinde.

Die Untersuchung der Grabstätten der Steppe des Nordschwarzmeergebietes aus der Zeit des Neolithikums und Frühäneolithikums zeigt, dass Grabbekleidung mit Verzierungen sowohl typisch für Kinder als auch für Männer sowie Frauen im gebärfähigen Alter (17 bis 35 / 40 Jahre) war. Die Bestattungen eines jungen Mannes auf dem Friedhof in Chaplinka und des Mädchens aus Kriwoj Rog geben uns eine genauere Vorstellung von der rituellen Kleidung der Srednij-Stog-Bevölkerung, welche eine mit Perlen bestickte oder mit Schläfenringen verzierte Mütze sowie möglicherweise eine ärmellose Jacke einschloss.

Die Grabstätten von Personen über 40 Jahren weisen keine Verzierungen auf. Dies mag darin begründet liegen, dass im Altertum nur Personen, die verheiratet waren und die Fortpflanzung gewährleisteten, als vollwertige Mitglieder der Gemeinschaft galten. Denn nur bei der Verbindung der männlichen und weiblichen Aufgabenbereiche mittels einer Ehe war eine wirtschaftliche Einheit in Form eines Haushaltes möglich, wodurch eine relative Selbstständigkeit gesichert war. Diese konnten Witwen und Junggesellen aufgrund der obligatorischen geschlechts- und altersabhängigen Arbeitsaufteilung nicht erreichen. Möglicherweise bilden gerade dieser Personenkreis sowie die über 40-Jährigen die Gruppe der ohne Zierrat und Grabinventar Bestatteten. Es kann angenommen werden, dass die Denkmäler der Srednij-Stog-Kultur von einem archaischen Stamm hinterlassen wurden, der aus einer amorphen Gesamtheit von unterschiedlichen Gesellschaftsstrukturen bestand. Diese standen durch reale und fiktive Verwandtschaftsbeziehungen miteinander in Verbindung, hatten einen gemeinsamen Lebensraum, einen gemeinsamen Namen sowie ein gemeinsames System von Ritualen und Zeremonien. Der Stamm umfasste mehrere Sippen, die wichtigste territoriale und produktive Einheit stellten jedoch kleine gleichartige Gemeinschaften mit einer Stärke zwischen 25 und 50 bis 400 Personen dar. Die Bestattungen der Führungspersonen dieser Gemeinden wurden mit Machtsymbolen in Form von steinernen Keulenköpfen ausgestattet, die einflussreichsten Vertreter des frühen Priestertums wurden brandbestattet, die gewöhnlichen kultischen Dienstpersonen erhielten ein nicht standardmäßiges Inventar in komplizierteren Grabanlagen. ■

Literatur:
Kótova (2008)

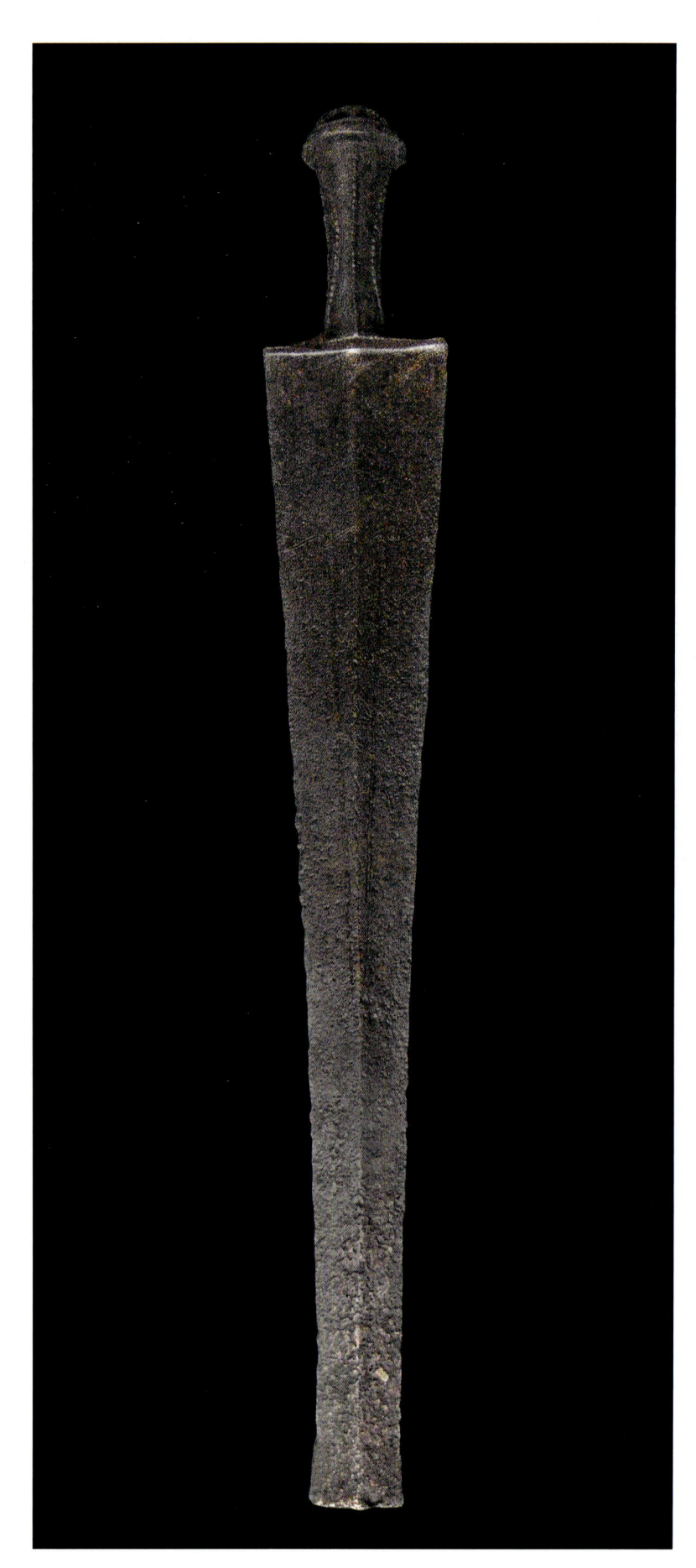

Penthesileas Vorfahren? – Kriegerinnen der Urzeit

Grabfund von Semo-Awtschala
Ende 2. Jt. v. Chr., Semo-Awtschala, Georgien
Tiflis, Georgian National Museum, S. Janashia Museum of Georgia (GNM)

1927 wurden in Semo-Awtschala im Kaukasus in einer Grabgrube die Überreste einer darin bestatteten Frau gefunden, die im damals hohen Alter von 30 – 40 Jahren gestorben war. Neben zwei Armreifen, fünf Fingerringen, einer Perlenkette aus Karneol und Keramikbeigaben gehörten auch ein Bronzeschwert und eine eiserne Speerspitze zum Inventar. Neben der Toten fand man zu dem einen Pferdeschädel. Die Grabbeigaben deuten darauf hin, dass es sich um eine Kriegerin gehandelt haben muss. Die Datierung auf das Ende des 2. Jt. v. Chr. macht dieses Grab zum ältesten bekannten Grab einer Kriegerin. Es belegt, dass Frauen in der Frühzeit entgegen dem klassischen Rollenverständnis auch das Kriegshandwerk ausgeübt haben und in diesem Kriegertum der Kern des Amazonenmythos gesehen werden kann.

LB

Literatur: Nioradze (1931), Rolle (1986)

Bronzeschwert
B. 7,8 cm, L. 58 cm, Bronze
Tiflis, GNM, Inv.-Nr.: 24-30:1

Perlenkette
L. 24 cm, Karneol
Tiflis, GNM, Inv.-Nr.: 24-30:17

Bronzearmreif
B. 7,1 cm, H. 7,1 cm, Bronze
Tiflis, GNM, Inv.-Nr.: 24-30:2

Bronzearmreif
B. 7,3 cm, H. 6,9 cm, Bronze
Tiflis, GNM, Inv.-Nr.: 24-30:3

Krug
H. 9,4 cm, Dm. 12,5 cm, Ton
Tiflis, GNM, Inv.-Nr.: 24-30:15

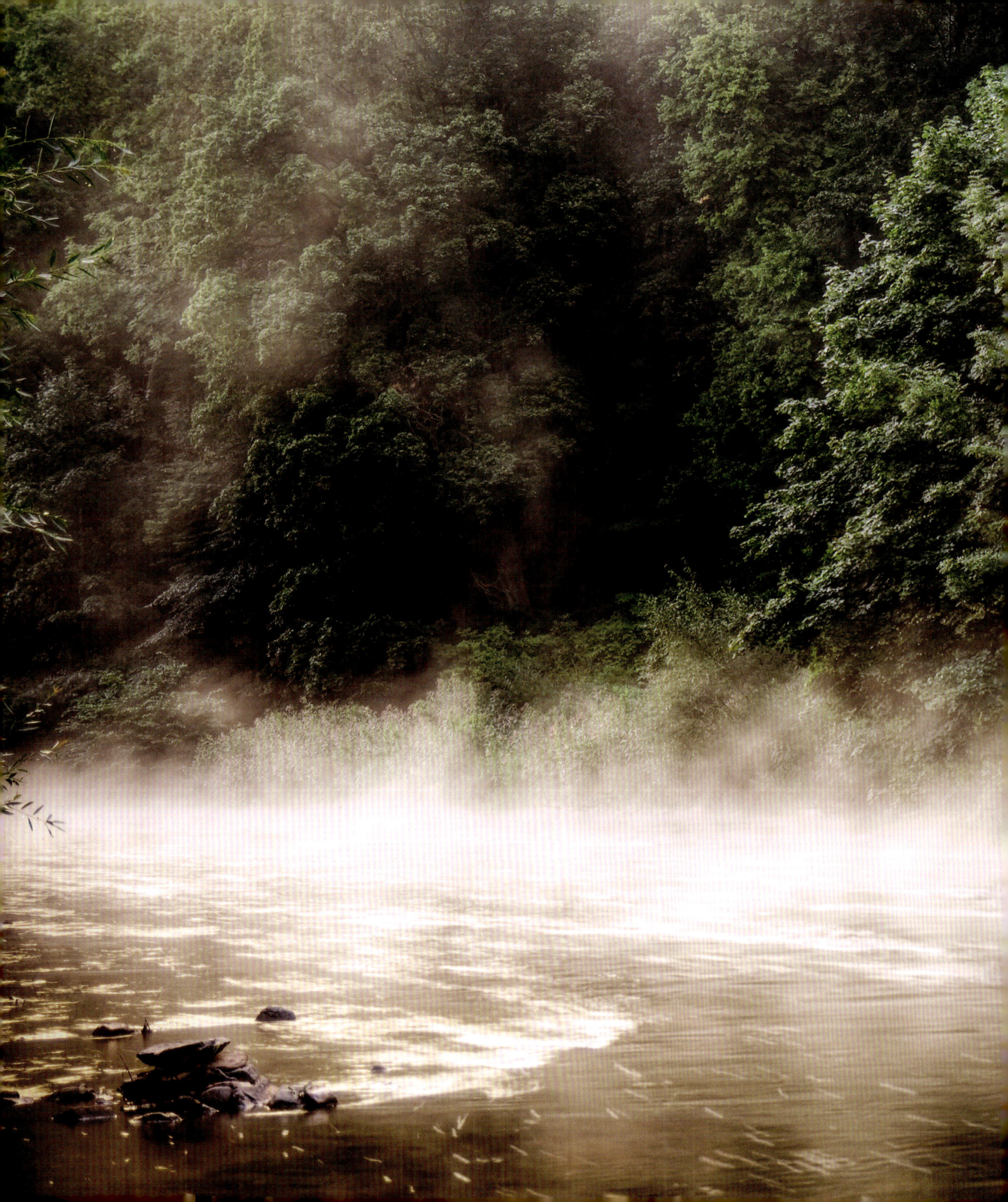

Der Mythos lebt weiter – ‚Amazonen' nachantiker Zeit

Die Frauenkrieger von Niederstotzingen

Tobias Schneider

In der Archäologie des frühen Mittelalters schien es bislang leicht feststellbar, ob in einem Grab ein Mann oder eine Frau beerdigt worden war. Man ging davon aus, dass dies klar an den in vielen Gräbern vorkommenden Beigaben abzulesen sei. Bei den Bestattungen von Frauen wären demnach ausschließlich Schmuck, Kleidungsbestandteile und Utensilien für Textilarbeiten, bei denen der Männer Waffen und gelegentlich Werkzeuge beigelegt worden. Zweifel an dieser einfachen Formel werfen zwei Frauenbestattungen aus dem Landkreis Heidenheim auf.

Innerhalb der Forschung galten die Personen, die in den frühmittelalterlichen Holzkammergräbern Niederstotzingen 3 c und 12 c bestattet waren, bisher als Männer. Von archäologischer Seite bestand hieran kein Zweifel, hatte man die Verstorbenen bei ihrer Beisetzung doch mit Waffen versehen. Aufgrund anthropologischer Untersuchungen muss man den Sachverhalt jedoch nun anders bewerten.

Individuum 12 c wurde anhand des Skelettes als Frau bestimmt. Lediglich die Waffen wiesen es als Mann aus. Individuum 3 c galt als kleiner, eher schmächtiger Mann, bis eine DNA-Analyse erbrachte, dass es sich ebenfalls um eine Frau handelt.

Die beiden Frauen wurden in zwei benachbarten Kammergräbern mit je zwei weiteren Verstorbenen beigesetzt. Sie nahmen in den Grabkammern jeweils die nördliche Position ein. Die kleine Grabgruppe, die im 7. Jh. angelegt wurde, bot nur 16 Personen eine letzte Ruhestätte. Die Köpfe der Toten lagen im Westen mit Blick nach Osten. Aufgrund der Bestattungsart ist zu vermuten, dass die drei Toten eines Kammergrabs jeweils gleichzeitig beerdigt wurden. Eventuell wurden sogar die beiden Kammergräber zur gleichen Zeit belegt. Handelt es sich schon bei zwei nah beieinander liegenden Mehrfachbestattungen um eine Ausnahme, fallen diese auch durch ihre reiche und außergewöhnliche Ausstattung aus dem üblichen Rahmen.

Bei Person 3 c wurden die Überreste eines zweischneidigen Schwertes mit Gehänge gefunden, außerdem Reste eines Saxes, eines Schildes, sieben Pfeilspitzen, Fragmente eines aufwendigen Gürtels nebst Gürteltasche, Elemente einer groben Eisenkette, Bruchstücke einer Bronzeglocke, Hinweise auf verschiedene Speisebeigaben sowie einige nicht mehr identifizierbare Objekte. Bei Person 12 c ist das Beigabenspektrum unsicher, da das Grab durch Baggerarbeiten weitgehend zerstört wurde. Sicher ist aber, dass ihr wahrscheinlich ein Helm und zumindest ein Schwert mitgegeben worden waren – Grab 12 enthielt insgesamt drei Schwerter.

Waffen finden sich in einem Großteil der frühmittelalterlichen Männergräber Mitteleuropas. Archäologen gehen davon aus, dass dadurch die kriegerische Seite der Männerwelt betont werden sollte. Bei den beiden

Zu sehen ist hier das gesamte Inventar des Frauenkriegergrabes von Niederstotzingen. Während die Frühmittelalterforschung Waffen bisher ausnahmslos Männern zuordnete, haben Untersuchungen nun ergeben, dass es sich bei diesen Gräbern um zwei mit Waffen bestattete Frauen handelt. Neben den Schwertern befanden sich auch Reste eines Schildbuckels, eiserne Gürtelschnallen und Pfeilspitzen in dem Grab.

vorgestellten Bestattungen haben die Ausgräber, obwohl es sich bei den Toten um Frauen handelt, keine Hinweise auf Schmuckstücke entdeckt. Die Frauen wurden offensichtlich ganz wie ihre männlichen Zeitgenossen beigesetzt. Die kriegerische Erscheinung der Frau aus Grab 3 hat man auch noch durch die Beigabe verschiedener Waffen unterstrichen.

Im deutschsprachigen Raum sind die Bestattungen von Niederstotzingen bisher einzigartig. Daher gibt es hierzu weder Vergleichsmöglichkeiten noch weitergehende Untersuchungen. In den anderen Regionen, in denen während des frühen Mittelalters Reihengräberfelder angelegt wurden, konnte bislang nur eine Parallele beobachtet werden: Auf dem Gräberfeld von Buckland in England wurden allem Anschein nach vier Frauen mit Waffen beigesetzt.

Einleuchtende Erklärungen für das Phänomen der Waffenbeigabe bei Frauenbestattungen fehlen bis-

Der Mythos lebt weiter – ‚Amazonen' nachantiker Zeit

her. Die Frauen 3 c und 12 c hatten zumindest während ihrer Beisetzung die Rolle von Männern angenommen. Vermutlich hatten sie diese auch im Leben inne, wenigstens in dessen letzten Abschnitt.

Die außergewöhnlichen Beigaben in den Grabkammern belegen, dass es sich bei den sechs Bestatteten der Gräber 3 und 12 von Niederstotzingen nicht um einfache Bauern handelte. Vor allem die Rüstungsteile sind hier zu erwähnen, die zu den seltensten Beigaben frühmittelalterlicher Gräber zählen. Sicherlich hatten die Verstorbenen einen aufregenden Lebensweg. So wies der Mann 3 b beispielsweise eine Stichverletzung im Gesicht auf, die ein Auge wahrscheinlich derart verletzte, dass es zwar erblindete, er jedoch überlebte. Die Außergewöhnlichkeit der Bestattungen erklärt aber nicht, warum Frauen im Erscheinungsbild von Kriegern beigesetzt wurden.

Vielleicht ist die Ursache einfach. Es könnte sich um Frauen handeln, die das Kriegshandwerk tatsächlich ausgeübt hatten. Das ist zwar unwahrscheinlich, da die frühmittelalterliche Überlieferung keine derartigen Fälle kennt, dennoch ist es nicht undenkbar. Vielleicht haben diese Frauen ihre Sippe oder *familia*, das ist eine frühmittelalterliche Hofgemeinschaft, in einer Fehde vertreten. Für diese Hypothese spräche zum einen, dass die Frau 3 c mit den Männern 3 a und 3 b verwandt ist, zum anderen, dass Mehrfachbestattungen oft einen kriegerischen Hintergrund haben.

Menschliche Gesellschaften jeder Kultur und Epoche sind komplexe Systeme, von denen wir meist nur bruchstückhafte Kenntnisse besitzen. Dies trifft auch auf die frühmittelalterliche Bevölkerung Europas zu. Deshalb sind viele weitere Interpretationen der beiden Frauenbestattungen von Niederstotzingen

Neben zweischneidigen Schwertern, deren Blutrinne gut sichtbar ist, fanden sich auch einige Saxe als Grabbeigaben. Der Sax, eine Hiebwaffe, war ab dem Frühmittelalter weit verbreitet und für den Kampf und die Jagd äußerst beliebt.

denkbar. Es könnte sich um Ersatzbestattungen für nicht zur Verfügung stehende Leichname von Männern gehandelt haben, die eigentlich die Positionen der Frauen in den Grabkammern hätten einnehmen sollen. Denkbar wäre auch, dass die Frauen sich im Leben nicht besonders weiblich verhalten hatten und von ihrer Umgebung auch im Tode den Männern zugerechnet wurden.

So wird deutlich, dass schon im frühen Mittelalter das biologische Geschlecht nicht immer mit der sozialen Rolle übereinstimmen musste. Vielleicht finden sich in Zukunft aber weitere Bestattungen frühmittelalterlicher Frauenkrieger, die helfen dieses Phänomen besser zu verstehen. ∎

Literatur:
Evison (1987), Paulsen (1967), Schneider (2009), Zeller (2000)

Pfeilspitzen aus den Gräbern von Niederstotzingen. Pfeilspitzen sind eine zahlreiche und weit verbreitete Grabbeigabe. Pfeil und Bogen als ursprüngliche Jagdwaffe fanden mit der Zeit auch im Kriegsdienst ihre Aufgabe.

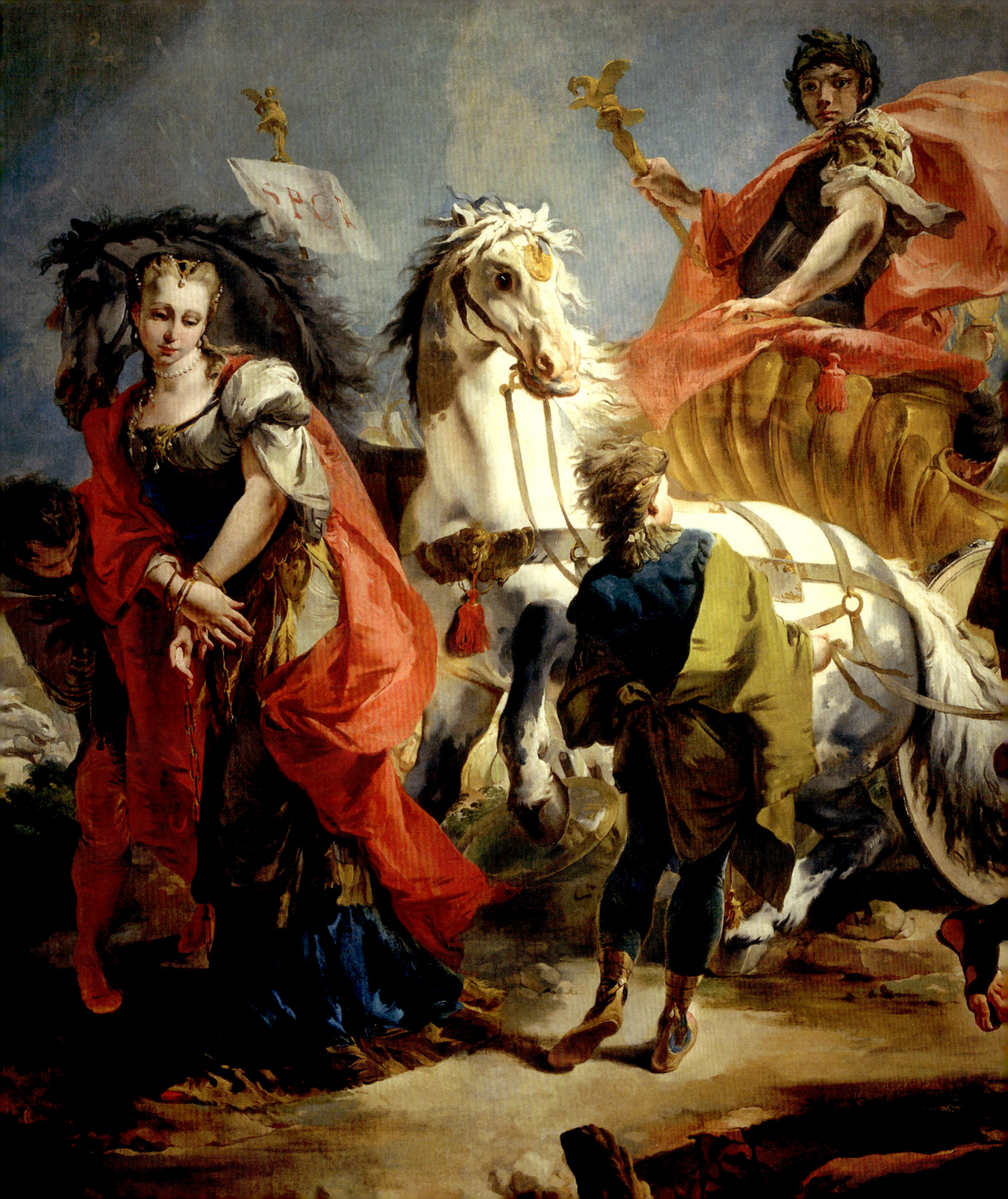

Mythische Amazonen und kämpfende Frauen in Spätantike und Frühmittelalter

Walter Pohl

Das Gemälde von Giovanni Battista Tiepolo (1696 – 1770) zeigt den Triumphzug des Aurelian über Kaiserin Zenobia von Palmyra. Im Gefolge dieses Triumphes sollen unter den gefangenen Goten auch zehn Frauen in Männerkleidung gewesen sein, die man als Amazonen bezeichnete.

Im Jahre 274 feierte Kaiser Aurelian in Rom seinen Triumph über die besiegte Königin Zenobia von Palmyra und andere Feinde, darunter die Goten. Die *Historia Augusta* (XXVI 34) hat darüber einen fantastisch ausgeschmückten Bericht hinterlassen: Der Kaiser fuhr in einem von vier Hirschen gezogenen Wagen zum Kapitol, gefolgt von exotischen Tieren und gefangenen Barbaren aus vielen Völkern. Darunter waren auch *„zehn Frauen, die, in Männerkleidung kämpfend, unter den Goten gefangen worden waren, nachdem man viele andere getötet hatte; diese bezeichnete ein Schild als Amazonen. Denn es werden den Völkern Schilder vorangetragen, auf denen ihr Name steht."*

Eigentlich ist es eine paradoxe Information, die das Geschichtswerk gibt. Einerseits waren die Frauen Gotinnen, die gemeinsam mit ihren Männern gekämpft hatten, doch andererseits wurden sie, getreu dem alten Mythos von den Amazonen, als eigenes Volk betrachtet. Gerade hier erfahren wir, dass den Völkern bei Triumphzügen Schilder mit dem Namen vorangetragen wurden, ähnlich wie heute bei der Eröffnung Olympischer Spiele. Die Identifikation mit den Amazonen wurde dadurch erleichtert, dass die antike Amazonensage dieses Volk von Frauen bei den Skythen lokalisierte. Seit dem 3. Jh. wohnte der Großteil der Goten in den Steppen des Schwarzmeergebietes, so dass sie nun den Skythen, nicht mehr den Germanen zugezählt wurden. Das Amazonenbild der Zeit war also paradox: Sie waren ein Volk und doch kein Volk.

Gab es die Amazonen wirklich nicht mehr?

Viele spätantike Autoren beharrten darauf, dass Achilles, Herkules und Alexander der Große den Amazonen längst den Garaus gemacht hätten; das schrieb im 7. Jh. auch Isidor von Sevilla in seinen *Etymologien* (IX 2,64), der verbreitetsten Enzyklopädie der Epoche. Das Verschwinden der kriegerischen Frauen konnte sogar als Argument für die Überlegenheit des christlichen Zeitalters über das heidnische verwendet werden, wie beim einflussreichen Historiker Orosius (I 15–16) im frühen 5. Jh.: Davongelaufene Frauen hätten weite Landstriche verwüstet. Kein Goteneinfall der christlichen Ära könne sich mit

Der Mythos lebt weiter – ‚Amazonen' nachantiker Zeit

Paulus Diaconus († 799?) berichtet in seiner *Geschichte der Langobarden* von einem Frauenvolk, das noch bis zu seiner Zeit im innersten Germaniens existiert haben soll.

einem solchen Schrecken messen. Denn nun binde die christliche Religion die Frauen in Loyalität an ihre Männer und unterwerfe diese kampflos.

Im 6. Jh. war es dann der byzantinische Schriftsteller Prokop von Caesarea (VIII 3), der den Amazonenmythos zu ergründen versuchte. Stammten sie aus Kleinasien, wo manch eine Stadt ihre Gründung auf sie zurückführte? Oder stammten sie von jenseits des Kaukasus, wo sich jedoch niemand mehr an sie erinnerte? Sie waren wohl, wie die Alten geschrieben hatten, längst verschwunden. Nur einmal waren Zeitgenossen auf eine Armee von Frauen gestoßen: Nach einer Schlacht gegen die Hunnen hatte man auf dem Schlachtfeld tote Frauen gefunden. Wieder stammt das Beispiel aus dem ‚skythischen' Bereich. Aber, so schreibt Prokop, *„keine andere Armee von Frauen ist irgendwo in Europa oder Asien aufgetaucht"*.

Fast gleichzeitig gab Jordanes, der Geschichtsschreiber der Goten, in seinen *Getica* (VII 49–52) dem Amazonenmythos eine andere ideologische Bedeutung. Sein Bestreben war es, den Goten eine ebenso eindrucksvolle Geschichte zugrunde zu legen wie sie die Römer hatten. Deswegen leitete er sie von den Skythen ab und nahm daher auch die Siege der Amazonen als gotische Heldentaten in Anspruch. Jordanes schrieb zwar in Kostantinopel, jedoch stammte er aus dem Milieu gotischer Truppen an der Donau, wo er durchaus einer positiven Wertung kämpfender Frauen begegnet sein könnte. Allerdings zeigt seine abschließende Bemerkung, dass ihn die wohlwollende Haltung nicht überzeugte: *„Doch soll keiner sagen: Er hat begonnen, über die gotischen Männer zu erzählen; warum hält er sich so lange mit ihren Frauen auf?"* Er erwähnt auch eine Schlacht der Goten gegen die Amazonen (V 44). Jordanes überliefert zudem eine diffamierende Sage über den gotischen Ursprung der Hunnen. Gotische Hexen, *haliurunnae*, seien einst in die Steppen vertrieben worden, wo sie sich mit unreinen Steppengeistern paarten; aus dieser Verbindung stammten die Hunnen, die daher mit den Goten verwandt, ihnen aber nicht ebenbürtig seien.

Viele Herkunftssagen frühmittelalterlicher Völker erzählen von weiblichen Ursprüngen und oft spielen dabei kämpfende Frauen eine Rolle. Besonders markant ist die *Origo gentis Langobardorum* aus dem 7. Jh. Die Vandalen fordern vergeblich Tribut vom Volk der Winniler und bitten daraufhin den Kriegsgott Wodan um den Sieg. Anschließend wendet sich die weise Winniler-Fürstin Gambara an Frea, die Gemahlin Wodans, die den Rat gibt, die Frauen der Winniler sollten sich bei Sonnenaufgang gemeinsam mit den Männern auf dem Schlachtfeld aufstellen und die Haare wie Bärte vor dem Gesicht zusammenbinden. Als der Tag anbricht, dreht Frea Wodans Bett, sodass er beim Aufwachen nach Osten blickt. Dort sieht er die Winniler stehen und fragt: „*Wer sind diese Langbärte da?*" Frea antwortet: „*So wie du ihnen den Namen gegeben hast, gib ihnen auch den Sieg*". Es ist die List zweier weiser Frauen, die den Sieg der ‚Langobarden' ermöglicht, zugleich aber auch die Teilnahme der Frauen an der Schlacht. Das ist besonders bemerkenswert in der Herkunftssage eines Volkes, das ein sekundäres männliches Geschlechtsmerkmal im Namen trägt. Danach allerdings beginnt das Zeitalter männlicher Könige.

Dieselbe Geschichte von der Namengebung der Langobarden erzählt Ende des 8. Jh. der christliche Mönch Paulus Diaconus (I 15), zwar als ‚lächerliche Fabel' markiert, aber um weitere Geschichten bereichert. Darin spielt der Heldenkönig Lamissio eine besondere Rolle, der ausgesetzte Sohn einer Hure, der vom König gefunden und adoptiert wird.

Der ‚mutterlose' Lamissio führt seine Langobarden in die Schlacht gegen Amazonen, die den Weg versperren; ihre Königin besiegt er im Zweikampf in einem Fluß. Die kämpfenden Frauen treten nun als Feinde der Langobarden auf. Vielleicht steckt dahinter das Bedürfnis nach einer Vermännlichung des langobardischen Herkunftsmythos. Paulus schloss daran Überlegungen, ob die Langobarden wirklich den Amazonen begegnet sein könnten: „*Nach allem, was aus alten Geschichten bekannt ist, wird offenbar, dass das Volk der Amazonen zerstört wurde, lang bevor dies geschehen sein kann; außer, dass vielleicht die Orte, von wo diese Geschehnisse berichtet werden, den alten Historikern nicht genügend bekannt waren und von ihnen kaum darüber berichtet wurde. So könnte es geschehen sein, dass bis zu dieser Zeit ein Volk von Frauen dieser Art sich dort erhalten haben könnte. Ich habe nämlich einige sagen hören, dass ein Volk dieser Frauen im innersten Germanien bis heute existiert.*"

Es war also nicht unmöglich, dass in einer zeitlosen Welt von Barbaren, fern von Geschichtsschreibung und Zivilisation, mythologische Völker weiterlebten. Kämpfende Frauen blieben für die Autoren der Zeit jedoch in großer Distanz: Entweder waren sie schon lange vernichtet worden, oder sie lebten in entfernten, barbarischen Gegenden. Für Paulus, der in Montecassino im heutigen Italien schrieb, war das das Innerste Germaniens. Adam von Bremen (IV 20) hörte im 11. Jh. von einem Land der Frauen an der Ostsee. Ein (eher friedliches) Land der Frauen fanden irische Sagen weit draußen im Meer, während kämpfende Frauen, die den Helden Cuchulainn herausforderten, in einem fernen Zeitalter gelebt hatten. Doch meist wurden die Amazonen weiterhin in den Steppen des Ostens gesucht, wo sie auch in mittelalterlichen Weltkarten verzeichnet sind.

Amazonen als Feindinnen der Völker

Kämpfende Frauen, Frauenvölker in fernen Ländern sowie die Rolle von Frauen bei mythischen Ursprüngen – diese drei bereits in der Antike verbreiteten Vorstellungen, die sich im Amazonenmythos verbanden, hielten sich in unterschiedlichen Verknüpfungen

Im Gebiet des ‚Eisernen Tors', dem Durchbruchstal der Donau, lebten im 6. Jh. gotische Militärverbände aus denen Jordanes, ein gotischer Geschichtsschreiber, stammte. Aus seiner Heimat könnte Jordanes die gotischen Amazonenlegenden gekannt und in seiner Gotengeschichte niedergeschrieben haben.

Fredegar berichtete im 7. Jh. eine Ursprungslegende der Franken. So sollen die Amazonen den Trojanern ihre Unterstützung entzogen und den Untergang des trojanischen Volkes besiegelt haben. Aus den Flüchtenden sollen dann die Franken entstanden sein.

bis ins Mittelalter. Dass Frauen nicht nur Menschen gebären, sondern auch an der Entstehung von Völkern beteiligt waren, lag nahe, auch wenn die meisten Völkergenealogien, ebenso wie die von Herrschern, allein auf Stammväter zurückgeführt wurden. Weise Frauen, die Zugang zu übernatürlichen Kräften hatten, waren ein wiederkehrendes Motiv in Herkunftssagen. Auch in Urzeiten regierende Fürstinnen, wie in der Libussa-Legende, kamen vor. Meist enthalten solche Mythen aber zugleich, symbolisch oder narrativ ausgedrückt, die Botschaft von der Überwindung weiblicher Vorherrschaft. Deshalb treten die Amazonen in den Herkunftssagen dann meist als Feindinnen der Völker auf, deren Wanderungen berichtet werden. Etwas anders stellt das der aus dem 7. Jh. stammende Bericht Fredegars von der Herkunft der Franken aus Troja dar: Die Amazonen, schreibt er, entzogen Priamos, dem König von Troja, ihre Unterstützung; daraus entstanden die Franken, die nach der Niederlage der Trojaner fliehen mussten (II 4).

Die sagenhaften Vorstellungen von Amazonen wurden in Spätantike und Frühmittelalter eventuell von Berichten über kämpfende Frauen angeregt. Von gotischen Kämpferinnen etwa ist im 3. Jh. häufiger die Rede. Als 626 die Awaren Konstantinopel belagerten, wurden unter den zahlreichen toten Slawen, die auf Einbäumen im Goldenen Horn angegriffen hatten, auch viele Frauen gefunden. Solche Berichte sind keineswegs unwahrscheinlich. Leider gibt es, im Unterschied z. B. zu den Sarmaten, aus der Zeit relativ wenige archäologische Belege für Frauen, die mit Waffen bestattet wurden. Das kann freilich daran liegen, dass Gräber mit Waffenbeigaben, die sich im Frühmittelalter recht häufig finden, meist automatisch Männern zugeschrieben wurden. Hier können vielleicht anthropologische Neuuntersuchungen neue Erkenntnisse bringen. Die ,zivilisierten' Zeitgenossen sahen in kämpfenden Frauen jedenfalls in der Regel ein Ärgernis. Der dänische Historiker Saxo Grammaticus (VII 192) berichtet um 1200 ausgiebig von kämpfenden Frauen der dänischen Vergangenheit; doch für ihn hatten diese Frauen *„ihr wahres Selbst"* vergessen. Wo Berichte von kämpfenden Frauen einen historischen Kern vermuten lassen, kämpften diese an der Seite der Männer, von einem eigenen Volk der Frauen ist nicht die Rede. Dennoch wurde oft der Amazonenmythos dafür als Erklärungsmuster gebraucht. Er scheint auch im Frühmittelalter viele männliche Autoren fasziniert zu haben. ■

Literatur:
Bitel (1996), Bitel (2002), Geary (2006),
Gilchrist (1999), Pohl (2004)

Amazonen im Alexanderroman

Daniel Kondratiuk

Der Alexanderroman gilt neben der Bibel als weitverbreitetstes Werk der Vormoderne. Die Biografie des Feldherrn Alexanders des Großen stammt ursprünglich aus Ägypten, beschreibt das Leben und die Taten des makedonischen Eroberers und fand nach und nach in zahlreichen Übersetzungen Verbreitung quer durch Europa und Asien. Ähnlich wie in der griechischen Mythologie variieren auch hier die Romane nach unterschiedlichen Faktoren, wie Region, Vorlieben des Autors und Kenntnisstand der historischen Ereignisse. Das Werk ist eine Mischung aus historischer Realität und absoluter Fiktion, die teilweise in lesenswerten Märchen, wie einer Tauchfahrt Alexanders mit einer Glocke, gipfelt. Sagen von Greifen, die Alexander in den Himmel tragen, wechseln sich ab mit Berichten über historische Schlachten in Baktrien und gegen den Perserkönig Darius, alles gemäß der mittelalterlichen Vorstellungen von der Antike.

Im *Alexandreis*, dem Alexanderroman von Walter von Châtillon, tauchen die Amazonen im achten Buch auf. Nachdem der Makedone die Hyrkaner besiegt hatte, reitet die Königin der kriegerischen Frauen, Thalestris, zu Pferd in das Lager der Griechen. Zusammen mit 200 Jungfrauen begehrt sie Zutritt zu Alexander, bewaffnet mit Speeren und dem Köcher, der ihr vom linken Arm herabhängt. Das Gewand der Amazonen reicht bis zu den Knien und lässt die linke Brust unverhüllt, die ihnen auch zum Nähren des weiblichen Nachwuchses erhalten bleibt. Die rechte Brust hingegen nehmen sich die Frauen ab, um besser und schneller den biegsamen Bogen spannen und Wurfspeere schleudern zu können. Es folgt ein gedanklicher Monolog Thalestris über die Größe, das Aussehen, aber auch den Ruhm Alexanders, der zwar körperlich klein sei, aber groß im Geiste. Auf die Frage hin, was die Königin der Amazonen vom makedonischen Herrscher begehre, antwortet diese, dass sie zusammen mit Alexander ein Kind zeugen wolle. Wird es ein Junge, darf der Makedone ihn aufziehen und behalten. Ein Mädchen hingegen gehört den Amazonen und zieht mit der Mutter in deren Stammesgebiet, um die nächste Königin ihres Stammes zu werden. Thalestris gewährt Alexander daraufhin 13 Nächte ihre weibliche Gunst und zieht, nachdem ihr Verlangen gestillt ist, wieder zurück in ihre Heimat. ■

Literatur:
Châtillon (1990)

Fürstin Libussa und die böhmischen Amazonen

Pavlína Rychterová

Es sind nur wenige Zeilen, die Cosmas von Prag (um 1040 – 1125) in seiner Chronik Böhmens der sagenhaften Fürstin Libussa und dem Kampf widmet, der nach ihrem Tod zwischen den Jungfrauen aus ihrem Gefolge und den herrschenden Männern entbrennt. Trotzdem wurden diese schon im Mittelalter zum festen Bestandteil der legendären Geschichte Böhmens: Die Seherin Libussa, Tochter des sagenhaften Fürsten Krok, herrscht über das böhmische Volk in Eintracht mit den Adeligen des Landes und mit ihren zwei älteren Schwestern, die als Zauberinnen und Heilerinnen auftreten. Nach einem Gerichtsurteil der Fürstin Libussa kommt es zu einem Streit unter den Adeligen, die nach der Herrschaft eines Mannes verlangen. Libussa hilft dabei, den passenden Kandidaten für den fürstlichen Stuhl zu finden, indem sie den Ackermann Přemysl heiratet und ihm den Thron übergibt. Nach ihrem Tod wird allerdings die männliche Herrschaft von ihrem weiblichen Gefolge abgelehnt, die Mädchen bauen eine Burg, von der aus sie die jungen Männer aus der Gefolgschaft Přemysls angreifen. Die Fehde mündet jedoch im Frieden mit einem Festmahl, an dessen Ende die Jungen die Mädchen entjungfern und anschließend heiraten. Neben der Institution eines Herrschaftssystems wird dadurch auch die Institution der Ehe eingeführt und somit eine Ordnung hergestellt, die in der Zeit des Chronisten die Gesellschaft bestimmte.

Cosmas beabsichtigte wohl mit dieser Geschichte, die zahlreiche Anspielungen auf grundlegende Werke der antiken Literatur enthält, die böhmischen Landesherrscher zu verherrlichen und seine literarisch gebildeten Leser (unter die sich die Landesherrscher allerdings nicht zählen konnten) zu unterhalten. Seine Libussa trägt die Züge einer Dido und Sybille, aber auch einer weiblichen Gottheit wie Ceres oder Juno. Přemysl, ein Ackermann, wird somit in bester mittelalterlicher Manier mit Mutter Natur selbst vermählt und sein Anrecht sowie das Anrecht seiner Nachkommenschaft auf das Land Böhmen besiegelt. Die Geschichte des Mädchenkrieges, der nach dem Tod der gottähnlichen Gemahlin ausgebrochen sein soll, stellt die endgültige Zähmung der Natur und Einführung der Kultur dar.

Einer der ältesten Stadtteile Prags, die Kleinseite, entstand bereits mit der Erbauung der Prager Burg auf dem Hradschin. Am Bau der ersten Burg im 9. Jh. soll der Sage nach auch die mythische Stammmutter Libussa einen bedeutenden Anteil gehabt haben.

Cosmas ließ sich möglicherweise von der wohl ersten Version der böhmischen Herrschersage inspirieren. Diese befindet sich in einer anonym überlieferten lateinischen Legende des heiligen Wenzel und der heiligen Ludmilla, die wahrscheinlich zu Beginn des 11. Jh. verfasst wurde und heute als Christianslegende bezeichnet wird. Die Schilderung der Herrschaft Libussas fällt in der Erzählung sehr karg aus: Der Leser wird unterrichtet, dass die heidnischen Böhmen, ein ganz und gar primitives Volk, in der freien Natur auf tierische Art und Weise lebten und keine gesellschaftliche Ordnung kannten, bis die Pest (wohl als eine Metapher für allgemeines Chaos zu verstehen) sie überraschte. Daraufhin wandten sie sich an eine Wahrsagerin, die ihnen riet eine Stadt zu gründen und einen Herrscher zu bestimmen. Dies wurde prompt getan: Der von der Wahrsagerin auserwählte Ackermann Přemysl wurde mit ihr vermählt und somit als Urvater des in der Zeit der Abfassung der Legende herrschenden Geschlechts der Přemysliden etabliert. Über einen ‚Mädchenkrieg' wird nichts berichtet.

Cosmas bereicherte diese knappe Erzählung um viele Details, unter anderem gab er der Wahrsagerin den Namen Libussa, stattete sie mit den Leser erheiternden menschlichen Tugenden und Lastern aus und schaffte eine faszinierende literarische Figur, die es in den darauf folgenden Jahrhunderten zu einer beachtlichen Karriere brachte. Den Mädchenkrieg entwickelte er anhand der antiken Amazonensage, die er dazu nutzte, die Entstehung der monogamen Ehe darzustellen.

Leopold Peucker(t) richtete seinen Blick vom Kloster Strahov aus auf die Stadt Prag, als er im 18. Jh. seine Radierung anfertigte. Links sind noch die Türme des Veitsdoms zu erkennen, der sich auf dem Hradschin über der Stadt erhebt.

Der Mythos lebt weiter – ‚Amazonen' nachantiker Zeit

Die böhmische Amazone als Volksheldin

200 Jahre nach Cosmas widmete sich ihr mit großer Ausführlichkeit der anonyme Autor der ersten tschechischsprachigen Chronik, der *Chronik des sogenannten Dalimil*. Der Verfasser gab der Erzählung über den Mädchenkrieg dabei eine entscheidende Wendung: Er schilderte die Auseinandersetzung, ergänzt um viele Details aus dem antiken Mythos, als einen blutigen Kampf um Leben und Tod, an dessen Ende alle aufständischen Frauen von den männlichen Kriegern furchtbar niedergemetzelt werden. Somit schuf er eine Erzählung, wie es die damals beliebte Ritterepik verlangte. Eine noch detailreichere Darstellung brachte der humanistische Schriftsteller Václav Hájek von Libočany im 16. Jh. in seiner Chronik Böhmens. Deren Erfolg und ihre Jahrhunderte andauernde Beliebtheit unter den Lesern aller sozialen und Bildungsschichten sicherte der ‚böhmischen Sybille' und ihren Jungfrauen einen festen Platz im kollektiven Gedächtnis der tschechisch- aber auch deutschsprachigen Bevölkerung Böhmens. Als solche konnte sie dann seit Anfang des 19. Jh. zu einer der wichtigsten Säulen der modernen kulturellen Identität Tschechiens werden. Damals wurde die Bedeutung der „ersten böhmischen Fürstin" dadurch aufgewertet, dass sie inzwischen als eine historische Persönlichkeit betrachtet werden konnte: Im Jahr 1818 wurde dem gerade gegründeten Tschechischen Nationalmuseum ein Handschriftenfragment (später als *Grünberger Handschrift* benannt) anonym zugeschickt, dessen Alter die damaligen tschechischen Historiker und Literaturwissenschaftler auf 900 bis 1000 Jahre schätzten. Die Handschrift enthielt eine Verserzählung über den zuerst bei Cosmas beschriebenen Schiedsspruch Libussas und damit auch den Kern der Herrschersage Böhmens; diese gab sie als eine ‚wahre' Begebenheit aus. In dem Gedicht, das als eine Vorlage der Cosmas-Erzählung betrachtet wurde, ist die Fürstin nicht mehr eine moralisch ambivalent agierende (Natur-) Gewalt wie bei Cosmas, sondern eine vorbildliche Begründerin des Staates und eine Personifizierung der tschechischen Nation zugleich – beides geschildert in bester romantischer Manier. Das Motiv des Mädchenkrieges verschwindet ganz. Obwohl die Affinität der Erzählung in der *Grünberger Handschrift* zu der zeitgenössischen poetischen Produktion ganz offensichtlich war (als eine direkte Vorlage diente dafür das bekannte Werk Johann Gottfried Herders *Die Fürstentafel*), war man in Prag auch nach ersten Zweifeln an deren Originalität nicht sofort bereit, auf den vermeintlich historischen Beweis einer vertraut klingenden, glorreichen Vergangenheit der Nation zu verzichten: Erst in den 80er Jahren des 19. Jh. wanderte die Handschrift als eine romantische Fälschung mittelalterlicher Dichtung in die Literaturgeschichte der Romantik und Fürstin Libussa zurück in die Welt der böhmischen Mythen und Sagen.

Der bedeutende tschechische Bildhauer Josef Václav Myslbek schuf im 19. Jh. das Denkmal zur Erinnerung an Libussa und Přemysl. Heute steht es im Vyšehrad Park in Prag.

Dort stellte sie sich wieder an die Seite ihrer Jungfrauen und wurde zur Inspiration vieler künstlerischer Werke, unter anderem der Oper *Libussa*, die der tschechische Komponist Bedřich Smetana im Jahr 1871 aus Anlass der geplanten Krönung des Kaisers Franz Josef I. zum böhmischen König komponierte. Die Zeremonie fand nicht statt, allerdings wurde das Werk bei einer anderen feierlichen Gelegenheit aufgeführt: der Eröffnung des Prager Nationaltheaters 1881. Es ist zweifellos das Verdienst der Künstler und Schriftsteller wie Smetana, Herder, Brentano oder Grillparzer, dass Libussa und ihre Jungfrauen einen festen Bestandteil nicht nur der national-tschechischen sondern der gesamteuropäischen Kultur bis heute bilden. ∎

Literatur:
Banaszkiewicz (1982), Geary (2006), Höhne / Ohme (2005), Koschmal / Nekula / Rogall (2001), Rychterová (2009), Třeštík (2003)

Die Oper *Libussa* des böhmischen Komponisten und Anhängers der tschechischen Nationalbewegung Bedřich Smetana wird jährlich am 8. Mai, dem tschechischen Nationalfeiertag, aufgeführt.

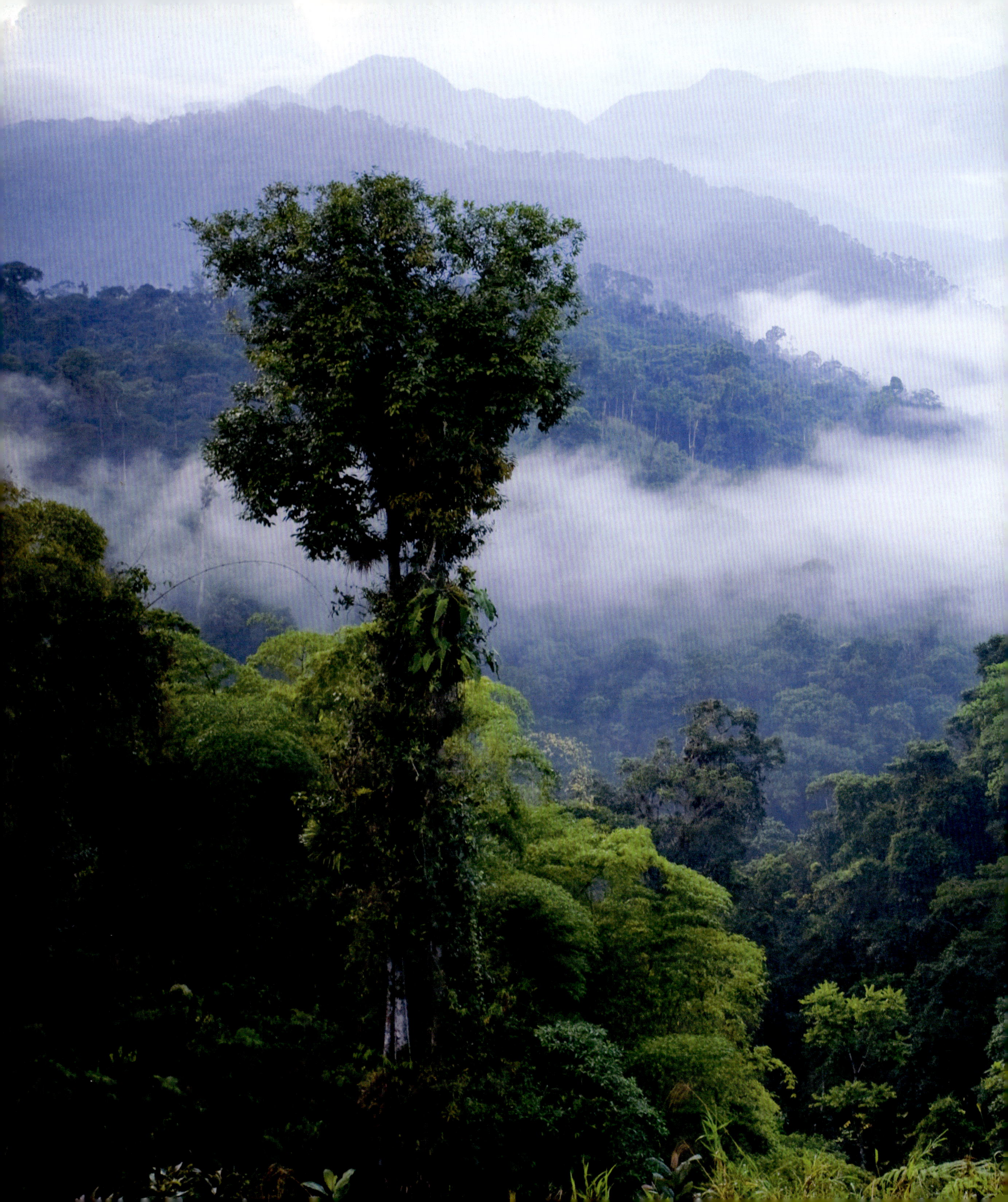

Am Rande der Welt

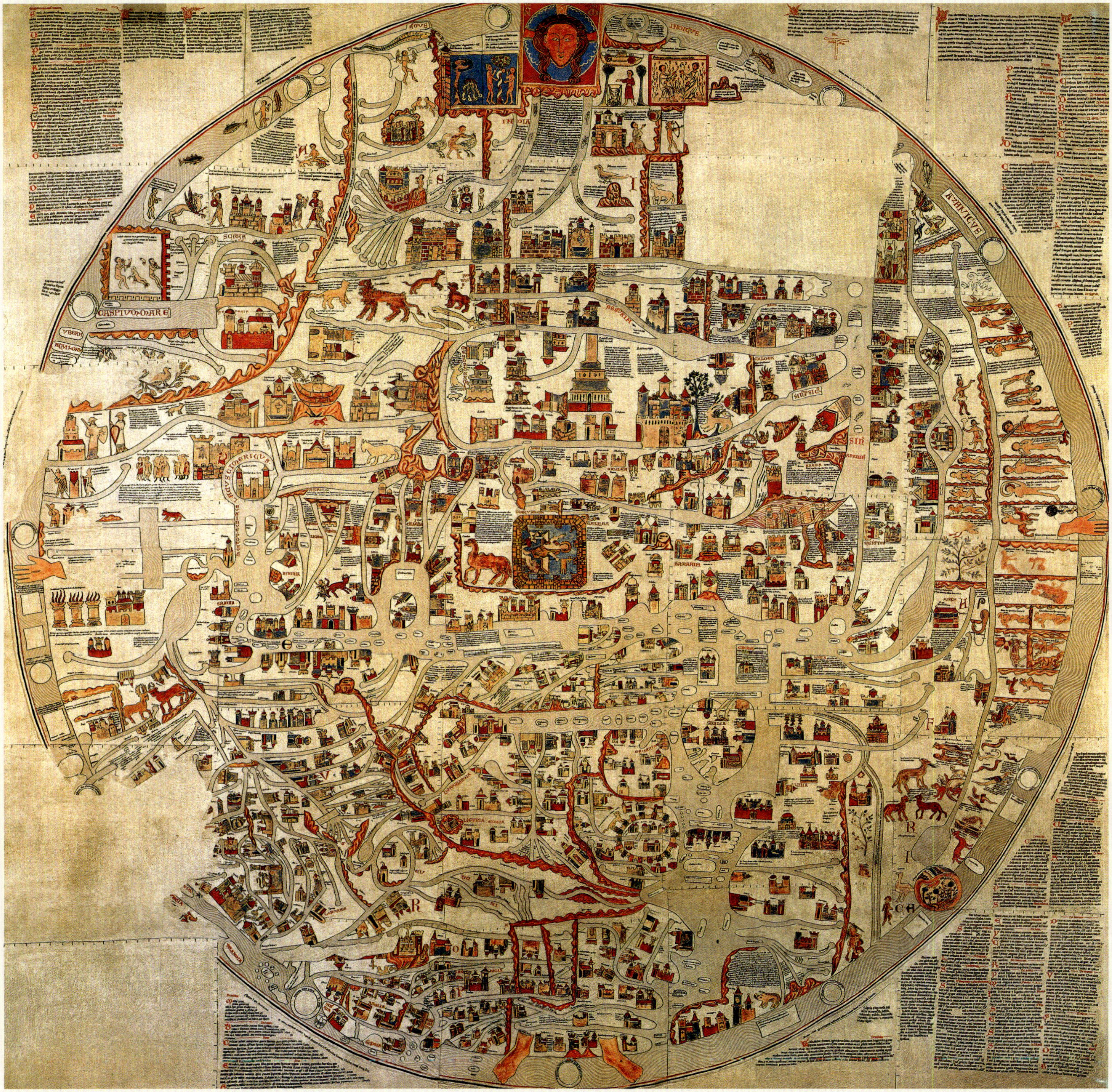

Amazonen in mittelalterlichen Weltkarten

Ingrid Baumgärtner

Die Ebstorfer Weltkarte

Zwei bewaffnete Königinnen stehen aufrecht neben einem Bauwerk mit zinnenbekrönten Mauern und Turm in den Weiten Asiens. Die Szene stammt aus der vielleicht berühmtesten, mit 358 x 356 cm sicherlich größten, enzyklopädischen Weltkarte des Mittelalters, nämlich der um 1300 entstandenen *Ebstorfkarte*. Auf der Nachbildung des 1943 verbrannten Originals wirken die beiden Frauen im höfischen Gewand wehrhaft und attraktiv. Die Ausrüstung mit Helm, Schild und Schwert bzw. Spieß deutet auf eine unverhüllte Bereitschaft zum Kampf. Die langen Haarlocken und die faltenreichen Rocksäume betonen weibliche Züge. Der Begleittext erklärt: „*Hier ist die Region der Amazonen. Das sind Frauen, die wie Männer kämpfen. Sie haben einst zwei schöne, erfahrene und kultivierte Königinnen eingesetzt. Die eine hieß Marpesia, die andere Lampeta. Männliche Nachkommen töten sie, weibliche dagegen hegen und pflegen sie sorgsam und erziehen sie auch zum Kriegführen. Ihre rechte Brust haben sie herausgebrannt, damit sie beim Bogenschießen nicht verletzt wird.*" Die Beschreibung des Frauenvolkes samt der Herrscherinnen Marpesia und Lampeta ist anschaulich. Die männergleich kämpfenden Kriegerinnen seien erfahren und schön, eine Kombination, die mittelalterliche Europäer wie jeglichen Feind verwirren musste. Der Text schildert sie als kultiviert und elegant, aber zugleich rücksichtslos, denn sie seien daran gewöhnt, ihre neugeborenen Söhne zu töten und ihre rechte Brust zu opfern, um den Bogen besser spannen zu können. Ihre Töchter würden sie sorgfältig erziehen und auf zukünftige Kampfespflichten vorbereiten.

Offensichtlich war die europäische Aufgabenteilung zwischen den Geschlechtern in den Weiten Asiens in ihr Gegenteil verkehrt: Das militärische Rittertum oblag den Frauen; die neugeborenen Söhne wurden ermordet, die Töchter in der Nachfolge begünstigt. Die beiden Amazonen wirken nicht unfeminin, obwohl männliche Attribute die Damenkleidung partiell überdecken. Ein vertrautes höfisches Auftreten steht im reizvollen Gegensatz zum knielangen Waffenrock. Denn wäre nicht die militante Ausrüstung zusammen mit der Beschreibung des grausamen

Die *Ebstorfer Weltkarte* gehört zu den berühmtesten Karten, die im Mittelalter gezeichnet wurden und ist mit über 3 m Durchmesser auch die größte ihrer Art. Entstanden ist sie wohl bis spätestens 1300 im Benediktinerinnenkloster Ebstorf in der Lüneburger Heide.

Am Rande der Welt

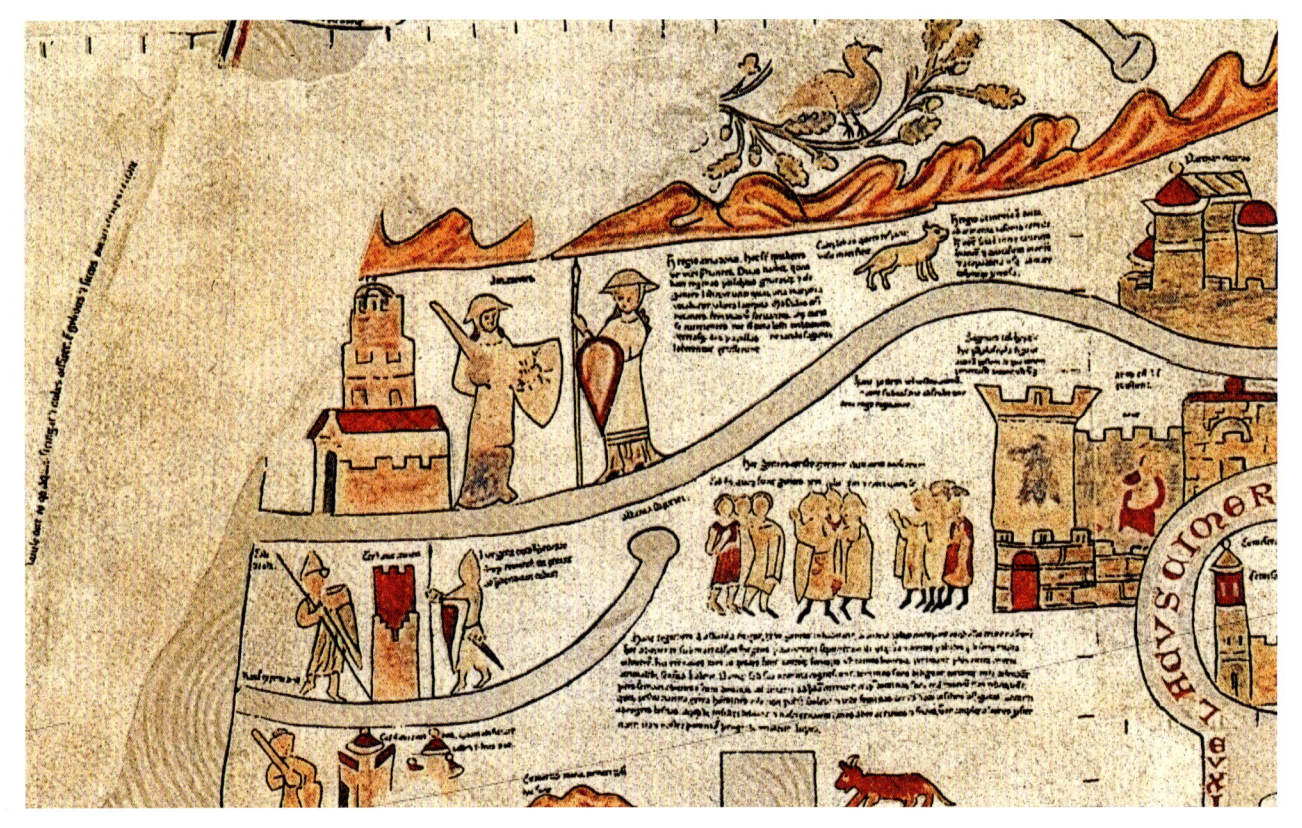

Detail aus der Ebstorfer Weltkarte mit der Darstellung der Amazonenköniginnen Marpesia und Lampeta.

Handelns, könnten die zierlichen Schönheiten durchaus auf höfische Lebensformen verweisen. Die raumgreifende Macht der Kriegerinnen erfasst darüber hinaus kartografisch die ganze Region. Als Sitz der Amazonen galt seit Strabon die Stadt Themiskyra, ein stark befestigter Platz am Fluss Thermodon oder am eurasischen Kaukasus, der in der Karte durch einen doppelten Wassergraben gesichert ist. Nicht weit davon entfernt werden die Blätter eines benachbarten Riesenbaumes danach beurteilt, ob sie die Ausmaße eines Amazonenschildes erreichen oder nicht. Durch den Vergleich werden die unerschrockenen Frauen und ihre Utensilien zu einem Maßstab bei der Erfassung des Unbekannten.

Verortung der Amazonen in mittelalterlichen Weltkarten

Die Ebstorfkarte ist eine Weiterentwicklung der nach Osten ausgerichteten TO-Karten, in denen ein kreisförmiger Weltenozean Asien, Europa und Afrika umgibt. Die drei im Verhältnis 2:1:1 angeordneten Kontinente sind durch das Mittelmeer als Schaft, durch Don und Nil als Querbalken des T voneinander getrennt. Ihnen sind die drei Söhne Noahs zugeordnet: der Erstgeborene Sem dem größten Erdteil, der verfluchte Ham Afrika und der jüngste Sohn Japhet Europa. Das Deutungsmodell spiegelt die heilsgeschichtliche Vorrangigkeit Asiens wider, in dessen Osten das Paradies mit den Quellen der vier Paradiesströme Ganges, Euphrat, Tigris und Nil vermutet wurde. Die christliche Ausrichtung des Weltbildes vereint eine enzyklopädische Vielfalt antiker und biblischer

Das TO-Schema mittelalterlicher Weltkarten am Beispiel einer Buchmalerei aus der Etymologiae des Isidor von Sevilla.

Wissensbestände mit zeitgenössischen Erkenntnissen. Das TO-Konzept wurde bei Bedarf modifiziert und in allen Formaten vom kleinen TO-Schema bis zur großen Wandkarte bildlich umgesetzt. Die ovalen, rechteckigen oder runden *Beatuskarten* des 10. bis 13. Jh. fügten der geosteten Ökumene einen vierten Kontinent in der südlichen Erdhälfte hinzu. Hemisphärische Weltkarten, wie etwa in der Wolfenbütteler Abschrift des *Liber floridus* Lamberts von Saint-Omer, ergänzten die Rückseite der Erde. Das Ziel lag nicht darin, eine maßstabgetreue Weltdarstellung oder realtopografische Orientierungshilfe zu geben, sondern die göttliche Ordnung in ihrer unermesslichen Fülle zu veranschaulichen.

In einer Abschrift der mittelalterlichen Enzyklopädie *Liber Floridus* des Lambert von Saint-Omer aus dem 12. Jh. findet sich eine hemisphärische Weltkarte.

Solche Karten visualisieren nicht nur den Raum der Welt, sondern auch den Ablauf der darin enthaltenen Geschichte. Daraus ergab sich die Möglichkeit, die mythischen Amazonen in einer wohl strukturierten Weltordnung zu verankern, ohne ihre Zuordnung dauerhaft zu fixieren. Grundlage war das seit Herodot (Historien IV 111 – 116) tradierte antike Wissen über eine Gemeinschaft, in der sich die kulturelle und soziale Geschlechterordnung umkehrte. Römische Geschichtsschreiber wie Pomponius Mela fassten die Amazonen als eigenes Volk. Über den um 560 bis 636 lebenden Isidor von Sevilla (Etymologiae IX 2, 62 – 65) gelangte die Vorstellung in das christliche Europa. Später ergänzten Ostasienberichte Beobachtungen zur Frauenherrschaft, Vielweiberei, Prostitution und Mutterschaft.

Die Kartografen banden spätestens seit dem 8. Jh. das Land der furchtlosen Kämpferinnen in ihre Entwürfe ein. Schon die so genannte *Vatikanische Isidorkarte* (Biblioteca Apostolica Vaticana, Vat. Lat. 6018, fol. 63v – 64r) zeigt die Region der Amazonen westlich des Kaspischen und nordöstlich des Schwarzen Meeres. Bei den Kaspischen Pforten soll das nordasiatische Amazonien den wehrhaften Frauen eine Heimat geboten haben. Auch die *Beatuskarte* von Saint-Sever (um 1065 – 1072) verortet das Frauenvolk am Kaspischen Meer. Ähnliches illustrieren die im 12. Jh. erstellte *Lund-Karte* (Berlin, Staatsbibliothek, Theol. Lat. fol. 149, fol. 27r), die etwas spätere *Heidelbergkarte* (Heidelberg, Universitätsbibliothek, Salem IX 39, fol. 1v) und die um 1200 entstandene so genannte *Sawleykarte*. Selbst die biblisch orientierten Kartierungen in den Hieronymus-Abschriften verzichten nicht auf die Kriegerinnen. Bis in die zweite Hälfte des 13. Jh. siedeln die Amazonen, so auch ein Schriftzug in der *Londoner Psalterkarte* (nach 1262), recht beständig im Nordosten Europas, in Kolchis (heute Georgien), am Schwarzen Meer oder am Kaukasus. Kampferprobt beherrschen sie einen Grenzsaum, in dem sie sich gefährlichen Auseinandersetzungen mit fremden Kulturen stellen müssen, wenn die abendländische Ordnung nicht aus den Fugen geraten soll.

Amazonen, Goten und Endzeitvölker

Die Amazonen personifizieren kartografisch den Rand der christlich-europäischen Kultur. Ihr unzugängliches Land berührt das nicht einnehmbare Andere. Distanziert und ohne einen moralisierenden Impetus bewohnen die Furchtlosen die Grenzräume des Wissens, in denen sie Verbindungen mit anderen Völkern, seien es Germanenstämme oder Skythen, eingehen. Die räumliche Nähe zu mythischen Schreckensvölkern zeigt, wie Angstvorstellungen und Wunschbilder ineinander übergingen. Es ist durchaus möglich, dass etwa gotische Frauen mit in den Kampf zogen und sich auf dem Schlachtfeld bewährten. Der spätantike Gelehrte Jordanes (Romana et

Auch Lambert von Saint-Omer lokalisiert in der Weltkarte des *Liber Floridus* die Amazonenhalbinsel am äußersten Rand der Welt.

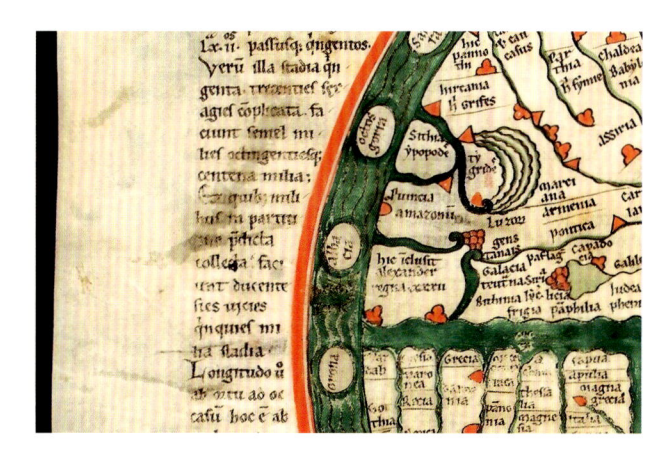

Getica V 44 u. VII – VIII, 49 – 57) entwarf ein eindrucksvolles Bild der Kämpferinnen gotischer Abstammung mit Lampeta und Marpesia als oberste Befehlshaberinnen. Lampeta sei zum Schutz des Eigenen zurückgeblieben, während Marpesia mit ihrem Frauenheer siegreich bis in den Kaukasus vorgedrungen sei. Solche Geschichten wurden variiert und zuerst in kurzen Schriftzügen, dann von etwa 1250 an auch in Bildsequenzen kartiert. Zur ersten Phase gehört die um 1180 erstellte Wolfenbütteler Ausfertigung der hemisphärischen Weltkarte des Lambert von Saint-Omer; die zwei Hälften zeigen die aus drei Kontinenten und dem Paradies bestehende Ökumene und die unbewohnbare Südhalbkugel. Im bewohnten Teil des Erdglobus formieren sich an der asiatischen Nordwestgrenze zu Europa die tapferen Amazonen und westlich davon die 32 Reiche, die Alexander der Große eingeschlossen haben soll. Diese hinter den Kaspischen Pforten gefangenen Endzeitvölker wurden entweder mit den zehn verlorenen Israelitenstämmen oder mit Gog und Magog identifiziert, die der Weissagung der Johannes-Apokalypse zufolge beim Eintreffen des Antichristen hervorbrechen würden, um die Erde zu verwüsten. Die schmale Wasserstraße des Don trennt die Wilden vom schutzbedürftigen Europa.

Die enzyklopädischen Karten der zweiten Phase sind differenzierter, die integrierten Bilder gegenständlicher. In der *Ebstorfkarte* sind die Amazonen zwischen den Ur-Goten auf Skandia und den Ostgoten in Dakien mehrfach ins Bild gesetzt. Ein langes Textband erläutert die geografische Position: „*Der Kaukasus erhebt sich aus dem Chinesischen Meer im Osten und reicht nordwärts, in einem Bogen verlaufend, bis fast nach Europa. Hier wohnen die Amazonen, die Massageten, die Kolcher und die Sarden.*" Die wiederholte Veror-

Die so genannte *Beatuskarte* wurde im 11. Jh. nach dem gleichnamigen Kommentar zur Apokalypse aus der Schreibwerkstatt der Abtei Saint-Sever in der Gascogne gezeichnet.

In der Detailaufnahme der Beatuskarte wird die Lokalisierung der Amazonen am Rande der Bekannten Welt deutlich.

tung zwischen Skythen und anderen Steppenvölkern wie den Sauromaten lässt den Eindruck entstehen, als hätten sich die Kriegerinnen auf dem langen Weg aus der Kälte vom germanischen Gesamtverband abgespalten, um am Kaukasus eine eigene Daseinsform zu verwirklichen. Aber nur die Bergkette trennt sie noch von den grausigen Völkern, die der Antichrist eines Tages im Gefolge haben soll.

Diese Denkfigur des Bedrohlichen im Nordosten verleiht fast jeder der Weltkarten eine gewisse Dramatik. Auf der *Herefordkarte* sitzen die Nachfahren von Gog und Magog abgeschieden auf der Insel ‚Terraconta' im Weltenozean und verspeisen barbarisch das Fleisch junger Männer. Selbst auf der kleinen *Londoner Psalterkarte* ist die halbkreisförmige Hochgebirgskette von Kaukasus und Taurus klar zu erkennen. Noch sind die von Alexander errichteten Tore geschlossen, die Amazonen bewachen das Gefängnis. Spätestens beim Amazonenland schied sich also das Eigene vom Anderen, die Welt der Germanen und Skythen vom Wirkungskreis kannibalischer Endzeitvölker.

Zwischen Zentrum und Peripherie

Kartografisch beanspruchten die Amazonen ihren Platz in einer Zone, in der Christus und Antichrist, schützender Weltenherrscher und zerstörerische Heerscharen, aufeinandertrafen. In den Weltkarten von Ebstorf und Hereford besitzen die fast unbesiegbaren Frauen Kontakt zum mittig gelegenen Jerusalem wie zu den Monstern an der Peripherie. Innen wie außen entfalten die Karten eine große bildliche Ausdruckskraft. Im Süden der *Londoner Psalterkarte* sehen wir die Vieräugigen und Sechsfingrigen, die

Fremde Frauen, fremde Sitten

Der Blick auf die fremden Kriegerinnen richtete sich nicht nur auf schwer zugängliche Welten, sondern auch auf kaum fassbare Sitten. Auch kartierte Amazonen profilieren sich in der Regel mit männlich konnotiertem Verhalten, das sich in körperlichen Merkmalen ausdrückte. Die Kartografien im *Polychronicon*, einer Weltgeschichte des Ranulf Higden (gest. 1363), notieren etwa den kraftvollen Kampfstil und das Fehlen der rechten Brust. Daneben lebten die Hermaphroditen, Kreaturen beiderlei Geschlechts, die Plinius und Isidor von Sevilla zufolge ohne die rechte weibliche Brust geboren sind.

Röhrchenesser und Zungenlosen, die Ohren- und Nasenlosen, die Menschenfresser und Hundsköpfigen. Die *Ebstorfkarte* zeigt die Deformierten in zwei Reihen. Dagegen wirkt die Monstergalerie der *Herefordkarte* eher bescheiden, bis der Betrachter merkt, dass sich die Missgestalteten und Sittenlosen auf nahezu Dreiviertel des Erdenrands verteilen. Amazonen wie Monströse sind im komplexen Erzähl- und Ordnungssystem offensichtlich Teil eines Gesamtprogramms, das in jedem einzelnen Ausschnitt auf die Heilsgeschichte bezogen ist.

In solchen Kontexten konnten sich die Gegenwelten europäischer Ideale mühelos mit christlichen Moralvorstellungen paaren. Die *Ebstorfkarte* skizziert den Stamm der Pangea, eine von Frauen regierte Volksgemeinschaft in den Gold- und Perlenbergen, südlich vom Paradies. Auch die *Herefordkarte* ordnet die in Indien herrschenden Frauen ganz oben im Osten ein. In der urchristlichen Literatur war die Metapher des ‚Männlichwerdens' von einer moralischen und geistigen Vervollkommnung begleitet. Während die Verweiblichung eines Mannes unmissverständlich den Verfall signalisierte, konnte die Mann gewordene Frau nach christlichen Vorstellungen zum vorbildlichen Mann avancieren. Die räumliche Nähe der regierenden Frauen zum Paradies eröffnet stillschweigend diesen Weg zum Heil.

Die größte vollständig erhaltene Weltkarte aus dem Mittelalter ist die *Hereford-Karte* aus dem 13. Jh. Die Karte von Richard von Haldingham gehört heute zum UNESCO-Weltdokumentenerbe.

Mitte des 13. Jh. entstanden, zeigt die *Londoner Psalterkarte* auf nur 10 x 14 cm die mittelalterliche Vorstellung der Erde im Zusammenhang mit der göttlichen Heilsgeschichte.

Auch die *Londoner Psalterkarte* aus dem 13. Jh. weiß um ein Land der Amazonen am Rande der bekannten Welt.

Spätmittelalterliche Weltkarten erzählen die alten Geschichten lediglich vielfältiger. Der *Katalanische Weltatlas* (um 1375) präsentiert die Frauenregion als isoliertes Inselreich auf Ceylon, genannt ‚Illa Jana', auf der eine langhaarige Herrscherin mit übergroßem Schwert in der Rechten an eine Amazonenkönigin erinnert. Majestätisch thront sie mit einer goldenen Krone auf dem Haupt, einem Reichsapfel in der Linken und einem faltenreichen Gewand in prunkvollem Blau und Rot. Die um 1430 in Niello-Technik gefertigte *Borgia-Karte* rechnet die Amazonen im Nordosten zu den berühmten Frauen und berichtet von der tapferen Penthesilea, die dem Griechen Achilles vor Troja zum Opfer fiel. Der Salzburger Benediktiner Andreas Walsperger, der eine gesüdete Weltkarte (1448) in der Tradition der Klosterneuburger Schule erstellte, verortet die Tapferen mit einem kurzen Text und ohne Illustration mittig zwischen Jerusalem und dem Paradies. Selbst der kritische Kamaldulensermönch Fra Mauro (um 1459) verzeichnet gewissenhaft die Amazonenprovinz.

Die mythischen Kriegerinnen blieben weiterhin Teil der Schöpfung, obwohl im 15. Jh. das Ptolemäische Weltbild entdeckt und die Erfahrungen der Asienreisenden bekannt waren. Überdies verband sich der Amazonenmythos mit separierten Frauen auf einsamen Inseln im Indischen Ozean. Dort zeigt etwa Andreas Walsperger die bärtigen Frauen, für deren Existenz klassische und mittelalterliche Autoren, darunter der Hamburger Erzbischof Adam von Bremen, bürgten. Und Ranulf Higden berichtet uns von den allein auf den sagenhaften Gorgaden lebenden Frauen. Nur die Fortpflanzung bedurfte einer Erklärung, die der differenziert argumentierende Fra Mauro in die Kartografie überträgt, wenn er das längst diskutierte, jährlich notwendige dreimonatige Konkubinat ergänzt. Solche Geschichten spiegeln eine Welt matriarchalischer Stärke und weiblicher Unabhängigkeit. Zu erinnern ist an das aus Solinus rezipierte Matriarchat der Garamanten im erweiterten Libyen der *Ebstorfkarte*. Bei diesem Volk in der Nähe der Erdrandsiedler und der wilden Tiere Afrikas soll die ganze kindliche Ehrfurcht den Müttern gegolten haben.

Das Original der Weltkarte des Mönchs Fra Mauro ist heute verschollen. Diese Kopie stammt vom italienischen Seefahrer und Kartografen Andrea Bianco um 1460.

Und die *Borgia-Karte* skizziert im südlichen Afrika die Geburt der wilden Frauen, die ohne Ehemänner nahe bei Abimichabal, dem König der Hundsköpfigen, dem Nachwuchs das Leben schenken. Eine solch abstruse Welt durchbrach alle zivilisatorischen Normen und implizierte das Werturteil, außerhalb der christlichen Welt würden barbarische Sitten herrschen.

Die Wanderung in die Neue Welt

Gerade weil die Amazonen den äußeren Rand der Erfahrbarkeit markierten, waren sie kein statisches Modell. Im Laufe der Jahrhunderte wanderten sie durch die Karten, von ihrer Heimat am Schwarzen Meer in die kaukasische Nachbarschaft der Endzeitvölker, dann in die Steppen Asiens nahe dem Paradies und später an den Amazonas in Südamerika. Für jeden Schritt gab es historische Vorbilder: Die mutigen Barbarenfrauen der Völkerwanderungszeit, die reitenden Mongolinnen der zentralasiatischen Steppe und die gegen europäische Eroberer ankämpfenden Eingeborenenfrauen in Südamerika. Letztere kartierte 1599 der kalvinistische Kupferstecher Theodor de Bry. Der Frankfurter Bürger erklärt den Flussnamen Amazonas mit den Frauen, die nur einen Monat im Jahr mit Männern zusammenleben, um auf diese Weise vergnügt für Nachkommen zu sorgen. Die Söhne würden sie den Männern übereignen, die Töchter behalten. Diese Neuerfindung alter Mythen reagierte auf die gefechtstüchtigen Frauen, von denen der Dominikaner Gaspar de Carvajal, Teilnehmer an der spanischen Amazonas-Expedition von 1542, berichtete. Gleichzeitig transferierten Kartenzeichner auch andere Gestalten aus Asien in die Neue Welt, um sie multifunktional verschiedenen Zeitebenen, Räumen und Bedürfnissen anzupassen. Zu erinnern ist an die Verschiebung der Kormoranfischerei nach Guayana oder der Kopflosen an den Orinoco. Zeitgenössischer Erfahrungshorizont und literarische Tradition garantierten deren Vorkommen.

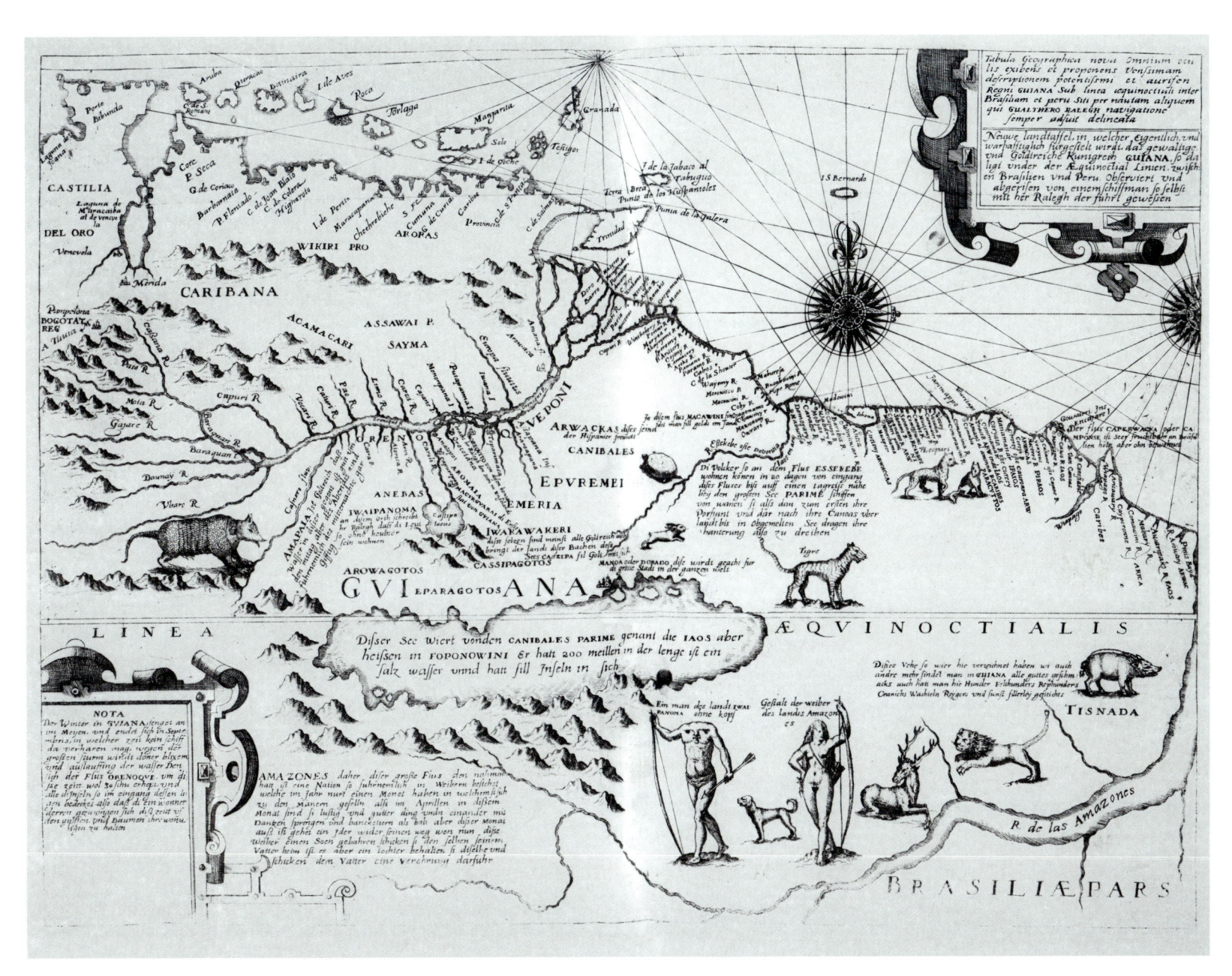

In der Südamerikakarte des Frankfurter Kupferstechers Theodor de Bry wird der Zusammenhang zwischen den Amazonen und dem Fluss Amazonas erläutert.

Zusammenfassung

In der Fremde schien die europäische Ordnung der Geschlechter aus den Fugen zu geraten. Dort konnten die Kartografen die Amazonen und ihre Sitten in Text und Bild veranschaulichen, nicht ohne die Wahrnehmung weiblicher Lebensformen mit der geografischen, kulturellen und physischen Erfahrung der Fremde zu vereinen. Traditionen und Motive waren von antiken und frühchristlichen Autoritäten vorgegeben. Die Amazonen symbolisierten konträre Welten: Sie waren faszinierendes Ideal und erschreckendes Kuriosum zugleich. Bewunderte Eigenschaften wie Mut, Selbstständigkeit, Klugheit und Schönheit standen gegen mangelnde Zivilisiertheit, animalische Triebhaftigkeit und barbarische Sitten. Es war ein Blick auf das andere Geschlecht, das von allen Konventionen befreit war. Nur jenseits der abendländischen Zivilisation konnten Frauen männliche Aufgaben und Verhaltensweisen übernehmen, ohne die europäische Geschlechterordnung zu gefährden. ∎

Literatur:
Arentzen (1984), Baumgärtner (2003), Baumgärtner (2006), Baumgärtner (2008), Baumgärtner (2009), Baumgärtner / Kugler (2008), Baumgärtner / Schröder (2010), Brincken (2008), Chekin (2006), Dimarco (1991), Scafi (2006)

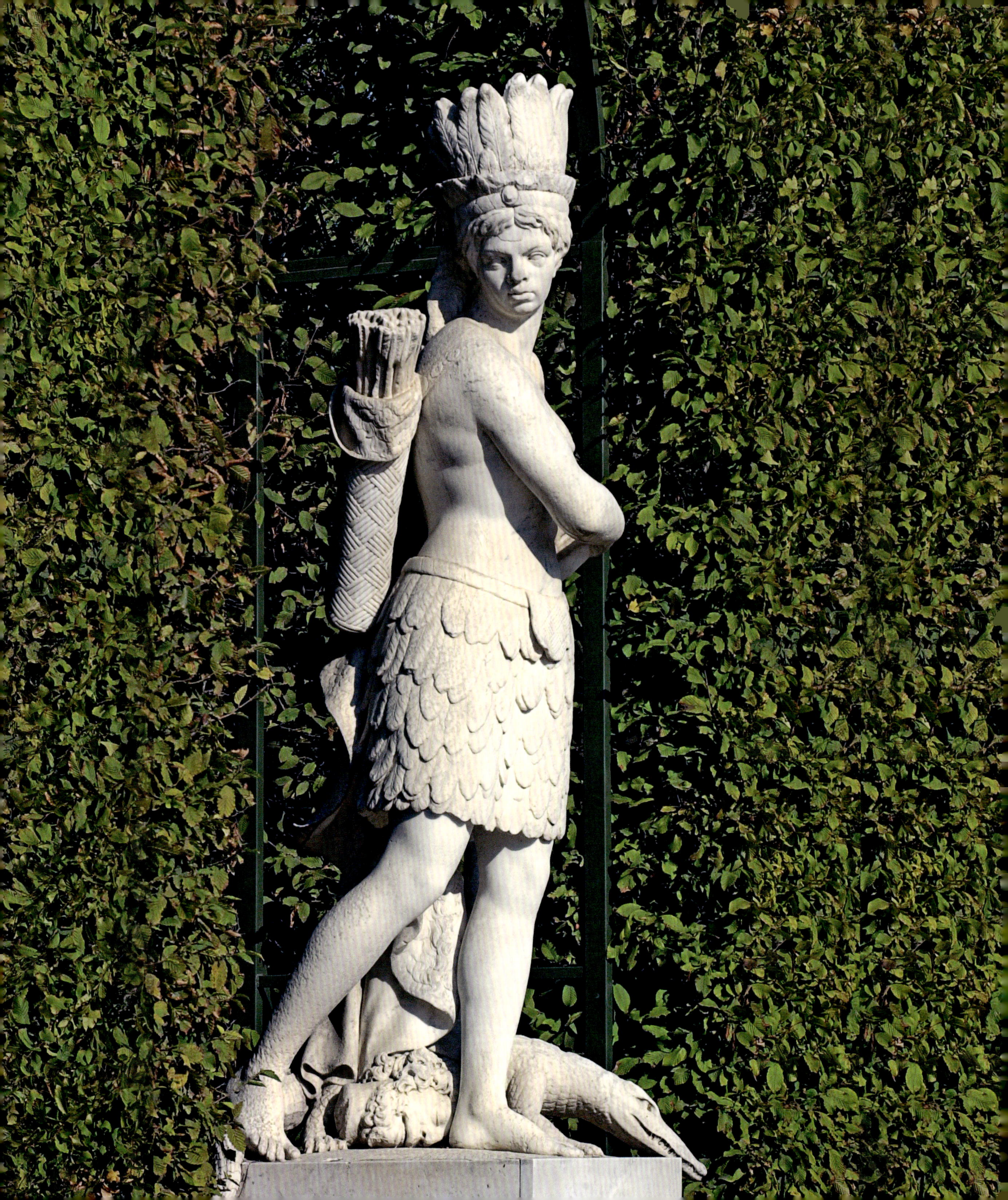

Die Amazonen in Amerika

Hildegard Frübis

Wie an der Skulptur aus dem Park von Versailles augenfällig wird, vermischten sich nach der Entdeckung Amerikas die Vorstellungen von Amazonen mit dem Bild der amerikanischen Ureinwohner.

Die Entdeckung Brasiliens, das in den Expeditionsberichten des 16. Jh. mit dem Land der mythisch behafteten Amazonen identifiziert wird, gehört zur Geschichte der europäischen Expansion im ausgehenden Mittelalter. Eine zentrale Rolle in der Übermittlung und Darstellung des Ereignisses spielt sowohl die sich neu entwickelnde literarische Form des Reiseberichts als auch das Medium Bild, das in Gestalt von Titelblättern und Illustrationen die Schilderungen begleitet.

Eine der Darstellungen der Entdeckung Brasiliens ist in der berühmten Sammlung von Reiseberichten der Frankfurter Verleger-Familie de Bry zu finden. In insgesamt 30 Bänden – erschienen zwischen 1590 und 1630 und ausgestattet mit etwa 650 kostbaren Kupferstichen – veröffentlichte de Bry mit seinen Söhnen eine Zusammenstellung von Berichten aus der ‚Neuen Welt' und stattete sie mit einem reichen Bildapparat aus. Damit schuf er ein Kompendium von Einzelberichten, das der Öffentlichkeit das gesammelte Wissen der Zeit über die Entdeckungsfahrten der europäischen Nationen zur Verfügung stellte. Band acht enthält den Brasilien-Bericht des Engländers Walter Raleigh, wie er von Cornelis Claesz 1589 in Amsterdam herausgegeben worden war. Eine der Illustrationen zeigt die Karte vom an Gold reichen Königreich Guiana. Dort werden die nördlichen und westlichen Küstenlinien des südamerikanischen Kontinents bis hinunter zur Mündung des Amazonas vorgestellt. Das Hinterland wird in dem Kartenbild v. a. als ein durch Flüsse erschlossenes Land gezeigt. Zur weiteren Charakterisierung sind entlang der Küstenlinie und der Flussläufe en détail zahlreiche Orts- und Flussnamen eingetragen. Hinzu kommen Darstellungen der einheimischen Tiere: Gürteltier, Löwe, Hirsch, Wildschwein, Tiger oder Leopard. Am unteren Rand der Karte erscheinen dann die Bilder eines Acephalen (Kopflosen) und einer Amazone. Als deren Lebensraum wird das Amazonas-Gebiet beschrieben und die mythische Legende ihrer Herrschaft und Fortpflanzung kurz erläutert. Weit im Landesinneren und gekennzeichnet durch die kürzelartigen Signaturen einer Hügellandschaft weist ein kleiner Text darauf hin, dass Raleigh von „IWAIPANOMA" behauptet, es wohnten dort die *„Leut so ohne heupter"*. Rund um den so markierten Ort finden sich weitere schriftliche Einträge, die alle auf die besonderen Goldvorkommen hinweisen. Die Bild und Text kombinierende Karte verweist damit auf zweierlei: Sie bringt mythische Gestalten wie die Kopflosen und die Amazonen mit den durch die Entdeckungsfahrten erhofften Goldfunden in Verbindung. Zudem ‚beweist' sie den Erfolg von Raleighs Expedition, die fast das ‚Ende der Welt' erreicht hat und – obschon sie goldlos nach Hause zurückgekehrt ist – die Hoffnung auf das El Dorado aufrecht hielt. Was sich hier im Medium des Kartenbildes versammelt findet, gehört zu den charakteristischen Merkmalen der visuellen wie literarischen Schilderung der Entdeckungsgeschichte Amerikas: Sie vereint die geografische Darstellung der kolonialen Wirklichkeit, das mythische Wissen Europas – das auf Amerika transferiert wird – sowie die mit den Entdeckungen aufs Engste verbundenen ökonomischen Hoffnungen.

Eine frühe Darstellung Südamerikas aus der Druckerei des Frankfurter Verlegers Theodor de Bry geht in ihren Erläuterungen auf die Amazonen ein.

Die Weltkarte des Hartmann Schedel (1440 – 1514) aus Nürnberg zeigt noch das bekannte spätmittelalterliche Weltbild bestehend aus den Kontinenten Europa, Asien und Afrika. Die Entdeckungen des Kolumbus hat er zu diesem Zeitpunkt noch nicht berücksichtigen können.

Die ‚Monstergalerie' aus der *Schedelschen Weltchronik* zeigt die Fabelwesen, die der Vorstellung des Mittelalters nach den Rand der Welt besiedeln.

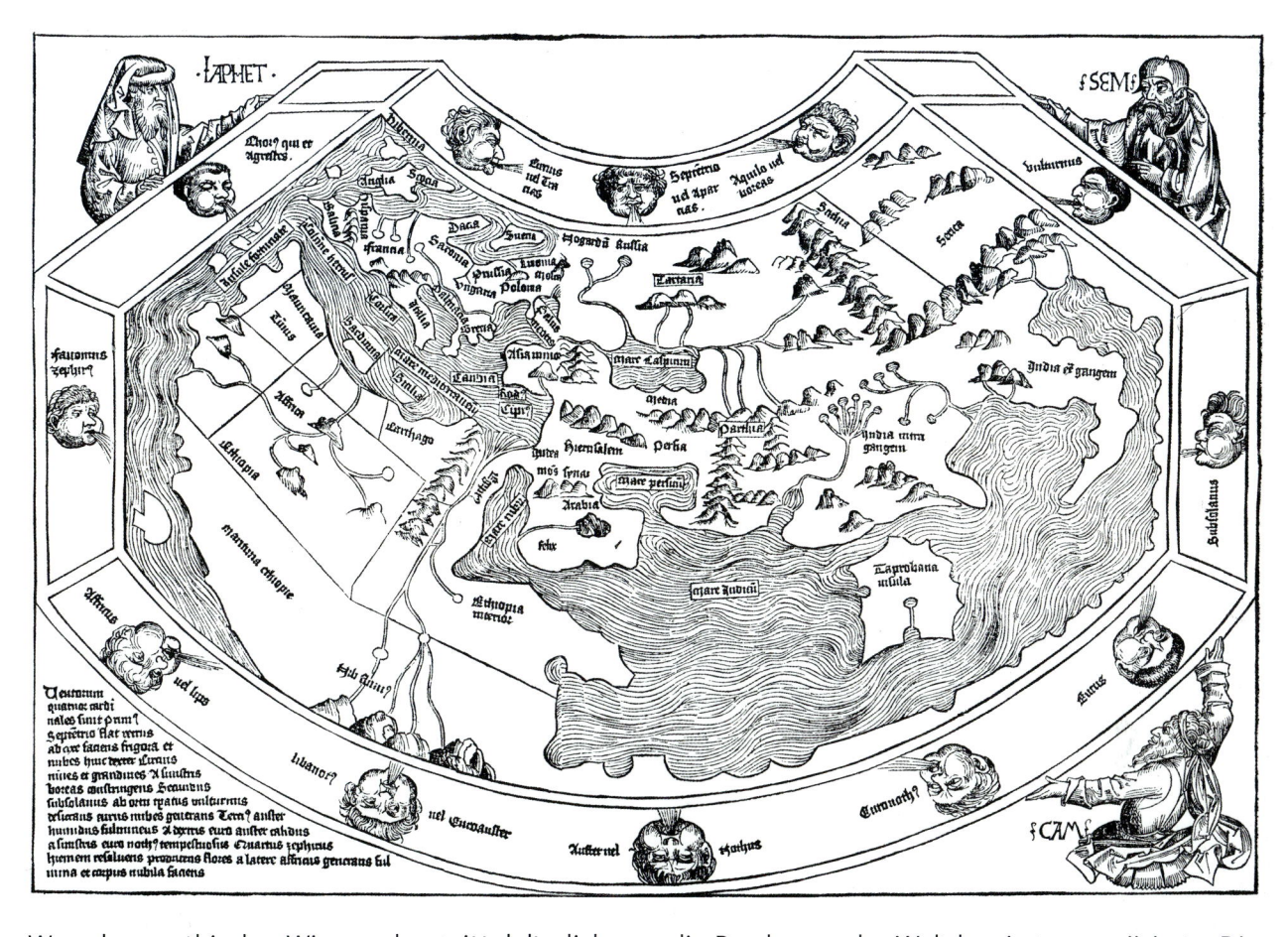

Was das mythische Wissen der mittelalterlichen Geografie anbelangt, so wurden mit der Fahrt des Kolumbus über den Ozean die bisher geltenden Grenzen verschoben und die Welt zu einem Ort der Erfahrung. Dieser greift weit über die Zeit- und Raumvorstellung des mittelalterlichen geschlossenen Weltbildes hinaus, wie es beispielsweise noch in der *Schedelschen Weltchronik* enthalten ist. Entstanden 1493 und ausgestattet mit Holzschnitten von Michael Wohlgemuth und Wilhelm Pleydenwurf sind dort auf dem linken Seitenrand des Kartenbildes, welches die bis dahin bekannten drei Erdteile zeigt und diese den drei Söhnen Noahs, Sem, Japhet und Cham zuordnet, die Fabel- und Monsterwesen zu sehen, wie sie nach mittelalterlicher Vorstellung die Ränder der bekannten Welt besiedelten. Auf der Suche nach dem westlichen Seeweg nach Indien war Kolumbus auf unbekannte Territorien und ihre Bewohner gestoßen, die er zuerst mit Indien – daher auch der Name ‚Indianer' – identifizierte und auf welche er all die Mythen und Legenden, die seit der Antike über Asien und die Randzonen der Welt kursierten, projizierte. Dies bedeutet: Am Anfang stand eine Verwechslung, die dann aber maßgeblich wurde für den Transfer europäischer Mythen und ihrer Figuren, wie z. B. die der Amazone, auf die neu gefundenen Länder des amerikanischen Kontinents. Erst der Bericht des Amerigo Vespucci mit dem Titel *Mundus Novus* von 1503 und insbesondere dessen Auswertung durch die beiden Kartografen Martin Waldseemüller und Matthias Ringmann führten zu der Erkenntnis, dass es sich bei den ‚Inseln und Ländern im Indischen Meer' um einen neuen Kontinent handelt. In der 1507 in St. Dié veröffentlichen *Cosmographiae introductio* schlugen Ringmann und Waldseemüller die Bezeichnung ‚Amerika' vor.

Im Kupferstich von Theodor und Philippe Galle trifft Amerigo Vespucci auf die nackte und wilde Personifikation Amerikas.

Auf dem Kupferstich von Theodor und Philippe Galle *Die Allegorie der Amerika*, der nach einer Zeichnung von Jan van der Straet aus dem Jahr 1589 angefertigt wurde, bekommt dieses zentrale Ereignis der Entdeckungsgeschichte seine bildliche Form und wird zu einer der Ikonen der Darstellung der Entdeckung Amerikas. In der narrativen Erzählweise des Kupferstiches scheint der Akt der Entdeckung Amerikas gerade vonstattenzugehen: Vespucci tritt mit dem Astrolabium als Attribut der Technik sowie mit Kreuzstab und Banner, auf dem das von Vespucci als ‚Kreuz des Südens' bezeichnete Sternbild eingetragen ist, der nackten, nur mit einer Federkrone bekleideten Personifikation Amerikas gegenüber. In der Bildmetaphorik des Vespucci-Stiches wird die Entdeckung der ‚Neuen Welt' sowie die damit verbundene Herausforderung und Gefahr in der Begegnung mit dem Unbekannten und Neuen mit dem Bild der weiblichen Nackten – als einem Territorium des Fremden – verknüpft. Auch die Namensfindung für den neuen Kontinent ist mit diesem Kupferstich verbunden. In der Untertitelung ist zu lesen: „*Americen Americus retexit, semel Vocavit inde semper excitam*" – „*Amerigo entdeckt Amerika. Er hat sie einmal benannt, seither ist sie für immer erwacht*". Wie bei Ringmann und Waldseemüller vorgeschlagen, wird die weibliche Form des Namens Amerigo gewählt, um die Angleichung an die schon existenten weiblichen Namensformen der bereits bekannten Erdteile Asien, Afrika und Europa herbei zu führen.

Die mit Kolumbus und Vespucci begonnene ‚Entdeckung' Amerikas wurde durch die Portugiesen fortgesetzt. Zumeist wird der Portugiese Pedro Alvarez Cabral als der Entdecker Brasiliens angegeben. Im April 1500 landete Cabral mit seiner Flotte im heutigen Porto Seguro – im Süden des heutigen Bundesstaates Bahia – an der brasilianischen Küste, nahm das Land für die portugiesische Krone in Besitz und taufte es mit dem Namen ‚Terra de Vera Cruz'. Der Amazonenstrom – auch Marañón oder Rio de Orellana genannt – wurde schon sehr früh von den Spaniern entdeckt. Um 1500 erforschte und beschrieb Pinzón, der Kolumbus als Kommandant auf der ‚Nina' begleitete, das Delta; die Quelle wurde 1535 lokalisiert. Wenige Jahre später richtete Gonzalo Pizarro eine berühmt gewordene Expedition aus. Jenseits der Anden wollte man die Tierra de la Canela, das ‚Land der Zimtwälder', und die Laguna del Dorado, den ‚See der Vergoldeten' finden. Gonzalos mit riesigem Aufwand gestartete Expedition (1540 – 1542) war in fast allen Belangen ein grandioser Fehlschlag. Dass sie dennoch berühmt wurde, lag an seinem Hauptmann Francisco de Orellana. Dieser machte sich mit einer kleinen, aber gut ausgerüsteten Truppe auf die Suche nach Nahrungsmitteln. In selbst gebauten Schiffen durchquerte er zunächst den Coca, dann den Napo, einen der wasserreichsten Nebenflüsse des Amazonas, und schließlich den ganzen Mittel- und Unterlauf des Stromes selbst bis zur Insel Trinidad.

Als Orellana und seine Begleiter während ihrer Flussfahrt mit Landesbewohnern zusammenstießen, die sich als kriegerische, weibliche Personen entpuppten, sieht der Chronist Fray Gaspar de Caravajal sich plötzlich im Land und Herrschaftsbereich der Amazonen. Die Bewohner werden von ihm als hellhäutig und groß geschildert, sie seien sehr kräftig und leisteten im Kampf so viel wie zehn Indianermänner. Es scheint ihm sicher, dass es sich bei dem Frauenstaat, der ganze Stämme als tributpflichtige Untertanen hat, um Nachkommen der aus dem Altertum in vielfacher Gestalt bekannten ‚Brustlosen' handelt. Carevajal adaptiert damit in seinem Text den antiken Mythos der Amazone, der bis auf das homerische Epos zurückgeführt werden kann. Dort heißt es, dass ausschließlich Mädchen von dem kriegerischen Frauenvolk aufgezogen wurden, denen man die beim Spannen des Bogens hinderliche rechte Brust ausbrannte. Dies galt lange als eine der Erklärungen für die fehlende Brust und wurde mit der Ableitung des Begriffs von *a-mazos* (brustlos) begründet.

Wie schon im Bild der Karte von Guiana angedeutet, ist in der Darstellung der Entdeckung Amerikas immer wieder zu beobachten, wie Vorstellungen, die den antiken Mythen (Herodot, Plinius, Latanz u. a.) entlehnt sind, wiederbelebt wurden und im Transfer auf die ‚neu entdeckten Lande' eine Renaissance erlebten. Betrachtet man hierbei das spätmittelalterliche Repertoire an Bildern und Vorstellungen über die amerikanische Ferne, so konnte diese als verführerische und faszinierende oder auch als eine feindliche und angstbesetzte Fremde wahrgenommen werden. Immer beinhaltete das Phänomen des Fremden – ob von Faszination oder Schrecken bestimmt – zugleich auch die Ausdeutung und Konturierung der eigenen Ordnung, ihrer Sitten und Gebräuche. Dies muss als eine der Erklärungen für die Übernahme europäischer Vorstellungen und Bilder in die Darstellung Amerikas gelten. Die andersartige Erscheinungsweise der Fremdheit Amerikas gibt allerdings immer nur graduelle Abweichungen zu erkennen; sie ist in ihrer auf die europäische Tradition der Mythen und Fabelwesen, die zum mittelalterlichen Wissensschatz gehörten, zurückzuführenden Vertrautheit den Vorstellungen Europas nicht ganz fremd.

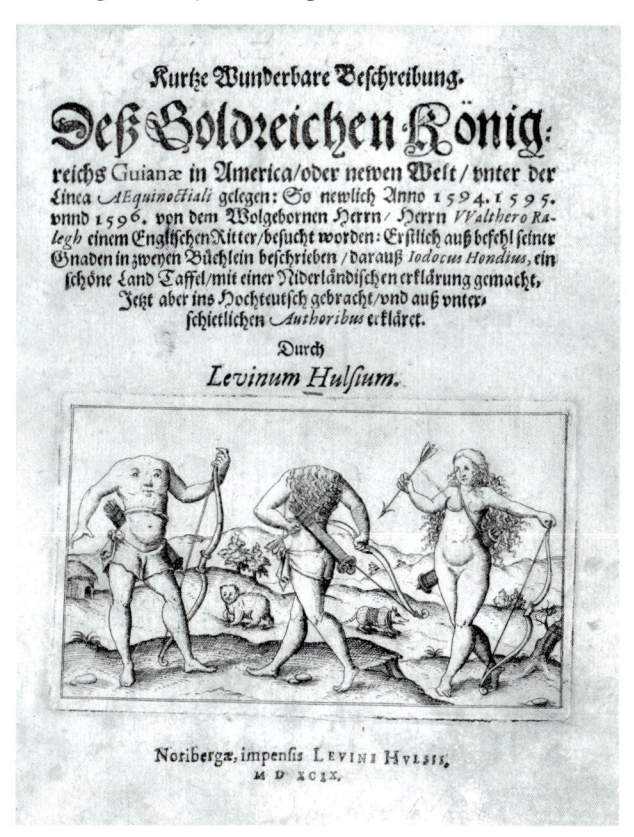

Die ‚Kopflosen Wilden' illustrieren die Titelseite der Reisebeschreibung von Walter Raleigh und zeigen deutlich die Vorstellungen der Menschen vom Unbekannten.

Eine weitere Form des bildlichen Transfers des Amazonenmythos der Antike auf den amerikanischen Kontinent ist in den Illustrationen der deutschen Ausgabe von Walter Raleighs Reisebericht über seinen Aufenthalt in Guaiana zu entdecken. Der Bericht erschien 1599 in Nürnberg und wurde von Levin Hulsius unter dem Titel *Kurtze Beschreibung des Goldreichen Königreiches Guayana in America oder der Neuen Welt* herausgegeben. Auf dem Titelblatt werden Lebewesen vorgestellt, wie sie Raleigh auf seiner Reise 1595 in Guaiana gesehen haben will und wie er sie in den einzelnen Kapiteln des Buches vorstellt. Nach einer kurzen Beschreibung von Land, Menschen, Landeserzeugnissen und Natur geht der Verfasser auf die kopflosen „*barbarischen Leut*" ein.

Mit dem Verweis auf die vertrauenswürdigen Quellen der Antike über die Existenz solcher Menschen in Asien – Plinius Secundus, Augustinus und Isiodorus werden genannt – sichert Raleigh seine Darstellungen ab. Zu sehen sind die Indianer als Acephali, welche keinen Kopf besitzen und ihr Gesicht auf der Brust tragen, daneben die kämpferische, mit den ihr zugehörigen indianischen Kampfinstrumenten von Pfeil und Bogen ausgestattete, wilde Amazone.

Den beiden hier vorgestellten Versionen des Berichts von Raleigh ist die Kombination von Amazone und Brasilien zu entnehmen. Dabei fällt in der Figur der Amazone ein besonderer Darstellungsmodus auf, wie er auch schon in dem eingangs erwähnten Kupferstich der *Allegorie der Amerika* zu beobachten ist. In beiden Bildern wird die Figur der Frau zur Repräsentantin eines Kontinents bzw. eines Landes und wird damit zur Personifikation. Interessant ist, dass mit der Figur der Amazone, als der stellvertretenden Repräsentantin Brasiliens, auch ein Bedeutungsaspekt des antiken Amazonenmythos aufgenommen wird: Innerhalb der griechischen Stadtmythen wurde die Amazone zur Namensgeberin von Städten.

Im Kontext der Entdeckungsgeschichte und ihrer visuellen Darstellung wurde der Modus der Personifikation zu einer der zentralen Bildformen, welcher die ‚Bildwerdung' Amerikas begleitet.

Wesentlich hierzu trug die Serie von Erdteildarstellungen in der *Iconologia* des Cesare Ripa bei, die 1603 in Rom, mit Holzschnitten illustriert, erschien. Die figürliche Repräsentation der Erdteile geht letztlich auf die schon im Römischen Reich übliche Praxis der Darstellung von Städten und Ländern in Gestalt einer Frau zurück. Mit der geografischen Expansion an der Wende zum 16. Jh. erlebte diese allegorische Darstellungsweise dann ihre Renaissance. Innerhalb dieses Repräsentationsschemas wurden die Kontinente jeweils durch weibliche Figuren repräsentiert, denen verschiedene Attribute zugeordnet wurden, die dann zum Erkennungszeichen des jeweiligen Kontinents wurden. Auch die Personifikation Amerikas bekam mit der *Iconologia* ihre weithin verbindliche Gestalt. Die Holzschnittillustration zeigt sie als eine mit Pfeil und Bogen sowie einem Köcher bewaffnete nackte Frau. In dieser Ausstattung verweist sie auf das tradierte Bild der Amazone. Mit ihrem linken Fuß steht sie auf einem von einem Pfeil durchbohrten Kopf. In dieser Darstellung bekommt die Amazone zusätzlich das ‚Image' der Kannibalin, was ‚Amerika' zu einer wilden und gefährlichen Frau werden lässt.

Die Iconologia *des Cesare Ripa, die zu Beginn des 17. Jh. in Rom entstand, zeigt die Personifikation Amerikas als amazonenhafte Gestalt mit entblößter Brust sowie mit Pfeil und Bogen bewaffnet.*

In einer weiteren Darstellung von 1589 ist die Figur der Amazone in dem Kupferstich von Adriaen Collaert zu sehen. Auch hier tritt sie als die Repräsentantin des Erdteils Amerika auf. Sie sitzt, fast die ganze Bildhöhe einnehmend, im Bildvordergrund auf einem Gürteltier und ist mit Streitaxt, Köcher und Bogen bewaffnet. Im Hintergrund sind unter anderem Breitschwanzschafe und indische Ziegen zu sehen. Wie das Gürteltier, auf dem sie reitet, gehören diese zu den ‚tierischen' Attributen der Amerika-Personifikation. Die Geschichte der Eroberung wird in den Kriegsszenen links im Hintergrund thematisiert, während rechts die berühmt gewordenen Kannibalenszenen vorgestellt werden, die das ‚wilde Amerika' darstellen. Das aus der antiken Mythologie abgeleitete Bild der Amazone ist also nicht nur in der bildlichen Darstellung Brasiliens zu beobachten, sondern wird auch zu einem der stellvertretenden ‚Images' des neu entdeckten Kontinents Amerika. ■

Die ‚Amerika' des Adrian Collaert reitet mit Pfeilen und Bogen bewaffnet auf einem Gürteltier. Zusätzlich trägt sie die aus den griechischen Vasenmalereien bekannte Streitaxt als Waffe der Amazonen.

Literatur:
Brasiliana (1989), Bernsmeier (1986), Christadler (2004)
König / Riekenberg / Rinke (2008), Poeschel (1985)

*Illa quidem nostris dudum non cognita terris,
Facta brevi auriferis latè celeberrima venis,
Visceribus scelerata suis humana recondens
Viscera feralem prætendit AMERICA clavam.*

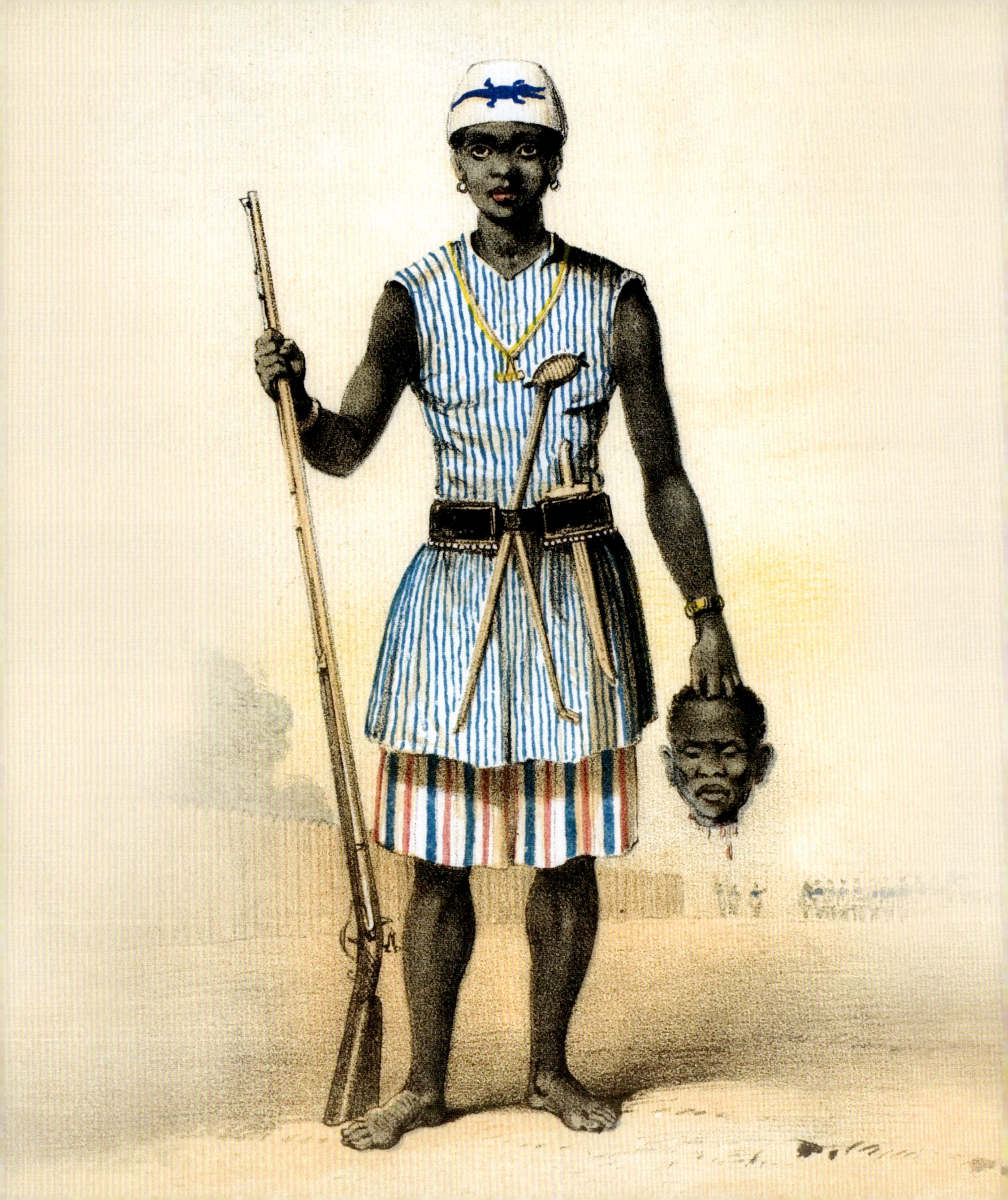

Die ‚Amazonen von Dahomey' – Von der königlichen Schutztruppe zur Jahrmarktsattraktion

Andrea Rudolph

Die Kriegerin aus Dahomey ist in der blaugestreiften Uniform mit Krokodilemblem auf der Kappe dargestellt, wie sie schon Ende des 18. Jh. in Reiseberichten belegt ist. Das abgeschlagene Haupt in der Linken der Soldatin weist darauf hin, dass die Dahomey-Amazonen ihre Gefangenen angeblich köpften. Das Bild stammt aus Frederick Forbes ersten Band seines Reiseberichts „Dahomey and the Dahomans" aus dem Jahr 1851.

Es war einmal eine Elitetruppe der Könige von Dahomey – gefürchtet und bewundert von Freund und Feind. Eine Gruppe von Frauen – ausgebildet für den Kampf, schwer bewaffnet und engagiert zum Schutz ihres Königs. Die königliche Leibgarde von Dahomey – wahrhafte Amazonen! So könnte die Geschichte der ‚Amazonen von Dahomey' beginnen und sich in einem Loblied auf die stolzen Kriegerinnen fortsetzen, wäre da nicht der tragische Untergang dieses berühmten Amazonenheeres. Sie waren eine Besonderheit des Reichs der Dahomey, einem Volk, entstanden aus der Gruppe der Fon Anfang des 17. Jh.

Das Königreich Dahomey

Das Territorium dieses westafrikanischen Reichs erstreckte sich auf die Gebiete der heutigen Volksrepublik Benin und West-Nigerias. Durch Wanderbewegungen der Fon, die im Osten des heutigen Togo ihren Ursprung hatten, entstanden Fon-Siedlungen im Süden Togos und im Gebiet des Benins. Ein Streit zwischen zwei Brüdern der Königsfamilie soll Anlass gewesen sein, dass um 1610 ein Teil der Bevölkerung zum Plateau von Abomey wanderte und sich dort niederließ. Etwa 10 bis 15 Jahre später kam es zu einem erneuten Zwist, aus dem Dako, der angebliche Begründer der Dahomey-Dynastie, als Sieger hervorging. Eroberungs- und Beutezüge unter Dako und seinem Sohn Houegbadja sorgten dafür, dass sich Macht und Einfluss der Dahomey im Benin festigten. Das Territorium wurde sukzessive ausgeweitet, wobei besonders die Überraschungsangriffe vor Sonnenaufgang zum Erfolg beitrugen. Bereits knapp 100 Jahre später hatte das Königreich Dahomey die Vormachtstellung in der Region inne, was sich auch in der ersten schriftlichen Nennung in einem französischen Brief von 1716 niederschlug. Bei den Kriegszügen gefangengenommene Feinde wurden versklavt und anschließend an die Europäer verkauft. Besonders im 17. und 18. Jh. blühte dieser atlantische Menschenhandel, der dem Königreich Dahomey einerseits Reichtum bescherte, andererseits aber auch der Region den traurigen Namen ‚Sklavenküste' eintrug.

Der Aufbau einer Amazonen-Truppe

Die Theorien und Legenden zu den Anfängen der ‚Amazonen von Dahomey' sind sehr verschieden und teils umstritten. Eine Erklärung geht darauf zurück, dass die Ehefrauen des Königs, deren Zahl der niederländische Afrikabesucher Willem Bosman Ende des 17. Jh. auf 4000 bis 5000 schätzte, von keinem Mann außer dem König berührt werden durften. Der König wiederum nutzte dies, um die Bestrafung von Verbrechern, das Plündern von fremdem Eigentum oder das Anzetteln von Kleinkriegen zwischen Dörfern durch Gruppen seiner Ehefrauen ausführen zu lassen. Diese Gruppen bestanden aus den Frauen, die im Harem als Dienerinnen der anderen Ehefrauen fungierten und zölibatär leben mussten. In einer Art von ‚Polizeitruppe' zogen sie beispielsweise zu den Häusern von Delinquenten und verprügelten oder töteten diese – dank des Berührungstabus ohne Gegenwehr fürchten zu müssen. Aus dieser Gruppe soll sich eine Spezialeinheit gebildet haben, was jedoch nicht belegt werden kann.

In einer weiteren Version entwickelten sich die ‚Amazonen' aus dem Wachdienst für König und Palast heraus. König Houegbadja (Regierungszeit 1645 – 1685), dem dritten König von Dahomey, wird die Gründung einer königlichen Leibgarde zugeschrieben, die nur aus Frauen bestand. Houegbadja hatte zuvor einen neuen Palast in Abomey errichten lassen. Für die dort untergebrachten Ehefrauen benötigte er eine spezielle Schutztruppe. Denn kein Mann außer dem König

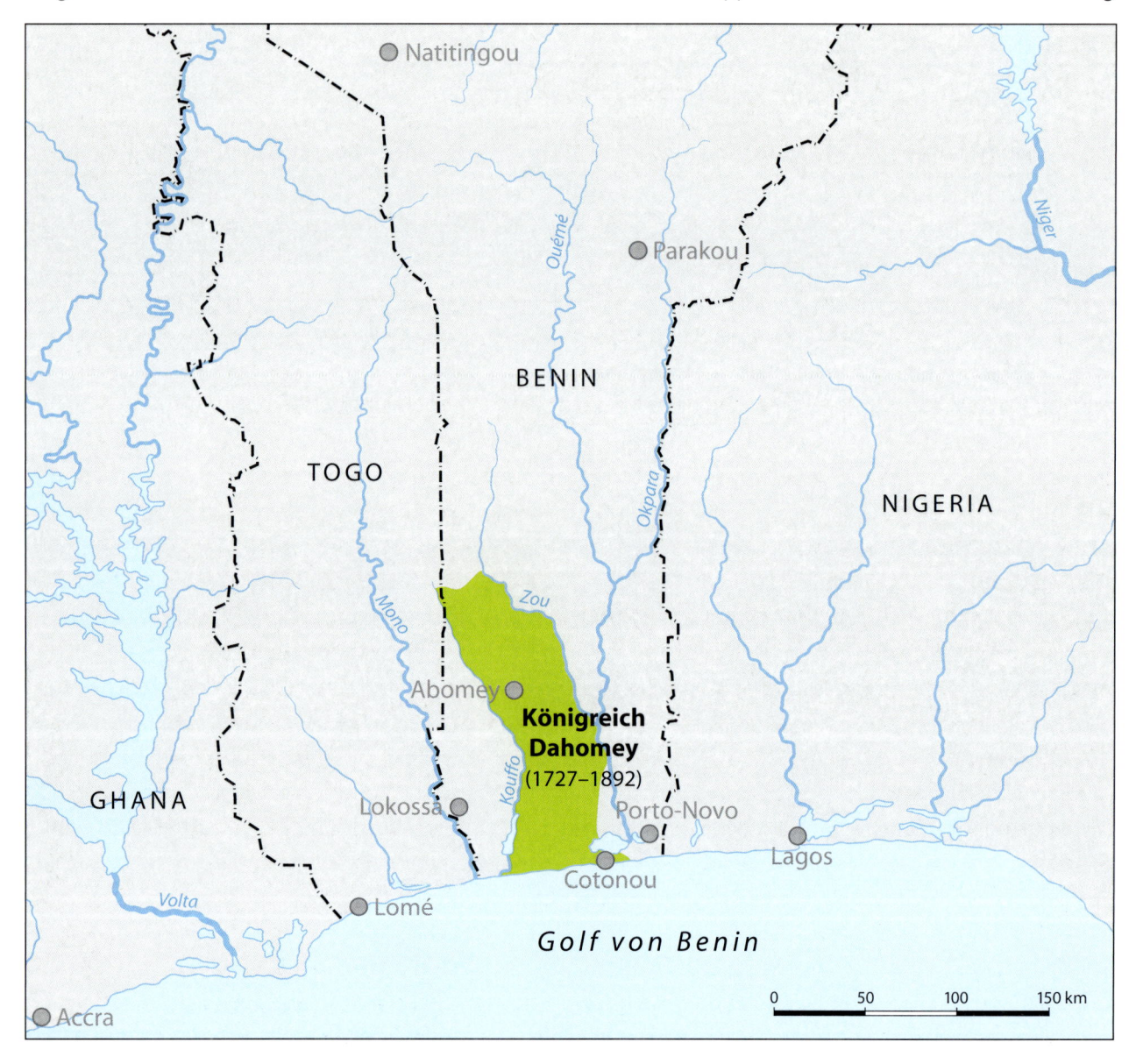

Die Karte zeigt das Königreich Dahomey in seiner größten territorialen Ausdehnung Mitte des 19. Jh.

Noch heute zeugen die Königspaläste in der einstigen Hauptstadt Abomey von der besonderen Kultur der Dahomey. Seit 1985 zählen die Paläste zum UNESCO-Weltkulturerbe und werden gegenwärtig als Museumsgebäude genutzt.

durfte den Palast betreten. Was war also neben Eunuchen naheliegender, als Frauen für die Bewachung seines Harems zu rekrutieren?

Eine andere Theorie sieht die Ursprünge der ‚Amazonen' in der Elefantenjagd, mit der die Frauen König Houegbadja mit Elfenbein und Fleisch versorgten. Aus der Truppe, deren Mitglieder *gbeto* genannt wurden, soll sich die kriegerische Eliteeinheit entwickelt haben. Jedoch ist dieser Erklärungsansatz umstritten. Schließlich gilt Houegbadjas Sohn, König Agadja (Regierungszeit 1708 – 1732), als derjenige, der die Schutztruppe des Vaters zur Miliz ausgebaut haben soll. Die anfangs für das leibliche Wohl des Königs und seine Unterhaltung zuständigen Frauen hatten zugleich die Aufgabe, bei Militärparaden die königliche Waffensammlung – bestehend aus Musketen, Pistolen, Säbeln etc. – zu präsentieren. Europäische Beobachter interpretierten dies offenbar als Auftritt einer weiblichen Leibgarde, zu der sie möglicherweise auch wurden. Grundsätzlich beruhen die meisten dieser Informationen auf mündlichen Überlieferungen. Wie also die tatsächlichen Anfänge der ‚Amazonen von Dahomey' gewesen sein mögen, lässt sich schwer sagen. Sicher ist nur, dass ab etwa 1730 erste schriftliche Belege für eine Truppe von als Soldaten eingesetzten Frauen existieren. Vor allem Kaufleute berichteten dann auch immer wieder von dem Phänomen der weiblichen Palastwachen.

Die Soldatinnen des Königs

Ende des 18. Jh. berichtete Archibald Dalzel in seiner *History of Dahomey* von dem ungewöhnlichen Frauenheer. In den Palästen von Dahomey vermutete er mehrere hundert Frauen, die unter dem Oberkommando eines weiblichen Generals zu Kriegerinnen ausgebildet würden. Ihren männlichen Kollegen stünden sie in nichts nach. Das beträfe auch ihre öffentlichen Auftritte mit großen Schirmen, Flaggen, Trommeln und Blasinstrumenten. Der Bericht zeigt, wie sich die Truppe in der Zwischenzeit weiterentwickelt und spezialisiert hatte. Vor allem König Ghezo (Regierungszeit 1818 – 1858) trug durch eine stärkere Strukturierung, gezielte Bewaffnung, Erhöhung des Budgets und schließlich durch eine Uniformierung der Soldatinnen dazu bei. Die Zahl der Soldatinnen schwankt je nach Quellen zwischen 800 – 5000. Laut Richard Burtons *A Mission to Gelele, King of Dahome* aus dem Jahr 1864 waren die Kriegerinnen in blau gestreifte, knielange Tuniken oder Kilts gekleidet. Auf dem Kopf trugen sie weiße Baumwollkappen oder Kopfbänder, die mit zwei blauen Krokodilen bestickt waren. Sie bildeten eine Truppe mit halbsakralem Status, lebten zölibatär in ihrer Gemeinschaft, durchliefen ein intensives physisches Training und wurden gezielt zu stärkerer Aggressivität ausgebildet. Bewaffnet mit Keulen, Messern und Gewehren waren sie in erster Linie im Nahkampf Mann gegen Mann bzw. Frau im Vorteil. Jedoch gab es neben den Fußtruppen auch eigene Abteilungen von Bogenschützen, Messerkämpfern und Jägern. Europäische Beobachter verglichen die kämpfenden Frauen mit den Amazonen der griechischen Mythologie und bezeichneten sie bis in das beginnende 20. Jh. hinein als die ‚Amazonen von Dahomey'. Von ihren Landsleuten wurden sie dagegen als *mino*, ‚unsere Mütter', bezeichnet. Ihre Loyalität gegenüber dem König und ihre Kriegserfolge sorgten dafür, dass ihr Ansehen stieg und sich ihr ökonomisches Vermögen vermehrte. Mitte des 19. Jh. erlebte das Amazonenheer seinen Höhepunkt. Zeitgleich war das Königreich Dahomey am Gipfel seiner politischen und wirtschaftlichen Macht gelangt. Es hatte nach zahlreichen Eroberungen seine größte territoriale Ausdehnung erreicht. Einem weiteren Aufstieg stand nur die ab Mitte des 19. Jh. einsetzende Kolonialisierung durch Frankreich entgegen. Wurde 1851 noch ein Handelsabkommen zwischen Dahomey und Frankreich geschlossen, wurde das Königreich 1864 schon zum französischen Protektorat erklärt. Ein

Das Plakat, eine kolorierte Lithografie von vor 1899, zeigt die ‚Amazonen von Dahomey' im Kampf gegen das französische Militär. Das Bild wirbt einerseits für den Auftritt des berühmten Amazonen-Corps im Moskauer Panoptikum in Frankfurt, spielt aber zugleich mit den historischen Ereignissen von 1892, als sich die Dahomey gegen die französische Kolonialmacht wehrten.

letztes Aufbäumen gegen die französische Kolonialmacht waren die unter König Behanzin (Regierungszeit 1889 – 1894) einsetzenden Kämpfe. Der erste Krieg 1890 dauerte sechs Monate und endete mit der Anerkennung des Protektorats durch Behanzin und mit hohen Verlusten vor allem bei den Soldatinnen. Allerdings waren die französischen Soldaten im direkten Kampf gegen die Kriegerinnen oft zögerlich, weswegen letztere im Zweikampf durchaus Erfolge verbuchten.

1892 errichtete Frankreich eine Blockade an der Küste von Dahomey, speziell bei Cotonou. Das französische Heer unter Führung von Colonel Dodds drang daraufhin bis zur 250 km entfernten Hauptstadt Abomey vor. Zwischen Juni und November 1892 kam es zu Kämpfen zwischen Dahomey und Franzosen. Mit Unterstützung der französischen Fremdenlegion und mit Hilfe überlegener Bewaffnung gelang den Franzosen am 17. November 1892 der endgültige Sieg. Von den ursprünglich ca. 1200 ‚Amazonen' starben seit 1890 fast alle bei den Kämpfen, nur noch etwa 50 sollen überlebt haben. Dennoch berichteten später französische Legionäre von den mutigen und kühnen ‚Amazonen', die immer in der ersten Reihe kämpften. Nach dem Sieg Frankreichs geriet König Behanzin 1894 in französische Gefangenschaft. Man verbannte ihn ins Exil nach Martinique, später nach Algerien, wo er verstarb. Erst 1960 erlangte die französische Kolonie Dahomey ihre Unabhängigkeit zurück.

Die ‚Amazonen von Dahomey' nach der Niederlage

Trotz der hohen Kriegsverluste hatte es Überlebende unter den Amazonen gegeben, von denen einige ihrem König gefolgt sein sollen, heirateten oder dem neuen König Agoli-Agbo (Regierungszeit 1894 – 1900) als geheime Leibgarde unter dem Deckmantel treuer königlicher Ehefrauen dienten. Andere dagegen seien in Abomey geblieben, um nach und nach französische Offiziere mit dem Schwert zu töten, die sie zuvor mit weiblichem Charme warm in ihren königlichen Armen begrüßt hätten. Für diese mündlichen Überlieferungen fehlen jedoch schriftliche Belege. Dies gilt ebenfalls für die verschiedenen Hinweise über die letzten Amazonen. Sowohl 1934 als auch 1942 soll jeweils eine Überlebende aus dem Krieg von 1892 gefunden worden sein. Der letzte Bericht stammt gar aus dem Jahr 1979. Im November dieses Jahres soll die letzte Amazone namens Nawi gestorben sein, die bei einem angenommenen Alter von 16 Jahren zum Zeitpunkt des Krieges bei ihrem Tod stolze 103 Jahre gewesen wäre.

Aufbruch der Amazonen nach Europa

Die Schlachten gegen das französische Heer hatten die ‚Amazonen von Dahomey' in Europa berühmt gemacht. Dort war das öffentliche Interesse an allem Exotischen, Fremden und Kuriosen gewachsen, das besonders durch die Kolonien plötzlich in eine ‚nahe Ferne' rückte. Ausdruck und Förderung fand dieses Interesse an der Kolonialpolitik in den so genannten Völkerschauen – Präsentationen von ‚Exotik' und ‚Eingeborenen' fremder Länder auf den Bühnen in Europa und Nordamerika. Teils ergänzten Tierdressuren und ethnografische Ausstellungen das Programm. Durch die Weltausstellungen des 19. Jh. bot sich zudem eine außergewöhnliche Möglichkeit, die in den Kolonien unterworfenen Völker zu präsentieren und ihnen ein Gesicht zu geben. Bei den Schauen führten Gruppen aus allen Winkeln der Erde ihre vermeintlich typische Lebensweise vor. Selbst auf dem Oktoberfest in München zeigten Gruppen Tänze und Spiele und sorgten für bunte Unterhaltung. Tierhändler, Zirkus- und Zoodirektoren, Abenteuerreisende und Schausteller versorgten den Markt regelmäßig mit Nachschub an noch nie gesehenen Vertretern anderer Kulturen.

Und so verwundert es nicht, dass nur wenige Monate nach Kriegsende 1892 ein findiger Impresario eine Truppe von ca. 150 Dahomey (Männer und Frauen) nach Paris führte und dort auf dem Champ-de-Mars hinter dem Eiffelturm ausstellte. Mit solchen Völkerschauen wurde ein nicht unerheblicher Beitrag dazu geleistet, dass sich der ethnozentristische und menschenverachtende Blick der Weißen gegenüber anderen Kulturen in den Jahrzehnten um die Jahrhundertwende verstärkte. Erst in den 1930er Jahren, endgültig sogar erst nach dem Zweiten Weltkrieg wurden die letzten Veranstaltungen dieser Art durchgeführt.

Die Amazonen auf Tournee

Die ‚Amazonen von Dahomey' wurden ebenfalls Teil der Ausstellungsmaschinerie. Ihre Auftritte gemeinsam mit männlichen Kriegern erfolgten während der Weltausstellungen in Paris und Brüssel, auf Jahrmärkten, in Schaubuden oder aber in Theatern und Zoos. Dabei kam es durchaus vor, dass die Besucher keine Dahomey, sondern Kongolesen oder andere Vertreter des afrikanischen Kontinents präsentiert bekamen, die unter Umständen noch nicht einmal mit den ihnen in die Hände gedrückten Waffen umgehen konnten.

Bereits 1890 hatte der Agent Eduard Hood für Carl Hagenbeck, dem Hamburger Organisator von Völkerschauen schlechthin, eine Gruppe von Dahomey zusammengestellt, die fortan als ‚Amazonen-Corps' europaweit durch die Lande ziehen sollte.

Die Aufführungen des ‚Amazonen-Corps' waren eingebettet in ein buntes Bühnenprogramm. So etwa im ‚Umlauff'schen Welttheater' in St. Pauli, wo das Corps 1890 auftrat. In einer Annonce vom 27. Juni des Jahres wird für die 14 Amazonen und 10 Krieger zur *„Eröffnungs-Vorstellung des AMAZONEN-CORPS (weibliche Krieger) aus der Leibgarde des Königs von Dahomey in West-Afrika, unter Führung der Oberkriegerin Gumma"* die Reklametrommel gerührt. Weiter heißt es zum Programm: *„Die Amazonen und Krieger erscheinen in ihrer phantastischen Kriegertracht, produciren sich in ihren eigenartigen Gefechtsscenen, sowie in einheimischen Siegestänzen und Gesängen."*

Den folgenden Auftritt stelle man sich wie folgt vor: Es ist 17 Uhr, die Show beginnt. Umgeben von ausgestopften Tieren des afrikanischen Kontinents und vor künstlicher afrikanischer Kulisse führen die ‚Amazonen' ihre Kriegskünste vor. Dann, während die männlichen Krieger Tänze vollführen, Angriffe mit Schwertern und Schilden simulieren, sorgen die kriegerischen Frauen durch Klatschen, Singen und rhythmisches Bewegen begleitet von Trommeln für Stimmung. Wenn die Vorstellung beendet ist, beginnt das Geschäft. Die Amazonen in ihren mit zahlreichen Kaurischnecken verzierten, freizügigen Fantasiekostümen bieten Fotografien zum Verkauf an, werden dabei bewundert und von unzähligen Händen neugierig berührt. Erscheint den männlichen Kunden das übliche Gruppenfoto für eine Mark zu teuer, werden die Einzelaufnahmen der Kriegerinnen hervorgeholt. Diese Abbildungen der Frauen, die dort nach dem Motto ‚weniger ist mehr' bekleidet posieren, wechseln für zwei Mark plötzlich problemlos den Besitzer. Erotik zieht. Und während die einen Zuschauer den Saal verlassen, warten die nächsten bereits an der Kasse auf den Einlass. Unter der Woche werden auf diese Weise bis zu acht Vorstellungen im Stundentakt absolviert, sonntags sind es sogar zehn.

Völkerschauen waren seit den 1870er Jahren eine verbreitete Form des Unterhaltungsgeschäfts, für das bis zu 100 Schaumitglieder für Monate oder Jahre angeworben wurden. Die Auftritte erfolgten in Gaststätten, Theatern oder Panoptiken, auf Jahrmärkten, in Zirkussen oder Zoos, auf Kolonial-, Gewerbe- und Weltausstellungen.

Wissenschaftliches Interesse vs. Würde des Menschen

Neben dem reinen Schauvergnügen galten Vorführungen der ‚Amazonen' wie auch anderer Völkerschauteilnehmer als wichtige Quelle für wissenschaftliche Forschung. Vor allem im 19. Jh. entwickelte sich in den Wissenschaften ein lebhaftes Interesse an allem Fremden und Exotischen, ebenso wie am ‚Abnormen'. So entstanden in dieser Zeit die Grundlagen für Disziplinen wie Anthropologie und Ethnologie und wurden z. B. in Deutschland seit den 1870er Jahren die ersten Gesellschaften für Anthropologie, Ethnologie und Urgeschichte gegründet.

Um die Wissenschaftler mit ‚Studienmaterial' zu versorgen, veranstalteten die Leiter der Truppen Sondervorführungen, z. B. am 7. November 1892 in München mit einer 40-köpfigen Amazonentruppe unter Führung der Oberkriegerin Gumma, oder präsentierten einzelne Mitglieder ihrer Schauen zu Studienzwecken. Zu den üblichen Untersuchungen gehörte die Vermessung des Körpers, von dem teils auch Gips- und Wachsabformungen angefertigt wurden. Die Völkerschauteilnehmer wurden fotografiert, später sogar geröntgt, ihre Haut hinsichtlich der Farbe bestimmt und von ihren Haaren Proben genommen. Für all diese Untersuchungen mussten sich die ‚Studienobjekte' oft völlig entkleiden, ungeachtet von Schamgefühl oder Angst angesichts der bohrenden Blicke und der Menschenmenge, deren Sprache viele der Teilnehmer nicht einmal verstanden. Die im 19. Jh. verstärkt herausgebildete Meinung der Europäer von ihrer ureigenen Überlegenheit über alle anderen Völker der Erde, ließ die Würde der ihnen präsentierten Menschen als unwichtig erscheinen. Dies ging so weit, dass Obduktionen an verstorbenen Völkerschaumitgliedern durchgeführt wurden, die oftmals die ungewohnten Lebensumstände nicht vertragen hatten. So auch im Fall der ‚Amazone' Cula, die 1892 während des Tourneeaufenthaltes in München im Städtischen Krankenhaus an einer Lungenentzündung verstarb. Angeblich sollte ihre Leiche sogar an die Anatomie verkauft werden. Spätere Berichte aus der Münchner Anthropologischen Gesellschaft zeigen, dass auf jeden Fall die Sexualorgane Culas, bei denen Frauenbeschneidung festgestellt wurde, wie auch ihr Gehirn untersucht worden waren. Bei Culas Beisetzung auf dem südlichen Friedhof in München am 15. November 1892 war ihr aufgebahrter Leichnam dann vollständig bekleidet, sodass die Eingriffe der Obduktion nicht sichtbar wurden. Nachdem Cula beerdigt war, gingen die Auftritte des ‚Amazonen-Corps' wie gewohnt weiter. Die ehemals königliche Schutztruppe zog zur nächsten Bühne, um als Jahrmarktsattraktion die Leute zu unterhalten. ■

Literatur:
Alpern (1998), Dreesbach (2005), Dreesbach / Zedelmaier (2003), Edgerton (2000), Thinius (1975)

Das Plakat von ca. 1891 zeigt die Oberkriegerin Gumma, die auf den Tourneen das ‚Amazonen-Corps' anführte. Das Abbild entstand nach einer Fotografie und präsentiert die erotische Seite an der Exotik.

A TOUTES LES GLOIRES DE LA FRANCE.

Frauen auf dem Weg zur Macht

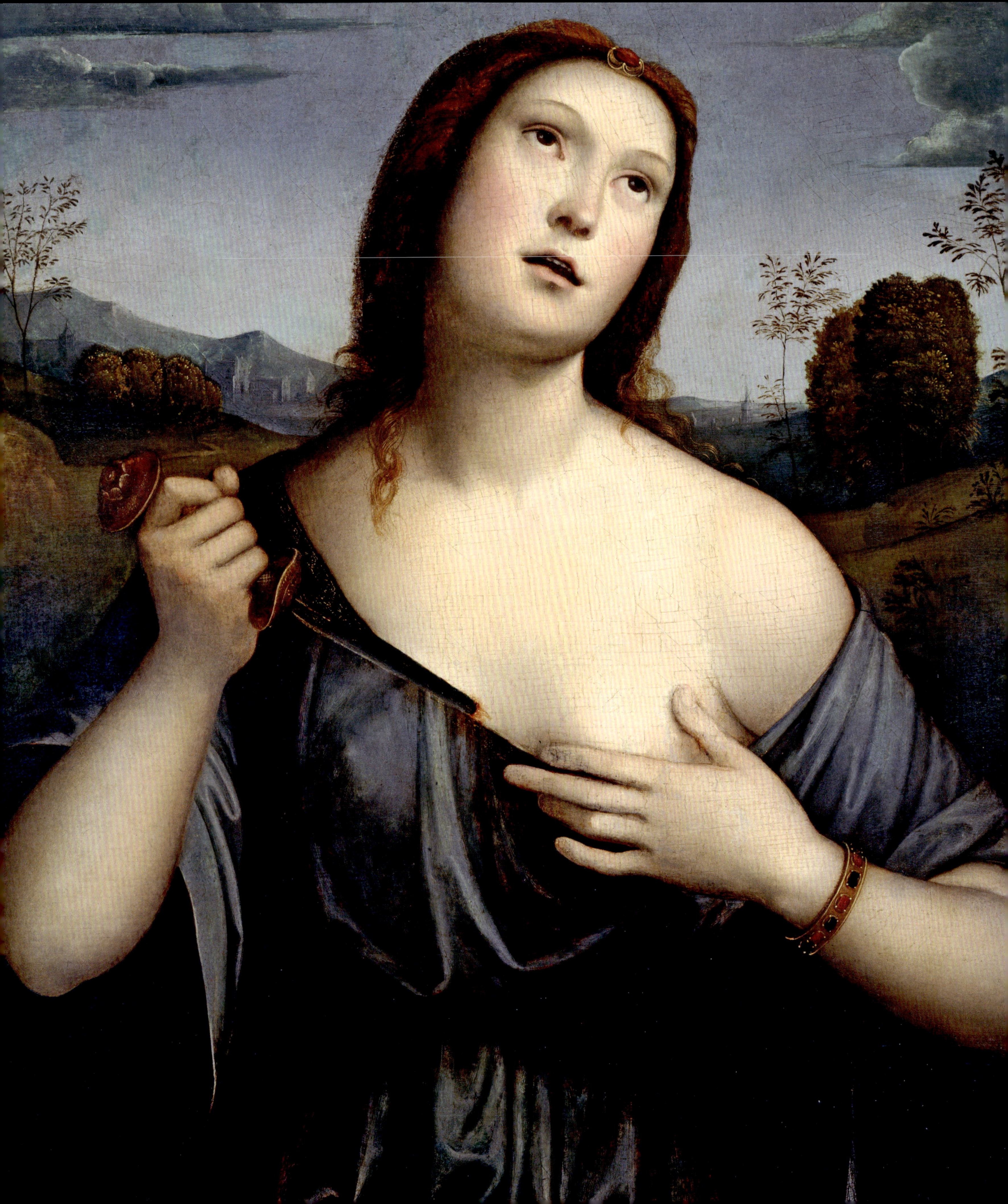

Gebeugte und wahre Amazonen: Die Amazone in der Literatur der Frühen Neuzeit

Renate Kroll

Lukretia ist die Titelheldin zahlreicher Werke, hier auf einem Gemälde von Francesco Francia (um 1505). Die Römerin war berühmt für ihre Schönheit, jedoch noch mehr für ihre Tugendhaftigkeit. Da sie lieber sterben wollte als ihrem Mann untreu zu sein, nahm sie sich selbst das Leben, nachdem sie von dem Römer Sextus Tarquinius geschändet worden war.

Die stete Präsenz der Amazonenfigur in Kunst und Literatur zeigt uns, dass die Vorstellung von der ‚Starken Frau', wie andere Mythen auch, eine universale – überregionale und überzeitliche – Denknotwendigkeit ist. Amazonengeschichte, -legende und -mythos haben sich in einer schier unüberschaubaren Vielfalt von Amazonendiskursen niedergeschlagen; sie reichen von der griechischen zur römischen Antike, von der arabisch-orientalischen zur germano-skandinavisch-slawischen Tradition, vom europäischen Mittelalter bis zur Neuzeit.

Auch auf die Kulturen der Frühen Neuzeit übte die unbesiegbar scheinende Kriegerin eine starke Anziehungskraft aus. Gemalte und literarische Porträts adeliger Frauen als Amazone sind uns bisher vor allem aus dem 17. Jh. bekannt. Mit den Regentinnen Maria von Medici, Anna von Österreich und Christine von Schweden und den Frauen des Hochadels, die in der Fronde kämpften, wird das Bild der Amazone, aber auch das anderer starker Frauenfiguren aus der Antike wie Semiramis, Artemisia, Judith, Minerva, Lukretia usw., mit neuem Leben gefüllt. Im Kontext der zu jener Zeit beliebten Analogien- und Typologienbildungen ließen sich die Heroinen des Grand Siècle zur Selbstdarstellung, im Rahmen ihrer Selbstpropagierung und Selbstrechtfertigung, gern in einen Traditionszusammenhang mit den großen Frauen der Vergangenheit stellen.

In ihrer geistigen Unabhängigkeit und Widerstandskraft stachen besonders die Regentinnen Katharina von Medici, Elisabeth I. von England, Margarete von Frankreich, Jeanne d'Albret, Louise von Savoyen, Margarete von Österreich, Eleonore von Frankreich, Maria von Ungarn, Margarete von Navarra (die sich u. a. Penthesilea, Königin der Amazonen nannte), Margarete von Valois (Tochter der Katharina von Medici) sowie die Frauen aus dem Guisen-Geschlecht hervor. Angefeuert wurde der Amazonen- und ‚Starke-Frauen'-Boom von historisierender, pseudo-historischer, legendärer, mythologischer, folkloristischer, ironisierender und parodierender Literatur. In den Anfängen waren es z. B. die zahlreichen Heldenlieder und Heldenepen wie das *Nibelungenlied*, der *Alexanderroman*, der *Tristan de Nanteuil* usw. mit ihren kampfesmutigen und kampfeslustigen Kraftfrauen, Walküren und Brünhilden. In den Epen *Orlando furioso* von Ariost, *Gerusalemme liberata* von Torquato Tasso und *Faerie Queene* von Edmund Spenser erscheint jeweils ein Frauen-Paar, deren eine Vertreterin für den archaischen, ungezügelten Frauentypus steht, die andere für ihre domestizierbare Variante. ‚Starke Frauen' ziehen seit dem 14. Jh. auch in die Traktat- und Erziehungsliteratur ein. Mit Boccaccios *De Claris Mulieribus* entsteht das Genre der ‚Große-Frauen'-Viten. Aber auch in Heiligenlegenden, wie jenen über Radegunde, Clothilde, Genoveva oder Blanche de Castille, werden Widerstandskraft und Kampfesmut propagiert, weiterhin in der nachfolgenden Jeanne d'Arc-Literatur. In der Utopie wie in Thomas Morus' *Utopia* (1516) oder Tommaso Campanellas *La città del sole* (*De re bellica* 1605) sind Kriegskunst und Kriegsführung bei der Erziehung der Frauen mit vorgesehen. Auch im Kontext der so genannten *Querelle des Femmes* entstehen zahlreiche Schriften zum Lob der starken, mutigen und tapferen Frauen. Historische und pseudo-historische Chroniken berichten namentlich von Heerführerinnen, Soldatinnen, Frauenbrigaden und Frauen in der Schlacht. Burleske, pikareske und volkstümliche Darstellungen (z. B. bei François Rabelais oder Hans Jacob Christoph von Grimmelshausen) lassen kämpfende Riesinnen, monströse Weiber und zuweilen männerverschlingende und von der Sexgier getriebene Hyänen auftreten. Die Reise- und Forscherliteratur ab dem 15. Jh. wiederum, die Augenzeugenberichte und Tagebuchaufzeichnungen aus exotischen Ländern, haben das Bild von der Amazone auf das Malerischste und Phantastischste wiederbelebt und erneuert. Wir sehen, ob kraftstrotzende Virago oder Heldin des gemeinen Alltags: Die Autoren der Frühen Neuzeit ziehen ein breites Amazonenregister. Schließlich konnte man davon ausgehen, dass die Amazone dem Publikum bekannt war. Nicht zuletzt ist auch der Amazonenbegriff seit dem 16. Jh. in Wörterbüchern und Nachschlagewerken vertreten. Verallgemeinernd läßt sich sagen, dass das Faszinosum ‚Starke Frau' bei den Autoren der Frühen Neuzeit sowohl Bewunderung als auch Abscheu ausgelöst hat. In den Epen wird ihre Schönheit,

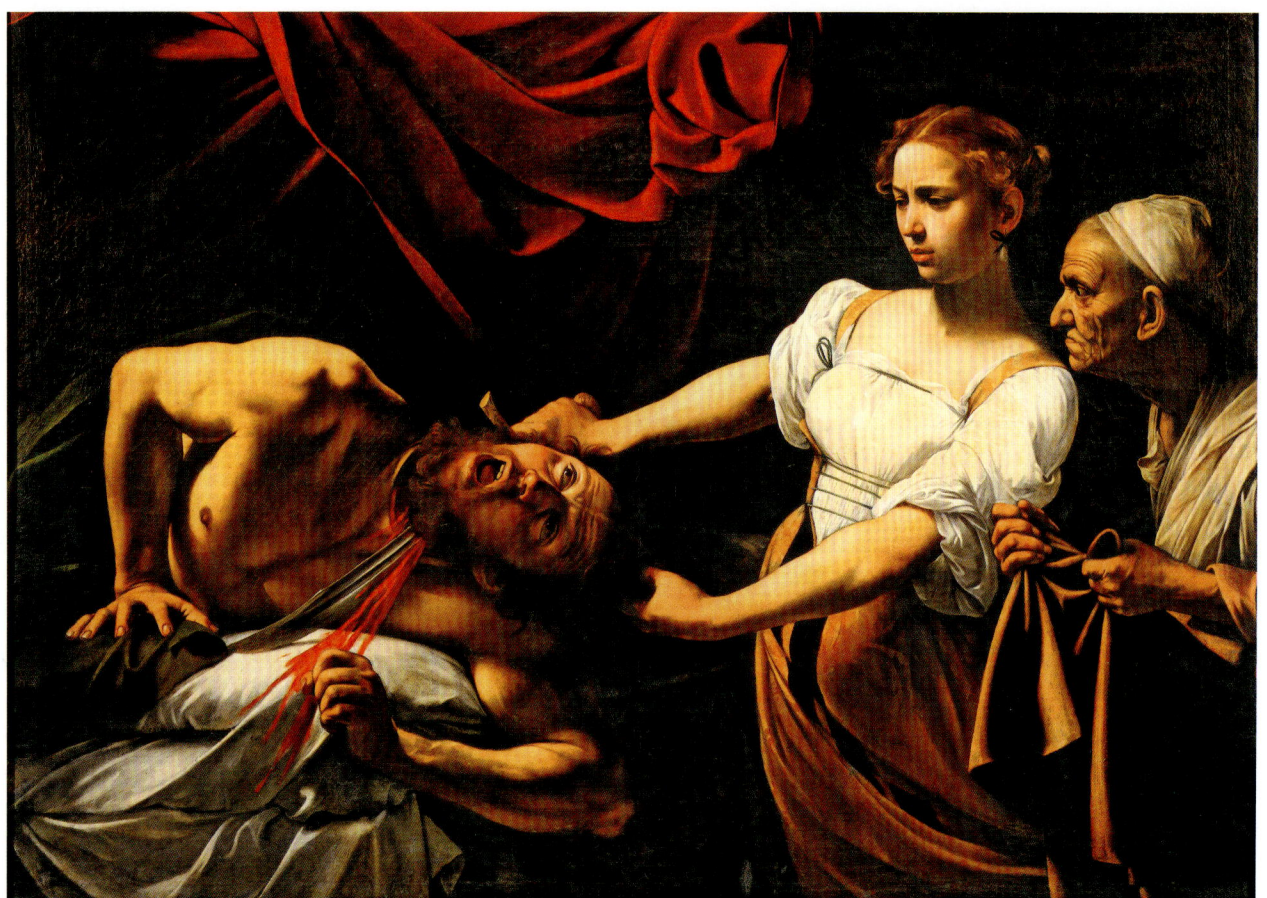

Die biblische Figur der Judith, die den gegnerischen König Holofernes mit Hilfe ihrer weiblichen Reize verführt und für die Befreiung ihres Volkes ermordet, erfreute sich im Barock in Literatur und Malerei eines regen Interesses, wie hier das Gemälde von Caravaggio (1571 – 1610) bezeugt.

Diese Miniaturmalerei eines anonymen Malers aus der zweiten Hälfte des 15. Jahrhunderts zeigt Jeanne d'Arc (um 1412 – 1431), die während des Hundertjährigen Krieges die Franzosen gegen die Engländer anführte. Mit ihrem Mut und ihrer Widerstandskraft wurde sie zur ‚Starken Frau' par excellence.

Jugend und Stärke dargestellt; letztlich bleibt sie aber unverständlich in ihrer unbändigen und zunächst unbeherrschbaren Kraft, in ihrer bedrohlichen Unabhängigkeit, ihrem Todesmut und ihrer Missachtung von Männern. Eine solche entgrenzte Weiblichkeit löste Schrecken aus und stellte die Dominanz des Mannes in Frage. Insofern muss auch am Ende des ‚Heldinnen-Epos' die alte Geschlechterordnung wieder hergestellt werden. Das heißt, so verschieden einzelne Szenen auch ausgemalt werden, immer wird der Amazonenstaat ausgelöscht, wird seine Existenz über seine ‚(weiblichen) Leichen' beendet. Die höfischen bzw. humanistischen Autoren wiederum zivilisieren und feminisieren die scheinbar Unbezwingbare (*Alexanderroman*, Ariost, Tasso, Spenser). Nach einer ‚widerspenstigen Zähmung' läuft sie in den Ehehafen ein und wird mit den herrschenden Gesetzen, der scheinbar ‚natürlichen' Ordnung, ausgesöhnt.

Als Wunschbild, Vorbild und Leitbild wird die Amazone in Erziehungsschriften herausgestellt, auch im *Querelle-des-Femmes*-Kontext, in Texten, in denen ein Lobpreis auf die ‚Starken Frauen' von dem Interesse geleitet wird, sich Tugenden wie (weibliche) Stärke, Widerstandskraft, Umsicht, Standfestigkeit innerhalb eines sozialen Umfelds (in der Ehe, im (Klein-)Staat, im Kloster) nutzbar zu machen. Die Amazonenkräfte werden dementsprechend in eine höhere, weltliche oder kirchliche Ordnung, eine übergeordnete Moral und Ethik eingespannt, was paradox ist im Falle der ‚starken Frau', deren ureigenstes autarkes Wesen gerade nicht im Dienste einer männlichen bzw. patriarchalischen Autorität (Ehemann, Gesellschaft, Kirche) stehen sollte. Man könnte dies eine Pervertierung, eine Nutzbarmachung des Amazonen-Mythos nennen. Ein vorläufiges Fazit läuft darauf hinaus, dass in ausnahmslos allen Texten die Amazone degradiert wird, indem maskuline Kontrolle über weibliche Kraft herrscht.

Es stellt sich nun die Frage, ob es literarische Entwürfe über Amazonen gibt, die die Idee von der unabhängigen Frau bis zum Ende durchhalten, d. h. ihre Auslöschung, ihre Anpassung oder Nutzbarmachung aussparen. Zwei Autorinnen möchte ich anführen, die den emanzipatorischen Wert des Amazonen-Mythos erkannten und alle literarischen Vorlagen durchkreuzten: Christine de Pizan (1365 – 1429) und Catherine des Roches (1542 – 1587). Nehmen wir vorerst die Semiramis-Figur, die in Boccaccios (1313 – 1375) *De Claris Mulieribus* der Liebe zu ihrem Sohn auf verheerende Weise ausgeliefert ist. Sie möchte am liebsten seine Gestalt annehmen und ihm so seine Männlichkeit rauben. Wollust befällt sie und so beginnt sie mit ihm ein inzestuöses Verhältnis, das schließlich in die Katastrophe führt.

In Christine de Pizans *Livre de la Mutacion de Fortune* besitzt Semiramis dagegen viele Tugenden und Stärken. Sie hat einen weiten Verstand, Mut und Kraft, ist klug und großherzig – von Wollust ist die Rede nicht. Den traditionellen Vorwurf des inzestuösen Verhältnisses der Semiramis entkräftet die Autorin mit der unumstritten scheinenden Annahme einer Ehe, wie sie seinerzeit mit den herrschenden Gesetzen in fremden Ländern vereinbar gewesen wäre. Der Tod

Mit Boccaccios *De Claris Mulieribus* entsteht das Genre der ‚Große-Frauen'-Viten. In diesem Werk stellt der Humanist über hundert Frauenbiographien vor, deren Verhalten ein positives oder negatives Beispiel für Frauen vorgeben sollen. So wirft Boccaccio seiner Figur Semiramis ein inzestuöses Verhältnis zu ihrem Sohn vor, welches schließlich ins Unglück führt.

dieser durchweg durch ritterliche Stärke charakterisierten Semiramis wird, als ob die Autorin ihn nicht wahrhaben wollte, in einer einzigen Zeile – mit einem ‚on dit'– abgetan: „*Man sagt, dass sie durch das Schwert starb*".

Im *Livre de la Cité des Dames* (ca. 1405), das ebenfalls von Christine de Pizan stammt und die Geschichten berühmter Frauen erzählt, machen sich die Amazonen erst unabhängig, nachdem die Männer in ihrem Staat gewütet haben. Charakterisiert sind sie durch Stärke, Geschicklichkeit, Mut und Klugheit, ihre Politik durch Stadtgründungen, Eroberungen, Gefangenen-Verhandlungen und Friedensabschlüsse.

Der Amazonenstaat der Königin Tamaris besteht aus prächtigen, wendigen, stolzen Reitersfrauen, Jungfrauen, Bogenschützen usw., die sich gegen den kriegerischen Cirus verteidigen müssen. Schließlich muss der alte, große Krieger den Frauen weichen. Begründet wird der Krieg mit der Trauer der Königin um ihren (von Cirus ermordeten) Sohn; Vergeltung für das angetane Leid motiviert den Krieg der Frauen, nicht aber reine Kampfeslust und Zerstörungswut. Fröhlichkeit herrscht unter den Amazonen; ihr Staat gründet auf Mutterliebe und Verachtung des alten Kriegsheldentums. Die ebenfalls im *Livre de la Cité des Dames* geschilderte Geschichte der Amazone Penthesilea mündet zwar in ihrem Heldentod, allerdings einen Heldentod, der analog zu dem des Hektor geschildert wird. Unter Krieger und Kriegerin herrscht hier Geschlechtergleichheit. Den Schluss, und hier werden alle vorliegenden Amazonengeschichten korrigiert, bildet die Apotheose glorreicher Amazonen-Regentschaften, die von immenser Dauer sind. Das Amazonentum wird am Ende auf unbestimmte Zeit, in eine unbestimmte Zukunft hinein verlängert.

Dieser ungewöhnliche Schluss nimmt sich revolutionär aus gegenüber dem grausamen Niedergang der Amazonen in der literarischen Tradition, wie sie z. B. auch Jean de Marconvilles Amazonenkapitel in *De la bonté et mauvaiseté des femmes* (1564) fortführt. Hier wird die Amazonenkönigin Thalestris erschlagen, ihr Gefolge muss fliehen; die Amazonen fallen tausendfach, werden niedergemetzelt und abgeschlachtet.

Das Blut fließt in Strömen und die letzten Amazonen hängen sich aus Verzweiflung an Bäumen auf – ein absoluter Kahlschlag.

Vor diesem Hintergrund ist auch das von Catherine des Roches um 1578 verfasste Gedicht *Pour une Mascarade d'Amazones* (*Les Oeuvres*) eine Besonderheit in der Amazonenliteratur. Die Amazonen-Maskerade stellt sich gleichsam als Heldinnen-Epos en miniature dar. Sie besteht aus lediglich sechs Strophen, in denen die Amazonengeschichte fast zu einem feministischen Manifest umfunktioniert scheint. Zunächst werden die großen, von Ruhm und Ehre gekrönten Leistungen der Amazonen beschworen. Doch sogleich droht Gefahr von einem ersten Gegner: Es ist Amor, der die Schönen gefangennehmen und mit seinen Pfeilen treffen will. Die Amazonen begegnen ihm mit einer ihrer Hauptwaffen: Keuschheit. Der verärgerte Amor sucht Hilfe bei Mars, dem stärksten Krieger. Dieser rückt mit einem Heer von Soldaten an. Aber auch er wird von den Amazonen geschlagen. Das Ergebnis: Die Amazonen sind zweifach gewappnet – sowohl gegen Amor als auch gegen Mars. Das heißt: Sie sind immun sowohl gegen die Liebes(-Kriegs-)Kunst (Galanterie) als auch gegen das schwerbewaffnete Soldatenheer. Damit nicht genug: Das Amazonenreich wird andauern. Edelmut, Stärke, souveräne Herrschaft, eine Mutter-Tochter-Linie (Martesia-Otrera), ruhmreiche Taten, die große Stadt am schönen Fluss bilden einen konstruktiven Überlebensentwurf.

Wir stellen fest …

Zum ersten Mal in der Amazonendarstellung finden wir utopische Bilder einer auf Dauer gelungenen, stabilen Autarkie von Frauen – eine Feminozentrik, die der reinen Nachahmung des Männlichen, aber auch einer Domestizierung weiblicher Stärke entgeht. Die Autorinnen kultivieren ein gemeinsames Gut, das die zeitgenössische gesellschaftliche, männlich dominierte Ordnung nicht als konstantes Maß begreift. Insofern dient die Maske des Maskulinen paradoxerweise nicht der Imitation des Maskulinen, sondern der Möglichkeit, sich einer für unzureichend befundenen Kultur entgegenzustellen. Das heißt, hinter der Maske des Maskulinen (jagen, kämpfen, töten, Krieg führen) verbirgt sich der Wunsch nach seiner Überwindung. Das Amazonentum verfolgt das Konzept eines Angriffs, mit dem mehr als nur zerstört wird, hinter dem ein Aufbau steht: Städtebau, kluge Regentschaft, Kraft, Geschick, Verhandlung, Autarkie, Beständigkeit, Frieden usw.

Die Autorinnen kennzeichnen ihre Protagonistinnen als Amazonen(-Schreckbilder), mit dem Ziel, weibliche Wunschbilder zu transportieren. Um männlichen Festschreibungen zu entkommen, setzt die ‚Amazone der Feder' die ‚Amazone des Schwertes' ein. D. h. sie bedient sich einer gleichgeschlechtlichen Kunstfigur, um eigene Denk-, Lebens- und Schreibräume zu autorisieren. In diesen Amazonenstaaten besitzen weibliche Stärke und Widerstandskraft einen hohen Eigenwert, einen eigenen Ort. Themiskyra am Thermodon, die sagenhafte Stadt der Amazonen, wird zur Metapher für diesen Ort am Rande aller Symbol- und Herrschaftssysteme. ∎

Christine de Pizan (1365 – um 1429) wird heute von Literatur- und SozialwissenschaftlerInnen als Frauenrechtlerin betrachtet und gilt als erste feministische Autorin. Die Buchmalerei von 1410/11 zeigt aus Pizans Werk Le livre de la Cité des Dames (1405) die Szene, in der die ‚Gerechtigkeit' die Königinnen in die Stadt der Frauen führt.

Literatur:
Kroll (1992), Kroll (1995), Kroll (2001), Kroll (2004)

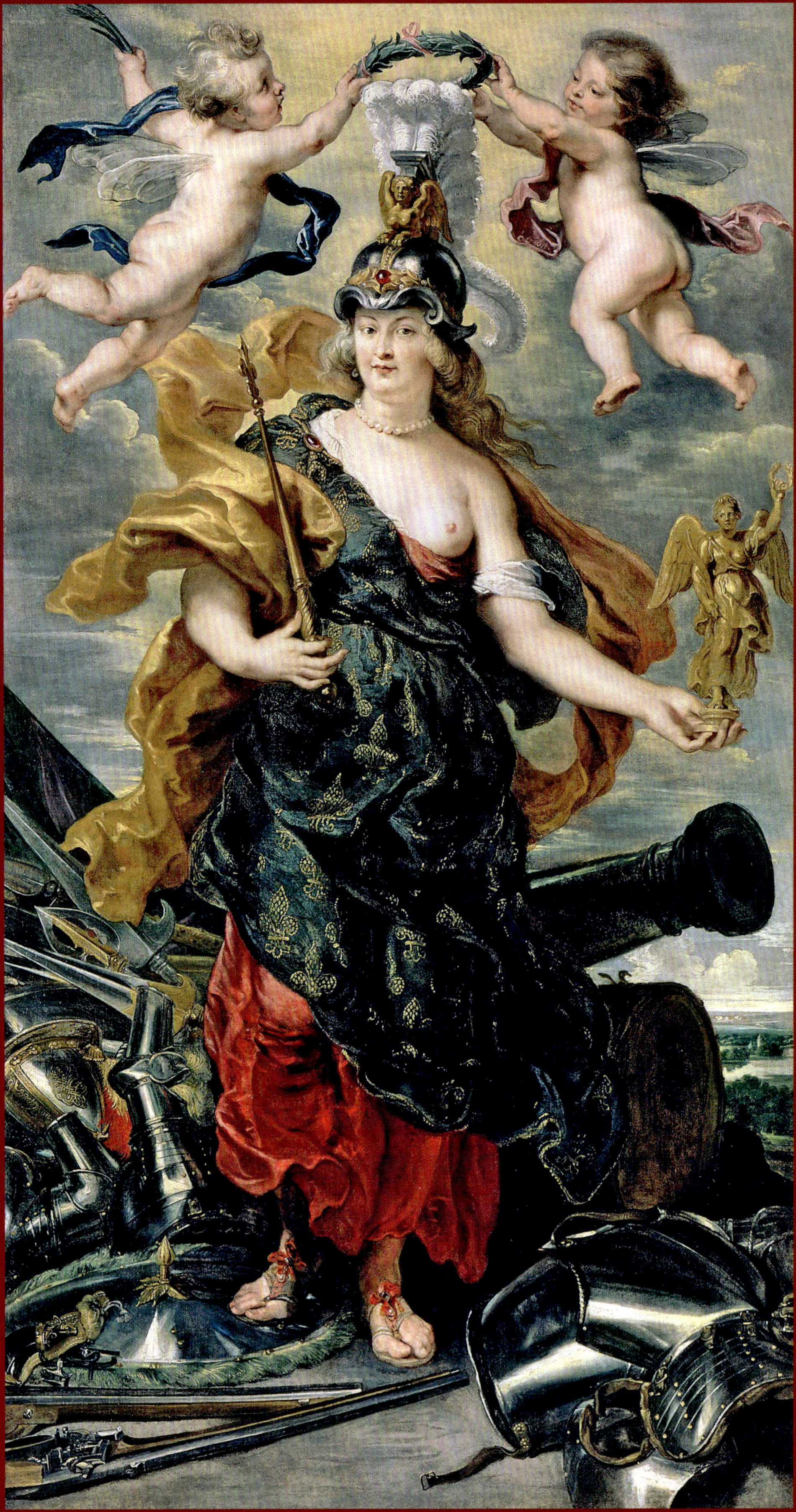

Amazonen regieren Frankreich? Die Selbstdarstellung adeliger Frauen als ‚Amazonen' im 17. und 18. Jahrhundert

Sabrina Busse

Das Gemälde von Peter Paul Rubens zeigt Maria de Medici in der Rolle der Kriegsgöttin Bellona. Ein Lorbeerkranz über ihrem Haupt und eine Trophäe in ihrer Hand weisen sie als siegreiche Regentin aus, die Frankreich Frieden bringt.

In der Kunst des 17. und 18. Jh. tritt immer wieder das Phänomen auf, dass Herrscherinnen und Frauen des Hochadels als ‚Amazonen' oder amazonenhafte Figuren porträtiert wurden. Selbstbewusst und herausfordernd blicken die Frauen den Betrachter an, sie posieren mit blanken Waffen und präsentieren sich als Siegerinnen. Beispiele dieser Darstellungsweise lassen sich in ganz Europa finden. Speziell jedoch im Frankreich des 17. Jh. entstand eine Reihe an Gemälden, auf denen Frauen der sozialen Oberschicht als ‚Amazonen' oder als deren wesensverwandte Gestalten – wie die Kriegsgöttinnen Minerva und Bellona – verbildlicht wurden. Zu den bedeutendsten Gemälden dieser Art zählen z. B. die Darstellung der Anne Marie Louise de Bourbon-Orléans (1627 – 1693), Herzogin von Montpensier, als ‚Amazone' aus der Mignard-Schule sowie das Portrait der Königin Maria de Medici (1573 – 1642) als Bellona, das Peter Paul Rubens im Rahmen des die Herrscherin verherrlichenden Medici-Zyklus von 1622 – 1625 malte.

Es stellt sich die Frage, welche Ereignisse oder Voraussetzungen diese Mode der ‚Amazonenporträts' auslösten. Die Forschung geht mittlerweile von zwei Momenten aus: Der Legitimierung und Rechtfertigung der Alleinherrschaft der Regentinnen und der Glorifizierung der Lebenstaten der Porträtierten.

Seit dem 14. Jh. waren Frauen in Frankreich durch das so genannte ‚salische Gesetz' von der Thronfolge ausgeschlossen. Gab es keinen männlichen Thronfolger in direkter Linie, so ging die Regierungsnachfolge an den nächsten männlichen Verwandten über. Der Königin wurde hingegen die Rolle der untergeordneten Gefährtin und Gehilfin des Königs zugewiesen. Sie sollten vor allem durch die Geburt männlicher Erben den Fortbestand der regierenden Dynastie sichern. Die Rolle einer Königin bestand daher üblicherweise aus der einer Ehefrau und Mutter, einer frommen Christin, sowie einer Förderin der literarischen und bildenden Künste. Somit wurden Königinnen in der Regel lediglich mit privater Autorität assoziiert, während die öffentliche Macht ihren Gatten und Söhnen zukam.

Diese hauptsächlich negative Einstellung der Königin gegenüber basierte auf dem Frauenbild der Frühen

Frauen auf dem Weg zur Macht

Neuzeit, das dem weiblichen Geschlecht die für eine Herrschaft erforderlichen positiven Eigenschaften absprach. Es galten immer noch die Ansichten des antiken Philosophen Aristoteles und des antiken Mediziners Galen, die den Frauen ein phlegmatisches Temperament zuschrieben, was wiederum zu geistiger Unbeständigkeit, einem Mangel an Ausdauer, sowie Untreue und Betrug führe. Überdies unterstellte dieses Weiblichkeitsbild Frauen eine schwache Vernunft und plötzliche Gefühlsausbrüche wie Hass, Rache, Ärger und Angst. Damit wurden dem weiblichen Geschlecht negative Charaktereigenschaften zugeschrieben, die eine männliche Führung und Beaufsichtigung begründeten.

Diese Einschätzung der weiblichen Natur und der konstitutionelle Ausschluss der Frauen von der Regentschaft bedeuteten aber nicht, dass die Königinnen keinen politischen Einfluss nehmen konnten. Jedoch funktionierte diese Einflussnahme lediglich über die privaten und familiären Verbindungen der Königinnen; konstitutiv war sie nicht.

Allerdings gab es eine politische Ausnahmesituation, die den Königinnen eine unmittelbare Machtübernahme ermöglichte: Starb ein König, während sein Sohn noch unmündig war, musste die Regentschaft bis zur Großjährigkeit des ältesten Sohnes vertreten werden. Da eine Übernahme der Regentschaft durch die Mutter eine Garantie dafür war, dass die königliche Macht bis zur Regierungsfähigkeit des Sohnes nicht beschnitten wurde, war die Herrschaftsübernahme der Königin gemeinhin anerkannt. In solch einer Interimsphase war es Königinnen möglich, ohne eine gesetzliche Legitimation zu regieren.

Maria de Medici und Anna von Österreich waren zwei Königinnen, die eine solche Situation erfolgreich für sich zu nutzen vermochten und die Übertragung königlicher Autorität erlangten. Trotzdem blieb die Position der Herrscherinnen ohne eine gesetzliche Grundlage umstritten und anfechtbar, so dass die Königinnen ihre Position stets aufs Neue rechtfertigen und sich gegen die männliche Konkurrenz innerhalb des Hochadels durchsetzen mussten. Als ein Mittel ihrer Rechtfertigung wählten sie u. a. die bildende Kunst. Vor allem Portraits waren zentrale Repräsentationsmedien, die den Status und die soziale Rolle der dargestellten Personen sichtbar machen und festigen sollten. Auch im Falle der genannten Regentinnen ist offensichtlich, dass die Werke der Bildkunst durch den Einsatz von Symbolen und Allegorien die Herrschaft festigen und ihre weibliche Ausnahmeregentschaft rechtfertigen sollten. Es ist unbestritten, dass die Königinnen sich mit der Darstellung als ‚Amazone' oder ‚Kriegsgöttin' vor allem jene Eigenschaften zuschreiben wollten, die ihnen das Frauenbild der Zeit absprach: Schließlich standen Amazonen und die antiken Göttinnen Minerva und Bellona im Verständnis der Zeit sinnbildlich für Stärke,

Das Porträt der Herzogin von Montpensier, das 1664 von einem Maler der Mignard-Schule geschaffen wurde, greift die literarische Selbstdarstellung der ‚Grande Mademoiselle' als Amazone auf.

Tapferkeit und Klugheit – Eigenschaften, die traditionell männlichen Herrschern zugesprochen wurden. Eine entsprechende Präsentation sagte demnach aus, dass die Herrscherin einem König gleich über die für eine gute Regierung nötigen Eigenschaften verfügte. Die Darstellung als Kriegsgöttin Minerva beinhaltete ferner die Aussage, dass die Portraitierte durch eine gut bedachte Kriegsführung in der Lage sei, das Wohl Frankreichs zu wahren. Zusätzlich zur Zuschreibung männlich konnotierter Eigenschaften ermöglichte die Abbildung als Amazone den Herrscherinnen auch die Hervorhebung der Tugenden, die im 17. Jh. als herausragende und erstrebenswerte Charaktereigenschaften des weiblichen Geschlechts angesehen wurden, allen voran Keuschheit und Schönheit. Denn den antiken Amazonensagen nach handelte es sich bei Amazonen um Frauen, die in einer rein weiblichen Gesellschaft ohne Männer lebten und ihre Jungfräulichkeit angeblich mit ihrem Leben verteidigten. Die Figur der Amazone vereinte also die idealen Tugenden beider Geschlechter, wodurch sie für die Repraesentatio der Herrscherinnen geeignet erscheinen musste. Zudem waren Amazonen und die ihnen wesensverwandten Göttinnen für die Herrscherinnen ein wirksames Mittel zur Glorifizierung ihrer Regentschaft, da sie Assoziationen zu siegreichen Schlachten und Kriegen hervorriefen.

Gerade im Fall des Bildnisses der Maria de Medici als ‚Bellona' scheinen sowohl die Legitimation als auch die Verherrlichung der Königinnenherrschaft beabsichtigt worden zu sein, da das Porträt von ihr selbst in Auftrag gegeben wurde, nachdem sie zwischen-

Die lothringische Aristokratin Alberte-Barbe de Saint-Baslement (1606 – 1660) nahm während des Dreißigjährigen Kriegs selbst an der Verteidigung ihrer Ländereien gegen die französischen Truppen teil und trug währenddessen Männerkleidung. Damit entsprach sie für ihre Zeitgenossen dem Idealbild der Amazone, als welche sie Claude Deruet im Porträt verewigte.

Frauen auf dem Weg zur Macht

zeitlich von ihrem mittlerweile amtierenden Sohn als Beraterin abgesetzt und vom Hofe verbannt worden war. Es steht zu vermuten, dass die Königin ein Bedürfnis danach hatte, ihre Regierungstätigkeiten nachträglich zu verteidigen und wieder in ein positives Licht zu rücken.

Darüber hinaus weist vieles darauf hin, dass nicht nur die Herrscherinnen, sondern auch einige dem Hochadel angehörige Frauen das Mittel der amazonenhaften Darstellung zur Glorifizierung ihres Handelns nutzten. Dies ist besonders am Beispiel der Anne Marie Louise de Bourbon-Orléans – genannt ‚La Grande Mademoiselle' – auffällig, die sich mehrfach als ‚Amazone' portraitieren ließ.

Anne Marie Louise de Bourbon-Orléans wurde als Cousine Ludwigs XIII. und damit als eine der einflussreichsten Frauen Frankreichs geboren. Anstatt jedoch, wie von einer adeligen Frau ihrer Zeit allgemein erwartet wurde, zu heiraten und durch die Geburt von Kindern die dynastische Nachfolge zu sichern, nahm sie aktiv an den Kämpfen der so genannten ‚Fronde' teil. Sie befehligte Truppenteile der Königsgegner und errang bei der Verteidigung Orléans im Jahre 1651 militärische Siege. Nachdem aber die Auseinandersetzungen der ‚Fronde' zu Gunsten des Königs beendet worden waren, wurde sie für fünf Jahre vom Hofe verbannt. Während ihres Exils begann sie, ihre Memoiren niederzuschreiben. Dabei gab sie jedoch nicht nur die Geschehnisse ihres bisherigen Lebens wieder, vielmehr stilisierte sie sich selbst zur Amazone, die zu einem außergewöhnlichen Leben mit bemerkenswerten Taten vorherbestimmt gewesen sei. Es hat den Anschein, als ob sie auf diese Weise ihr Handeln während der ‚Fronde' begründen wollte. Dies dürfte jedoch nicht der einzige Beweggrund für ihre Darstellung als ‚Amazone' gewesen sein. Es ist vielmehr davon auszugehen, dass sie, dem Selbstverständnis der Herrscher und des Adels ihrer Zeit folgend, wirklich von ihrer Vorherbestimmung überzeugt war.

Die ‚Amazonenrepraesentatio' entsprach dem Bedürfnis einer von Bürgerkriegen und ‚Fronde' geprägten Epoche nach Heldentum, Größe und Erhabenheit. Darin lag schließlich auch der Erfolg der Repraesentatio und die Verbreitung dieser Darstellungsart begründet, wobei letztere an die bereits seit dem späten Mittelalter in der Literatur und bildenden Kunst verbreiteten Bilder der ‚femme fortes', d. h. dem Typus der unabhängigen, heroischen und aktiven Frau anknüpfte. Aus dieser Tradition entwickelte sich eine ‚Mode' der Selbstdarstellung innerhalb der weiblichen sozialen Oberschicht, deren Symbolcharakter jedoch im Laufe des 18. Jh. allein zum antikisierenden Kostüm verkam. ∎

Literatur:
Earenfight (2007), Galerie (1995), Pitts (2000), Schlumbohm (1978), Valerius (2002)

Auch Olympia Mancini, die spätere Gräfin von Soisson, ließ sich von einem Künstler der Mignard-Schule als Amazone darstellen. Sie ist durch einen Brustpanzer sowie einen Schild und eine angedeutete Lanze als ‚Starke Frau' gekennzeichnet.

"Talestri, regina delle amazzoni" – die Amazone als Bild für Gelehrsamkeit und Herrschaftsanspruch in Maria Antonia Walpurgis' Oper von 1763

Christine Fischer

Die Stilisierung von Herrscherinnen zu Amazonen fand ihren Weg über höfische Divertissements bereits im 17. Jh. auch auf die Opernbühne. Amazonensujets hielten sich in vielfältigen Stoffen und über lange Zeitabschnitte in den Repertoires höfischer und städtischer Opernhäuser, wobei die unterschiedlichen musikalischen und textlichen Ausformungen nahezu ausnahmslos eine Gemeinsamkeit hatten: Die Frauenherrschaft der Amazonen endete mit dem Schluss der Vorstellung, zu dem die Amazonenherrscherin gewöhnlich in die Ehe einwilligte und so auch ihren Herrschaftsanspruch aufgab.

Maria Antonia Walpurgis' *Talestri, regina delle amazzoni* wurde 1763 in Dresden uraufgeführt und die zahlreichen Einzigartigkeiten dieser Oper weisen auf einen besonderen Umgang mit der Amazonenthematik hin, die mit der Beteiligung einer weiblichen Autorin an der Aufführung verknüpft wird: Maria Antonia, zu diesem Zeitpunkt sächsische Kurprinzessin, schrieb nicht nur das Textbuch zur Oper selbst, sondern komponierte auch die Musik. Zudem sang sie, inmitten eines aus der eigenen Familie und dem Hofstaat rekrutierten Ensembles, die Titelrolle der Amazonenkönigin. Mit dieser direkten Verbindung von Autorschaft und Darstellung bei Hofe, mit der sie sich die Rolle der kriegerischen Königin ganz und gar zu Eigen machte, traf Maria Antonia mit der Selbststilisierung zur erfolgreichen Amazonenkönigin eine politische Aussage, die im Uraufführungskontext von besonderer Relevanz war. Maria Antonia Walpurgis kam 1724 in München als älteste Tochter Karl Alberts von Bayern und Maria Amalias von Österreich zur Welt. Im Rahmen der üblichen breit angelegten Erziehung in Kreisen des europäischen Hochadels erhielt sie von klein auf Musikunterricht. Bei höfischen Kinderaufführungen trat

Das Porträt des Hofmalers Anton Raphael Mengs zeigt Maria Antonia Walpurgis in ihrer Funktion als Kurfürstin von Sachsen. Durch die Eheschließung mit dem sächsischen Kurprinzen Friedrich Christian 1747 kam die bayerische Prinzessin Maria Antonia nach Dresden. In der damaligen Kulturmetropole Dresden wurde ihr künstlerisches Talent gefördert und gefordert, was u. a. in einer von ihr verfassten Amazonen-Oper resultierte.

Tempio di Diana con ara accesa

B. Müllers inv. e del.

Das Amazonensujet fand im 17. Jh. seinen Weg in die städtischen und höfischen Opernhäuser. Der Stich von B. Müller illustriert eine Szene aus der Amazonen-Oper von Maria Antonia Walpurgis und zeigt eine Amazonenversammlung vor dem Thron der Amazonenkönigin Talestri. Die Damen erscheinen in zeitgenössischen Kostümen und mit Helmen auf dem Kopf.

sie als Schauspielerin auf, sang und spielte Klavier und auch erste Kompositionen fallen in ihre Münchner Jugendzeit. Diese endete 1747 mit der Heirat: Die Ehe mit dem sächsischen Kurprinzen Friedrich Christian brachte ihren Umzug nach Dresden, an einen Hof, der mit Johann Adolph Hasse als Kapellmeister zu einem der kulturell höchststehenden Zentren europäischen Opernlebens aufgestiegen war. Die Intensivierung ihrer künstlerischen Interessen in Dresden führte schon bald zur Aufnahme in die römische Künstlerakademie Arcadia – und leitete über zu größeren und mehr öffentlichkeitsträchtigen Auftritten als Autorin. 1750 wurde ihr Oratorientext *La conversione di Sant'Agostino* in der Vertonung Hasses in der Dresdner Karwoche aufgeführt und 1754 sang und spielte sie in ihrer selbst getexteten und in Musik gesetzten Pastorale *Il trionfo della fedeltà* bei Hofe. Diese Auftritte spiegeln sich in einer Publikation der Partitur, die 1756 bei Johann Gottlieb Immanuel Breitkopf mit einem neuen Druckverfahren gesetzt wurde und die großes publizistisches Interesse fand. Mit der künstlerischen Weiterbildung Maria Antonias ging der deutliche Ausdruck ihrer politischen Interessen einher und – gemessen an den bisherigen kurprinzlichen Möglichkeiten am Dresdner Hof – eine sehr ausgeprägte Teilhabe an den Regierungsgeschäften. Seit den frühen 1750er Jahren arbeitete Maria Antonia gemeinsam mit ihrem Ehemann ein geheim gehaltenes politisches Reformprogramm für Sachsen aus, das deutlich aufklärerisch geprägt war und sich von den herrschenden Verhältnissen unter Friedrich August II. distanzierte.

Der Ausbruch des Siebenjährigen Krieges 1756 bedeutete eine Zäsur im künstlerisch-politischen Handeln Maria Antonias: Da die Gefechte sich auf Sachsen konzentrierten und auch die Residenzstadt Dresden unter massiven Beschuss genommen wurde, siedelte der sächsische Kurfürst und polnische König in seine Zweitresidenz in Warschau über. Das bedeutete für das in Dresden zurückgebliebene Kurprinzenpaar ein eingeschränktes Kulturleben, das sich nun auf den polnischen Hof konzentrierte, aber auch weitreichende Regierungsverantwortung als Stellvertreter Friedrich Augusts II. Maria Antonia übernahm in dieser Zeit gemeinsam mit ihrem Mann weite Teile der Regierungsarbeit. Für den Finanzsektor der Staatsverwaltung scheint sie die alleinige Verantwortung getragen zu haben. Die letzten Kriegsjahre verbrachte Maria Antonia mit ihrer Familie – sie bekam insgesamt neun Kinder, von denen sechs das Erwachsenenalter erreichten – an ihrem Münchner Heimathof.

Talestri, regina delle amazzoni kam 1763, nach Ende der kriegerischen Auseinandersetzungen und anlässlich der Rückkehr von Maria Antonias Schwiegervater Friedrich August II. nach Dresden zur Aufführung –

Ein weiterer Stich B. Müllers zum Bühnenbild der Amazonenoper zeigt bewaffnete Amazonen vor der Burg der Königin Talestri, die bereit sind für den Kampf gegen die Skythen. Maria Antonia nutzte als Schöpferin der Oper die Figur der Amazonenkönigin, um auf ihr eigenes Herrschaftsverständnis aufmerksam zu machen.

also zu einem Zeitpunkt als ein alter und geschwächter Herrscher in sein vom Krieg schwer gezeichnetes Stammland heimkehrte. Vor der Folie üblicher Ehrbezeugungen gegenüber dem Herrscher und nach außen hin durchaus im Rahmen höfischer Etikette führte Maria Antonia dem Dresdner Hof und den damals anwesenden ausländischen Gesandten mit *Talestri* vor Augen, wie sie sich selbst in der Gestalt der Amazonenkönigin als gute, reformwillige und erfolgreiche Herrscherin ihres Volkes etablierte: Denn Talestri wird aufgrund ihres Blutadels zwar bereits zu Beginn der Oper als Herrscherin eingesetzt, reift in ihrem Herrschaftsverhalten aber erst im Verlauf der Oper zur guten Königin, die sich bedingungslos für das Wohl ihres Volkes einsetzt, indem sie – in Übereinstimmung mit dem Regierungskonzept des Kurprinzenpaares – ihren Staat neu strukturiert. Damit setzte Maria Antonia einen starken Akzent auf den eigenen fortwährenden Anspruch auf Regierungsverantwortung, denn in der Person Talestris führte sie allen ihre eigenen Qualitäten als verantwortungsvolle Herrscherin vor Augen. Der deutliche geschlechterpolitische Aspekt der Oper wird dabei nicht erst am Ende offenkundig: Trotz Heirat verzichtet Talestri nicht auf ihre Macht, sondern propagiert Gleichberechtigung der Geschlechter in Sachen Ehe und Regierungsangelegenheiten: „*Wenn von untreuen Gefährten / Einst der Hass entstand, so erwache jetzt durch treue Ehemänner / Die Freundschaft [...] niemals Unterworfene, / Sondern Freunde der Nachbarn / Werden wir in Zukunft sein.*" Dass die Amazonen den Männern auch musikalisch mit einem breiten Spektrum an Affekten die Show stehlen und zudem gegenüber den Männern in der Überzahl sind, fiel dabei bereits der zeitgenössischen Presse anlässlich der Drucklegung der Partitur 1765 auf: „*Und wollte nicht etwan die Durchlauchtigste Verfasserinn auch in der Anlage und der Poesie dieses Singspiels, einmal vorzüglich das schöne Geschlecht glänzen lassen? Wir wissen es nicht gewiß, – wenigstens hat sie diesen Zwek, wenn Sie sich denselben vorgesezt, sicherer erhalten, als es mancher männliche Dichter würde haben thun können.*"

Erfüllt haben sich die auf der Opernbühne formulierten Ansprüche auf Machtteilhabe für Maria Antonia nur sehr kurz: Ihr Ehemann Friedrich Christian verstarb Ende 1763 nach nur sechswöchiger Regierungszeit. Maria Antonias Teilhabe an den Regierungsgeschäften ihres Schwagers Xaver, der als Interimsregent bis zur Volljährigkeit ihres ältesten Sohnes eingesetzt wurde, ging in der Folge mehr und mehr zurück. Und auch ihre Kompositionstätigkeit, die mit ihrer politischen Stilisierung eng verknüpft war, ist nach 1763 nicht mehr nachweisbar. ∎

Literatur:
Drewes (1934), Fischer (2007), Freeman (1996), Garavaglia (2006), Walpurgis (1766), Weber (1857)

Ausreitende Amazonen

Johann Heinrich Wilhelm Tischbein (1751 – 1829), B. 80,5 cm, H. 57,5 cm, Öl auf Leinwand, 1788
Oldenburg, Landesmuseum für Kunst und Kulturgeschichte Oldenburg, Inv.-Nr.: LMO 15.448

Tischbeins Malerei *Ausreitende Amazonen* gehört zu den zahlreichen Werken mythischen Inhalts bzw. antiker Motivik, die der Künstler während seines Italienaufenthalts 1783 – 1799 schuf. Das Bild entstand ein Jahr nachdem Tischbein von Rom nach Neapel umgesiedelt war. Die antike römische Malerei in Neapel und Umgebung beeinflusste Tischbein stark, was sich in zahlreichen Darstellungen von antikisierenden Tieren, Blumen und mythischen Figuren niederschlug. Die Bekanntschaft mit dem englischen Gesandten Sir William Hamilton und dessen späterer Frau Emma, der berühmten ‚Lady Hamilton', führte zudem zu einer intensiveren Auseinandersetzung mit der griechischen Mythologie und Kunst, die in einer Antikenbegeisterung des Künstlers gipfelte. So malte Tischbein im selben Jahr wie die Amazonen u. a. *Achill, Hektor und Andromache* sowie *Orestes und Iphigenie* und zeichnete zusammen mit seinen Schülern an der königlichen Zeichenakademie in Neapel Szenen aus der *Ilias* und der *Odyssee*.

AR

Literatur: Landsberger (1906), Körner (2006), Tischbein (1986)

Amazonenschlacht, 1. Fassung

Anselm Feuerbach (1829 – 1880), B. 64,5 cm, H. 53 cm, Öl auf Leinwand, 1857, Rom
Oldenburg, Landesmuseum für Kunst und Kulturgeschichte Oldenburg, Inv.-Nr.: LMO 15.733

Es sei ihm *„überraschend aus der Seele gewachsen"*, so beschreibt Anselm Feuerbach die erste Fassung der *Amazonenschlacht*, die er 1857 in Rom fertig stellte. Es ist das erste Bild einer Reihe von Skizzen und Studien zum Thema Amazonen, die der großen *Amazonenschlacht*, die Feuerbach 1873 vollendete, vorstehen. Das querovale Format des Bildes ist der Vorliebe des Künstlers für diese Darstellungsvariante während seiner frühen Aufenthaltszeit in Rom geschuldet. Feuerbach versteht es dabei, diese ovale Form für die Bildkomposition geschickt zu nutzen. Sowohl die Landschaft, die sich in karg dargestellten Abschnitten von hinten nach vorne aufbaut, als auch die s-förmig angeordneten Figurengruppen, in denen sich theatralisch inszenierte Einzelgruppen aneinanderreihen, verdeutlichen den kompositorischen Charakter dieser Studie. Feuerbach greift in dieser Studie sicherlich auf die ihm in Rom zugänglichen antiken Vorlagen zurück, dies äußert sich aber nicht in einer detailgetreuen Abbildung antiker Amazonendarstellungen. Die Amazonen imitieren keineswegs antike Vorbilder, sie sind Feuerbachs eigene schöpferische Leistung.

LB

Literatur: Feuerbach (2002)

Amazonen auf der Wolfsjagd

Anselm Feuerbach (1829 – 1880), B. 127 cm, H. 58 cm, Öl auf Leinwand, um 1874
Darmstadt, Hessisches Landesmuseum Darmstadt, Inv.-Nr.: GK 489

Mit den *Amazonen auf der Wolfsjagd* schuf Anselm Feuerbach eine außergewöhnliche Szenerie voller Dynamik und Dramatik. Von ihren Pferden herab kämpfen die kraftvollen Amazonen mit Speeren gegen die sie anspringenden Wölfe. Selbst am Boden sind die Kriegerinnen den Wölfen noch überlegen. Eine aus dem Hintergrund heranpreschende Amazone sorgt dafür, dass zwei Wölfinnen ihre Jungen in Sicherheit bringen.

Das Bild, eine Studie aus der letzten Schaffensphase Feuerbachs, entstand mehr als 15 Jahre nach der ersten großen Auseinandersetzung des Künstlers mit den mythischen Kriegerinnen, die Feuerbach damals in der ersten Fassung der berühmten *Amazonenschlacht* verewigt hatte. Für die *Wolfsjagd* hat offenbar die *Löwenjagd* des flämischen Malers Peter Paul Rubens aus dem Jahr 1621 als Vorbild gedient. Auch dort kämpfen Reiter gegen die sie anfallenden Tiere und agieren zum Teil in ähnlicher Gruppierung.

AR

Literatur: Feuerbach (2002)

Amazonenschlacht

*Heinrich Wilhelm Trübner (1851 – 1917), B. 102,7 cm, H. 47,4 cm,
Öl auf Leinwand, 1880*
*Heidelberg, Kurpfälzisches Museum der Stadt Heidelberg,
Inv.-Nr.: G 474*

Der junge Heinrich Wilhelm Trübner begann, angeregt von Anselm Feuerbach, eine künstlerische Laufbahn und studierte Malerei in Karlsruhe und München. Noch in seiner frühen Schaffensphase entstand die Studie *Amazonenschlacht* mit den im hellen Licht verzweifelt kämpfenden Kriegerinnen und den im Dunkel des Hintergrunds angedeuteten Griechen. Das Spiel mit der Helligkeit zur Steigerung der Dramatik hatte Trübner durch die Schule des Münchner Malers Wilhelm von Diez erlernt, von dem er an die Hell-Dunkel-Malerei des 16. und 17. Jh. herangeführt worden war.

Besonders in den Jahren zwischen 1877 und 1880 setzte sich Trübner intensiv mit mythologischen Themen auseinander. Aus dieser Beschäftigung heraus entstanden zahlreiche Werke mit Darstellungen von Kentauren, Giganten und antiken Schlachtenszenerien. Die Umsetzung der *Amazonenschlacht* bildete ein vorläufiges Finale in Trübners Schaffen zu mythologischen Sujets. Möglicherweise hatten ihm Motive antiker Sarkophage als Inspiration gedient. Ursprünglich hatte Trübner zwei Darstellungen der *Amazonenschlacht* angefertigt. Allerdings ist nur die Studie, nicht aber das finale Gemälde erhalten.

AR

Literatur: Kepetzis (2004), Trübner (1994)

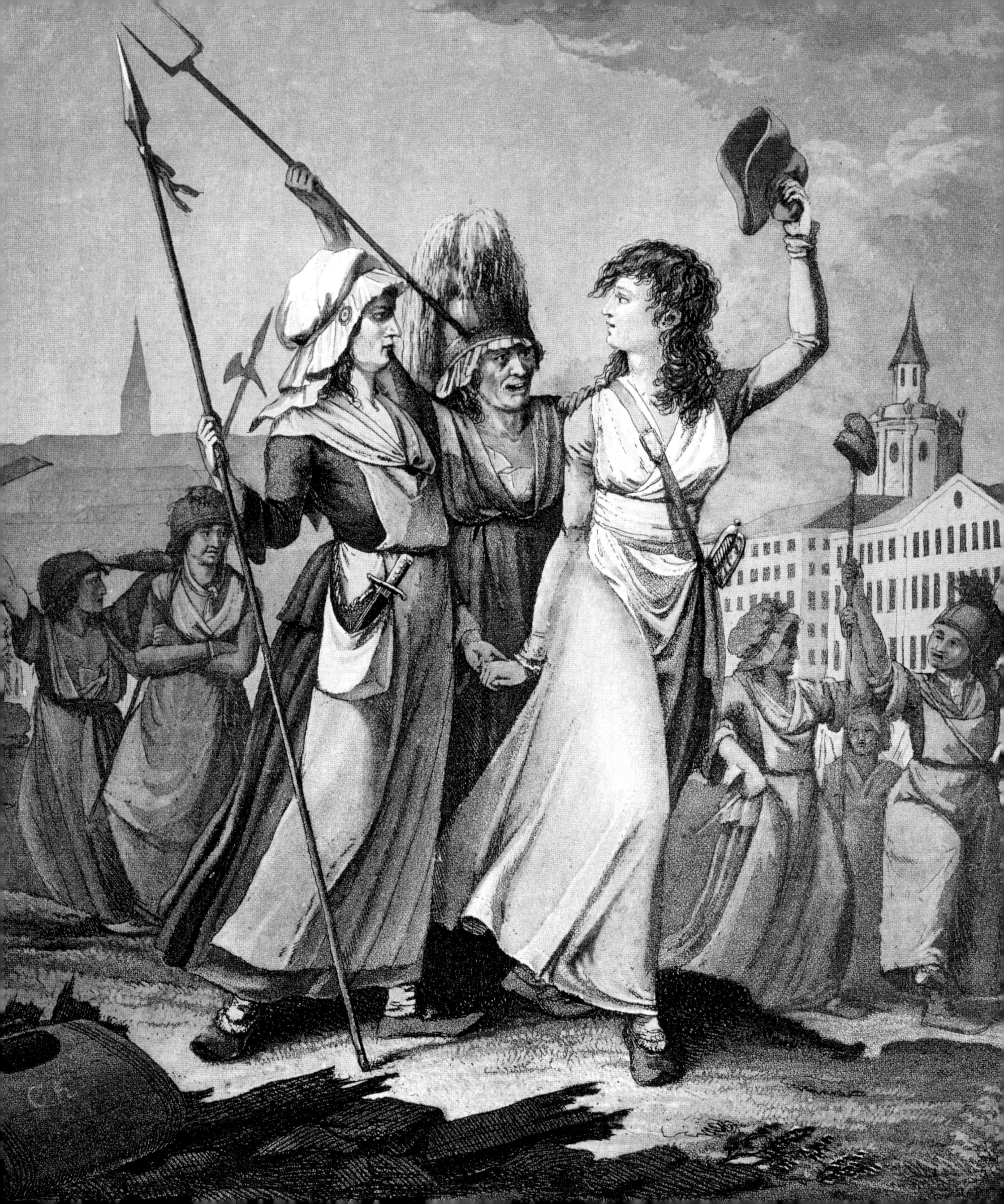

Mit Piken, Säbeln und Pistolen ... ‚Amazonen' der Französischen Revolution

Helga Grubitzsch

Als ‚Amazonen' wurden im Frankreich des 18. Jh. nicht nur die Angehörigen des mythischen weiblichen Reitervolkes bezeichnet, sondern in verallgemeinernder Übertragung auch kämpferische, waffentragende Frauen. Als Teil der revolutionären Volksbewegung wussten Frauen Waffen zu nutzen, um sich von der verhassten Macht der Aristokraten zu befreien. Schon am 14. Juli 1789 nahmen sie am Sturm auf die Bastille teil, unter ihnen Marie Charpentier, *„die sich während der Belagerung der Bastille im Kampf mit den Männern hervortat, indem sie großen Mut bewies und [...] schwer verwundet wurde"*, wie der *Moniteur* am 20. Dezember 1790 berichtete. Sie erhielt nachträglich als einzige Frau den Ehrentitel ‚Sieger der Bastille'.

Die Belagerung und Erstürmung des Pariser Staatsgefängnisses befeuerte den Mut der revolutionären Volksmassen und der Abgeordneten des Dritten Standes. Sie drängten auf Aufhebung der Feudalrechte und Standesunterschiede. Zwar sollte schließlich jedem männlichen Franzosen der Zugang zu allen Ämtern offen stehen, nicht aber den Frauen.

Die Verabschiedung einer Grundsatzerklärung zu den Menschenrechten gab allen Männern, die Besitz nachweisen konnten, politische Rechte und erklärte sie zu freien, souveränen Bürgern. Frauen hingegen waren, wie Kinder und Besitzlose, von den Menschen- und Bürgerrechten ausgeschlossen.

Dennoch wurden die Resolutionen der Nationalversammlung auch von Frauen begeistert begrüßt, nährten sie doch die Hoffnung auf eine neue und freie Gesellschaft. Doch die Euphorie wurde bald gedämpft. Der König versagte den Beschlüssen seine Anerkennung und ließ stattdessen Truppen nach Versailles kommen; die entflohenen Aristokraten suchten Verbündete im Ausland; Lebensmittelknappheit und Arbeitslosigkeit beschworen eine Hungerkrise herauf. In dieser bedrohlichen Situation ergriffen Pariser Marktfrauen die Initiative. Am 5. Oktober 1789 stürmten sie das Rathaus und plünderten die Waffenkammer. Bald zog ein ganzer Zug bewaffneter Frauen, zu denen auch wohlhabendere Bürgerinnen und Männer stießen, nach Versailles.

Dieser Stich eines anonymen deutschen Künstlers zeigt die kampfeslustigen Pariser Fischweiber.

Das Gemälde von Jean-Pierre Houel zeigt die aufgebrachte Volksmasse beim Sturm auf die Bastille am 14. Juli 1789. Die Aufständischen forderten eine Aufhebung der Feudalrechte und Standesunterschiede.

In der Nationalversammlung beauftragten sie eine Deputation ihre Forderungen dem König vorzutragen. Nach ersten Zugeständnissen am gleichen Abend konnten sie am nächsten Tag – nicht zuletzt aufgrund der Verstärkung durch die Nationalgarde – einen vollen Erfolg verbuchen. Der König erkannte die Menschenrechtserklärung an, erklärte sich mit Sofortmaßnahmen zur Lebensmittelversorgung einverstanden und stimmte der Verlegung seines Wohnsitzes nach Paris zu. Die Rückkehr in die Hauptstadt gestaltete sich zu einem Triumphzug.

Mit ihren Forderungen, die über die Lebensmittelfrage weit hinausgingen, hatten die Frauen ein angestammtes Widerstandsrecht auf die Ebene der politischen Militanz gehoben. Entsprechend wurden sie geehrt. Die Frauen des 5. und 6. Oktober galten seither als ‚Heldinnen der Nation' und erhielten bei Festen und Umzügen einen Ehrenplatz. *„Unsere tapferen Amazonen"* nannte sie Louis-Marie Prudhomme, der Berichterstatter der Wochenblätter *Révolutions de Paris*. Doch je mehr die Frauen in die Öffentlichkeit drängten und dabei auch Freiheiten für ihr eigenes Geschlecht forderten oder sich sogar nahmen, desto mehr Männer fühlten sich dazu berufen, Frauen an ihre ‚Natur' und ihre geschlechtsspezifischen Aufgaben zu erinnern. Die egalitäre Vorstellung, wie sie z. B. Marquis de Condorcet und Olympe de Gouges vertraten, dass Mann und Frau von Natur aus gleich seien, hatte sich bei der Mehrheit der männlichen Revolutionäre nicht durchsetzen können. Sie hielten es mit Rousseau, der eine unterschiedliche Natur von Mann und Frau voraussetzte und daraus sich ergänzende Eigenschaften und Aufgaben in der Gesellschaft ableitete. Prudhomme – eben noch begeistert von den „mutigen Frauen" des 5. Oktober – ließ im Februar 1791 verlauten: *„Die bürgerliche und politische Freiheit ist für die Frauen unnötig."*

Diese Radierung präsentiert den Zug bewaffneter Frauen, die kampfbereit nach Versailles aufbrachen, um dem König ihre Forderungen vorzutragen. Prudhomme bezeichnete diese entschlossenen Frauen als „tapfere Amazonen".

Avant-Garde des Femmes Allant à Versaille

‚Amazonen', wie man im Frankreich des 18. Jahrhunderts die Waffen tragenden, mutigen Frauen nannte, ziehen eine Kanone. Dies demonstriert die Kampfesbereitschaft, mit der die Pariser Marktfrauen vorgingen.

Viele Frauen hatten die Revolution als Herausforderung verstanden, um sich politisch zu engagieren und aktiv zu werden. Sie saßen auf den Tribünen der Nationalversammlung und diskutierten die Anträge und Gesetzesvorlagen. Sie gründeten Klubs, schrieben Bittschriften und Broschüren, veröffentlichten Flugblätter, organisierten revolutionäre Feste oder hielten Reden auf öffentlichen Versammlungen.

Das Recht, Waffen zu tragen, war ein historisch gefestigtes Männerprivileg, manchmal unterlaufen von Frauen, die ihr Geschlecht unter Männerkleidern verbargen. Es war auch ein Privileg des Adels und der organisierten Truppen. Die Siege der Revolution waren jedoch mit Waffen in der Hand des Dritten Standes und von Zivilisten erfochten worden.

Damit demokratisierte sich die Vorstellung vom Waffenrecht, was sich die Frauen zunutze zu machen wussten.

In den Départements, wo die Auseinandersetzungen mit der Konterrevolution oft zu Handgreiflichkeiten führten, bildeten sich in den Jahren 1790/91 mehrere ‚Amazonen-Bataillone' und Frauenregimenter, bald geehrt wegen ihres revolutionären Engagements, bald als unweiblich geschmäht oder mit sexuellen Diffamierungen verspottet. In einem Fall wurde sogar einer Frau anstelle ihres aristokratisch gesinnten Neffen für kurze Zeit das Kommando der Nationalgarde übertragen. Manchen Frauen ging es darüber hinaus auch um die generelle Befreiung ihres Geschlechts. So meldete sich eine Madame de Vuignerias im Namen der Frauen zu Wort, *„die genug davon haben zu arbeiten, zu gehorchen und zu schweigen"*, und trug am 29. Juni 1790 in der Pariser Nationalversammlung den Wunsch vor, eine bewaffnete Frauentruppe zu bilden.

Mit zunehmender Kriegsgefahr häuften sich Manifeste von Frauen, die mit der Waffe in der Hand kämpfen wollten. Die Dames de Maubeuge z. B. erklärten Anfang 1792 unter Berufung auf berühmte ‚Amazonen' wie Jeanne d'Arc ihre Absicht, sich zur Verteidigung der Stadt zu bewaffnen. Die Bürgerinnen von Belvès (Dordogne) schworen, *„ihr Leben dem Erhalt der Verfassung zu weihen, für die Verteidigung ihrer Heime zu den Waffen zu greifen und sogar ihren Kindern und Brüdern auf die Felder des Sieges zu folgen"*. Seit Anfang des Jahrs 1792 hatte Théroigne de Méricourt begonnen, im Vorort Saint Antoine eine ‚Amazonenlegion' zu bilden. Am 25. Februar hielt sie in der *Société des Minimes* ihre Rede zur Frauenbewaffnung. Unter Berufung auf die Vernunft und die Gleichheit der Geschlechter reklamierte sie das Waffenrecht als Bürgerrecht. Die Waffe in der Hand bedeutete ihr auch eine Befreiung aus der Unterdrückung ihres Geschlechts:

„Lasst uns unsere Ketten zerbrechen! Es ist schließlich an der Zeit, dass die Frauen aus ihrer schmählichen Nichtswürdigkeit heraustreten, in der die Ignoranz, der Stolz und die Ungerechtigkeit der Männer sie so lange versklavt hielten! [...] Bürgerinnen, warum sollten wir nicht in Konkurrenz zu den Männern treten? Haben sie allein den Anspruch, ein Recht auf Ruhm zu haben? Nein, nein [...]."

Solche Worte riskierten nur wenige Frauen. Die meisten vermieden auch nur den Anschein, in Konkurrenz zu den Männern treten zu wollen, wohl wissend, dass sie damit die Grenzen der herrschenden Definition von Weiblichkeit sprengen würden.

Am 6. März 1792 trug Pauline Léon im Namen von 315 Unterzeichnerinnen eine Petition zur Frauenbewaffnung in der Nationalversammlung vor. Sie berief sich auf das Recht, das jedes Individuum hat, für die Verteidigung seines Lebens und seiner Freiheit zu sorgen, versprach aber Mutter- und Haushaltspflichten nicht zu vernachlässigen, um an die Front zu eilen – die Waffen sollten der Verteidigung ihrer Kinder, ihres Hauses und dem eigenen Schutz dienen. Mit „Piken, Pistolen, Säbel und Gewehren" wollten die Frauen auf dem Marsfeld exerzieren.

Der Stich eines anonymen Künstlers zeigt eine junge Französin, die sich in selbstbewusster Haltung mit einer Pike zum Exerzieren auf dem Marsfeld aufmacht.

Diese Radierung aus dem Jahr 1790 zeigt eine ‚Amazone', die mit einem Säbel ausgestattet ist. Das Recht, Waffen zu tragen, war ein Privileg, welches Männern vorbehalten war. Manchmal unterliefen Frauen diese Regelung, indem sie sich in Männerkleidern tarnten.

Die Reaktion der Abgeordneten war widersprüchlich. Während der Präsident das Nationalgefühl höflich lobte und als vorbildlich hinstellte, antwortete Dehaussy-Robecourt: „*Hüten wir uns, in die Ordnung der Natur einzugreifen. Sie hat die Frauen nicht dazu bestimmt, den Tod zu geben; ihre zarten Hände wurden nicht dazu geschaffen, das Eisen zu führen oder mörderische Piken zu schwenken.*"

Und Prudhomme sprach aus, was viele Männer befürchteten: dass die Frauen „*mit ihnen rivalisieren*" wollten. Empört fügte er in den *Révolutions de Paris* im März 1792 hinzu: „*Es fehlte nur noch, die Geschlechter durcheinander zu bringen und sie zu verrücken*". Diese Befürchtung erklärt die Ablehnung gegenüber bewaffneten Frauen ebenso wie manche Ausbrüche von regelrechtem Frauenhass. Die Hierarchie der Geschlechter sollte durch den Umsturz der Standesgesellschaft nicht gefährdet werden.

Nach der Kriegserklärung im April 1792 erschienen immer mehr bewaffnete Frauen in der Öffentlichkeit, die Warnung Prudhommes in den *Révolutions de Paris* vom Februar 1792 ignorierend, dass „*die Piken für Frauen verboten sein*" sollten. Manche taten Dienst in der Nationalgarde, manche zogen nach Kriegsausbruch im April 1792 in Männerkleidung mit den kämpfenden Truppen. Dazu gehörten die berühmt gewordenen Schwestern Fernigh, deren Tapferkeit am 3. September 1792 vom *Moniteur* gepriesen wurde. Bekannt geworden ist auch der Fall der 17-jährigen Reine Chappuy vom 24. Kavallerieregiment, die beurlaubt wurde, nachdem ihr wahres Geschlecht entdeckt worden war. Sie bat den Konvent, wieder auf ihren Posten zurückkehren zu dürfen und schloss mit den Worten: „*Und ich werde der Republik beweisen, dass der Arm einer Frau genauso viel wert ist wie jener eines Mannes [...].*"

Frankreich geriet immer mehr unter den Druck einer bevorstehenden Invasion und konterrevolutionärer Aufstände. Am 11. Juli 1792 erklärte die Nationalversammlung „*das Vaterland in Gefahr*". Die Feiern zum 14. Juli demonstrierten eine Militanz, die, wie Madame de Staël berichtete, Königin Marie-Antoinette die Tränen in die Augen trieb. In dem Festzug zum Marsfeld marschierten auch bewaffnete Frauen mit, „*viel zu viele*", wie die *Révolutions de Paris* am 15. Juli 1792 bemerkten. Sämtliche Verwaltungsgremien tagten in Permanenz. Am 25. Juli 1792 präsentierte Claire Lacombe der Nationalversammlung eine neue Petition zur Frauenbewaffnung. Ein Aufstand schien die einzige Lösung. Am 10. August stürmte eine bewaffnete Volksmenge die Tuilerien.

Die Waffe in der Hand bedeutete für die Frauen auch eine Befreiung aus der Unterdrückung ihrer Geschlechterrolle. So fragen sich einige aufgebrachte Bürgerinnen, warum sie nicht in Konkurrenz zu den Männern treten sollen.

Frauen auf dem Weg zur Macht

Der König wurde seiner Funktion enthoben, die revolutionäre Kommune ausgerufen und die Unterscheidung zwischen Aktiv- und Passivbürgern aufgehoben. Drei Frauen wurden laut *Moniteur* vom 3. September 1792 für ihren Kampfesmut mit einer Bürgerkrone ausgezeichnet: Claire Lacombe, Théroigne de Méricourt und Reine Audu.

Der Volksaufstand hatte die Monarchie beendet, das allgemeine Männerwahlrecht durchgesetzt und das Prinzip der Volkssouveränität für den männlichen Teil der Bevölkerung realisiert. Der Demokratisierungsprozess schloss jedoch immer noch die Frauen und somit die Hälfte des Volkes aus.

Doch das sollte kein Thema mehr sein. Zu drängend erschienen die Probleme im In- und Ausland. Unruhen aufgrund von Lebensmittelknappheit erschütterten ganz Frankreich. Der Konvent hatte seit Oktober 1792 immer härtere Maßnahmen zur Unterdrückung revolutionsfeindlicher Kräfte im Landesinneren getroffen und damit die Instrumente des Terrors geschaffen. Die politischen Konflikte zwischen Girondisten und Montagnards spitzten sich weiter zu. Die Hinrichtung Ludwigs XVI. am 21. Januar 1793 führte zur Ausweitung des Krieges und zu Massenaushebungen. Mangelnde Disziplin innerhalb der Armee und Niederlagen wurden zunehmend den Frauen angelastet. Am 30. April 1793 beschloss der Konvent alle Frauen, *„die im Dienst nutzlos sind"*, – gemeint waren Kämpferinnen und Angehörige der Soldaten – aus der Armee auszuschließen.

Mit der Radikalisierung der revolutionären Politik organisierte sich eine neue Frauen-Volksbewegung unter der Führung von Claire Lacombe und Pauline Léon. Am 10. Mai 1793 wurde die „Gesellschaft der Revolutionären Republikanerinnen" gegründet. Sie forderte u. a. *„sofortige und energische Maßnahmen"* gegen die *„Konterrevolutionäre"* und *„Tyrannen"* sowie *„Kompanien von Amazonen aus unseren Vorstädten, aus Hallen und Märkten"*. Ende Mai mobilisierten sie die ganze Stadt gegen die Herrschaft der Gironde – mit Erfolg. Am 2. Juni 1793 wurden alle Regierungsmitglieder verhaftet. Es begann die Herrschaft der Montagne (Bergpartei) und des Terrors.

Auf Drängen der Frauen innerhalb der Volksbewegung verpflichtete der Konvent im September 1793 alle Frauen, in der Öffentlichkeit die revolutionäre Kokarde zu tragen – sehr zum Unwillen andersdenkender Damen und auch vieler Männer, die befürch-

Diese farbige Radierung zeigt junge Mädchen beim Exerzieren. Dahinter schließen sich Soldaten an, ein trommelndes Mädchen schreitet voran.

teten, dass mit einer solchen Anerkennung der Frauen als politische Subjekte ein Tor zu weiteren Forderungen nach Gleichberechtigung aufgestoßen würde. Als die ‚Revolutionären Republikanerinnen' die Marktfrauen mit Gewalt zwingen wollten dem Gebot des Konvents zu folgen, kam es zu handgreiflichen Auseinandersetzungen.

Die Unruhen wurden zum Anlass genommen, um am 30. Oktober 1793 alle Frauenklubs zu verbieten und Frauen aus der Politik und dem öffentlichen Raum auszugrenzen. Wenig später sprach der Pariser Stadtrat Frauen grundsätzlich das Recht ab, Abordnungen in den Rat zu entsenden. Mit der Macht des Terrors wurde auch die Geschlechterhierarchie wieder gefestigt. Grenzüberschreitungen wurden nicht mehr geduldet, die ‚Amazonen' zurück an den Herd, ins Gefängnis, ins Irrenhaus oder aufs Schafott geschickt. ■

Literatur:
Grubitzsch / Bockholt (1991), Opitz (1989), Opitz (1992), Petersen (1987), Villiers (1910)

Bei dem Stich handelt es sich um die zeitgenössische Abbildung einer selbstbewussten Sansculottin. Die Sansculotten entstammten vor allem dem Stand der Kleinbürger und Arbeiter.

Die ‚Amazone der Freiheit' – Anne Josèphe Théroigne, genannt Théroigne de Méricourt

Helga Grubitzsch

Als ‚Amazone der Freiheit' wurde Anne Josèphe Théroigne Anfang 1792 im Jakobinerklub gefeiert. Sie galt als ‚Heldin der Nation' und ‚Märtyrerin der Freiheit'. Hatte sie doch für ihr revolutionäres Engagement und ihr konsequentes Eintreten für die Menschenrechte Verfolgungen und Gefangenschaft erleiden müssen. Neun Monate lang war sie auf der Festung Kufstein inhaftiert, wohin sie französische Emigranten auf Veranlassung der österreichischen Regierung entführt hatten. Vorgeworfen wurden Théroigne ihre angebliche Beteiligung am Oktoberaufstand der Frauen von 1789 und vermutete revolutionäre Propagandaaktivitäten in Belgien. In Wirklichkeit sollte sie auf Anweisung der österreichischen Staatskanzlei über die französische Revolution ausgehorcht werden. Unter dem Druck des Untersuchungsrichters schrieb sie ihre Lebensgeschichte.

Am 13. August 1762 war Théroigne in dem kleinen luxemburgischen Dorf Marcour zur Welt gekommen. Sie hatte früh die harten Seiten des Lebens als Angehörige des Dritten Standes und noch dazu als Frau kennengelernt. Als halb verwaiste Bauerntochter arbeitete sie als Dienstmagd, Kuhhirtin, Näherin und Kindermädchen. Mit 16 Jahren wurde sie von einer Engländerin eingestellt, die sie zusammen mit der Tochter des Hauses erzog und ihr Musikunterricht geben ließ. Mit dieser Familie zog sie nach England und wurde dort die Geliebte eines wohlhabenden jungen Aristokraten, der ihr durch eine großzügige Schenkung in den Zeiten vor der Revolution ein Leben in Wohlstand ermöglichte.

Die Revolutionärin

Théroigne war in Italien, als sie 1789 von den Auseinandersetzungen in der französischen Nationalversammlung hörte, und begab sich voller Neugier und Interesse für die revolutionären Ereignisse nach Paris. Bald wurde sie von der allgemeinen Aufregung angesteckt. In ihrer Autobiografie schreibt sie: *„Ich hatte keinerlei Vorstellungen von den Rechten des Volkes, aber ich liebte die Freiheit von Natur aus. Ein Instinkt, ein lebhaftes Gefühl, das ich nicht genau benennen kann, ließ mich die Französische Revolution gutheißen [...]"*

Sie erarbeitete sich die notwendigen Kenntnisse, um die politischen Vorgänge zu begreifen und mischte sich bald in das revolutionäre Geschehen ein. Zunehmend gewann sie an Ansehen und wurde, gekleidet in ein schlichtes Amazonenkostüm, zu dem sie später Waffen trug, zu einer bekannten Persönlichkeit im revolutionären Paris. Ob auf der Straße oder im Klub, auf der Zuschauertribüne der Nationalversammlung oder in ihrem Salon, ihre Meinung zu den politischen Ereignissen wurde gehört und öffentlich kommentiert. 1790 gründete sie zwei revolutionäre Klubs, im Januar die Volksgesellschaft *Les Amis de la loi* (Die Gesetzesfreunde) und im April den *Club des*

Aus zahlreichen Berichten geht hervor, dass die Zeitgenossen Théroignes sie kaum anders als in ihrem Amazonenkostüm kannten. Auch sie selbst beschreibt ihre legendäre Tracht, das dunkle Reitkleid und den runden Hut, in ihrer Biografie. Wie auf dem Holzschnitt von A. Bosselmann wurde diese an der Männermode angelehnte Aufmachung durch zwei Pistolen und einen Säbel oder Dolch ergänzt.

Raffet del. *Bosselman sc.*

Das berühmte Porträt von J. Fouquet zeigt Théroigne de Méricourt in ein Männerhemd gekleidet und mit einer der Mode entsprechend gebundenen Krawatte. Es steht außer Zweifel, dass diese Aufmachung Aufmerksamkeit erregt haben muss und von den Zeitgenossen durchaus als Provokation wahrgenommen wurde.

droits de l'homme (Klub der Menschenrechte), der sich zu dem berühmten Cordeliers-Klub entwickeln sollte. Ihr Antrag an die Distriktversammlung der Cordeliers, auf den Ruinen der Bastille einen Palast für die Nationalversammlung zu bauen, wurde begeistert aufgenommen, ihre Bitte um beratendes Stimmrecht jedoch mit fadenscheinigen Argumenten abgelehnt. Sehr früh wurde Théroigne zur Zielscheibe royalistischer Propaganda. Neben sexuellen Verleumdungen hatte sie auch unter politischen Unterstellungen zu leiden, so wurden z. B. erfundene Geschichten über ihre Beteiligung an dem Marsch der Frauen nach Versailles im Oktober 1789 als Vorwand für eine Anklage genommen. Théroigne wartete den Urteilsspruch nicht ab, sie zog sich in ihre Heimat nach Luxemburg zurück, das damals zu den Österreichischen Niederlanden gehörte – und geriet in die Fänge von ihren Entführern.

Als sie im Januar 1792 nach Paris zurückkehrte, befand sich Frankreich in Kriegsvorbereitungen und Théroignes Erfahrungen in Österreich wurden wertgeschätzt. Dies änderte sich jedoch bald, als sie selbst wieder politisch aktiv wurde, im Vorort Saint-Antoine einen Klub gründete und die Frauen aufrief sich zu bewaffnen. Ihre ‚Amazonenregimenter' wurden mit Spott überschüttet, als Agitatorin in den Vorstädten wurde sie bei den Jakobinern zusehends unbeliebter. Der Grund dafür wurde offen ausgesprochen: *"Wenn die Männer in diesem Vorort von ihrer Arbeit nach Hause kommen, wollen sie lieber ihr Heim in Ordnung vorfinden als ihre Frauen von einer Versammlung zurückkehren sehen, wo sie nicht gerade Sanftmut lernen [...]"* Im Jakobinerklub wurde Théroigne schließlich als ‚Unruhestifterin' angezeigt. Daraufhin verzichtete sie auf ihr ‚Amazonencorps', war aber weiterhin in der Volksbewegung aktiv. Bei dem Sturm auf die Tuilerien am 10. August 1792, der das Ende der Monarchie bedeutete, nahm sie am Gefecht teil und wurde für ihren Mut mit einer Bürgerkrone ausgezeichnet. Dies sollte das letzte Mal sein, dass sie öffentliche Anerkennung erfuhr.

Als sie 1793 Girondisten und Anhänger der Bergpartei zur Einheit aufrief und vorschlug, Frauen als Schlichterinnen zu benennen, erntete sie Ablehnung und Widerstand auf Seiten der Parteigänger Robespierres. Am 15. Mai 1793 wurde sie von den radikalen ‚Revolutionären Republikanerinnen', die in ihr eine Komplizin der Gironde vermuteten, vor dem Konvent öffentlich verprügelt.

In der Zeit des Terrors der Jakobinerherrschaft war Théroigne verdächtig. Ihre früheren politischen Aktivitäten, ihr Aufenthalt im feindlichen Österreich, ihre deutliche Distanz zu Robespierre und die Tatsache, dass sie Luxemburgerin und damit Ausländerin war, genügten, um sie beobachten zu lassen. Sie wurde von Taschereau, einem Anhänger Robespierres, denunziert und am 27. Juni 1794 verhaftet. Drei Tage später stellte ihr Bruder den Antrag, sie wegen Unzurechnungsfähigkeit zu entmündigen. Wollte er sie vor der Guillotine retten? Sicher ist nur, dass er seine Schwester 1795 in einem Irrenhaus unterbrachte. Dem Schafott entronnen musste Théroigne noch 22 Jahre den Aufenthalt in verschiedenen Anstalten ertragen, bis sie am 8. Juni 1817 im Großen Hospital Salpêtrière starb. ∎

Literatur:
Grubitzsch / Bockholt (1991), Méricourt (1989)

Das Detail einer Zeichnung von Jean-Baptiste Lesueur zeigt Théroigne de Méricourt als „*Frau im militärischen Gewand*". Ob Théroigne am 10. August 1792 aber tatsächlich in eine weibliche Uniform gekleidet am Sturm auf die Tuilerien teilnahm, ist nicht zu klären. Für den von ihr zuvor geforderten ‚Amazonencorps' wäre eine solche Aufmachung jedoch durchaus vorstellbar.

Lied einer ins Feld ziehenden Französin
B. 10,5 cm, H. 15,8 cm, Papier, Anonym, deutsch nach 1792
Mainz, Martinus-Bibliothek Mainz, Signatur: Mz/107,2

Der ursprünglich als Flugschrift gestaltete Holzschnitt mit einer bis an die Zähne bewaffneten Frau ist heute Teil eines Sammelbandes zahlreicher Schriften aus der Zeit der Französischen Revolution. Die dargestellte Frau wird in der Bildlegende und durch die Nationalkokarde als Französin aus Paris präsentiert, die zur schonungslosen Verteidigung gegen ihre Feinde bereit ist. Indem sie Nähzeug gegen Waffen eintauscht, unterstützt sie ihren in den Kampf gezogenen Mann. Dass sie nicht die einzige Frau ist, die zum Gewehr greift, macht sie in ihrem Lied deutlich:

„Man sieht auf allen Dörfern fast
kein einziges Mannsbild mehr;
drum woll'n wie Amazonen dort,
wir auch ins Feld nachziehen fort,
mit Bündeln und Gewehr."

Der Text, der auf die Melodie „Auf, auf ihr Brüder, und seyd stark" gedichtet wurde, nutzt das Bild der Amazone, um die Beteiligung der Frauen am Kampf in ein positives Licht zu rücken. Gleichzeitig wird am Ende des Liedes auf die eigentlichen Waffen der Frau verwiesen, die ihr wohl eher gegen Feinde helfen. Somit wird der zuvor gelobte weibliche Kampfesmut wieder ein Stück zurückgenommen.

AR

Literatur: Sklavin (1989)

Nationalkokarde

Dm. 10 cm, Leinen, 1792
Hanau, Stadtarchiv Hanau

Ursprünglich lediglich von den Nationalgardisten als Erkennungszeichen an der Uniform getragen, entwickelte sich die Nationalkokarde seit 1789 zu einem populären Symbol der Französischen Revolution. Neben der Jakobinermütze war sie äußeres Zeichen für die Anhänger der politischen Bewegung. Die Farben Rot und Blau (Stadtfarben von Paris) sowie Weiß (Farbe des regierenden Königshauses der Bourbonen) entwickelten sich in Form von Kokarden, Bändern und Brustrosetten zum politischen Bekenntnis wie auch zu einer Modeerscheinung des ausgehenden 18. Jh. Männer und Frauen gleichermaßen trugen anfangs die dreifarbigen Zeichen an Hüten, Hauben, Fräcken und Kleidern. Nicht zuletzt die 1793 erlassenen Verordnungen zur Kokardenpflicht sorgten dafür. Allerdings war das Kokardetragen der Frauen nicht unumstritten. Aus Furcht vor politischer Gleichberechtigung der Frauen, äußerlich durch die Kokarde ausgedrückt, wurde dem weiblichen Geschlecht schließlich im Jahr 1800 das Tragen verboten.

AR

Literatur: Sklavin (1989)

Madame Blenker

Blatt aus der „Portrait- und Kostümgalerie aus der badisch-pfälzischen Revolution 1849" B. 17,5 cm, H. 22 cm, Papier, teilkolorierte Lithografie, 1849, Karlsruhe, Verlag Fr. Nöldeke
Kaiserslautern, Theodor-Zink-Museum, Kaiserslautern, Inv.-Nr.: GS 1370

Das Bild zeigt Elise Blenker (1824 – 1908), die mit ihrem Ehemann Ludwig Blenker aktiv am badisch-pfälzischen Freiheitskampf 1848/49 beteiligt war. Die Darstellung vor Schloss Eberstein bei Gernsbach nimmt Bezug darauf, dass die Blenker am Überfall auf das Schloss beteiligt war und stets bewaffnet und zu Pferd ins Feld zog. Sie entsprach dabei dem ‚Flintenweib' und der ‚Amazone' – Negativstereotypen, die männliche Kritiker nutzten, um gegen bewaffnete Frauen in der Revolution zu argumentieren. Sie sahen Bewaffnung und Kriegsdienst als männliches Monopol. Für die Französische, Wiener und Badische Revolution ebenso wie für die Freiheitskriege ist weibliche bewaffnete Beteiligung überliefert. Oftmals tolerierten Zeitgenossen dies jedoch nur als Ausnahme oder aber bespöttelten die Frauen in Witzen und Karikaturen, sexualisierten sie und stellten sie als unanständige Weibsbilder dar. Im Fall von Elise Blenker kam hinzu, dass sie sich in Hosen kleidete, was bei Moralisten für Aufsehen sorgte und ihr in Karikaturen (z. B. Fliegende Blätter, Nr. 10, Heft 221 aus dem Jahr 1850) ebenfalls angekreidet wurde.

AR

Literatur: Hagemann (1997), Lipp (1991), Revolution (1998)

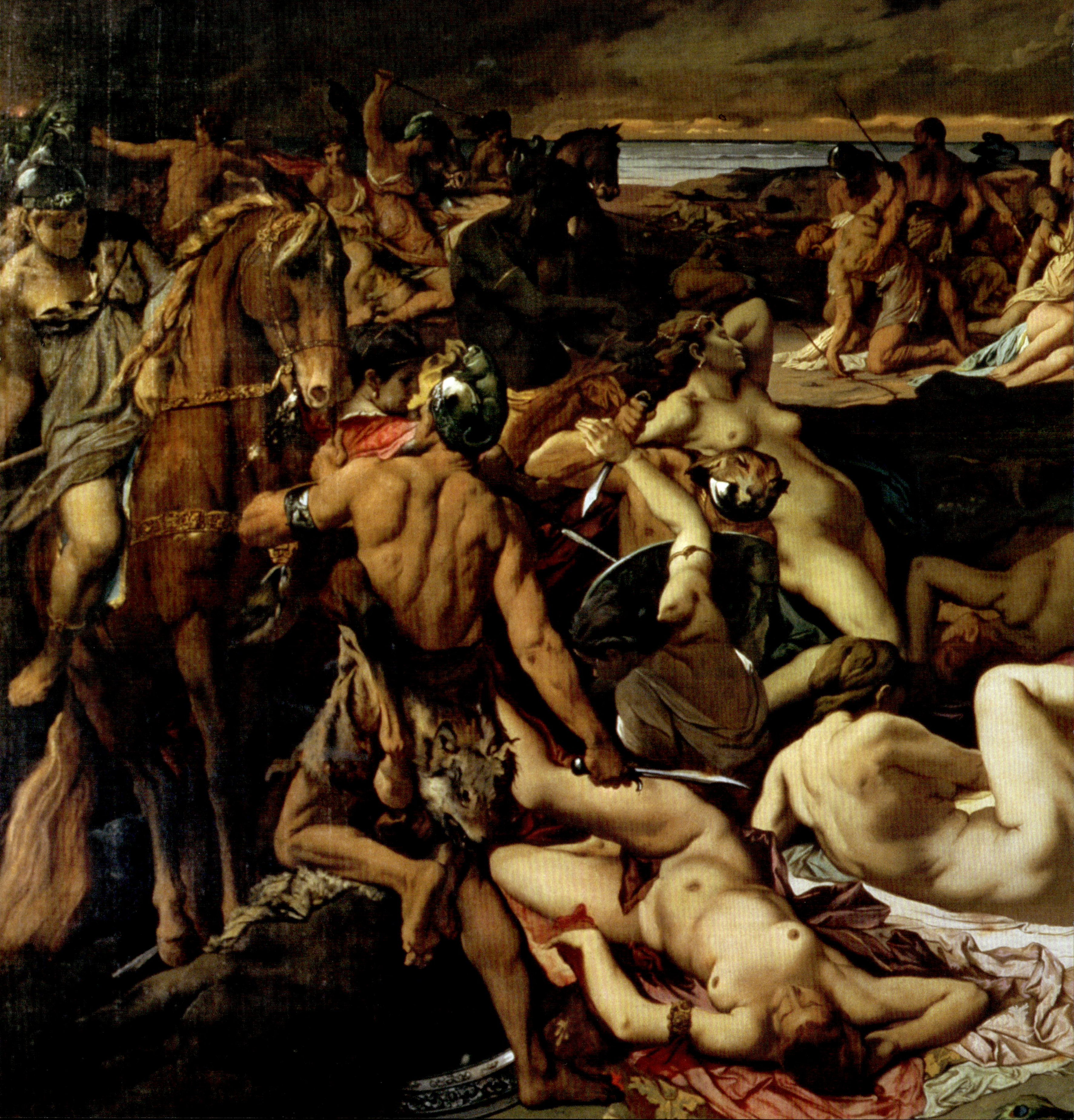

Amazonen unter uns

„Küßt ich ihn tot?" Über die Liebe, ein „giftgefiederter Pfeil Amors" im Frauenstaat der Amazonen in Heinrich von Kleists Penthesilea

Brigitte Fürle

Die antike Amazonenkönigin Penthesilea und ihr Frauenstaat, die Heinrich von Kleist in seinem gleichnamigen Stück (Erstdruck 1808) für die Bühne lebendig werden ließ, sind ein Mythos, der heute wie zu Zeiten Kleists über das Andere, das Fremde, das Unbekannte – die Kehrseite des Bewusstseins von Identität – erzählt. Kleist hat den griechischen Mythos der Begegnung von Penthesilea und Achilles nach den historischen Quellen der *Ilias* von Homer, der *Bibliothek der Geschichte* des Diodor von Sizilien und anderer Autoren umgedichtet und die wohl radikalste ‚deutsche Liebestragödie' geschrieben: Penthesilea begegnet im Kampf vor Troja dem griechischen Kriegshelden Achilles. Sie wählt ihn bedingungslos zum Geliebten, den es zu besiegen gilt. Achilles verkennt Penthesileas Amazonennatur und unterwirft sich nur zum Schein den strengen Liebesgesetzen der Kriegerinnen. Das treibt Penthesilea zur mörderischen Raserei, in der sie den anderen nicht erkennt. Nicht Achilles erschlägt die Amazonenkönigin, sondern Penthesilea, letzte Anführerin einer kriegerisch-matriarchalen Gesellschaft, zerfleischt den Mann, den sie liebt und den sie zum Rosenfest nach Themiskyra, dem mythischen Ort der Amazonen, führen wollte. Aus ihrem Rausch erwacht, gibt sie sich den Tod. Kleists *Penthesilea* erzählt von einer maßlosen Leidenschaft zweier Liebenden aus einander fremden Welten und von der Lust und Todesbesessenheit

Das Porträt aus dem Jahr 1795 zeigt vermutlich den etwa 18-jährigen Heinrich von Kleist.

Penthesilea, von Kleist 1807 geschrieben, erschien erstmals 1808 als Vorabdruck in der von Kleist herausgegebenen Zeitschrift *Phöbus*.

zweier Helden, die den Konflikt zwischen persönlichen und staatlichen Interessen beschreiben. Der Amazonenstaat, ein diszipliniertes, strenges und mit Anpassung zur Gemeinschaft ausgestattetes System, ist eigentlich der Staat in Reinkultur, doch dieser Staat beschneidet die Freiheit des Individuums. Die Gemeinschaft funktioniert gut, solange das Ich-Bewusstsein jedes einzelnen nicht zu groß ist. Eine ausschließlich weibliche Gruppe gerät in Konflikt mit einer ausschließlich männlichen – die Griechen kämpfen seit 10 Jahren vor Troja, getrennt von ihren Frauen.

Kleist verdreht die Geschlechterrollen und lässt Achilles ins Verderben ziehen, in völliger Irrationalität seiner Gefühle und Verkennung der Amazonennatur seiner Geliebten. Die Übertretung der jeweiligen Staatsordnungen und gesellschaftlichen Regeln bedeutet sowohl für Achilles, als auch für Penthesilea die momentweise Erlangung einer absoluten Ich-Identität um den Preis gegenseitiger Vernichtung. Somit kann man *Penthesilea* auch als ein Drama des modernen ICHs lesen, das gegen Kodifizierung revoltiert, sich radikal erweitert, und sich selbst auslöscht. Ein Subjekt, das sich in Frage stellt, seiner selbst nicht gewiss ist.

„Penthesilea ist ein Sonderfall, mehr ein Akt lyrischer Selbstauflösung als eine Tragödie".
(Günter Blöcker)

Penthesilea, von Kleist 1807 geschrieben, wurde 1808 in der von Kleist und A. H. Müller herausgegebenen Literaturzeitschrift *Phöbus* erstmals veröffentlicht und erst 1876 in Berlin mit Clara Ziegler in der Hauptrolle uraufgeführt. Kleist schickte das erste *Phöbus*-Heft mit der Penthesilea *„auf den Knien seines Herzens"* an den Theaterdirektor von Weimar, Geheimrat Goethe, und erklärte, dass es *„nicht für die Bühne geschrieben"* sei, sondern dass vielmehr all *„sein Schmutz und Glanz seiner Seele sein ganzes innerstes Wesen"* (Kleist in einem Brief an die Schauspielerin Henriette Schütz) darin läge. Er, Kleist, habe es sich *„von der Brust herunter gehustet und nun fühle er sich wieder frei"*. Goethe befand diese Figur der Penthesilea für widerwärtig und zugleich hochkomisch ob ihrer Einbrüstigkeit. Aus dem Griechischen übersetzt bedeutet *a mazon* ‚ohne Brust'. Dass die Amazonen nun tatsächlich ihre Bogenkünste nur einbrüstig leisten konnten, gilt aber vielmehr als männliche Phantasie – es existiert beispielsweise auch eine armenische Übersetzung des Worts ‚Amazon', das vielmehr ‚Mondgöttin' bedeutet.

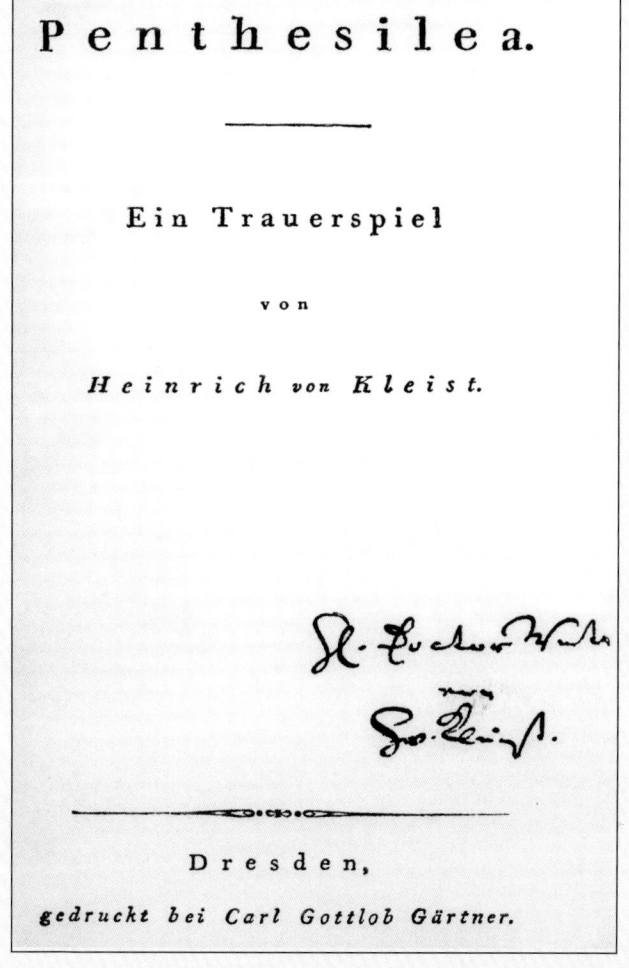

„Die gültigste Aufführung der Penthesilea spielt in unserer Phantasie."
(G. F. Hering)

Penthesilea gilt immer und immer wieder als unspielbares Stück, als ein Stück, das in die Moderne führt, indem es den linearen Erzählstrang verlässt und die fragmentarische Rede einführt. Es ist ein Stück, das zwischen Botenberichten und psychologischen Handlungsmomenten hin- und herspringt, so dass versucht wird, das ganze maßlose Gefühl, um dessen Beschreibung es geht, in Worte zu fassen. Wenn Meroe den entsetzlichen Bericht von Penthesileas Mordtat erzählt und *„mit Kraft der Rasenden sogleich* *den Bogen anspannt, dass sich die Enden küssen"*, dann ist das eine Metapher auf Penthesileas maßlose Liebe und ihren Vernichtungstrieb, aus dessen Überspannung sich das Unvereinbare – das zu ihrem Ende führt – aufbaut. Penthesilea ist ein Hörspiel, das keiner Bebilderung bedarf und dennoch eine der größten Frauenrollen der deutschen Dramatik hervorgebracht hat: Eine Heldin, die – ebenso wie Medea – den tradierten Frauen-Opferrollen als ungeheuer mordende Täterin gegenübersteht und ausgerechnet von Liebe als weiblichem Mordmotiv bewegt wird.

„Sie liebt ihn, o so sehr, dass sie vor Liebe gleich ihn essen könnte." (Figur der Penthesilea)

Liebe ist das Letzte, was der Frauenstaat für seinen Fortbestand vorsieht, sie ist ein *„giftgefiederter Pfeil Amors"*, der im Stück umso verheerender wirkt, als dass er ausgerechnet die Königin trifft. Der katastrophale Ausgang eines von Unerfahrenheit (seitens Achilles gegenüber der Amazonennatur) und maßlosem Gefühl (seitens Penthesilea entgegen einem streng disziplinierten Gruppenkodex) gleichermaßen unmöglich gemachten Liebesmoments ist ein Akt kannibalisch-erotischer Gewalt, der als Bild die ungeheuerliche Freiheit des Subjekts beschreibt, sich von einer streng kodifizierten Gruppengesellschaft loszusagen und ICH zu sein, für einen kurzen Moment, und – von Kleist mit minutiöser Genauigkeit beschrieben – sich selbst auszulöschen vermag.

„Nun trägt die Begierde und Jagd nach der Ganzheit den Namen Eros." (Platon)

Gesellschaftlich befinden wir uns am Beginn des 21. Jh. vor das Problem gestellt, bald biologische, nichtbiologische und menschliche Hybriden unterscheidend definieren zu müssen. Geschlecheridentität ist Sache des Einzelnen, eine Vielfalt aus Lebens- und Denkzusammenhängen, männlich, weiblich und third gender in unzähligen Spielarten dessen, wer wir sind und was wir sind. Kleists Achilles und Penthesilea sind die ersten Vorzeichen einer sich neu formierenden Geschlechteridentität am Beginn des 19. Jh., ein archaisch gedachtes Paradies des Androgynen – Mann und Frau gleichzeitig – das Helle und das Dunkle, das Paradies und der Abgrund Mensch.

„Man muss verrückt sein, man muss den Boden ‚Mann' unter den Füßen verlieren können, um zu schweben und mit dem Leben Liebe zu machen. Was für eine schöne Frau und was für ein schöner, junger Mann zugleich ist das Leben!" (Francis Picabia)

1910 schlüpfte die Schauspielerin Rosa Poppe (1876 – 1940) in die Rolle der Penthesilea. Ihr Kostüm, bestehend aus Rüstung, ornamentiertem Helm, Armschild und Speer, dokumentiert die Vorstellung über das martialische Auftreten der mythischen Amazonen.

Die *Penthesilea* von Max Slevogt aus dem Jahr 1905/06 illustriert das Drama Kleists. Nur wenige Einzelheiten, wie Helme und Speere, deuten in dieser Skizze das Historische an. In raschen Bewegungen zeigt Slevogt den Moment, in dem Penthesilea und Achilles von den kämpfenden Heeren getrennt werden.

„*Selten haben Frauen so selbstbewusst für sich gesprochen, wie es Kleist hier für sie tut*": Penthesilea erzählt auch von der Sehnsucht (Kleists) nach einer paradiesischen Ordnung, in der die Trennung von männlich und weiblich noch nicht existiert, von einer weiblichen Identität, die das männliche Prinzip nicht ausschließt (und umgekehrt). „*Bin ich in Elysium*", fragt Penthesilea nach ihrem makabren Mord an Achilles, dem missglückten Versuch, sich das Männliche wieder einzuverleiben, eins zu werden, vollkommen zu sein. Penthesileas Elysium war nur ein Zustand der EX TASIS, des Außer-Sich-Seins, außer sich und der Welt. Die Gottesanbeterin verschlingt das Männchen nach der Befruchtung, Penthesileas Liebesobjekt ist schon tot, bevor es überhaupt soweit gekommen wäre – aus Versehen zu Tode gebissen, wo Küsse gemeint waren. Gleich ihren Hunden hat sie sich in seiner Brust verbissen, ein barbarisches Schauspiel, das Meroe, Repräsentantin der Ordnung, mit Schaudern beschreibt: Das dionysische Chaos aus Mensch und Tier, das Ordnung und Hierarchie zerstört hat. Und ultimatives sadomasochistisches Ritual der beiden Helden, in dem der sterbende Achilles noch ruft: „*Meine Braut! Was tust du? Ist dies das Rosenfest, das du versprachst?*" Penthesilea bleibt der aktive Todespart vorbehalten, der „*herrlichste und wollüstigste aller Tode*" (Heinrich von Kleist) – oder die Stille.

„*Doch das Paradies ist verriegelt und der Cherub hinter uns; wir müssen die Reise um die Welt machen, und sehen, ob es vielleicht von hinten irgendwo wieder offen ist.*" (Heinrich von Kleist) ■

Literatur:
Blöcker (1977), Kleist (1964), Picabia (1995), Platon (1940), Prinz (1986)

Amazonen in der Kunst der Neuzeit

Reinhard Stupperich

Als man in Europa im späteren Mittelalter durch Kreuzzüge und Pilgerreisen wieder erste Kontakte mit dem Orient aufnahm, wuchs das Interesse an geheimnisvollen Mythen über Fabelwesen, Gefahren und paradoxe Erscheinungen bei unbekannten Völkern wie den ‚Amazonen' im Fernen Osten. Ähnliche Berichte kannte man bereits aus der antiken Überlieferung von den Abenteuern des Herakles, vom Trojanischen Krieg und aus dem *Alexander-Roman*. Diese sagenhaften Erzählungen machte man besonders im 15. Jh. gern mit farbigen Illustrationen, in denen Amazonenschlachten zu regelrechten Ritterkämpfen umgebildet wurden, anschaulich. In Büchern mit quasi historischem Anspruch wurden Leben und Sitten der Amazonen beschrieben und illustriert, vom Zusammentreffen der Amazonen mit griechischen Heroen und ihrer Liebe bis hin zu grausigen Szenen wie der Tötung der männlichen Nachkommen in der Art des Kindermords von Bethlehem oder der Zerstückelung der Amazonenkönigin im Kampf.

Mit dem Humanismus tauchen dann Bilder auf, die von der Rittertypologie abweichen und erste Kenntnisse östlicher Bewaffnung oder antiker Amazonentracht zeigen. Zwar ließen sich in Renaissance- und Barockzeit unabhängige Herrscherinnen gern mit bestimmten Attributen als Amazonen apostrophiert darstellen, das Thema war ansonsten aber nicht übermäßig beliebt, wenngleich es um 1600 in der Plastik auftaucht, etwa bei Adriaen de Vries mit einer Bronzegruppe von Theseus, der die Amazonenkönigin Antiope entführt. In der Malerei aber scheinen die Amazonen an Aktualität zu verlieren, wie sich das Thema damals überhaupt in Malerei und Plastik unterschiedlich entwickelt. In der Barockzeit wird es tatsächlich nur vereinzelt aufgegriffen, und wenn, interessiert man sich mehr für die positive Darstellung der Amazonen, mehr für Amazonenkavalkaden als für Kampfgeschehen. An die Stelle des Kampfes

Die sagenhaften Erzählungen und Mythen der Amazonen im fernen Osten, welche man von den Kreuzzügen und Pilgerreisen aus dem Orient mitbrachte, veranschaulichte man besonders im 15. Jh. gerne mit Hilfe farbiger Illustrationen in denen Amazonenschlachten zu regelrechten Ritterkämpfen umgebildet wurden, wie hier das Zusammentreffen der Amazonen mit den Trojaner.

gegen Herakles, Theseus oder Achilles treten allgemeine Szenen, die gleichnishaft auch einen anderen, übertragenen Sinn transportieren können, bis hin zur utopischen politischen Deutung. Das großformatige Amazonenschlacht-Gemälde von Peter Paul Rubens bleibt eine Ausnahme in dieser Zeit. Sein archäologisch geschulter Blick bezieht die Anregungen für das vielfältige Kampfgeschehen offensichtlich aus dem dichten Figurengeflecht römischer Reliefsarkophage, seine komplexe Gesamtkomposition übertrifft die üblichen Schlachtdarstellungen deutlich an Dramatik. Dabei spielt es eine wichtige Rolle, wie er Kampf und Sturz kreisförmig um eine alte Brücke herum komponiert. Obwohl im Vordergrund nur Amazonen in ihr Unglück stürzen und so der Schrecken des Krieges drastisch geschildert wird, entsteht nicht der Eindruck einer überheblichen Parteinahme des Künstlers für eine der am Kampfgeschehen beteiligten Parteien.

Erst mit dem Ende des 18. Jh. kann man wieder eine Zunahme des Interesses am Kampfgeschehen der weiblichen Kriegerinnen registrieren. Johann Heinrich Wilhelm Tischbein, der durch seine Romreise nähere Antikenkenntnisse erwarb, beweist in einer Zeichnung kämpfender Amazonen von 1795 sogar Vertrautheit mit antiker Malerei in der Art des bemalten Florentiner Amazonensarkophages. Der Klassizismus tendiert dann wieder mehr zur Plastik, Antonio Canova und Bertel Thorvaldsen stellen vor allem die Tragik der Penthesilea-Sage vor Augen. Im Gegenzug persifliert Honoré Daumier 1842 in seinen Mythen-Parodien den Kasernenalltag der Amazonen. Trugen die Amazonen in dieser Phase in der Regel das übliche kurze Gewand mit freier Brust, so werden sie danach, seit der zweiten Hälfte des 19. Jh., häufig ganz nackt dargestellt, insbesondere auch zu Pferd. Das Geschehen wirkt oft chiffreartig; auch die Detailtreue nimmt keineswegs zu. Vielmehr wird die Spannung zwischen dem Reiz der unrealistischen Nacktheit und den

Rubens' Kampfgeschehen lehnt sich am dichten Figurengeflecht römischer Reliefsarkophage an. Dabei ordnet er seine Komposition, die von Kampf und Sturz berichtet, kreisförmig um eine alte Brücke herum, um die kriegerische Dynamik zu verbildlichen. Die im Vordergrund in den Tod stürzenden Amazonen stehen symbolisch für den Schrecken des Krieges.

Amazonen unter uns

kriegerischen Attributen und drastischen Aktionen bewusst ausgekostet. Diese Entwicklung war zweifellos die Voraussetzung für die spätere Aufnahme der entsprechenden Amazonengeschichten in den Filmen des früheren und in den Comics des späteren 20. Jh. Auf der einen Seite steht eine Wiederaufnahme der vielfigurigen Szenen der Amazonenschlachten, etwa das lange vorbereitete Projekt des monumentalen Gemäldes von Anselm Feuerbach oder ein Bild des venezolanischen Malers Arturo Michelena. Insbesondere bei Feuerbach hat man das Gefühl, dass dabei eine ganze Reihe unterschiedlicher Motive aus der älteren Kunst aufgegriffen und wirkungsvoll, aber ohne Zusammenhang, zur Demonstration der Vielfalt der perspektivischen Darstellungen des menschlichen Körpers vorgeführt werden. Noch Wilhelm Trübner greift dieses Motiv mit dem wirren Durcheinander der Amazonen auf. Ferdinand Leeke verwendet es als Hintergrund seines Gemäldes *„Der Tod der Penthesilea in der Amazonenschlacht"*. Übrigens bedienten sich Maler in dieser Phase auch zur Darstellung des Walkürenritts, der damals durch Richard Wagner populär wurde, einfach der Ikonographie der Amazonen. Franz von Stuck gestaltete mehrere stilisierte Einzelmotive zu dieser Thematik – eine verwundete Amazone oder eine Kriegerin im Kampf mit einem Kentauren. Daneben gibt es aber auch Einzelfiguren und idyllische bis kitschige Darstellungen des Amazonen-Lebens, etwa von Theodor Baierl.

In der Plastik taucht zudem das Motiv der einzelnen verwundeten Amazone auf, etwa die sitzende Penthesilea von Pierre Eugène Émile Hébert 1872. In die folgende Phase gehören dann eine ganze Reihe von Amazonen-Skulpturen, insbesondere solche zu Pferd, deren Beliebtheit vom späten Klassizismus bis zum Expressionismus anhält. Selbst in Porzellan werden nun immer wieder solche Reiterfiguren gegossen. Während manche der heroischen Amazo-

Das Tischbein während seiner Romreise die Möglichkeit hatte, sich nähere Antikenkenntnisse anzueignen, beweist seine Zeichnung kämpfender Amazonen von 1795. Seine Vertrautheit mit antiker Malerei in der Art des bemalten Florentiner Amazonensarkophages äußert sich beispielsweise in der Darstellung der schräg ablaufenden Helme und Rundschilde mit abgesetzten Rändern.

Seit der zweiten Hälfte des 19. Jh. wurden Amazonen häufig nackt dargestellt, bevorzugt auf einem Pferd reitend. Das Geschehen wirkt dabei oft chiffreartig, Details werden ausgelassen. Vielmehr wird die Spannung zwischen dem Reiz der unrealistischen Nacktheit und den kriegerischen Attributen, hier bei Ch. Rohlf lediglich in Form des Jagdhundes, und drastischen Aktionen bewusst ausgekostet.

nen-Skulpturen aus der ersten Hälfte des 20. Jh. fast unfreiwillig komisch wirken, spielen etwa Pablo Picasso und Salvador Dalí in ihren Gemälden souverän mit dem Thema: Picasso positioniert eine kindliche Artistin auf ein großes Zirkuspferd, Dalí verfremdet ganz bewusst eine Darstellung der klassischen Amazone vom Typ Sciarra, indem er sie sich auflösen lässt. Während dies bei ihm aber keinerlei Diskrepanz verursacht, läuft die Entwicklung im späteren 20. Jh. durchaus in zwei Richtungen auseinander. In der Zeit der Amazonen-Comics bekommen manche der Skulpturen eine verstärkt erotische, manchmal sogar übertriebene, kitschige Note, andere unterlaufen gerade diese Wirkung bewusst, etwa indem die Oberfläche des nackten Körpers ganz verfremdet oder indem die Figuren als Konstruktionen oder seelenlose Roboter bloßgestellt werden.

Funktion und Rolle der Amazonenbilder haben sich im Lauf der Zeit offensichtlich häufig gewandelt. Oft liegt der Reiz ganz offensichtlich im Kontrast von Erotik und visuell signalisierter Kampfbereitschaft. Die Künstler spielen jedoch mit den Geschlechterrollen oder genauer gesagt mit deren Umkehrung und gewinnen darüber hinausgehende, aber oft ambivalente Aussagemöglichkeiten. ■

Literatur: Lehmann (2004), Neumeister (2009), Pinder (1928)

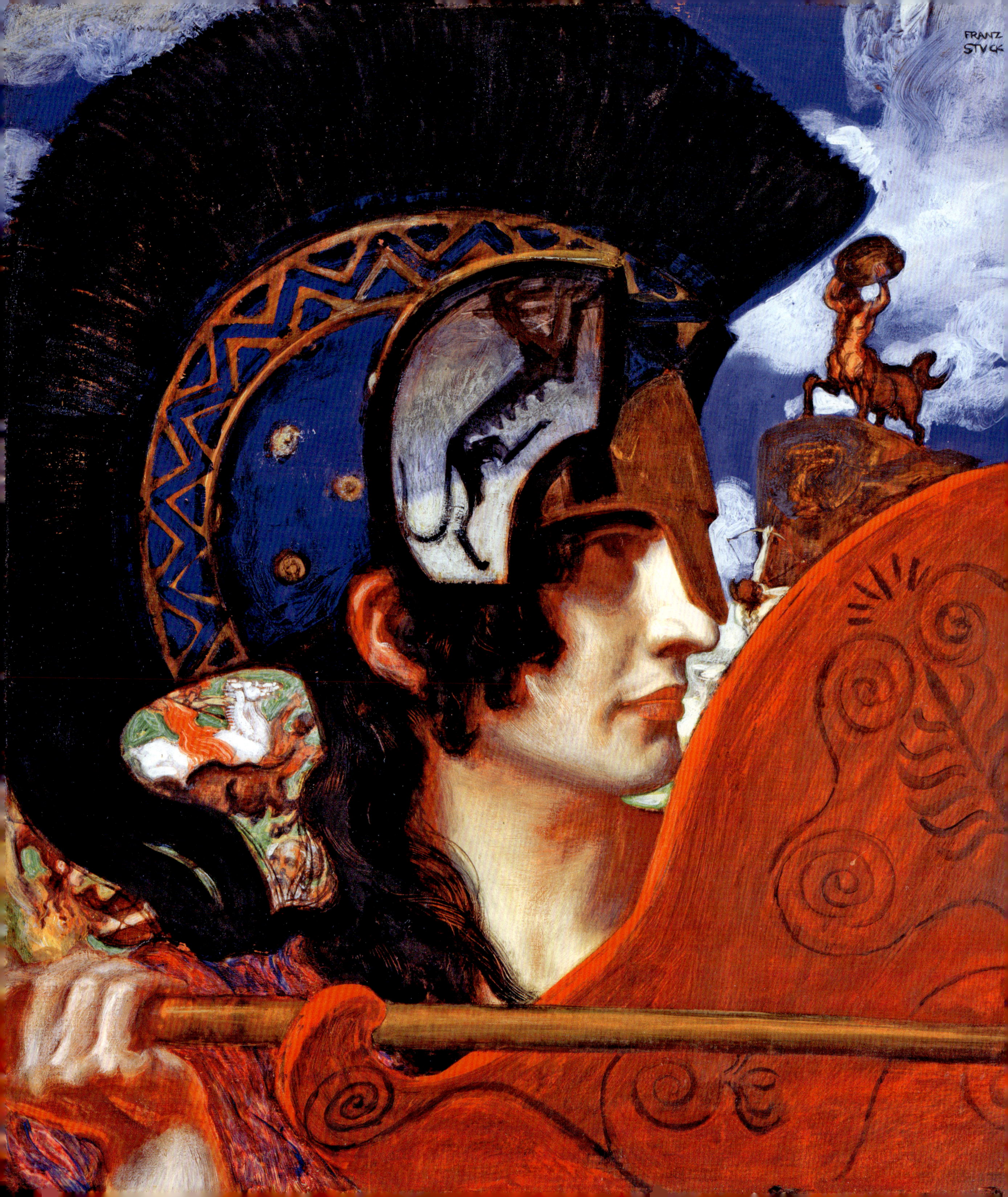
FRANZ
STUCK

Die überdeterminierte Amazone – Frauen als mordende Racheengel[1]

Heinz-Peter Preußer

Die *Kämpfende Amazone* von Franz von Stuck, 1897

[1] Der Aufsatz ist die gekürzte Fassung meines Beitrags *Der Mythos der Amazonen. Eine männliche Konstruktion und ihre feministischen Fehldeutungen*, in: Amazonen – Kriegerische Frauen, hg. v. Udo Franke-Penski u. Heinz-Peter Preußer, Würzburg 2010, S. 35 – 48.

Im Prinzip gibt es nur zwei Deutungen der Amazonen. Entweder unterstellt man deren realgeschichtliche Existenz oder man hält sie für eine Konstruktion, noch dazu eine von Männern erdachte. Die erste These die besagt, es habe Amazonen in der frühen Geschichte tatsächlich gegeben, möchte vom Kraftquell des Ursprungs profitieren. Das hat die feministische Interpretation der mythischen Überlieferungen seit den 70er Jahren des 20. Jh. getan. Die zweite Überlegung hingegen will sich gar nicht zu dieser genealogischen Frage äußern, sondern die Funktion der Amazonenmythen in Gesellschaften beschreiben. Weshalb, so meine Frage, haben sich Männer in patriarchalischen Gesellschaften diese kriegerischen Gegenbilder ausgemalt? Und weshalb erleben wir deren Neugestaltung noch im 21. Jh., auch und nicht zuletzt im Mainstream-Kino?

Amazonen sind ein bevorzugtes Motiv der Antikenrezeption. Sie faszinieren durch die ihnen eigene Überkreuzung herkömmlicher Geschlechtertypologien. Die Frau sei, so die Auffassung, ihrem Wesen nach nicht zur Kriegerin vorherbestimmt. Entscheidend ist hier nicht eine physische Unterausstattung, sondern das mythische Bild des Weiblichen. Sie gebe und erhalte das Leben, sei die große Nährerin. Das Muttertum gilt diesen Beschreibungen als Ideal, das in zahlreichen Vegetationsgöttinnen widergespiegelt erscheint. Aggression und insbesondere die Tötung des Gegenübers zur Machtvergrößerung wird in diesen Stereotypen dem Mann zugeschrieben. Die Amazonen aber haben, einer falschen Etymologie der Antike zufolge, die Negation einer solchen vorurteilsbehafteten Einordnung an sich selbst vollzogen, indem sie sich eine Brust abnahmen, um so zu kriegerischem Kampf fähig zu werden. Sie geben also auf, was ihnen ontologisch zugewiesen wurde: die „*nährende Seite eines behütenden Muttertums*". Das Widernatürliche ihres Unterfangens drückt sich schon in der symbolischen Vereinfachung aus. Die Erzählungen, die vordergründig starke Frauen ausstellen, bekräftigen und fixieren Rollenbilder in dieser Umkehrung, so meine Hypothese. In diesem falschen Bild also, in der Einbrüstigen, die den Bogen spannt, zeigt sich genau die patriarchale Konstruktion.

Die *Amazone, Venus des Jahrmarkts* und den ‚Mann mit dem Blumenstrauß' aus einer Theaterszene hielt Pablo Picasso in dieser Radierung aus dem Jahre 1966 fest.

Hier liegt zugleich der Kern des Mythos der Amazonen und der Quell des Missverstehens. Das Bedrohliche dieser kriegerischen Frauen wird ausgestellt und zugleich domestiziert.

Von Amazonen der Antike wissen wir durch Diodor, von Herodot, von Strabon, vor allem aber durch spätere Quellenkompilationen, d. h. durch Zusammenstellungen von Quellen. Die bekannteste, selbst aus dem Altertum, stammt von Plutarch. Das Epos, das den Anschluss an die *Ilias* herstellt, die *Aithiopis*, ist nicht mehr erhalten, war aber der Fundus, aus dem sich die Autoren der Antike noch bedienen konnten. Es berichtete vom Kampfeinsatz der Amazonen auf Seiten der Trojaner, von der Begegnung Penthesileas mit dem Griechenhelden Achilles, also von jenem tödlichen Aufeinandertreffen, das uns Kleists Drama darstellt. Populäre Nacherzählungen der Amazonenmythen, auch in heutiger Zeit noch vielfach gelesen, stammen von Karl Kerényi und Robert von Ranke-Graves.

Drei Amazoneninnen prägen die Mythen. Die schon genannte Penthesilea (gegen Achilles), Hippolyte (gegen Herakles) und Antiope (gegen Theseus). Für Herakles war es die neunte Aufgabe, den ‚Gürtel' der Hippolyte zu gewinnen, sich also ihres Wehrgehänges oder der gesamten Rüstung zu bemächtigen. Von Theseus wird berichtet, wie er Antiope raubt. Daraufhin ziehen die Amazonen vor die Tore Athens, belagern die Stadt und wollen ihre Königin freipressen. Auch hier triumphiert der Mann, wenngleich sich, nach Plutarch, der Friede durch Vermittlung einstellt, nicht durch überlegene Gewalt. Zudem begegnen die Argonauten den Amazonen und einem weiteren Frauenstamm, der alle Männer ermordet, ja die männlichen Kinder beseitigt hat.

Bis auf die Erzählung von Penthesilea sind alle diese Mythologeme Heldenfahrten ins Unbekannte. Die Heroen fungieren strukturell als Zivilisationspioniere und Kolonisatoren, die neues Land erschließen und sich zu eigen machen. Dafür tun sie sich den Selbstzwang an, den die Fahrt über das Meer darstellt. Heiner Müller hat das bebildert, im treuen Rekurs auf den Grundtext der *Dialektik der Aufklärung* von Max Horkheimer und Theodor W. Adorno. Sie setzen ihr Leben ein, um entlohnt zu werden durch Unsterblichkeit. Die Helden versagen sich ihre Triebe, damit sie im Raub umso klarer zu ihrem Recht kommen.

Selbst wenn Jason seine Hypsipyle durch Liebe gewinnt, bleibt das Muster doch gleich. Sein Verhältnis zur Amazone ist vom Nutzen diktiert, kurz: zweckgerichtet. Er wird sie, für das Ziel der Argonautenfahrt, verlassen wie später seine Medea. Theseus verrät aus dem nämlichen Grund seine Ariadne. Und Theseus wird auch seine Antiope opfern für die Zwecke des Machterhalts, um Phaidra zu heiraten. Den Frauen bleibt nur die vergebliche Klage der Verlassenen.

In allen Amazonenmythen unterliegen also die kriegerischen Frauen, sei es durch Liebe, sei es im direkten Kräftemessen auf dem Feld, sei es in einer Kombination aus beidem. Sie werden ernst genommen, nur um die Fallhöhe zu vergrößern. Die männlichen Helden strahlen dann umso kräftiger. Das muss seinen Sinn haben. Und der erweist sich in der Legitimation, die solche Mythologeme leisten. Demnach wären die Amazonen nicht primär ein Nachhall einstiger Matriarchate. Selbst wenn sie verdeckt Zeugnis ablegten von einstiger Frauenherrschaft, würde sich doch das vordergründige Interesse der patriarchalen Gesellschaften über sie legen, sie bis zur Unkenntlichkeit verändern. Denn faktisch beglaubigen die Erzählungen von den Amazonen, dass gut sei, was geworden ist: die Herrschaft der Männer über die Frauen, die wirksam ist spätestens seit Beginn der dorischen Wanderung um 1200 v. Chr. Ausgeschlossen vom öffentlichen Leben, gebannt in den engen Kreis der häuslichen Reproduktion, haben Frauen, vor allem im klassischen Athen des 5. Jh. v. Chr., kaum eine Rechtsposition. Medea beklagt dementsprechend das Los der Frauen in ihrem großen Eingangsmonolog bei Euripides.

Theseus gilt als Gründer Athens. Er war es, der die Dörfer von Attika zum Stadtstaat zusammenschloss: auch dies eine zivilisatorische Pioniertat. Auf ihn gehen die Panathenäen zurück, die Gemeinschaftsfeste der attischen Städte. Wie Herakles, wie Jason ist er zugleich ein Bezwinger der alten chthonischen Gottheiten. Er tötet den Minotauros, Frucht der maßlosen sexuellen Gier der zauberkundigen Pasiphaë, die sich von einem Stier begatten ließ. Theseus unterwirft also, was den Männern Furcht bereiten könnte. Seine Mythologeme versichern, die maternalen Göttinnen, ihre Zauberinnen und deren ungeheure Ausgeburten seien ausgerottet wie das Gespenst der unersättlichen Frau. Dagegen bekräftigen sie zugleich, eben über die Figur des Theseus, dass der männliche Triebimpuls sich nach allen Seiten entfalten dürfe.

Diese unhinterfragbare Vormachtstellung des griechischen Mannes in der Antike ist allerdings prekärer, als es diese kurze Skizze erwarten lässt. Das Vaterrecht musste durchgesetzt werden gegen egalitäre Gemeinschaftsvorstellungen. Eben dazu dienten die Mythen von den Amazonen. In ihnen wird ausgedeutet, wie gefährlich eine Herrschaft der Frauen sein könnte, würden denen nicht Zügel angelegt wie etwa im klassischen Athen.

Eine der großen Leistungen und Verkennungen von Johann Jakob Bachofen ist die Interpretation der

Auf einem Frauentag in München zu Beginn des letzten Jahrhunderts sahen sich die emanzipierten Teilnehmerinnen als Nachfolgerinnen der kämpfenden Amazonen und setzten dies mit ihren Kostümen in Szene.

Orestie des Aischylos. Klytaimnestra ist eine Frau wie Medea, die sich nicht mit dem Status der Entrechteten abfindet und blutige Rache übt. Der Mann Agamemnon lässt sie aus eitlen Gründen der Ehre für den gehörnten Bruder Menelaos allein zurück, zieht für 10 Jahre in den Krieg vor Troja, nimmt selbst Beuteweiber und erwartet eheliche Treue von der Zurückgelassenen. Die aber hält sich einen Geliebten und sinnt auf Vergeltung, weil Agamemnon, um günstige Winde für die griechische Flotte zu erwirken, sogar die gemeinsame Tochter Iphigenie opfert. Also tötet Klytaimnestra den untreuen, in ihren Augen zudem feigen Gatten hinterlistig im Bad, schlachtet ihn ab und verteidigt sich voller Stolz noch vor dem entsetzten Chor.

Als Orest, ihrer beider Sohn, den Vater rächen will, hält sie ihm die Mutterbrust entgegen, erinnert ihn im Bildkern an die Gabe der Mutter und die Pflicht des Sohnes. Aber Orest erkennt nur das höhere Gesetz des Vaters an und durchstößt der Mutter die Brust, die ihn einst säugte, mit dem Schwert. Er verneint damit die Naturzyklik und setzt auf Geschichte und Fortschritt. Orest erweist sich damit als getreuer Erbe der Tatheroen und Zivilisationspioniere Herakles und

In einem Gemälde von Pierre-Nacisse Guérin (1774 – 1833) überzeugt Aigisthos die noch widerstrebende Klytaimnestra ihren Mann Agamemnon zu erstechen.

Theseus, Jason und Odysseus. Die Erinyen, Rachegeister des alten Muttertums, setzen nur ihm nach und lassen die Gattenmörderin Klytaimnestra unbehelligt. Die Entscheidung erzwingt zudem Pallas Athene, die Jungfräuliche, Kopfgeburt des Vaters Zeus und damit keiner Mutter Rechenschaft schuldig. Sie stimmt für Orest, wohl wissend, dass die alten matriarchalen Göttinnen besänftigt und eingehegt werden müssen, um deren Kraft nutzbar zu machen für das Land und das Gedeihen aller. Denn immer noch verbürgen sie, die alten Verwandten der Mutter Erde und des Mondes, den Nahrungsreichtum, der aus dem Land kommt und alles Leben erhält.

Bachofen gibt den alten Mutterkulten einerseits die Auszeichnung des Mutterrechts, adelt diese frühe Form als Gynaikokratie: Eigentlich Frauenherrschaft, was dann gerne als Matriarchat, Herrschaft des Muttertums, übersetzt wurde. Andererseits aber beschreibt er, in unsäglicher Redundanz – und damit nicht zu übersehen – den Aufstieg aus der finsteren Sumpfvegetation des Erdreiches zum hellen Licht der Geistigkeit. Für die erste Form steht das Mutterrecht, für die zweite das Vaterrecht. Das Dekadenzmodell, vom Feminismus beerbt, deutet den Sieg des Patriarchats als Verfall alter Werte. Das Fortschrittsmodell, von Bachofen selbst deutlich bevorzugt, erkennt im Untergang der Mutterreiche eine Naturnotwendigkeit und feiert das neue Vaterprinzip, das erst den Raum der Geschichte eröffne.

Es sind aber die berühmten Passagen seiner Einleitung ins *Mutterrecht*, die das Bild Bachofens als zitierfähigen Begründer der Matriarchatsforschungen ausmachen. Es ist der Bachofen, der vom *„Zauber des Muttertums"* spricht, *„der inmitten eines gewalterfüllten Lebens als das göttliche Prinzip der Liebe, der Einigung, des Friedens wirksam wird"*. In den Augen Bachofens ist der gynaikokratische Staat gekennzeichnet durch die *„Abwesenheit innerer Zwietracht"* und die *„Abneigung gegen Unfrieden"*. Es herrscht ein *„Zug milder Humanität"* vor. Die *„Gynaikokratie [...] fühlt [...] lebendiger als spätere Geschlechter die Unität alles Lebens, die Harmonie des Alls"*. Die Frau ist zum *„ganzen Dasein [...]"* *„von der Natur selbst praefiguriert"*. Bachofen geht sogar so weit, die *„gynaikokratische Weltperiode"* als *„die Poesie der Geschichte"* aufzufassen und eine Analogie – bewusst romantisch – zur *„ritterliche[n] Erhabenheit der germanischen Welt"* zu sehen. In solchen Äußerungen liegt der Kern des utopisch-romantischen Missverständnisses der Bachofen-Rezeption. Nach diesem Interpretationsschema wird aber zugleich das Handeln von Frauen verständlich, die sich gegen den Verlust der einstigen Unität stemmen. Man kann sich dann erklären, weshalb Klytaimnestra ihren Mann, weshalb Medea ihre beiden Kinder ermordet hat. Es ist die Rache der erniedrigten Frau, die eine Vermännlichung der Verhaltensweisen nach sich zieht. Das Mutterrecht wird nun, quasi paradox, verteidigt durch den Wechsel der Geschlechtsstereotype. Die Harmonie wurde einseitig aufgekündigt. Das bleibt noch das Muster bis zu den großen Kriegerinnen des Mainstream-Kinos der Gegenwart. Bei den genannten antiken Figuren Klytaimnestra und Medea ist es die Kränkung oder Zerstörung ihres Muttertums oder eine Versündigung am Geschlecht selbst, die Frauen zu Kriegerinnen umprogrammiert. In *Kill Bill* wird die Protagonistin, schwanger und kurz vor der Trauung, beinahe umgebracht von einer Mördergang, der sie selbst angehörte. Sie glaubt, nach Monaten im Koma, ihr Kind verloren zu haben, wird zudem als Bewusstlose Opfer einer systematischen Vergewaltigung, die ein Pfleger im Krankenhaus gegen Geld betreibt, wenn er sich nicht selbst an der Scheintoten befriedigt. Im Erwachen erkennt sie diese äußerste Erniedrigung, reagiert in der Szene sofort und mit aller Härte und scheint geeicht für das Kommende. Übermotivierter kann man sich kaum einen Rachefeldzug denken, wenn der dann auch – zugegeben – alle Grenzen sprengt.

Die Beispiele ließen sich zahllos – und über alle Genrezuordnungen hinweg – erweitern. Der Anblick einer Vergewaltigung von Verwandten, Schwestern zumeist, von der noch minderjährigen, in Sicherheit gebrachten Heldin begründet deren Entscheidung zum Kampf: ob das nun *Jeanne d'Arc* in der Fassung von Luc Besson ist oder die Heroine des Gothic-Horror, Selene aus dem Film *Underworld*. Die heißt auch noch, als gelte es nach wie vor Bachofen zu belegen, nach der antiken Mondgöttin. Die Frau, selbst wenn sie wie Selene ein Vampir ist, gibt sich nicht grundlos der Aggression hin. Ein Hannibal Lecter, der mit Lust und Kultur dem Kannibalismus frönt, wäre im Reich der Kriegerinnen kaum denkbar. „Achill das Vieh" aus Christa Wolfs *Kassandra* könnte unmöglich von einer Frau gedoubelt werden. Böse ohne Selbstlegitimation sind nur die Hexen der Märchenstoffe oder ihre Artverwandten aus der Fantasy. Aber auch dann steht häufig eine männliche Inkarnation der Zerstörung über ihnen: ein böser *„Geist der stets verneint"*.

Wie oft hingegen *„werden Weiber zu Hyänen"*, wenn sie ihr Kind zu verteidigen haben. Die *Alien*-Saga ist arrangiert um die Idee des Muttertums. Die Befreiung zur Kriegerin wird also um den Preis einer einseitigen Rollenzuweisung erkauft. Die Frau als Mutter verlässt nur scheinbar die gesellschaftlichen Konventionen, wenn sie tötet. Sie tut es für ihr Kind. Stilbildend war hier etwa die Figur der Sarah Connor aus *Terminator 2*. Weil sie auf der Seite des Lebens steht, darf sie auch Leben nehmen. Säkularisiert rekapituliert sie damit die alten chthonischen Göttinnen, die für Lebenszyklik stehen und deshalb morden. Aus dem Verfall wird das Neue. Als dunkler Hintergrund schwingt das Erdreich mit, zu dem die Lebewesen zerfallen. Die hütende Mutter ist also eine implizite, aber uneingestandene Drohung mit dem Tode. Der männliche Krieger, der tötet, versucht in einem modernistischen Kraftakt dem Lebenszyklus zu entrinnen, während die Frau als Mutter – gegen den offensichtlichen Nihilismus ihres Tuns – zur Anwältin des Lebens wird, selbst wenn sie tötet.

Um hier nicht missverstanden zu werden: Das sind allesamt Mythen der sexuellen Differenz, die ihrerseits hoch ideologisch sind und eine Kritik dieser systematischen Einordnung erfordern. Aber für gewöhnlich wird nicht einmal transparent, dass noch die Diskurse der Gegenwart auf diesen mythischen Zuschreibungen basieren. Man feiert als emanzipativen Akt, was einer Festschreibung des Geschlechterverhaltens gleichkommt. Waren noch in den 70er Jahren des 20. Jh. die Begleiterinnen von Abenteurern in erster Linie hysterisch kreischende Weiber, die den Helden

In den 1620er Jahren malte Claude Deruet (ca. 1588 – 1660) eine ganze Gemäldeserie, die er den Amazonen widmete, wie den *Aufbruch der Amazonen*.

Ebenfalls aus dieser Serie stammt der *Triumph der Amazonen*.

eher behinderten, als ihm im Kampf gegen das Böse beizustehen, und deren Karrieren bestenfalls bis zum Bond-Girl führen konnten, so sah man nun die waffenstarrende Frau als Einlösung des Gleichberechtigungspostulates. Anarchische Figuren wie das Tank Girl kokettieren mit dem Punk, schlichte Charaktere wie Hundra hingegen bedienen alte Männerfantasien. Von der Zukunft der Postapokalypse bis zurück in die graue Vorzeit der Fantasy reicht der Bogen der streitbaren Kriegerinnen. Doch auch Hundra ist überdeterminiert, bezieht wiederum ihren Racheimpuls aus den mordenden und brandschatzenden Männerhorden, die ihr friedliebendes Dorf zerstört haben.

Diese Motivationsstruktur ist nachhaltiger als die vordergründige Inszenierung als Sexidol, die wir auch von Red Sonja und Catwoman über Xena bis Lara Croft beschreiben könnten. Die Kämpferin als ‚scharfe Braut' hat schon die Helden der Antike gereizt. Sie steigert deren Ruhm: von Theseus bis Batman. Umso mehr gilt das, wenn es dem Heros gelingt, die selbständige Frau durch Liebe, nicht durch rohe Gewalt zu gewinnen. Wenigstens knistern muss es zwischen beiden, wenn die weibliche Heldin anerkannt werden soll. Apollonios Rhodios beschreibt diesen Sieg der Empfindungen in seinem Argonauten-Epos. Jason muss nicht mehr kämpfen – wie Achilles oder Theseus –, sondern bezwingt Hypsipyle, die Königin von Lemnos, einem *„Stern gleichend [...] mit seinem schönen rötlichen Leuchten"*. Das scheint erstaunlich für eine Frauengemeinschaft, die alle ihre Männer zuvor ermordete. Als die Argonauten weiterziehen, werden ihnen Tränen der Rührung nachgeweint. Mit dem Segen der Götter entlassen die Lemnierinnen ihre Helden, die, streng genommen, ihre emotionalen Bindungen allesamt verraten.

Der radikale Wechsel vom Amazonenstaat zur Romanze ist eine Zumutung für jede kritische, vor allem für die gendertheoretische Lektüre – und er zeigt doch nur in seiner Extremform an, wie fast alle mythischen Konzepte die Versöhnung der Geschlechterdifferenz denken. Ein Drittes komme hinzu, das die Bipolarität zwischen Mann und Frau aufhebe. Und dieses Dritte sei der Diskurs der emphatisch verstandenen Liebe. Christa Wolf lässt ihre Kassandra genau nach dem gleichen Konzept agieren. Ihr Aineias, auffallend androgyn gezeichnet, erkennt die Gleichwertigkeit der Geschlechter an, definiert sich selbst über die Bestätigung der Frau. Aber auch er wird wieder ein Held werden müssen, er wird Kassandra verlassen, um die Stadt Rom zu gründen: ein zweiter Theseus also und wiederum Zivilisationspionier. Einen Helden aber will Kassandra nicht lieben müssen und zieht daher ihr tragisches Ende vor – so wie es Aischylos vorgezeichnet hat.

Kleists Penthesilea hat sich gleichfalls für den Kampf entschieden und verliert erst durch die Waffen des Eros. Der Fehler Achills liegt darin, sie auf dem Feld siegen zu lassen, ihr, der Angebeteten, die eigene physische Unterlegenheit nur vorzuspielen, um Penthesileas Geliebter werden zu können. Die Amazone durchschaut die Inszenierung der Unterwerfung und gerät darüber außer sich: im wörtlichen Sinne. Unter ihren Hunden zerfleischt sie den Griechenheld, tatsächlich eine frühe Kannibalin. Aber auch sie hat Gründe: die der maßlos getäuschten – und in dieser Täuschung in ihrem Selbstwertgefühl ausgelöschten Geliebten.

Erst mit den 80er Jahren des 20. Jh. wird es möglich, nicht nur vermännlichte Frauen als moderne Amazonen zu zeigen, sondern die Kämpferinnen auch in ihren weiblichen Zügen zu präsentieren. Megan Turner, die junge Polizistin aus *Blue Steel*, ist einerseits betont androgyn gehalten, legt sich die Uniform, gleich in der Eingangssequenz, wie eine zweite Männerhaut an, und wird doch, mit dem kleinen Schleifchen ihres BHs, eindeutig weiblich konnotiert: ein raffinierter *cross-over* des Geschlechterdiskurses. Ähnliches gilt für Nikita, die Drogensüchtige, die durch den französischen Geheimdienst zum Killer umprogrammiert wird. Jeanne Moreau zeigt ihr, welche Waffen eine Frau einsetzen kann. Genau das macht sie als kalte Killerin überlegen. Sie reizt beide Seiten aus und verfügt deshalb über eine breitere Auswahl an Mitteln, verglichen selbst mit dem an coolness nicht zu schlagenden Victor, den Jean Reno spielt. Außerdem gibt es Frauen, die Gewalt verabscheuen, sie aber notgedrungen einsetzen wie die hochschwangere, tapfere Marge Gunderson aus *Fargo* oder Georgina Spica in Peter Greenaways Film *Der Koch, der Dieb, seine Frau und ihr Liebhaber*. In der Schlusssequenz zwingt sie ihren Mann, den vulgären und brutalen Albert Spica, den Penis ihres Geliebten zu verspeisen, den dieser zuvor bestialisch ermordet hat. Mit vorgehaltener Pistole probiert Albert tatsächlich von dem zubereiteten Leichnam, muss sich aber übergeben. Der Dieb, abgebrüht und roh bis zur Unerträglichkeit, erfährt die Erniedrigung, die er anderen aufgezwungen hatte, an der eigenen Person. Georgina hat Albert die Kulturgrenze aufgezwungen, die dieser meinte ignorieren zu können. Das ist eine durchaus originelle Dekonstruktion der männlichen Zivilisationsmythen. So weit geht das Stück von Stefan Schütz *Die Amazonen* nicht. Die Zivilisationspioniere Herakles und Theseus erscheinen auch hier vertiert. Während

Die Kieler Kunst-Keramik AG, kurz KKK, gehörte in den Zwanzigerjahren des vergangenen Jahrhunderts zu den bekanntesten Art Déco Werkstätten. Die Fayence-Skulptur einer reitenden Amazone stammt aus deren Produktion, gefertigt von der Keramikerin Gustl Kaiser.

der Erste aber nur typologisch reduziert dargestellt wird, wandelt sich der Zweite, Theseus, unter dem Einfluss der Amazone Antiope. Fast scheint es, als könnte die emphatische Liebe zwischen beiden den Antagonismus der Geschlechter aufheben. Nicht auf primäre Triebbefriedigung sind die beiden aus (die ergibt sich), sondern im erotischen Rausch selbst korrespondieren Antiope und Theseus mit der Natur, ja mit dem Kosmos in seiner Unermesslichkeit. Schütz feiert in seinen Protagonisten das Konzept des kosmogonischen Eros. Weil die Trennung zwischen den Geschlechtern fiel, muss sie auch zwischen allem anderen fallen, das seit Anbeginn der Welt in die Vereinzelung gerissen wurde. Nur in der Entgrenzung, im Zusammenfließen der Körper, haben sich Mann und Frau – sagt das Stück von Schütz. Das Liebespaar fantasiert sich als Riesenkörper, der diese Erde umarmt. Aber die Amazone stirbt, wie bei Kleist, in einem tragischen Finale. Das ist ein Trost in diesem romantischen Exzess, der sonst schwer zu ertragen wäre. Die Utopie der Liebe muss scheitern und sie scheitert mit Nachdruck. Die Machterhaltung duldet den Gegendiskurs nicht, den die beiden leben wollten. Der Konflikt zwischen tragisch liebendem Held und den Ansprüchen der Welt wird ausgereizt wie in den echten Tragödien Jean Racines. Auch Theseus scheitert an der Absolutheit des eigenen Anspruchs. Am Schluss aber kassiert er ihn, scheinbar ohne mit der Wimper zu zucken. Er tötet Antiope im Zweikampf – und zerstört damit in sich, was sein Anteil an der Amazone hätte sein können.

Mythen von Amazonen dienten der Legitimation bestehender Verhältnisse, sagte ich eingangs. Sie können aber auch, im selben Stoff, unterwandert, ja offen kritisiert werden, wie etwa bei Euripides. Mythen von Amazonen in der heutigen Zeit wollen meist das genaue Gegenteil: die bestehenden Verhältnisse kritisieren. Aber sie bestätigen oft ungewollt, was zu kritisieren sie angetreten sind. Der emphatische Liebesdiskurs hebelt die gegensätzliche Konstruktion der Geschlechter keineswegs aus, sondern er exponiert die Stereotype von Mann und Frau, die sich diesem Schema nicht zurechnen lassen. Die Bedeutsamkeit aber eines geschriebenen Textes oder einer filmischen Erzählung liegt jenseits der Stereotype und jenseits der erotischen Kosmogonie als mythischer Lehre von der Entstehung der Welt. Sie zeigt sich in der Abweichung, in der unverhofften Kombinatorik des vertrauten Sets. Dann funktioniert selbst Schillers *Jungfrau von Orleans*, die schon vom Titel her zur ‚romantischen Tragödie' gestempelt wurde. Und Johanna scheitert, ganz wie bei Schütz, weil sie sich preisgibt in der Liebe, für die sie zuvor nichts als Verachtung übrig hatte. ■

Literatur:
Blok (1995), Eckstein-Diener (1954), Fornasier (2007), Kleist (1993), Preußer (2000), Salmonson (1992), Samuel (1979), Wesel (1980), Wolf (1983)

Amazonen unter uns

Amazone auf scheuendem Pferd
H. 65,5 cm, Bronze, Marmorsockel, Albert Hinrich Hussmann (1874 – 1946), 1920er Jahre (?)
Speyer, Historisches Museum der Pfalz

Der aus Lüdingworth bei Cuxhaven stammende Bildhauer Albert Hussmann war besonders für seine Tier- und Reiterdarstellungen bekannt. Als Schüler an der Hochschule für Bildende Künste in Berlin lernte er u. a. bei dem Maler und Grafiker Paul Friedrich Meyerheim (Leiter der Tiermalklasse) und dem Bildhauer Gerhard Janensch (Leiter der Modellierklasse). *Die Amazone auf scheuendem Pferd* ist eine von mehreren Amazonendarstellungen Hussmanns und zeigt die Kriegerin sicher auf dem nach vorn preschenden Pferd sitzend. Zu Füßen des Pferdes ist ein Körper zu erkennen, der förmlich überrannt wird. Von Hussmanns verschiedenen Amazonenskulpturen ist die *Sterbende Amazone* mit einem sich aufbäumendem Pferd und einer darauf zusammensinkenden Frau wohl die bekannteste und in ihrer Ausführung dramatischste. Die Ruhe selbst vermittelt dagegen die *Amazone zu Pferd* mit einem grasenden Ross, auf dem eine Amazone im Damensitz reitet. Bis auf ein die Scham bedeckendes Tuch und die Sandalen ist sie nackt, aber amazonenhaft bewaffnet mit einer Streitaxt.

AR

Literatur: Thieme / Becker / Vollmer (2008)

Amazone im Kampf mit einem Panther
B. 45 cm, H. 48 cm, T. 30 cm, Zink, August Karl Eduard Kiss (1802 – 1865)
Privatleihgabe

August Kiss, Berliner Bildhauer oberschlesischer Herkunft, schuf mit der dynamischen Skulptur einer reitenden Amazone im Kampf mit einer Raubkatze sein bedeutendstes Werk, das ihm zu internationalen Ruf verhalf. Der Schüler von Christian Rauch und Friedrich Tieck, bedeutenden Vertretern der Berliner Bildhauerschule des 19. Jh., war vor allem für sein Talent in der Tierbildnerei bekannt. Dieses wurde auch auf der Londoner Weltausstellung 1857 gelobt, als dort ein Abguss der Amazone präsentiert wurde. Deren erste Fassung entstand allerdings schon um 1837 und wurde auf Anraten u. a. des berühmten Architekten Friedrich Schinkel für das Alte Museum in Berlin als großes Tonmodell gefertigt. Die positive Resonanz auf das 1839 ausgestellte Werk führte dazu, dass 1843 ein monumentaler Bronzeguss der Skulptur auf der östlichen Treppenwange des Alten Museums seinen Platz fand. In der Folge entstanden zahlreiche kleinplastische Abgüsse der kämpfenden Amazone wie das abgebildete Exemplar oder die Version im Bayerischen Nationalmuseum München.

AR

Literatur: Donop (1882), Selle (2008), Wirth (1962)

Speerschleudernde Amazone
B. 48 cm, H. 65 cm, T. 17 cm, Bronze, Franz von Stuck (1863 – 1928),
vor 1905
Privatleihgabe

Bereits im Jahr 1897 entstand das Modell für eine der bekanntesten Skulpturen des deutschen Künstlers und Mitbegründers der Münchner Secession Franz von Stuck. Die Statuette zeigt eine nackte Reiterin mit einem Speer in der erhobenen Rechten, den sie am Kopf des Pferdes vorbeischleudern will. In der Gestaltung orientierte sich Stuck an antiken Vorbildern wie den Pferden des Parthenons und an einem Kopf der Pallas Athene aus der Münchner Glyptothek, den er als Kopie in seiner privaten Abgusssammlung besaß. Zudem soll eine Frau Feez für die Amazone Modell gestanden haben.

Die Statuette wurde in einer bislang unbekannten Auflagenhöhe in den ersten Jahren des 20. Jh. gegossen. Hier handelt es sich um eines der seltenen Stücke, das noch vor Stucks Adelung (1905/06) ausgeführt wurde und deshalb die Künstlersignatur ohne das Adelsprädikat ‚von' aufweist. Darüber hinaus schuf Stuck einige lebensgroße Exemplare der Reiterin, z. B. die Amazone vor der Villa Stuck in München, und verewigte die Skulptur in Gemälden wie *Amazone und Kentaur* aus dem Jahr 1912.

AR

Literatur: Heilmann (1993), Katalog (1994), Stuck (1968)

Achill und Penthesilea
H. 65,5 cm, Gips, Bertel Thorvaldsen (1770 – 1844), um 1801, Rom
Kopenhagen, Thorvaldsens Museum, Inv.-Nr.: A 777

Der junge dänische Künstler Thorvaldsen erhielt während seines mehrjährigen Studienaufenthaltes in Rom den Auftrag, eine Marmorgruppe anzufertigen. Sie sollte das Pendant zu einer *Herkules und Lichas*-Skulptur bilden, die Thorvaldsens Auftraggeber, der Bankier Torlonia, 1795 erstanden hatte. Allerdings kam das Projekt nie über das Stadium der Skizzen und dieses Gipsmodells mit dem Titel *Achill und Penthesilea* hinaus. Der auch als Bozzetto bezeichnete Entwurf zeigt den griechischen Helden Achill, der die sterbende Amazonenkönigin Penthesilea in Armen hält. Mehrere antike Umsetzungen des Themas, wie z. B. auf einem Amazonensarkophag im Vatikan oder auf Reliefs wie dem Campana-Relief im Louvre, dienten Thorvaldsen als Vorlage. Noch während des lange andauernden Arbeitsprozesses an der Gruppe änderte sich das Motiv von der Figurengruppe mit Achill und Penthesilea hin zu Mars und Venus. Doch auch die neu betitelte Figurenkonstellation fand letztlich keinen Abschluss als Monumentalskulptur.

AR

Literatur: Hartmann (1979), Jungbluth (1962), Thorvaldsen (1977)

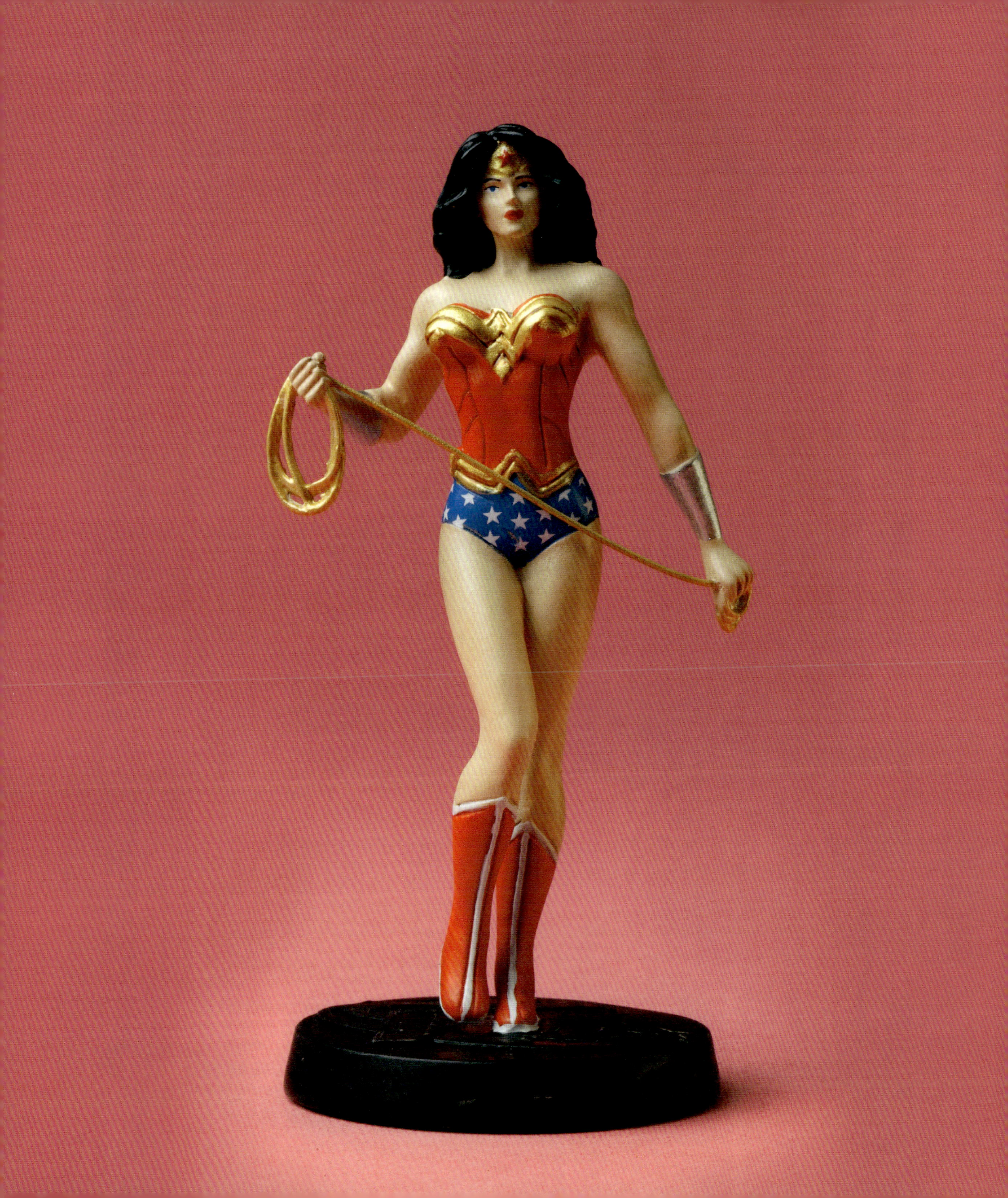

Amazonen in der modernen Populärkultur

Udo Franke-Penski

Superfrauen und kämpfende weibliche Comicfiguren gibt es unzählige. Eine Verbindung mit den antiken Amazonen der Griechen haben jedoch die wenigsten. In ‚Wonder Woman' vereinen sich die alten Mythen mit den Vorstellungen moderner Amazonen und hauchen den alten Legenden ein ganz neues Leben ein.

1941 betritt eine moderne Amazone die Bühne der Populärkultur. Sie ist die Tochter der 1000 Jahre alten Königin Hyppolita und lebt auf einer einsamen Insel, Paradise Isle, fernab der männlich dominierten Welt. Als ein amerikanischer Soldat dort strandet und ihr von den Schrecken der Nationalsozialisten berichtet, verlässt sie mit ihm die Insel, um das Böse zu bekämpfen. Als Waffen stehen ihr zur Verfügung: ein Gürtel, der ihr übermenschliche Kraft verleiht, Armbänder, mit denen sie Kugeln abwehren kann, und ein Lasso, das jeden, den es einfängt, zwingt die Wahrheit zu sagen. Letzteres scheint ein deutlicher Hinweis auf den geistigen Vater der Figur, den amerikanischen Psychologen und Erfinder des Lügendetektors William Moulton Marston (1893 – 1947). Die stärkste Waffe seiner ‚Wonder Woman' ist jedoch ihre moralische Überlegenheit, die sie der Tatsache verdankt, dass sie eine Frau ist. Schöpfer Marston ging aufgrund seiner Studien davon aus, dass Frauen die besseren Menschen seien. Mit seiner Figur wollte er den genuin weiblichen Eigenschaften Moral und Schönheit noch die nötige Kraft hinzufügen, damit Mädchen sie zu ihrem ganzheitlichen Vorbild machen können. Wonder Woman ist *„bezaubernd wie Aphrodite, weise wie Athene, schnell wie Merkur und stark wie Herkules"*.

Marstons feministischer Anspruch wurde in der Folgezeit immer wieder explizit in den erzählten Abenteuern zum Ausdruck gebracht. Dabei passt sich Wonder Woman der Gesellschaft an, indem sie eine zweite Identität annimmt, als erfolgreiche Anwältin Diana Prince – im Jahr 1941 keine selbstverständliche weibliche Tätigkeit. Dieses ausgesprochen selbstbewusste Bild änderte sich allerdings nach Moultons Tod. Seine Nachfolger stutzten die ‚Amazone' auf ein dem Zeitgeist adäquateres Maß an Selbstbewusstsein und Selbstdarstellung zurück.

Geburtsort dieser modernen Kriegerin war die Comic-Serie *All Star Comics*. Wonder Woman sammelte bald genügend Fans, um eine eigene Heftreihe zu bekommen. Während sie ganz zu Beginn noch mit einem Minirock bekleidet war, wurde dieser schnell durch Hotpants ersetzt, die bis heute Markenzeichen der Figur geblieben sind.

Amazonen unter uns

Die amerikanische Literaturwissenschaftlerin Lillian S. Robinson hat Wonder Woman als die bis heute einzige genuin feministische Superheldin bezeichnet. Alle anderen, die nach ihr gekommen sind, seien entweder prä- oder postfeministisch, was bedeutet, dass sie bewusst einer patriarchalen Gesellschaft in Wort und Tat entgegentrat. Spätere Heldinnen seien nicht mehr mit offener Diskriminierung konfrontiert worden und hätten dementsprechend auch nicht in gleichem Maße Stellung bezogen.

Wonder Woman ist typisch für die flächendeckende Übernahme des antiken Amazonenmythos in die Populärkultur des 20. und 21. Jh. Sie nahm die Neubesetzung der ‚Amazonen' durch Feministinnen in den 1970er Jahren vorweg, die ‚Amazonen' als Sinnbild einer besseren Welt betrachteten, in der den traditionellen patriarchalen Strukturen ein überlegenes weibliches Gesellschaftssystem gegenübergestellt wurde. Seit Wonder Woman hat es auch und gerade in der Populärkultur unterschiedlichste Ausformungen der Kriegerin gegeben, ob direkt angelehnt an den traditionellen antiken Amazonenmythos oder in moderner Form. Das Feld ist unübersichtlich, aber man kann vielleicht drei Schwerpunkte auswählen, die zumindest einen Eindruck von der inhaltlichen wie formalen Bandbreite geben.

Das erotisch aufgeladene Andere

Vor Wonder Woman waren Amazonen in den amerikanischen Pulp-Magazinen der 1930er Jahre beliebt (‚Groschenhefte', die das vorherrschende Medium der literarischen Massenkultur bis zum Siegeszug der Taschenbücher in den 1950er Jahren darstellten). Im Bereich der Fantasy oder der Science-Fiction wurden kriegerische Frauen zu Gegenspielerinnen des traditionellen männlichen Helden. Der Reiz der Amazonen für Genres, in denen es um die Darstellung des Fremden und des Anderen geht, liegt in zwei Aspekten begründet. Zum einen waren und sind nach wie vor matriarchale Gesellschaften das Sinnbild einer ‚verkehrten' Welt. Zum anderen bieten ‚Amazonenkriegerinnen' damals wie heute Gelegenheit, Frauen in ungewohnten dominant-erotischen Posen, dem Manne überlegen und bedrohlich darzustellen. Der Geschlechterkampf und die letztliche Unterwerfung der Frau, die Eroberung durch den tapferen, furchtlosen Mann können neu und variantenreich inszeniert werden.

Ein Beispiel für die Wiederkehr des antiken Mythos im Genre der Fantasy ist die Figur Red Sonja, die Robert E. Howard (1906 – 1936) erfunden hat und die in den 1970er Jahren im Medium Comic sowie in den 1980er Jahren im Medium Film wiederbelebt wurde. Sie begann ihre Karriere in Howards Geschichte *The Shadow of the Vulture* 1934 im Pulp-Magazin *The Magic Carpet* als Heroin der Renaissance. Bei ihrer Wiederauferstehung im Comic-Genre 1972 wurde sie dann in die Umgebung eingepasst, die Howard am meisten Popularität verschaffte – die imaginäre Vorzeit seines urmännlichen Helden Conan der Barbar. Sonja (in der Originalversion Sonya) wird in Hyrkania als Kind Opfer männlicher Gewalt und bleibt geschändet und zum Waisenkind gemacht zurück. Um sich rächen zu können, schließt sie einen Pakt mit der Göttin Scáthach. Sie bekommt kriegerische

Kriegerische Fähigkeiten und weibliche Erotik fügen sich in der Figur der Red Sonja zusammen. Im gleichnamigen Film verkörperte 1985 Brigitte Nielsen die nach dem Mord an ihrer Familie auf Rache sinnende Kriegerin.

Die Kriegerprinzessin Xena, gespielt von der Neuseeländerin Lucy Lawless, kämpft nach einer schicksalhaften Begegnung mit Herakles für das Gute. Gemeinsam mit ihrer Gefährtin Gabrielle durchlebt sie zahlreiche Abenteuer in einer Welt, die sich nicht zuletzt an den griechischen Mythen und Göttererzählungen orientiert.

Amazonen unter uns

Fähigkeiten verliehen und muss im Gegenzug beeiden, dass sie sich sexuell nur dem Manne hingeben wird, der sie vorher im fairen Kampf unterwirft. Mit anderen Worten: Es muss der Richtige kommen, der Manns genug ist den Akt der Unterwerfung zu vollziehen. Schnell hat sich in der Comic-Serie der bis heute klassische Look der Figur durchgesetzt – ein Metall-Bikini, die Mischung aus martialischem Stahl und kaum verhüllter Weiblichkeit.

Den Höhepunkt der Popularität erreichten ‚Amazonen', die an die antike Tradition anknüpfen, in den 1990er Jahren mit der Fernsehfigur Xena, Warrior Princess. Wie im Falle Red Sonjas ist ihre kriegerische Identität das Resultat männlicher Gewalt, gegen die es sich zu wehren gilt. Diese Übernahme einer im traditionellen Sinne männlichen Rolle führt dazu, dass Weiblichkeit an sich in Frage gestellt wird.

Lilian S. Robinson sagt, ein Grund für die Verharmlosung der Figur Wonder Woman nach dem Tod des Autors sei auch die kolportierte Behauptung gewesen, die ‚Amazone' wäre lesbisch und würde in ihrer Unmoral die Leserschaft verderben. Solche Gerüchte kamen auch bezüglich Xena auf – sie verbinde mit ihrer Begleiterin Gabrielle eine erotische Beziehung. Dies hatte 50 Jahre nach den Attacken auf Wonder Woman allerdings andere Konsequenzen. Der Verdacht der sexuellen Abweichung vom Mainstream führte nicht zu Zensurmaßnahmen oder einem Rückgang der Popularität der Figur. Im Gegenteil: Er machte Xena zu einer Kultfigur der lesbischen Subkultur. Heute ist der Anstrich der Bisexualität eher reizvoll – solange noch keine grundsätzliche Ablehnung männlicher Sexualpartner besteht.

Der grundlegende Mechanismus der Entstehungsgeschichte der Heldinnen Xena und Red Sonja ist spätestens seit den 1970er Jahren standardisiert: Frauen schwören Rache für durch Männer erlittenes Leid. Die Frau ist nicht genuin Kriegerin, sie wird erst missbraucht und/oder bedroht, um dann moralisch legitimiert mit aller Macht und mit den Waffen ihres Feindes zurückzuschlagen. Diese Standardhandlung zieht sich durch alle actionlastigen Genres, ob in Filmen, Comics oder Büchern. Sie ist am klarsten im Horror-Genre definiert.

Opfer und Täterinnen – ambivalente Objekte des männlichen Blicks

Die klassische Handlung des Teen-Slasherfilms, der sich seit den 1970er Jahren etabliert hat (als Urvater dieses Genres gilt der Film *Halloween* von 1978, bei dem John Carpenter Regie führte), besteht darin, dass ein psychisch gestörter Mörder Teenager, vornehmlich weiblichen Geschlechts, tötet, bis er am Ende von einem Opfer in spe selbst ermordet wird. Diese letzte

In Steve Miners *Halloween H20* schwingt Jamie Lee Curtis in der Rolle der Laurie Strode als ‚Final Girl' die Axt gegen ihren Widersacher. Seit dem ersten der sieben Halloween-Filme wurde die Protagonistin von ihrem Bruder verfolgt, der sie zu töten versucht, bis es ihr endlich gelingt, dem Horror ein Ende zu bereiten.

Überlebende ist, so die etablierte Definition der amerikanischen Autorin Carol J. Clover, das ‚Final Girl', das sich in seiner Art von den getöteten Opfern unterscheidet. Diese Heldin wird meist von vornherein als ‚männlicher' dargestellt, sie hat kurzes Haar oder einen männlich klingenden Namen und zeigt sich weniger freizügig mit ihren weiblichen Reizen. Sie wird vom Opfer zur Täterin, indem sie sich nach anfänglicher Wehrlosigkeit dem Mörder im Kampf stellt. Durch die Aneignung männlicher Gewaltbereitschaft reift die jugendliche Heldin zur Frau. Sie ist erwachsen, denn sie ist jetzt, im Wortsinne, überlebensfähig. Sie ist eine Kriegerin aus Notwehr.

Es gibt viele Untersuchungen zu der Frage, warum eine solche Heldin für das statistisch gesehen männlich dominierte Publikum des Horror-Genres attraktiv ist. Diese Fragestellung lässt sich auf das männliche Interesse an Amazonendarstellungen im Allgemeinen erweitern. Eine Antwort wäre ein masochistisch-männlicher Genuss an der Unterwerfung durch die Frau. Eine andere – polemisch-feministische – wäre, dass Männer die Gewalt an Frauen besser genießen können, wenn die nachfolgende Bestrafung und damit Sühne schon inbegriffen ist – eine Art innerpsychischer Ablasshandel.

Es gibt Darstellungen, in denen die weibliche Übernahme männlicher Gewaltbereitschaft nicht unproblematisch vonstattengeht. So zeigt beispielsweise der Film *The Brave One* mit Jodie Foster (USA 2007; Regie: Neil Jordan) wie eine rachsüchtige Frau – sie und ihr Freund sind von einer Straßengang überfallen worden, ihren Freund hat man vor ihren Augen umgebracht – mit dieser Veränderung ihrer Persönlichkeit ringt. Im Großen und Ganzen ist die Aneignung von Gewalt und die damit einhergehende Ermächtigung im Prozess der weiblichen Initiation in der Populärkultur selbstverständlich geworden und hat Vorbildcharakter entwickelt.

Bestandteil weiblicher Initiation und Selbstbehauptung

Die japanische Anime-Heldin Sailor Moon ist das vielleicht beste Beispiel, wie zumindest deutliche Anleihen bei den ‚Amazonen' als Bestandteil weiblicher Initiationsriten etabliert sind. Die Serie, die seit 1995 in Deutschland ausgestrahlt wird und eine Generation von Kindern und Jugendlichen weltweit geprägt hat, handelt von einer Gruppe Mädchen, die sich mit Hilfe eines Sternenkristalls in eine Gruppe (relativ harmloser) Kriegerinnen verwandelt und für das Gute kämpft. Bei Sailor Moon finden wir ein Element wieder, das schon Wonder Woman ausgezeichnet hat – und das viele weibliche Helden aufweisen. Sie mögen Kriegerinnen sein, aber sie kämpfen nicht bis zum Letzten, das heißt, sie lehnen die Vernichtung des Feindes ab und setzen auf Bekehrung. In der letzten Episode von *Sailor Moon* erhält die Protagonistin die Möglichkeit, ihren Widersachern ein für alle Mal ein Ende zu setzen. Sie lehnt ab. Sie will mit der Macht der Liebe den Sieg über das Böse davontragen. Wonder Womans Lasso der Wahrheit hat ebenfalls eine resozialisierende Funktion. Die umschlungenen Männer müssen ihre Taten bekennen – was bekanntlich der erste Schritt zur Besserung ist.

Das einfache und schüchterne Schulmädchen Bunny wird nach der Begegnung mit einer sprechenden Katze zur Kriegerin. Mit magischen Fähigkeiten ausgerüstet, kämpft sie für Liebe und Gerechtigkeit. In Deutschland erschien der Comic über die Manga-Serienheldin Sailor Moon zum ersten Mal im Jahr 1998 beim Verlag Feest Comics.

Lara Croft, von Haus aus eigentlich Archäologin, wird bei ihren abenteuerlichen Forschungsreisen zur waffenstarrenden Kämpferin. Die weiblich-erotische Ausstrahlung der Heldin, die durch Angelina Jolie in den Kinofilmen dargestellt wird, trägt zusätzlich zum modernen klischeehaften Bild einer ‚Amazone' bei.

Hier wird bei allem feministischen Fortschritt, den man zumindest der frühen Wonder Woman attestieren kann und muss, aufs Neue das alte Geschlechterbild zementiert: Frauen sind die liebevollen, letztlich harmonischen Wesen, die nicht darauf abzielen, den Feind vollends zu vernichten – sondern lieber eine Versöhnung herbeiführen, um Kampf, Hass und Aggression abzuschaffen. Während der männliche Krieger erst durch den Kampf legitimiert wird, ist für die Frau Gewalt nur eine Notwendigkeit, bis ein harmonischer Urzustand wieder hergestellt ist. Man kann das auf zwei grundsätzlich unterschiedliche Arten interpretieren. Entweder sind Frauen die besseren Menschen, weil sie nur so lange dem grausamen Geschäft des Kämpfens nachgehen, wie es zur Verteidigung höherer Werte oder des eigenen Lebens nötig ist; oder sie können eben nicht aus ihrer Haut und das herkömmliche Rollenbild der Frau als emotionales, schützendes und mitfühlendes Wesen ist im Kern richtig – das Kriegerische ist nur eine zeitweise Irritation ihres ‚wahren‘, erhaltenden, nicht zerstörerischen Ichs.

Die Amazone als ‚Frau für alle Fälle‘ – ein Fazit

Die Funktion von ‚Amazonen‘ in populären Medien, ob in direkter Anlehnung an den antiken Mythos oder in der weiter gefassten Definition einer kriegerischen Frau, ist vieldeutig. ‚Amazonen‘ sind verschiedensten Medien und Genres einverleibt worden. Sei es, um eine interessante, nach wie vor ungewöhnliche Gegenspielerin für den männlichen Helden ins Feld zu führen, sei es, um eine Heldin zu etablieren, die sich vom Opfer zur gleichberechtigten Täterin entwickelt. ‚Amazonen‘ können dementsprechend mit allen Geschlechtsattributen belegt sein und alle Zielgruppen ansprechen. Sie können als Speerspitzen des Feminismus angesehen werden, die sich in nach wie vor männlich dominierten Genres durchsetzen und die nicht (mehr) bereit sind, sich patriarchaler Gewalt zu unterwerfen, und keinen Mann mehr als Beschützer benötigen; oder sie dienen als bloßes Objekt männlicher Schaulust, als psychologische und visuelle Bereicherung der traditionellen Erzählmuster. Dies sind die beiden Extreme, die sich in unzähligen Variationen vermischen, wie man an der Computerspiel- und Filmfigur Lara Croft beobachten kann. Sie wurde 1994 als Protagonistin des Computerspiels *Tomb Raider* entwickelt. Ursprünglich sollte das Spiel einen männlichen Protagonisten haben, der noch näher an der Vorbildfigur Indiana Jones gewesen wäre. Man entschied sich dann für eine Frau, die man mit überdeutlichen weiblichen Attributen ausstattete – große Brüste und knappe Hotpants als Ergänzung zu den männlich konnotierten großkalibrigen Waffen, die sie in Cowboymanier umgeschnallt trägt. Mit der Schauspielerin Angelina Jolie in den beiden *Tomb Raider*-Filmen wurde dann die perfekte Balance für die männliche wie für die weibliche Zielgruppe erreicht. Man kann sie als von Männern unabhängige Frau und (modern gesprochen) Verkörperung von ‚Girl Power‘ wahrnehmen oder als vollkommene Männerphantasie betrachten. Mit einem Wort: Die ‚Amazone‘ gehört heute zum Repertoire der Populärkultur und bietet alle Möglichkeiten der Interpretation. ∎

Literatur:
Clover (1992), Knigge (1996), Preußer (2010), Robinson (2004)

‚Amazonen' im Parcours – Frauen im Pferdesport

Sabrina Busse

Der Begriff ‚Amazone' ruft heute die vielfältigsten Assoziationen hervor. So wird ‚Amazone' im alltäglichen Sprachgebrauch in vielen verschiedenen Kontexten verwendet und scheint als Bezeichnung immer dann Anwendung zu finden, sobald von selbstständigen und ehrgeizigen Frauen die Rede ist. Besonders gebräuchlich ist der Begriff jedoch im Reitsport, wo mit ‚Amazonen' vor allem die Springreiterinnen gemeint sind. Dies trägt der Vorstellung Rechnung, dass es sich bei den mythischen ‚Amazonen' um wagemutige berittene Kriegerinnen mit einem ausgeprägten Interesse an Pferden handelte. Und auch in der heutigen Zeit scheinen die Tiere besonders auf Frauen eine starke Anziehungskraft auszuüben. In der Statistik des Deutschen Olympischen Sportbundes (DOSB) rangierte der Pferdesport in Deutschland bei Mädchen zwischen 15 und 18 Jahren an vierter Stelle der beliebtesten Sportarten. Bei Frauen im Alter von 19 bis 26 Jahren belegte der Pferdesport sogar Platz drei. Nach Angaben der Deutschen Reiterlichen Vereinigung (Fédération Equestre Nationale, FN), der weltweit größten Pferdesportvereinigung, waren rund 70 % ihrer Mitglieder im Jahr 2009 weiblich. Demnach wird die Reiterszene heute größtenteils von Frauen dominiert.

Diese weibliche Prägung des Pferdesports ist jedoch eine recht junge Entwicklung der letzten Jahrzehnte. Vorher waren Frauen im Vergleich zu Männern im Reitsport benachteiligt. Dies hatte mehrere Gründe, doch vor allem erschwerte die Erfindung des Damensattels den Frauen das Reiten für mehrere Jahrhunderte. Bis ins Mittelalter saßen in Europa sowohl Männer als auch Frauen rittlings zu Pferd. Seit dem 13. Jh. entwickelte sich aber für Frauen die seitlich zu sitzende Reitweise im Damensattel. Diese wurde für die Reiterinnen zusehends zur Norm, da sie durch die relativ geschlossene Beinhaltung den immer strenger werdenden Anstandsregeln für Damen entsprach. Spätestens bis zum Beginn des 19. Jh. hatte der Seitsitz die Reitweise im Spreizsitz fast vollständig verdrängt. Im Gegensatz zum ‚normalen' Reitsattel boten jedoch die frühen Damensättel kaum Halt auf dem Pferd. In der Regel konnten die Reiterinnen lediglich

Die ‚Amazone' Laura Kraut zählt zu den weltweit erfolgreichsten Springreiterinnen. Mit dem Gewinn einer Goldmedaille bei den Olympischen Spielen in Peking 2008 stellte sie eindrucksvoll das Leistungsvermögen von Frauen im Pferdesport unter Beweis.

im Schritt reiten und mussten oft zusätzlich geführt werden. Von Reitveranstaltungen in schwungvollen Gangarten blieben sie somit häufig ausgeschlossen. Erst die Erfindung des Gabelsattels im 16. Jh., bei dem durch eine am Sattel befindliche Vorrichtung mit zwei so genannten Hörnern mehr Halt geboten wurde, erlaubte den Frauen wieder in schnelleren Gangarten zu reiten und kleine Hindernisse zu überspringen. Doch frühestens seit dem Ende des 18. Jh., d. h. mit der Erweiterung des Gabelsattels um ein drittes Horn, konnten auch höhere Hindernisse überwunden werden. Allerdings blieb das Reiten im Damensattel weiterhin schwieriger, denn durch die einseitige Beinhaltung fehlte die für das Pferd notwendige Beineinwirkung (Hilfengebung) auf der zweiten Seite. Zudem war diese Reitweise bei Stürzen sehr gefährlich, da es den Frauen oftmals nicht gelang, sich rechtzeitig vom Pferd zu lösen. Das lag aber nicht allein am Sattel, sondern auch an der bis zum Anfang des 20. Jh. vorherrschenden Damenreitmode. Um der strengen Etikette und dem Bild einer züchtig bekleideten Dame des 19. Jh. zu entsprechen, gehörten zu den Kostümen überlange Röcke, die sich schnell im Sattel oder an Hindernissen verfingen. Aber trotz der großen Sicherheitsrisiken ließen sich die Frauen nicht vom Reiten abhalten. Ende des 19. Jh. entstand schließlich mit dem Phänomen der ‚sporting ladies', den sportbegeisterten und selbst Sport treibenden Frauen der Oberschicht, ein neuer Typus Reiterinnen. Dieser nahm auch die Herausforderungen der rasantesten Treibjagden an und maß sich zusehends ebenbürtig mit der männlichen Konkurrenz. Von keiner Reitveranstaltung waren die ‚neuen Amazonen' mehr wegzudenken. Und stetig wuchs der Kreis der Anhängerinnen, vor allem seitdem der Pferdesport zu Beginn des 20. Jh. für breite Bevölkerungsschichten zugänglich und der Herrensattel für Reiterinnen wieder gesellschaftsfähig wurde.

Bis zur vollständigen Ebenbürtigkeit der Reiterinnen mit den Reitern galt es jedoch eine letzte Hürde zu überwinden: Die gesellschaftliche und speziell die männliche Ablehnung professionell reitender Frauen. Denn obwohl die Reiterinnen ihr Geschick eindrucksvoll unter Beweis stellten, wurde ihre Zulassung zu anspruchsvollen Turnieren oder einer beruflichen Ausbildung im Pferdesport bis zur Mitte des 20. Jh. kritisch beurteilt. Es herrschte das Vorurteil, dass Frauen aufgrund ihrer körperlichen Konstitution nicht in der Lage seien, die Strapazen in Wettbewerben oder Pferdesport-Berufen zu meistern. Die ersten weiblichen Jockeys und Berufsrennreiterinnen mussten ihr Recht auf eine Ausbildung oft erstreiten. Doch selbstbewusst eroberten die Frauen die Stallgassen und Weiden für sich. Seit den 1980er Jahren sind schließlich die letzten Beschränkungen für Frauen im Pferdesport aufgehoben und Frauen zu allen Disziplinen und Berufen des Pferdesports zugelassen. Damit gingen die ‚Amazonen' auch aus dieser letzten Schlacht siegreich hervor und galoppieren ihrer männlichen Konkurrenz mittlerweile mit Leichtigkeit davon. ■

Wie auf der Fotografie eines jungen Mädchens auf seinem Pferd vom Ende des 19. Jh. augenfällig wird, schränkte die zeitgenössische Reitmode Frauen stark ein. Häufig war das Reiten nur mit der Hilfe eines Reitknechts möglich.

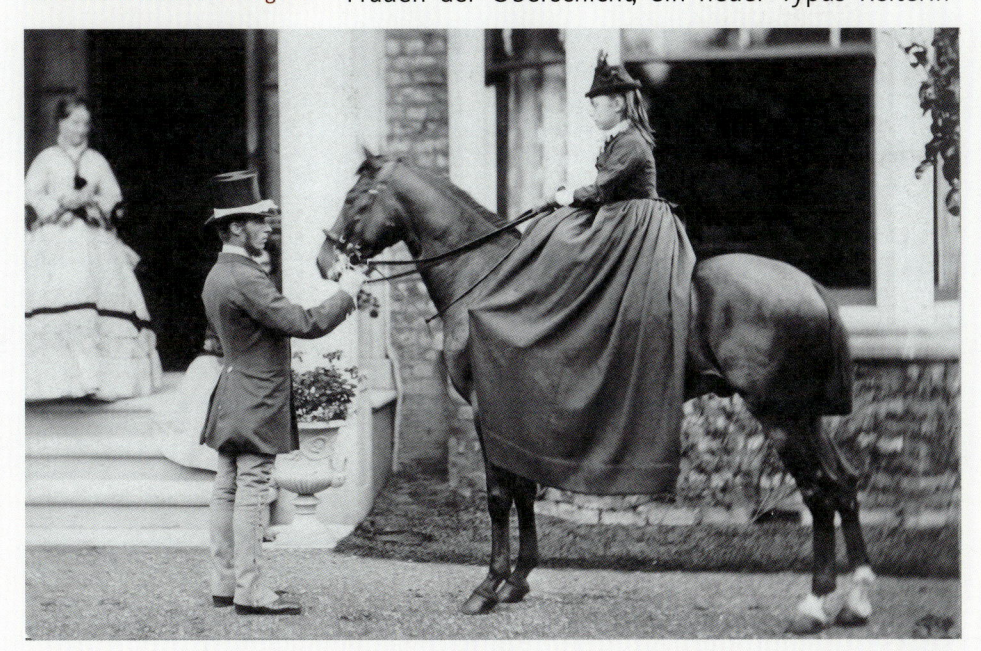

Literatur:
Wegner / Steinmaier (1998), www.pferd-aktuell.de

Rast der Amazonen III
Albert Weisgerber (1878 – 1915), B. 100 cm, H. 86 cm, Öl auf Leinwand, 1913
Saarbrücken, Stiftung Saarländischer Kulturbesitz, Saarlandmuseum Saarbrücken
aus der Sammlung Kohl-Weigand, Inv.-Nr.: KW 135 G

Das Gemälde des Malers und Grafikers Albert Weisgerber gehört zu den Werken, die in seiner letzten Schaffensphase entstanden. Bis zu seinem frühen Tod – er fiel bei Fromelles während des Ersten Weltkriegs – hatte der Schüler des Münchner Künstlers Franz von Stuck Arbeiten hervorgebracht, die unterschiedliche Stile von impressionistisch bis expressionistisch bedienten. Dadurch verband er auf besondere Weise die Kunst des 19. und des 20. Jh. Nicht zuletzt die Wahl zum Präsidenten der Neuen Münchner Secession 1913 zeigt, dass bereits zu Lebzeiten seine Arbeit hoch geschätzt wurde.
Die *Rast der Amazonen*, hier in der dritten Fassung, gehört in die expressive Phase Weisgerbers und zeigt das Amazonenthema angelehnt an die Form eines Historienbildes, in rascher Malweise auf die Leinwand gebannt. Zahlreiche Skizzen und unterschiedliche Fassungen von Amazonendarstellungen belegen Weisgerbers reges Interesse an den mythischen Kriegerinnen. So ist die Amazonenrast Ausdruck der intensiven Auseinandersetzung Weisgerbers mit dem Amazonensujet in den letzten Jahren vor seinem Tod.

AR

Literatur: Ishikawa-Franke (1978), Neumüller / Bierhals / Weber (2004)

Amazonenschlacht
Max Slevogt (1868 – 1932), B. 87 cm, H. 77,5 cm, Öl auf Leinwand, 1931
Edenkoben, Max Slevogt-Galerie, Schloss Villa Ludwigshöhe (Edenkoben), GDKE Rheinland-Pfalz,
Inv.-Nr.: SL 120

Der Maler, Grafiker und Illustrator Max Slevogt, Schüler der Münchner Maler Gabriel von Hackl und Wilhelm von Diez, schuf ein Jahr vor seinem Tod mit der *Amazonenschlacht* ein Gemälde, das vor allem die Ambivalenz im Weiblichen zum Ausdruck bringen sollte. Das Bild entstand in der Spätphase von Slevogts künstlerischer Arbeit. Sein Stil in dieser Zeit war geprägt durch ein Wechselspiel von Lichtintensität und Farbnuancen, das erst in der Kombination beider Komponenten zu einem Gesamtbild verschmolz. Die Auseinandersetzung mit dem antiken Thema war dabei nichts Neues innerhalb Slevogts Schaffen. Bereits mehr als 30 Jahre vor Entstehung der *Amazonenschlacht* hatte er sich mit Heinrich von Kleists Trauerspiel *Penthesilea*, später auch mit der *Ilias* beschäftigt, also literarischem Stoff, der mit dem Amazonensujet in enger Verbindung stand. Sogar seine früheste Lithografie aus dem Jahr 1905 zeigt die Amazonenkönigin Penthesilea im Schlachtengetümmel von Trojanern, Griechen und Amazonen. Und auch die um 1907 entstandenen Lithografien sind Achilles und den Ereignissen des Trojanischen Krieges, an denen bekanntlich die Amazonen beteiligt gewesen waren, gewidmet.

AR

Literatur: Druckgrafik (1980), Slevogt (1992), Thieme / Becker / Vollmer (2008)

Anhang

Glossar

Akinakes: Griechische Bezeichnung für ein typisches zweischneidiges Kurzschwert skythischer Krieger, das am Gürtel getragen wurde.

Akropolis: wörtlich „Oberstadt", bezeichnet die auf einem Berg gelegene Befestigungsanlage einer Stadt (→*Polis*) im antiken Griechenland. Der Begriff wird heute zumeist auf die *Akropolis* von Athen angewandt.

Alabastron: Gefäß für kostbares Körperöl

Amazonomachie: bildliche Darstellung eines Kampfes unter Beteiligung von Amazonen

Amphora: bauchiges und enghalsiges Aufbewahrungs- und Transportgefäß der Antike für Öl, Wein, Getreide, Honig und ähnliches. Unterschieden wird zwischen einer *Halsamphora*, die einen deutlich abgesetzten Hals samt dort beginnender Henkel hat, und einer *Bauchamphora*, bei der der Hals ohne erkennbaren Absatz in den Bauch übergeht.

Anämie: Blutarmut, ausgelöst durch einen Mangel an roten Blutkörperchen

Astragal: Zu Spielwürfeln umgearbeitete Tierknöchel, meist von Lämmern.

Beatuskarte: Typus einer mittelalterlichen Weltkarte, der auf Beatus von Liébana († nach 798) zurückgeht. *Beatuskarten* sind geostet und bilden schematisch die Kontinente Europa, Asien und Afrika sowie einen weiteren Kontinent ab, der auf manchen Karten unbewohnt, auf anderen Karten von Fabelwesen bevölkert ist.

Bergpartei: frz. „La Montagne", politische Gruppierung zur Zeit der Französischen Revolution, deren Name von den Sitzpositionen in den oberen Rängen des Nationalkonvents stammt.

Bola: Wurfwaffe, die in erster Linie zum Einfangen von Tieren, wie Rindern oder Pferden dient. Die *Bola* besteht aus 3 Schnüren, an deren Enden jeweils ein Gewicht befestigt ist. Bei richtigem Einsatz wickeln sich die Gewichte samt Schnüre so um die Beine des Tieres, dass es zu Fall gebracht wird.

Bürgerkrone: bereits in der Antike höchstes Ehrenzeichen für Bürger. Die *Bürgerkrone* wurde aus Eichenblättern zu einem Kranz gebunden, der später als sichtbares Zeichen der Kaiserwürde angesehen wurde. Während der Französischen Revolution wurde diese Form der Auszeichnung erneut aufgegriffen.

Chiton: Untergewand der griechischen Antike, das sowohl von Männern als auch von Frauen getragen wurde. Während es sich bei den *Chitons* der Männer um kurze Unterkleider handelte, bevorzugten Frauen eine lange Variante.

Chthonische Gottheiten: Bezeichnung für eine Göttergruppe der griechischen Mythologie. Diese Götter waren für Fruchtbarkeit, Leben und Tod verantwortlich. Bekannt sind z. B. die Götter Hades, Demeter und Persephone.

Cordeliers-Klub: Radikale Vereinigung zur Zeit der Französischen Revolution, die nach ihrem Bauchstrick, dem *Cordelier*, benannt wurde. Die Verbreitung des Leitspruchs „Freiheit, Gleichheit Brüderlichkeit" ist diesem Klub zuzuschreiben.

Dritter Stand: In der seit dem Mittelalter typischen Dreiteilung der Gesellschaft bezeichnete man alle freien Personen, die nicht dem Klerus oder dem Adel angehörten, als dem *Dritten Stand* zugehörig.

Dromos: Ursprünglich Begriff für eine Lauf- oder Rennbahn sowie auch für einen Laufwettbewerb. In der Archäologie bezeichnet *Dromos* den Zugangskorridor zu einer Grabkammer.

Epinétron: Antikes röhrenförmiges Gerät, das auf der Oberseite eine aufgeraute Struktur besaß. Über diese Struktur wurden Wollfäden gezogen, um sie für das Weben von Textilien vorzubereiten.

Französische Nationalversammlung: Am 17. Juni 1789 versammelten sich in Frankreich zum ersten Mal Abgeordnete des →*Dritten Standes* und schlossen sich zur Nationalversammlung zusammen, mit dem Ziel, die Macht des Königs durch eine Verfassung einzuschränken. Damit lag die Herrschaftsausübung von nun an bei den gewählten Vertretern der Bürgerschaft.

Fronde: frz. wörtlich „Schleuder", Bezeichnung für die Opposition zur Zeit des französischen Absolutismus und die mit ihr verbundenen gewaltsamen Auseinandersetzungen in den Jahren zwischen 1648 und 1653. Ziel der *Fronde* war die Einschränkung der Königsmacht.

Girondisten: Gemäßigte Partei zur Zeit der Französischen Revolution, die nach der Herkunft ihrer Wortführer aus dem Département Gironde/Aquitanien benannt wurde. Sie vertraten das liberale und wohlhabende Bürgertum.

Goryt: Köcher für Pfeil und Bogen der skythischen Reiterkrieger. Neben zahlreichen Pfeilen konnten im *Goryt*, der an der linken Körperseite getragen wurde, auch der gespannte Bogen untergebracht werden, so dass bei Bedarf ein direkter Kampfeinsatz möglich war.

Gynaikokratie: Herrschaftsform, bei der das weibliche Geschlecht über das männliche dominiert. *Gynaikokratie* umschreibt das fiktive Gesellschaftssystem der mythischen Amazonen am treffendsten.

Heroon: antikes Grabdenkmal für einen Heroen. Das *Heroon* war oftmals Ort kultischer Verehrung des Verstorbenen.

Heros: wörtlich „der Held", bezeichnet in der griechischen und römischen Mythologie einen Halbgott. Berühmte *Heroen* sind Herakles, Theseus und Achilles.

Ilias: Antikes Epos, das dem griechischen Dichter Homer zugeschrieben wird. In 24 Gesängen werden 51 Tage im zehnten Jahr des Trojanischen Kriegs sowie die Eroberung der Stadt Troja beschrieben.

Ilion: Name der Stadt Troja in der →*Ilias*

Impresario: Ursprünglich bezeichnete *Impresario* den Leiter eines Opernhauses oder Theaters, erweiterte sich aber im 19. Jh. auf Entscheidungsträger der gesamten Unterhaltungsbranche.

Jakobiner: Mitglieder eines der wichtigsten Klubs zur Zeit der Französischen Revolution, die sich nach ihrem Tagungsort, dem Pariser Dominikanerkloster Saint-Jacques benannten. Mit dem Voranschreiten der Revolution bildeten sie ab 1791 unter ihrem Anführer Maximilien de Robespierre eine Schreckensherrschaft aus. Sichtbares Zeichen ihrer Zugehörigkeit zum *Jakobinerklub* war die *Jakobinermütze*.

Kantharos: Antikes Trinkgefäß mit abgesetztem Fuß, dessen zwei ausschweifende Henkel an der Öffnung ansetzen und sich weit nach unten ziehen.

Kokarde: Abzeichen oder Aufnäher als militärisches oder politisches Erkennungszeichen. Weite Verbreitung fand die *Kokarde* während der Französischen Revolution, sie signalisierte die Zuordnung zu einer politischen Gruppierung.

Krater: In der griechischen Antike verwendetes bauchiges Gefäß zum Mischen von Wein und Wasser. Man unterscheidet verschiedene Formen der *Kratere* unter anderem anhand ihrer Henkel: Beispielsweise *Kolonettenkratere*, benannt nach ihren säulenähnlichen Henkeln, *Volutenkratere* mit eingerollten Henkeln und *Kelchkratere*, deren Henkel schräg vom Gefäßbauch abstehen.

Kurgan: Aus Erde, Holz oder Steinen aufgeschütteter Grabhügel. Die Bezeichnung *Kurgan* wird bevorzugt in Osteuropa verwendet, wohingegen in Westeuropa zumeist der Begriff →*Tumulus* gebraucht wird.

Lanzenschuh: Teil des Lanzenschafts, der sich gegenüber der Spitze befindet und als Standhilfe wie auch als zusätzliche Stoßwaffe dient.

Lekythos: Schlanke griechische Vase mit schmalem Hals, die der Aufbewahrung von Olivenöl diente.

Matriarchat: wörtlich „Mutterherrschaft", Gesellschaftsform, die ihre Ordnung um die Frauen herum aufbaut. Vergleiche hierzu →*Gynaikokratie*.

Metope: (Bild-)Feld zwischen den Triglyphen, den dreifach geschlitzten Platten eines Frieses, der wiederum Bestandteil des Gebälks eines antiken Tempels ist. Der so genannte „Triglyphenfries" tritt nur bei dorischen Tempeln auf.

Mythologem: einzelnes, innerhalb mythologischer Texte immer wiederkehrendes Element oder Thema

Nagaika: aus Lederstreifen geflochtene Reiterpeitsche mit leicht verdicktem Ende

Oinochoe: In der Antike zum Weinausschank verwendetes, bauchiges Gefäß mit einem einzelnen Henkel.

Osteoarthritis: Arthroseart, bezeichnet eine Entzündung, die, ausgehend vom Knochen, auf Gelenkverschlüsse übergreift und den Gelenkknorpel sukzessive zersetzt

Pelta: Leichter sichelförmiger Schild, bei dem es sich laut der Legende um eine typische Schutzwaffe der Amazonen handeln soll.

Pektorale: Schmuck, der um den Hals getragen wird und auf der Brust aufliegt

Pelike: Birnenförmiges Vorratsgefäß der griechischen Antike mit zwei Henkeln, das – im Gegensatz zur →*Amphora* – einen Standfuß hat.

Peplos: Langes ärmelloses Frauengewand der griechischen Antike, das mit einem Gürtel zusammengehalten wurde.

Phiale: flache, sowohl henkel- als auch fußlose Schale, die vor allem zu kultischen Zwecken bei der Trankopfergabe im Tempel genutzt wurde

Polis (Pl.: *Póleis*): Charakteristische Gesellschafts- und Siedlungsform des antiken Griechenlands, die sich seit dem 8. Jh. v. Chr., ausgehend vom griechischen Festland und dem Ägäisraum, im Mittelmeer- und Schwarzmeerraum verbreitete. Zu den Merkmalen der auch als „Stadtstaaten" bezeichneten *Póleis* gehört, dass sie keinen Herrscher besaßen und innen- wie außenpolitisch autonom agierten.

Pyxis: Rundes Behältnis mit Deckel, das im antiken Griechenland der Aufbewahrung von Schmuck oder Kosmetik diente.

Querelles-des-femmes: Eine seit dem Spätmittelalter geführte Diskussion um die Stellung der Frau und die Ordnung der Geschlechter. Die Bedeutung des Begriffs unterliegt bis heute einem steten Wandel, wobei sowohl der von den Frauen selbst ausgehende Kampf, als auch der Kampf um die Frauen gemeint sein kann.

Repraesentatio: Selbstdarstellung, meist in Verbindung mit Machtinszenierung

Sax: Einschneidige Hieb- und Stichwaffe

Schabracke: Satteldecke für den Pferderücken, die unter dem Sattel aufgelegt wird

Skyphos: antike Trinkschale mit niedrigem Fuß und zwei waagerechten Henkeln

Stoa poikílê: wörtlich „bemalte Vorhalle", Säulenhalle auf dem Versammlungsplatz (*Agora*) in Athen. Im Inneren der *Stoa poikílê* wurden Beutestücke wie Rüstungen und Waffen sowie auf Holz gemalte Bilder aufbewahrt. Letztere gaben dem Gebäude vermutlich seinen Namen.

Symposion: wörtlich „gemeinsames Trinken", gesellige Zusammenkunft im antiken Rom und Griechenland mit Gelage, Musik und Vorträgen.

Taphonomie: Auch als „Fossilisationslehre" bezeichnet. Disziplin, die sich mit den Vorgängen beschäftigt, die zwischen dem Tod eines Lebewesens und der Auffindung der verwesten Überreste vonstattengehen.

Tetradrachme: Antike Silbermünze, die seit dem 6. Jh. v. Chr. in Griechenland geprägt wurde. Sie entsprach vier Drachmen, daher der Präfix „Tetra", und hatte ein Gewicht von etwa 17g.

Thraker: Indogermanische Völkergruppe in der Antike, deren Stammesgebiet im östlichen Balkan zwischen Ägäis und Donau verortet wird.

TO-Karte: Mittelalterliche Weltbilddarstellung, die nach Osten ausgerichtet ist. Der Name rührt von der Darstellung der Flüsse Don und Nil, die in Verbindung mit dem Mittelmeer ein „T" bilden. Der Kartenrand hingegen formt ein „O" durch die Abgrenzung der aus den Kontinenten Europa, Afrika und Asien bestehenden Landmasse gegenüber dem Ozean.

Token: aus Ton hergestellte Spielsteine

Tumulus: siehe →*Kurgan*

Valgus-Stellung: Gelenkfehlstellung, bei der die Gelenkachse medial geknickt verläuft. Tritt die *Valgus-Stellung* im Kniegelenk auf, kommt es zu so genannten „X-Beinen".

Wir danken den Leihgebern für ihre freundliche Kooperation und freundliche Unterstützung

Amsterdam, Kollektion Jorke Schaling
Bad Säckingen, St. Fridolin
Basel, Antikenmuseum Basel und Sammlung Ludwig
Berlin, Staatliche Museen zu Berlin, Antikensammlung
Berlin, Staatliche Museen zu Berlin, Münzkabinett
Berlin, Staatsbibliothek zu Berlin – Preußischer Kulturbesitz
Bielefeld, Museum Huelsmann
Bonn, Akademisches Kunstmuseum
Bonn, LVR-LandesMuseum, Rheinisches Landesmuseum für Archäologie, Kunst- und Kulturgeschichte
Darmstadt, Hessisches Landesmuseum
Dresden, Gemäldegalerie Alte Meister, Staatliche Kunstsammlungen Dresden
Dresden, Rüstkammer, Staatliche Kunstsammlungen Dresden
Dresden, Sächsische Landesbibliothek – Staats- und Universitätsbibliothek Dresden
Eckernförde, Artothek Eckernförde
Edenkoben, Max Slevogt-Galerie, Schloss Villa Ludwigshöhe (Edenkoben), GDKE Rheinland-Pfalz
Frankfurt, Archäologisches Museum
Frankfurt, Liebieghaus, Skulpturensammlung
Genf, Collections des Musées d'art et d'histoire de la Ville de Genève
Halle, Universitäts- und Landesbibliothek Sachsen-Anhalt in Halle (Saale)
Hamburg, Museum für Kunst und Gewerbe Hamburg
Hanau, Stadtarchiv Hanau
Heidelberg, Antikenmuseum und Abguß-Sammlung der Universität Heidelberg
Heidelberg, Kurpfälzisches Museum der Stadt Heidelberg
Kaiserslautern, Theodor-Zink-Museum
Karlsruhe, Badisches Landesmuseum
Kassel, Museumslandschaft Hessen Kassel
Kassel, Museumslandschaft Hessen Kassel, Leihgabe der Peter und Irene Ludwig-Stiftung
Kiel, Kieler Stadt- und Schifffahrtsmuseum
Kherson, Kherson Museum of Local Lore
Kiew, Institute of Archaeology of the National Academy of Sciences of Ukraine
Kiew, Museum of Historical Treasures of Ukraine
Kiew, National Museum of History of Ukraine
Kopenhagen, Ny Carlsberg Glyptotek
Kopenhagen, Thorvaldsens Museum
Leipzig, Universitätsbibliothek Leipzig
London, British Museum
Mainz, Institut für Klassische Archäologie, Johannes Gutenberg-Universität Mainz
Mainz, Martinus-Bibliothek
Mainz, Römisch-Germanisches Zentralmuseum
Mannheim, Reiss-Engelhorn-Museen
Monschau, Firma Eifelpfeil – Michael Kieweg
Mougin, Mougins Museum of Classical Art
München, Bayerische Staatsbibliothek
München, Bayerische Staatsgemäldesammlungen
München Pinakothek der Moderne
München, Deutsches Theatermuseum
München, Museum für Abgüsse Klassischer Bildwerke
München, Staatliche Antikensammlungen und Glyptothek
München, Staatliche Münzsammlung
Neapel, Speciale per i Beni Archeologici di Napoli e Pompei – Museo Archeologico Nazionale di Napoli
Nowosibirsk, Institute of Archaeology and Ethnography of the Siberian Branch of the Russian Academy of Sciences
Oldenburg, Landesmuseum für Kunst und Kulturgeschichte
Paris, Bibliothèque nationale de France, département des Estampes et de la Photographie
Remshalden, Haus der Kunst Remshalden Sammlung Kurt Krockenberger
Saarbrücken, Stiftung Saarländischer Kulturbesitz, Saarlandmuseum Saarbrücken aus der Sammlung Kohl-Weigand
Stuttgart, Württembergisches Landesmuseum
Tiflis, Georgian National Museum, S. Janashia Museum of Georgia
Würzburg, Martin von Wagner-Museum der Universität Würzburg
Zürich, Staatsarchiv des Kantons Zürich (StAZH)

Wir danken B. Schütt, Dr. H. Thielen, G. und I. Zink, W. Bruns sowie allen nicht namentlich genannten Privatleihgebern, die uns Schätze aus Ihren Sammlungen großzügig zur Verfügung stellten.

Darüber hinaus sind wir allen weiteren, an dieser Stelle namentlich nicht genannten, Einrichtungen und Personen, die zum Gelingen der Ausstellung sowie der Begleitpublikation beigetragen haben, zu großem Dank für ihre vielfältige Unterstützung verpflichtet.

Autoren der Katalogtexte

AR   Andrea Rudolph
JH   Judith Hess
LB   Lars Börner

Literaturverzeichnis

ABV (1956)
John D. Beazley: Attic Black-Figure Vase-Painter, Oxford 1956.

Alekseev (2007)
Andrej Ju. Alekseev: Skythische Könige und Fürstenkurgane, in: Im Zeichen des goldenen Greifen. Königsgräber der Skythen. Katalog zur Ausstellung in Berlin, München u. Hamburg, hg. v. Wilfried Menghin, München u. a. 2007, S. 242 – 255.

Alpern (1998)
Stanley B. Alpern: Amazons of black Sparty. The Women Warriors of Dahomy, London 1998.

Andruch (2001)
Svetlana I. Andruch: Mogil'nik Mamaj-Gora (russ.; dt. Der Friedhof Mamja-Gora), Buch 2, Zaporož'e 2001.

Andruch / Toščev (1999)
Svetlana I. Andruch u. Gennadij Toščev: Mogil'nik Mamaj-Gora (russ.; dt. Der Friedhof Mamja-Gora), Buch 1, Zaporož'e 1999.

Andruch / Toščev (2004)
Svetlana I. Andruch u. Gennadij Toščev: Mogil'nik Mamaj-Gora (russ.; dt. Der Friedhof Mamja-Gora), Buch 3, Zaporož'e 2004.

Arentzen (1984)
Jörg-Geerd Arentzen: Imago mundi cartographica. Studien zur Bildlichkeit mittelalterlicher Welt- und Ökumenekarten unter besonderer Berücksichtigung des Zusammenwirkens von Text und Bild (Münstersche Mittelalter-Schriften 53), München 1984.

Aruz u. a. (2000)
Joan Aruz u. a.: The golden deer of Eurasia. Perspectives on the Steppe Nomads of the ancient world. The Exhibition The Golden Deer of Eurasia: Scythian and Sarmatian Treasures from the Russian Steppes. The State Hermitage, Saint Petersburg, and the Archaeological Museum Ufa, catalogue of the exhibition held at The Metropolitan Museum of Art, 12. Oktober 2000 – 4. Februar 2001, New York 2000.

ARV² (1963)
John D. Beazley: Attic Red-Figure Vase-Painter, 3 Bde., 2. Edition, Oxford 1963.

Banaszkiewicz (1982)
Jacek Banaszkiewicz: Königliche Karrieren von Hirten, Gärtnern und Pflügern. Zu einem mittelalterlichen Erzählschema vom Erwerb der Königsherrschaft, in: Saeculum 33 (1982), S. 265 – 286.

Baumgärtner (2003)
Ingrid Baumgärtner: Biblische, mystische und fremde Frauen. Zur Konstruktion von Weiblichkeit in Text und Bild mittelalterlicher Weltkarten, in: Erkundung und Beschreibung der Welt. Zur Poetik der Reise- und Länderberichte, hg. v. Xenja von Ertzdorff u. Gerhard Giesemann, unter Mitarb. v. Rudolf Schulz (Chloe. Beihefte zum Daphnis 34), Amsterdam 2003, S. 31 – 86.

Baumgärtner (2006)
Ingrid Baumgärtner: Biblical, Mythical, and Foreign Women in the Texts and Pictures on Medieval World Maps, in: The Hereford World Map. Medieval World Maps and their Context, hg. v. Paul D. A. Harvey, London 2006, S. 305 – 334.

Baumgärtner (2008)
Ingrid Baumgärtner: Weltbild und Kartographie, in: Enzyklopädie des Mittelalters, hg. v. Gert Melville u. Martial Staub, 2 Bde., Bd. I, S. 390 – 394 und Bd. II, S. 433, Darmstadt 2008.

Baumgärtner (2009)
Ingrid Baumgärtner: Die Welt als Erzählraum im späten Mittelalter, in: Raumkonzepte. Disziplinäre Zugänge, hg. v. Ingrid Baumgärtner, Paul-Gerhard Klumbies u. Franziska Sick, Göttingen 2009, S. 145 – 177.

Baumgärtner / Kugler (2008)
Ingrid Baumgärtner u. Hartmut Kugler (Hgg.): Europa im Weltbild des Mittelalters. Kartographische Konzepte (Orbis mediaevalis 10), Berlin 2008.

Baumgärtner / Schröder (2010)
Ingrid Baumgärtner u. Stefan Schröder: Weltbild, Kartographie und geographische Kenntnisse, in: WBG-Weltgeschichte. Eine globale Geschichte von den Anfängen bis ins 21. Jahrhundert, hg. v. Johannes Fried u. Ernst-Dieter Hehl, Bd. 3: Weltdeutungen und Weltreligionen 600 bis 1500, Darmstadt 2010, S. 57 – 83.

Benndorf / Niemann (1889)
Otto Benndorf u. George Niemann: Das Heroon von Gjölbaschi-Trysa (Jahrbuch der kunsthistorischen Sammlungen des Allerhöchsten Kaiserhauses), Wien 1889.

Berciu (1969)
Dumitru Berciu: Das thrako-getische Fürstengrab von Agighiol in Rumänien, in: Bericht der Römisch-Germanischen Kommission 50 (1969), S. 209 – 265, Taf. 110 – 139.

Berger (1994)
Ernst Berger: Penthesileia, in: Lexicon Iconographicum mythologiae Classicae 7, Zürich / München 1994, S. 296 – 305.

Bernsmeier (1986)
Uta Bernsmeier: Die Nova Reperta des Jan van der Straet. Ein Beitrag zur Problemgeschichte der Entdeckungen und Erfindungen im 16. Jahrhundert, Hamburg 1986.

Bessonova (1982)
Svetlana S. Bessonova: O skifskich povozkach (russ.; dt. Zu den skythischen Wagen), in: Drevnosti Stepnoj Skifii, sbornik nauč. trucov, Kiew 1982, S. 102 – 117.

Bessonova (1988)
Svetlana S. Bessonova: Religioznye predstavleniâ skifov (russ.; dt.: Religiöse Vorstellungen der Skythen), Kiew 1988.

Bibikova (1973)
V. I. Bibikova: K interpretacii osteologičeskogo materiala iz skifskogo kurgana Tolstaja Moglia (russ. mit frz. Resümee; dt. Zur Interpretation des osteologischen Materials aus dem skythischen Kurgan Tolstaja Moglia), in: Sovetskaja archeologija 4 (1973), S. 63 – 68.

Bichler (2000)
Reinhold Bichler: Herodots Welt. Der Aufbau der Historie am Bild der fremden Länder und Völker, ihrer Zivilisation und ihrer Geschichte, Berlin 2000.

Bitel (1996)
Lisa M. Bitel: Land of Women. Tales of Sex and Gender from Early Ireland, Ithaca u. a. 1996.

Bitel (2002)
Lisa M. Bitel: Women in Early Medieval Europe 400 – 1100, Cambridge 2002.

Blöcker (1977)
Günter Blöcker: Heinrich von Kleist oder Das absolute Ich, Frankfurt/M. 1977.

Blok (1991)
Josine H. Blok: Amazones antianeirai, interpretaties van de amazonenmythe in het mythologisch onderzoek van de 19e en 20e eeuw in archaisch Griekenland, Leiden 1991.

Blok (1995)
Josine H. Blok: The early amazons. Modern and ancient perspectives on a persistent myth (Religions in the Graeco-Roman world 120), Leiden u. a. 1995.

Blok (2004)
Josine H. Blok: Recht und Ritus in der Polis. Zu Bürgerstatus und Geschlechterverhältnissen im klassischen Athen, in: Historische Zeitschrift 278/1 (2004), S. 1 – 26.

Blome (1999)
Peter Blome, Antikenmuseum Basel und Sammlung Ludwig, Genf 1999.

Boardman (1990)
John Boardman: Herakles and the Amazons, in: Lexicon Iconographicum mythologiae Classicae 5, Zürich / München 1990, S. 71 – 73.

Bobrinskoj (1901)
Aleksej Alekseevic Bobrinskoj: Kurgany i slučajnyja archeologičeskija nachodki bliz' městečka Směly (russ.; dt. Kurgane und archäologische Zufallsfunde bei dem kleinen Ort Smela), Bd. 3, St. Petersburg 1901.

Bol (1998)
Renate Bol: Amazones Volneratae. Untersuchungen zu den Ephesischen Amazonenstatuen, Mainz 1998.

Boltrik / Fialko (1991)
Jurij V. Boltrik u. Elena Fialko: Der Oguz-Kurgan – Grabmal eines skythischen Königs, in: Gold der Steppe. Archäologie der Ukraine, hg. v. Renate Rolle, Michael Müller-Wille u. Kurt Schietzel, Schleswig 1991, S. 177 – 179.

Boltrik / Fialko (1991 / 1996)
Jurij V. Boltrik u. Elena Fialko: Die Grabanlage eines Skythenkönigs der Zeit Ateas, in: Hamburger Beiträge zur Archäologie 18 (1991 / 1996), S. 101 – 129.

Boltrik / Fialko (2007)
Jurij V. Boltrik u. Elena Fialko: Der Fürstenkurgan von Oguz, in: Im Zeichen des goldenen Greifen. Königsgräber der Skythen. Katalog zur Ausstellung in Berlin, München u. Hamburg, hg. v. Wilfried Menghin, München u. a. 2007, S. 268 – 275.

Boltrik / Fialko (2010)
Jurij V. Boltrik u. Elena Fialko: Skifskij kurgan s rannej usdoj is Sewero-Sapadnowo Priasowja, in: Bosporskie issledovanija, Вур. 23, Kertsch 2010, S. 104 – 132.

Bothmer (1957)
Dietrich Bothmer: Amazons in Greek Art, Oxford 1957.

Brasiliana (1989)
Brasiliana. Vom Amazonenland zum Kaiserreich. Katalog zur Ausstellung mit Beständen der Brasilien-Bibliothek der Robert-Bosch-GmbH in der Universität Heidelberg vom 29. April bis 29. Juli 1989, hg. v. Josef Stumpf u. Ulrich Knefelkamp, Heidelberg 1989.

Brincken (2008)
Anna-Dorothee von den Brincken: Studien zur Universalkartographie des Mittelalters, hg. v. Thomas Szabo (Veröffentlichungen des Max-Planck-Instituts für Geschichte 229), Göttingen 2008.

Bunker u. a. (1991)
Emma C. Bunker u. a.: The Contents and Analyses of Finds at Pazyryk – Indtroduction, in: Sources-Notes in the History of Art 10 (1991), S. 4 – 6.

Bunyatan / Fialko (2009)
K. Bunyatan u. Elena Fialko: Скіфський курган з розмальованим саркофагом (ukrain.; dt.: Der Kurgan mit dem bemalten Sarkophag), in: Археологія 3 (Archäologie 3) (2009), S. 55 – 69.

Calkin (1966)
Veniamin I. Calkin: Drevnee životnovodstvo plemen vostočnoj evropy i srednej Azii (russ.; dt. Alte Viehzucht bei den Stämmen Osteuropas und Mittelasiens), in: Materialy i issledovanija po archeologii SSSR 135 (1966).

Catalogue (1951)
Catalogue of ancient sculpture in the Ny Carlsberg Glyptotek, unter Beteiligung v. Frederik Poulsen, Kopenhagen 1951.

Černenko (1991)
Evgenij V. Černenko: Eisengepanzerte „Ritter" der skythischen Steppe, in: Gold der Steppe. Archäologie in der Ukraine, hg. v. Renate Rolle, Michael Müller-Wille u. Kurt Schietzel, Schleswig 1991, S. 131 – 135.

Černenko (2006)
Evgenij V. Černenko: Die Schutzwaffen der Skythen (Prähistorische Bronzefunde 3,2), Stuttgart 2006.

Chanenko / Chanenko (1900)
Bodgan Chanenko / Barbara Chanenko: Drevnosti Pridneprov'ja, Bd. 3, Kiew 1900.

Charbonneaux / Martin / Villard (1970)
Jean Charbonneaux, Roland Martin u. François Villard: Grèce Hellénistique (330 – 50 avant J.-C.), Gallimard 1970.

Charbonneaux u. a. (1969)
Jean Charbonneaux u. a.: Grèce Classique (480 – 330 avant J.-C.), Gallimard 1969.

Châtillon (1990)
Walter von Châtillon: Alexandreis. Das Lied von Alexander dem Großen, übers., komm. u. mit einem Nachw. vers. v. Gerhard Streckenbach unter Mitw. v. Otto Klingner, mit einer Einf. v. Walter Berschin, Darmstadt 1990.

Chekin (2006)
Leonid S. Chekin: Northern Eurasia in Medieval Cartography. Inventory, Text, Translation, and Commentary (Terrarum Orbis 4), Turnhout 2006.

Christadler (2004)
Maike Christadler: Die Sammlung zur Schau gestellt: Die Titelblätter der *America-Serie*, in: Die west- und ostindischen Reisen der Verleger de Bry 1590 – 1630, hg. v. Susanna Burghartz, Basel 2004, S. 47 – 94.

Čikiševa (1994)
Tat'jana A. Čikiševa: Charakteristika paleoantropologičeskogo materiala pamjatnikov Bertekskoj doliny (russ.; dt.: Charakteristika des paläoanthropologischen Materials der Funddenkmäler des Bertek-Tales), in: Drevnie kul'tury Bertekskoj doliny. Gornyi Altaj, ploskogor'e Ukok, hg. v. Vjačeslav I. Molodin, Novosibirsk 1994, S. 157 – 175.

Clover (1992)
Carol J. Clover: Men, Women, and Chain Saws. Gender in the Modern Horror Film, Princeton/N.J. 1992.

CVA Basel 2 (1984)
Corpus vasorum antiquorum Basel, Antikenmuseum und Sammlung Ludwig, Bd. 2, bearb. v. Vera Slehoferova, Basel 1984.

CVA München 1 (1939)
Corpus vasorum antiquorum München, Museum Antiker Kleinkunst, Bd. 1, bearb. v. Reinhard Lullies, München u. a. 1939.

CVA München 2 (1944)
Corpus vasorum antiquorum München, Museum Antiker Kleinkunst, Bd. 2, bearb. v. Reinhard Lullies, München u. a. 1944.

CVA München 8 (1973)
Corpus vasorum antiquorum München, Antikensammlung (ehemals Museum Antiker Kleinkunst), Bd. 8, bearb. v. Erika Kunze-Götte, München u. a. 1973.

CVA München 14 (2005)
Corpus vasorum antiquorum München, Antikensammlung, Attisch-schwarzfigurige Halsamphoren, Bd. 14, bearb. v. Erika Kunze-Götte, München u. a. 2005.

CVA Würzburg 4 (1999)
Corpus vasorum antiquorum Würzburg, Martin-von-Wagner-Museum, Bd. 4, bearb. v. Gudrun Güntner, München u. a. 1999.

Davis-Kimball / Behan (2002)
Jeannine Davis-Kimball u. Mona Behan: Warrior woman, an archaeologists search for History Hidden Heroins, New York 2002.

Derevjanko (2000)
Anatolij P. Derevjanko: Fenomen altajskich mumij. Phenomen of the Altai mummies (russ.; engl. Resüme), Novosibirsk 2000.

Devambez / Kauffmann-Samaras (1981)
Pierre Devambez u. Aliki Kauffmann-Samaras: Amazones, in: Lexicon Iconographicum mythologiae Classicae 1, Zürich / München 1981, S. 586 – 653.

Dimarco (1991)
Vincent Dimarco: The Amazons and the End of the World, in: Discovering New Worlds. Essays on Medieval Exploration and Imagination, hg. v. Scott D. Westrem, London 1991, S. 69 – 90.

Diodor (1992)
Diodor: Griechische Weltgeschichte, Buch 1 – 10, Teil 1 (Buch 1 – 3), übers. v. Gerhard Wirth, eingel. u. komm. v. Thomas Nothers, Stuttgart 1992.

Döhl (1989)
Hartmut Döhl: Amazonen. Traumfrauen und Schreckensbilder, in: Waren sie nur schön? Frauen im Spiegel der Jahrtausende, hg. v. Bettina Schmitz u. Ute Steffgen, Mainz 1989, S. 225 – 265.

Donop (1882)
Lionel von Donop: [Artikel] „Kiß, August", in: Allgemeine Deutsche Biographie, hg. v. der Historischen Kommission bei der Bayerischen Akademie der Wissenschaften, Band 16 (1882), S. 35 – 37.

Dreesbach (2005)
Anne Dreesbach: Gezähmte Wilde. Die Zurschaustellung „exotischer" Menschen in Deutschland 1870 – 1940, Frankfurt 2005.

Dreesbach / Zedelmaier (2003)
Anne Dreesbach u. Helmut Zedelmaier (Hgg.): „Gleich hinterm Hofbräuhaus waschechte Amazonen". Exotik in München 1900, München / Hamburg 2003.

Drewes (1934)
Heinz Drewes: Maria Antonia Walpurgis als Komponistin, Leipzig 1934.

Druckgrafik (1980)
Druckgrafik. Max Liebermann, Max Slevogt, Lovis Corinth. Katalog zur Ausstellung des Instituts für Auslandsbeziehungen Stuttgart, Stuttgart 1980.

Earenfight (2007)
Theresa Earenfight: Without the Person of the Prince: Kings, Queens and the Idea of Monarchy in Late Medieval Europe, in: Gender and History 19, No. 1 (April 2007), S. 1 – 21.

Eckstein-Diener (1954)
Berta Eckstein-Diener: Mütter und Amazonen. Ein Umriss weiblicher Reiche, Berlin 1954.

Edgerton (2000)
Robert B. Edgerton: Warrior Women. The Amazons of Dahomy and the Nature of War, Boulder 2000.

Evdokimov (1983 / 1985)
G. Evdokimov: Raboty Krasnosnamenskoj ėkspedicii (russ.; dt. Arbeiten der Krasnosznamenka-Expedition), in: Archeologičeskie otkrytija 1983 goda, Moskau 1985, S. 274 – 275.

Evison (1987)
Vera I. Evison: Dover. The Buckland Anglo-Saxon Cementery, London 1987.

Faure (1981)
Paul Faure: Die griechische Welt im Zeitalter der Kolonisation. Aus dem Französischen übers. v. Edgar Pack, Stuttgart 1981.

Feuerbach (2002)
Anselm Feuerbach. Katalog zur Ausstellung im Historischen Museum der Pfalz Speyer, 15. September 2002 – 19. Januar 2003, hg. v. Historischen Museum der Pfalz, Ostfildern 2002.

Fialko (1991)
Elena Fialko: Pogrebenija ženščin s oružiem u skifov (russ.; dt. Bestattungen von Frauen mit Waffen bei den Skythen), in: Kurgany Stepnoj Skifii, Kiev 1991, S. 4 – 18.

Fialko (2009)
Elena Fialko: Amazonki v literaturnoj i chudožestvennoj tradicii (russ.; dt. Amazonen in der literarischen und kunsthistorischen Tradition), in: Epocha rannego železa, Kiew 2009, S. 367 – 382.

Fialko (2010)
Elena Fialko: Wooden sarcophagus with polychrome paintings from Scythian barrow, in: Tracii şi Vecinii Lor în Antichitate. The Thracians and their neighbours in Antiquity. Studia in Honorem Valerii Sirbu, Brăila 2010, S. 215 – 226.

Firsov / Žuravlev (2007)
Kirill Firsov u. Denis Žuravlev: Kul'-Oba, Kozel und Aksjutency: Fürstengräber zwischen Krim und Waldsteppe, in: Im Zeichen des goldenen Greifen. Königsgräber der Skythen. Katalog zur Ausstellung in Berlin, München u. Hamburg, hg. v. Wilfried Menghin, München u. a. 2007, S. 276 – 279.

Fischer (2007)
Christine Fischer: Instrumentierte Visionen weiblicher Macht. Maria Antonia Walpurgis' Werke als Bühne politischer Selbstinszenierung, Kassel u. a. 2007.

Fleischer (2002)
Robert Fleischer: Die Amazonen und das Asyl des Artemisions von Ephesos, in: Jahrbuch des Deutschen Archäologischen Instituts 117 (2002), S. 185–216.

Fol u. a. (1989)
Aleksandär N. Fol u. a.: The Rogozen Treasure, Sofia 1989.

Fornasier (2007)
Jochen Fornasier: Amazonen. Frauen, Kämpferinnen und Städtegründerinnen, Mainz 2007.

Fox (2010)
Robin Lane Fox: Die klassische Welt. Eine Weltgeschichte von Homer bis Hadrian. Aus dem Englischen übers. v. Ute Spengler, Stuttgart 2010.

Frauen (2008)
Starke Frauen. Katalog zur Ausstellung der Staatlichen Antikensammlung und Glyptothek München, hg. v. Raimund Wünsche, München 2008.

Freeman (1996)
Daniel E. Freeman: La guerriera amante. Representations of Amazons and Warrior Queens in Venetian Baroque Opera, in: The musical quarterly 80 (1996), S. 431 – 460.

Galanina (1997)
Ljudmia K. Galanina: Die Kurgane von Kelermes. „Königsgräber" der frühskythischen Zeit. Steppenvölker Eurasiens (dt.; russ.), Moskau 1997.

Galerie (1995)
Die Galerie der starken Frauen. Die Heldin in der französischen und italienischen Kunst des 17. Jahrhunderts, Ausstellung im Kunstmuseum Düsseldorf, 10. September bis 12. November 1995 und im Hessisches Landesmuseum Darmstadt, 14. Dezember bis 26. Februar 1996, hg. v. Bettina Baumgärtel u. Renate Kroll, mit Beitr. v. Renate Baader, München 1995.

Garavaglia (2006)
Andrea Garavaglia: Il mito delle Amazzoni nell'opera italiana fra Sei e Settecento, Diss., Università degli Studi di Pavia, 2006.

Geary (2006)
Patrick J. Geary: Women at the Beginning. Origin Myths from Amazons to the Virgin Mary, Princeton/N. J. 2006.

Geiss (2002)
Imanuel Geiss: Geschichte griffbereit. Personen: Die biographische Dimension der Weltgeschichte, 3 Bde., Gütersloh u. a. 2002.

Gilchrist (1999)
Roberta Gilchrist: Gender and archeology. Contesting the past, London u. a. 1999.

Giuliani (2003)
Luca Giuliani: Bild und Mythos. Geschichte der Bilderzählung in der griechischen Kunst, München 2003.

Gold (1984)
Gold der Skythen aus der Leningrader Eremitage. Ausstellung der Staatlichen Antikensammlungen München vom 19. September bis 9. Dezember 1984, hg. v. der Staatlichen Antikensammlung und Glyptothek München, München 1984.

Gold (1991)
Gold der Steppe. Archäologie der Ukraine, hg. v. Renate Rolle, Michael Müller-Wille u. Kurt Schietzel, Schleswig 1991.

Gold (1993)
Gold aus Kiew. 170 Meisterwerke aus der Schatzkammer der Ukraine. Eine Ausstellung des Kunsthistorischen Museums Wien, hg. v. Wilfried Seipel, Wien 1993.

Grakow (1978)
Boris N. Grakow: Die Skythen, übers. aus d. Russ. v. Alexander Häusler, Berlin 1978.

Grisone (1570)
Federigo Grisone: Künstlicher Bericht und allerzierlichste beschreybung des Edlen / Vhesten und Hochberümbten Ehrn Friderici Grisoni Neapolitanischen hochlöblichen Adels: Wie die Streitbarn Pferdt (durch welche Ritterliche Tugendten mehrers thails geübet) zum Ernst und Ritterlicher Kurtzweil geschickt und volkommen zumachen. In 6 Bücher bester Ordnung, wohlverstendlichen Teutsch und zierlichen Figuren ... in druck verfertiget ... durch Joahnn Fayser den Jüngeren v. Arnstain, Augsburg 1570.

Grubitzsch / Bockholt (1991)
Helga Grubitzsch u. Roswitha Bockholt: Théroigne de Méricourt. Die Amazone der Freiheit, Pfaffenweiler 1991.

Hagemann (1997)
Karen Hagemann: Heldenmütter, Kriegerbräute und Amazonen. Entwürfe „patriotischer" Weiblichkeit zur Zeit der Freiheitskriege, in: Militär und Gesellschaft im 19. und 20. Jahrhundert, hg. v. Ute Frevert, Stuttgart 1997, S. 174 – 200.

Hajdas / Bonani / Seifert (2002)
Irene Hajdas, Georges Bonani u. Mathias Seifert: Radiocarbon and calendar chronology of Ulandryk 4 and Pazyryk 2 tombs, in: Proceedings of the 4-th International Symposium „14C and Archaeology", Oxford 2002, S. 201 – 208.

Hajdas u. a. (2005)
Irene Hajdas u. a.: Chronology of Pazyryk 2 and Ulandryk 4 Kurgans based on high resolution radiocarbon dating and dendrochronology – a step towards precise dating of Scythian burials, in: Impact of the Environment on Human Migration in Eurasia, hg. v. E. Marian Scott, Andrej Yu. Alekseev u. Ganna Zaitseva (Nato Science Series 42), Amsterdam 2005, S. 107 – 116.

Hartmann (1979)
Jørgen Birkedal Hartmann: Antike Motive bei Thorvaldsen. Studien zur Antikenrezeption des Klassizismus, bearb. u. hg. v. Klaus Parlasca, Tübingen 1979.

Heilmann (1993)
Eva Heilmann: Das Plastische Werk, in: Franz von Stuck. Gemälde, Zeichnungen, Plastik aus Privatbesitz. Ausstellung in Passau u. a., hg. v. Gerwald Sonnberger, Passau 1993.

Herodot (1963)
Herodot: Historien, griechisch-deutsch, 5 Bde., hg. v. Josef Feix, Bd. 1: Buch 1 – 5, München 1963.

Herodot (1977)
Herodot: Historien, griechisch-deutsch, 2 Bde., hg. v. Josef Feix, Bd. 2: Buch 6 – 9, 2. durchges. Aufl., München 1977.

Hippokrates (1955)
Hippokrates: Fünf auserlesene Schriften, eingel. u. neu übertr. von Wilhelm Capelle, Zürich 1955.

Höhne / Ohme (2005)
Steffen Höhne u. Andreas Ohme (Hgg.): Prozesse kultureller Integration und Desintegration. Deutsche, Tschechen, Böhmen im 19. Jahrhundert, München 2005.

Hölscher (2000)
Tonio Hölscher: Feindwelten, Glückswelten: Perser, Kentauren und Amazonen, in: Gegenwelten zu den Kulturen Griechenlands und Roms in der Antike, hg. v. Tonio Hölscher, München 2000, S. 287 – 320.

Homer (2001)
Homer: Ilias. Neue Übertragung v. Wolfgang Schadewaldt, ND, Frankfurt/M. 2001.

Il'inskaâ (1954)
Varvara A. Il'inskaâ: Kurgany skifskogo vremeni v bassejne reki Suly, in: Kratkie soobščenija Instituta istorii material'noj kul'tury 54 (1954), S. 24 – 27.

Il'inskaâ (1968)
Varvara A. Il'inskaâ: Skify Dneprovskogo lesostepnogo Levoberež'ja, Kiew 1968.

Il'inskaâ / Terenožkin (1983)
Varvara A. Il'inskaâ u. Aleksej I. Terenožkin: Skifiâ VII – V vv. do n.ė. (russ.; dt.: Skythien des 7. – 5. Jh. v. Chr.), Kiew 1983.

Imhoof-Blumer (1908)
Friedrich Imhoof-Blumer: Die Amazonen auf griechischen Münzen, in: Nomisma 2 (1908), S. 1 – 40.

Ishikawa-Franke (1978)
Saskia Ishikawa-Franke: Albert Weisgerber. Leben und Werk. Gemälde (Veröffentlichungen für Landeskunde des Saarlandes 26), Saarbrücken 1978.

Jacobson (1995)
Esther Jacobson: The Art of the Scythians. The Interpretation of Cultures at the Edge of the Hellenic World, Leiden / New York / Köln 1995.

Jakovenko (1991)
Eleonora Viktorovna Jakovenko: Skythische Spindeln, in: Gold der Steppe. Archäologie der Ukraine, hg. v. Renate Rolle, Michael Müller-Wille u. Kurt Schietzel, Schleswig 1991, S. 111 – 113.

Jungbluth (1962)
Günther Jungbluth: Thorvaldsens Museum. Handkatalog, Kopenhagen 1962.

Junker (2009)
Klaus Junker: Zur Bedeutung der frühesten Mythenbilder, in: Hermeneutik der Bilder. Beiträge zur Ikonographie und Interpretation griechischer Vasenmalerei, hg. v. Stefan Schmidt u. John H. Oakley (Beihefte zum Corpus Vasorum Antiquorum 4), München 2009, S. 65 – 76.

Katalog (1994)
Katalog der Skulpturen, bearb. v. Anja Eichler u. Siegmar Holsten, hg. v. der Staatlichen Kunsthalle Karlsruhe, Karlsruhe 1994.

Kauffmann-Samaras (1981)
Aliki Kauffmann-Samaras: Antiope II, in: Lexicon Iconographicum mythologiae Classicae 1, Zürich / München 1981, S. 857 – 859.

Kepetzis (2004)
Ekaterini Kepetzis: Art. Trübner, Wilhelm, in: Biographisch-Bibliographisches Kirchenlexikon XXIII, Nordhausen 2004, Sp. 1508 – 1519.

Kleist (1964)
Heinrich von Kleist: Sämtliche Werke und Briefe in 7 Bänden, hg. v. Helmut Sembdner, München 1964.

Kleist (1993)
Heinrich von Kleist: Werke und Briefe, hg. v. Siegfried Streller, 3. Aufl., Berlin 1993.

Klevezal' (1988)
Galina Aleksandrovna Klevezal': Registrirujuščie struktury mlekopitajuščich v zoologičeskich issledovanijach (russ.; dt.: Ordnungsstrukturen der Säugetiere in den zoologischen Forschungen), Moskau 1988.

Kločko (1991)
Ljubov S. Kločko: Skythische Tracht, in: Gold der Steppe. Archäologie der Ukraine, hg. v. Renate Rolle, Michael Müller-Wille u. Kurt Schietzel, Schleswig 1991, S. 106 – 113.

Knigge (1996)
Andreas C. Knigge: Comics. Vom Massenblatt ins multimediale Abenteuer, Reinbek 1996.

König / Riekenberg / Rinke (2008)
Hans-Joachim König, Michael Riekenberg u. Stefan Rinke: Die Eroberung einer neuen Welt. Präkolumbische Kulturen, europäische Eroberung, Kolonialherrschaft in Amerika, Schwalbach/Ts. 2008.

Körner (2006)
Gudrun Körner: Cottas Tischbein. Zeichnungen nach Antiken von Johann Heinrich Wilhelm Tischbein (Marbacher Magazin 114), Marbach 2006.

Koschmal / Nekula / Rogall (2001)
Walter Koschmal, Marek Nekula u. Joachim Rogall (Hgg.): Deutsche und Tschechen. Geschichte – Kultur – Politik, München 2001.

Kossatz-Deißmann (1981)
Anneliese Kossatz-Deißmann: Achilleus und Penthesilea, in: Lexicon Iconographicum mythologiae Classicae 1, Zürich / München 1981, S. 161 – 171.

Kossatz-Deißmann (2009)
Anneliese Kossatz-Deißmann: Achilleus und Penthesilea, in: Lexicon Iconographicum mythologiae Classicae, Supplementum, Düsseldorf 2009, S. 11.

Kótova (2008)
Nadezhda Sergeevna Kótova: Early Eneolithic in the pontic steppes, in: BAR International Series 1735 (2008), S. 149 – 150.

Kovalevskaja (1977)
Vera Borisovna Kovalevskaja: Kon'I vsadnik: puti I sud'by, Moskau 1977.

Kovpanenko (1981)
Galina Tikhonovna Kovpanenko: Kurgany ranneskifskogo vremeni v bassejne r. Ros', Kiew 1981.

Krim (1999)
Unbekannte Krim. Archäologische Schätze aus drei Jahrtausenden. Katalog der gleichnamigen Ausstellung im Kurpfälzischen Museum Heidelberg vom 9. Mai bis 8. August 1999, bearb. v. Renate Ludwig, hg. v. Thomas Werner, Heidelberg 1999.

Kroll (1992)
Renate Kroll: Femme forte. Sozialtypus und imaginierte Existenz in der französischen Kultur des 17. Jahrhunderts, in: Papers on French Seventeenth Literature (PFSCL), Vol. IX. (1992), S. 71 – 96.

Kroll (1995)
Renate Kroll: Von der Heerführerin zur Leidensheldin. Die Domestizierung der Femme forte, in: Die Galerie der starken Frauen. Die Heldin in der französischen und italienischen Kunst des 17. Jahrhunderts, Ausstellung im Kunstmuseum Düsseldorf, 10. September bis 12. November 1995 und im Hessisches Landesmuseum Darmstadt, 14. Dezember bis 26. Februar 1996, hg. v. Bettina Baumgärtel u. Renate Kroll, mit Beitr. v. Renate Baader, München 1995, S. 51 – 63.

Kroll (2001)
Renate Kroll: Die Amazone zwischen Wunsch und Schreckbild. Amazonomanie in der Frühen Neuzeit, in: Erfahrung und Deutung von Krieg und Frieden, Religion – Geschlechter – Natur und Kultur, hg. v. Klaus Garber u. Jutta Held et al., Bd. 1, München 2001, S. 511 – 537.

Kroll (2004)
Renate Kroll: Mythos und Geschlechtsspezifik. Ein Beitrag zur literarischen und bildlichen Darstellung der Amazonen in der Frühen Neuzeit, in: Mythen in Kunst und Literatur. Tradition und kulturelle Repräsentation, hg. v. Annette Simons u. Linda Simonis, Köln / Weimar / Wien 2004, S. 55 – 69.

Kroll (2009)
Renate Kroll: JunggesellinnenEntwürfe von Junggesellinnen – am Beispiel des französischen 16.

und 17. Jahrhunderts, in: Literarische „Jungesellen-Maschinen" und die Ästhetik der Neutralisierung. Machine littéraire, machine célibataire et „genre neutre", Würzburg 2009, im Druck.

Kunst (1963)
Aus Rheinischer Kunst und Kultur. Auswahlkatalog des Rheinischen Landesmuseums Bonn, Düsseldorf 1963, S. 75, Abb. 34.

Landsberger (1906)
Franz Landsberger: Wilhelm Tischbein. Ein Künstlerleben des 18. Jahrhunderts, Leipzig 1906.

Lehmann (2004)
Doris Lehmann: Anselm Feuerbachs „Amazonenschlacht", in: Anzeiger des Germanischen Nationalmuseums 2004, S. 143 – 156.

Leskov (1974)
Aleksander Michajlović Leskov: Die skythischen Kurgane. Die Erforschung der Hügelgräber Südrusslands, in: Antike Welt. Zeitschrift für Archäologie und Kulturgeschichte, Sondernummer (1974).

Linničenko (1897)
I. A. Linničenko: Archeologičeskie issledovanija letom 1897 g., in: Zapiski Odesskogo obščestva istorii i drevnosti (1897), S. 11 – 13.

Lipp (1991)
Carola Lipp: Die Frau in der Karikatur und im Witz der 48er Revolution, in: Fabula 32 (1991), S. 132 – 164.

Lysias (2004)
Lysias: Reden. Griechisch u. deutsch, Teil 1, eingel., übers. u. komm. v. Ingeborg Huber, Darmstadt 2004.

Mavleev (1981)
Eugbne Mavleev: Amazones Etruscae, in: Lexicon Iconographicum mythologiae Classicae 1, Zürich / München 1981, S. 654 – 662.

Méricourt (1989)
Théroigne de Méricourt: Aufzeichnungen aus der Gefangenschaft. Aus dem Franz. übers. u. mit einem Nachw. v. Helga Grubitzsch u. Roswitha Bockholt, Salzburg u. a. 1989.

Miller (1997)
Theresa Miller: Die griechische Kolonisation im Spiegel literarischer Zeugnisse, Tübingen 1997.

Mosolewskij (1979)
Borys M. Mosolewskij: Tolstaja Mogila, Kiew 1979.

Neumeister (2009)
Mirjam Neumeister: Alte Pinakothek. 3. Katalog der ausgestellten Werke. Flämische Malerei, Ostfildern 2009.

Neumüller / Bierhals / Weber (2004)
Gebhard Neumüller, Karin Bierhals u. Elisabeth Weber (Hgg.): Albert Weisgerber. Das Leben. Der Tod, St. Ingbert 2004.

Niemeyer (1996)
Hans Georg Niemeyer: Beiträge zur Archäologie im nördlichen Schwarzmeerraum (Hamburger Beiträge zur Archäologie 18), Mainz 1996.

Nikolov (1986)
Bogdan Nikolov: Kanite ot Rogozenskoto säkrovište, Izkustvo 36, 6 (1986), S. 17 – 36.

Nioradze (1931)
Georgii K. Nioradze: Das Grab von Semoawtschala, in: Bulletin du Musée de Géorgie 6 (1931), S. 139 – 228.

Oakley (1982)
John H. Oakley: Nr. 19a, in: American Numismatic Society, Museum Notes 27 (1982), S. 26.

Opitz (1989)
Claudia Opitz, Der Bürger wird Soldat – und die Bürgerin? Die Revolution, der Krieg und die Stellung der Frauen nach 1789, in: Sklavin oder Bürgerin? Französische Revolution und neue Weiblichkeit 1760 – 1830. Katalog zur Ausstellung des Historischen Museums Frankfurt vom 4. Oktober bis 4. Dezember 1989, hg. v. Viktoria Schmidt-Linsenhoff (Kleine Schriften des Historischen Museums Frankfurt 44), Marburg 1989, S. 38 – 54.

Opitz (1992)
Claudia Opitz: Frauen und Revolutionärinnen in den „Révolutions de Paris", in: Frauen – Literatur – Revolution, hg. v. Helga Grubitzsch u. Maria Kublitz, Pfaffenweiler 1992, S. 45 – 64.

Palaiphatos (2003)
Palaiphatos: De incredibilibus. Die Wahrheit über die griechischen Mythen. Griechisch u. deutsch, übers. u. hg. v. Kai Brodersen, Stuttgart 2003.

Pallas (1967)
Peter Simon Pallas: Reise durch verschiedene Provinzen des Russischen Reichs. 3. Teil, Petersburg 1776, Reprint 1967.

Parzinger (2004)
Hermann Parzinger: Die Skythen, München 2004.

Parzinger (2007)
Hermann Parzinger: Die Skythen, 2. Aufl., München 2007.

Paulsen (1967)
Peter Paulsen: Alamannische Adelsgräber von Niederstotzingen (Kreis Heidenheim), Stuttgart 1967.

Petermann (2007)
Werner Petermann: Hundsköpfe und Amazonen. Als die Welt noch voller Monster war, Wuppertal 2007.

Petersen (1987)
Susanne Petersen: Marktweiber und Amazonen. Frauen in der Französischen Revolution. Dokumente, Kommentare, Bilder, Köln 1987.

Picabia (1995)
Francis Picabia: Unser Kopf ist rund, damit das Denken die Richtung wechseln kann, Hamburg 1995.

Pinder (1928)
Wilhelm Pinder: Antike Kampfmotive in neuerer Kunst, in: Münchner Jahrbuch 5 (1928), S. 353 – 375.

Pitts (2000)
Vincent Joseph Pitts: La Grande Mademoiselle at the Court of France: 1627 – 1693, Baltimore / London 2000.

Platon (1940)
Platon: Sämtliche Werke in 3 Bänden, hg. v. Erich Loewenthal, Berlin 1940.

Poeschel (1985)
Sabine Poeschel: Studien zur Ikonographie der Erdteile des 16. – 18. Jahrhunderts (Beiträge zur Kunstwissenschaft 3), Münster 1985.

Pohl (2004)
Walter Pohl: Gender and ethnicity in the early middle ages, in: Gender in the early medieval world. East and West 300 – 900, hg. v. Leslie Brubaker u. Julia M. H. Smith, Cambridge u. a. 2004, S. 23 – 43.

Polos'mak (1994a)
Natal'ja Viktorovna Polos'mak: Stereguščie zoloto grify (russ.; dt.: Die goldbewachenden Greifen), Novosibirsk 1994.

Polos'mak (1994b)
Natal'ja Viktorovna Polos'mak: The Ak-Alakh „Frozen Grave" Barrow, in: Ancient Civilizations from Scythia to Siberia. An International Journal of Comparative Studies in History and Archaeology, Bd. 1, Nr. 1 (1994), S. 92 – 111.

Polos'mak (1995)
Natal'ja Viktorovna Polos'mak: Investigations of a Pazyryk Barrow at Kuturguntas, in: Ancient Civilizations from Scythia to Siberia. An International Journal of Comparative Studies in History and Archaeology, Bd. 2, Nr. 1 (1995), S. 346 – 354.

Polos'mak (2001)
Natal'ja Viktorovna Polos'mak: Vsadniki Ukoka (russ.; dt.: Die Reiter vom Ukok), Novosibirsk 2001.

Polos'mak / Seifert (1996)
Natal'ja Viktorovna Polos'mak u. Mathias Seifert: Menschen aus dem Eis Sibiriens. Neuentdeckte Hügelgräber (Kurgane) im Permafrost des Altai, in: Antike Welt. Zeitschrift für Archäologie und Kulturgeschichte 27, Bd. 2 (1996), S. 87 – 108.

Pomeroy (1992)
Sarah B. Pomeroy: Andromache. Ein verkanntes Beispiel für das Matriarchat, in: Matriarchatstheorien der Altertumswissenschaft, hg. v. Beate Wagner-Hasel (Wege der Forschung 651), Darmstadt 1992, S. 220 – 224.

Preußer (2000)
Heinz-Peter Preußer: Mythos als Sinnkonstruktion. Die Antikenprojekte von Christa Wolf, Heiner Müller, Stefan Schütz und Volker Braun, Köln / Weimar / Berlin 2000.

Preußer (2010)
Heinz-Peter Preußer: Der Mythos der Amazonen. Eine männliche Konstruktion und ihre feministischen Fehldeutungen, in: Amazonen – Kriegerische Frauen, hg. v. Udo Franke-Penski u. Heinz-Peter Preußer, Würzburg 2010, S. 35 – 48.

Prinz (1986)
Ursula Prinz: Androgyn. Sehnsucht nach Vollkommenheit. Katalog zur gleichnamigen Ausstellung, Berlin 1986.

Rageth (1999)
Jürg Rageth: A New Approch to Dating Anatolian Kilims, in: Anatolian Kilims and radiocarbon dating, hg. v. Jürg Rageth, Riehen 1999, S. 23 – 30.

Ranke-Graves (2003)
Robert von Ranke-Graves: Griechische Mythologie. Quellen und Deutung, 15. Aufl., Hamburg 2003.

Reuthner (2006)
Rosa Reuthner: Wer webte Athenas Gewänder? Die Arbeit von Frauen im antiken Griechenland, Frankfurt/M. u. a. 2006.

Revolution (1998)
1848/49. Revolution der deutschen Demokraten in Baden, Landesausstellung im Karlsruher Schloss vom 28. Februar bis 2. August 1998, Baden-Baden 1998.

Robinson (2004)
Lillian S. Robinson: Wonder women: feminisms and superheroes, New York 2004.

Rolle (1976)
Renate Rolle: Rote Pferde – goldene Reiter. Betrachtungen zu den Pferden der Skythen, in: Festschrift für Richard Pittioni zum 70. Geburtstag, Wien 1976, S. 756 – 776.

Rolle (1979)
Renate Rolle: Totenkult der Skythen, Teil 1: Das Steppengebiet (Vorgeschichtliche Forschungen 18), Berlin / New York 1979.

Rolle (1980a)
Renate Rolle: Die Welt der Skythen. Stutenmelker und Pferdebogner: Ein antikes Reitervolk in neuer Sicht, Luzern / Frankfurt/M. 1980; engl. The World of the Scythians, London 1989.

Rolle (1980b)
Renate Rolle: Oiorpata, in: Beiträge zur Archäologie Nordwestdeutschlands und Mitteleuropas, FS Klaus Raddatz, hg. v. Thomas Krüger (Materialhefte zur Ur- und Frühgeschichte Niedersachsens 16), Hildesheim 1980, S. 275 – 294.

Rolle (1985)
Renate Rolle: Der griechische Handel der Antike zu den osteuropäischen Reiternomaden aufgrund archäologischer Zeugnisse, in: Untersuchungen zu Handel und Verkehr der vor- und frühgeschichtlichen Zeit in Mittel- und Nordeuropa. Berichte über die Kolloquien der Kommission für die Altertumskunde Mittel- und Nordeuropas in den Jahren 1980 bis 1983, hg. v. Klaus Düwel, Dietrich Claude u. Herbert Jankuhn (Abhandlungen der Akademie der Wissenschaften in Göttingen, Phil.-Hist. Klasse 143), Göttingen 1985, S. 460 – 490.

Rolle (1986)
Renate Rolle: Amazonen in der archäologischen Realität, in: Kleist-Jahrbuch 1986, Berlin 1986, S. 38 – 62.

Rolle (1992a)
Renate Rolle: Städte auf Rädern. Zur Entwicklung des nomadischen Wohnwagens, in: Achse, Rad und Wagen, hg. v. Horst Hoof (Beiträge zur Geschichte der Landfahrzeuge 2), Wiehl 1992, S. 11 – 20.

Rolle (1992b)
Renate Rolle: Die skythenzeitlichen Mumienfunde von Pazyrik. Frostkonservierte Gräber aus dem Altaigebirge, in: Der Mann im Eis. Bericht über das Internationale Symposium 1992 in Innsbruck, hg. v. Frank Höpfel, Werner Platzer u. Konrad Spindler (Veröffentlichungen der Universität Innsbruck 187), Innsbruck 1992, S. 334 – 358.

Rolle (1998)
Renate Rolle: Betrachtungen zum Figurenfries der Čertomlyk-Amphore, in: Königskurgan Čertomlyk. Ein skythischer Grabhügel des 4. vorchristlichen Jahrhunderts, hg. v. Renate Rolle, Vjačeslav Ju. Murzin u. Andrej Ju. Alekseev, Mainz 1998.

Rolle (2001)
Renate Rolle: Skythen, in: Der neue Pauly. Enzyklopädie der Antike, Stuttgart / Weimar 2001, Sp. 644 – 654.

Rolle / Müller-Wille / Schietzel (1991)
Renate Rolle, Michael Müller-Wille u. Kurt Schietzel (Hgg.): Gold der Steppe. Archäologie der Ukraine, Schleswig 1991.

Rolle / Murzin (1991)
Renate Rolle u. Vjačeslav Ju. Murzin: „Pyramiden" der Steppe und Viehweiden für die Ewigkeit, in:

Gold der Steppe. Archäologie in der Ukraine, hg. v. Renate Rolle, Michael Müller-Wille u. Kurt Schietzel, Schleswig 1991, S. 171 – 176.

Rolle / Murzin / Alekseev (1998)
Renate Rolle, Vjačeslav Ju. Murzin u. Andrej Ju. Alekseev: Königskurgan Čertomlyk. Ein skythischer Grabhügel des 4. vorchristlichen Jahrhunderts, Mainz 1998.

Rolle / Murzin / Šramko (1991)
Renate Rolle, Vjačeslav Ju. Murzin u. Boris A. Šramko: Das Burgwallsystem von Bel'sk (Urkaine). Eine frühe stadtartige Anlage im skythischen Landesinnern, in: Hamburger Beiträge zur Archäologie 18 (1991), S. 57 – 84.

RPC (2006)
Andrew Burnett, Michael Amandry u. Pere Paul Ripollès: Roman Provincial Coinage, Bd. 1, From the death of Caesar to the death of Vitellius (44 BC – AD 69), hier: S. 413, Nr. 2433, 8, Bd. 2, hier: Nr. 1266, London 1992, ND London 2006.

Rudenko (1953)
Sergej Ivanović Rudenko: Kul'tura naseleniâ Gornogo Altaâ v skifskoe vremâ, Moskau 1953.

Rudenko (1970)
Sergej Ivanović Rudenko: Frozen tombs of Siberia. The Pazyryk burials of iron age horsemen, transl. and with a pref. by Michael W. Thompson, London 1970.

Rychterová (2009)
Pavlína Rychterová: Die Anfänge des tschechischen Mittelalters und ihre Rolle beim Aufbau der nationaltschechischen Identität im 19. Jahrhundert, in: Vergangenheit und Vergegenwärtigung. Frühes Mittelalter und europäische Erinnerungskultur, hg. v. Helmut Reimitz u. Bernhard Zeller (Forschungen zur Geschichte des Mittelalters 14), Wien 2009, S. 241 – 252.

Salmonson (1992)
Jessica Amanda Salmonson: The Encyclopedia of Amazons. Women Warriors from Antiquity to the Modern Era, New York 1992.

Samuel (1979)
Pierre Samuel: Amazonen und Kraftfrauen, München 1979.

Savostina (2001)
Elena A. Savostina (Hg.): Bosporan Battle Relief, Moskau 2001.

Scafi (2006)
Alessandro Scafi: Mapping Paradise. A History of Heaven on Earth, London 2006.

Schiltz (1994)
Véronique Schiltz: Die Skythen und andere Steppenvölker. 8. Jahrhundert v. Chr. bis 1. Jahrhundert n. Chr. (Universum der Kunst 39), München 1994.

Schlumbohm (1978)
Christa Schlumbohm: Der Typus der Amazone und das Frauenideal im 17. Jahrhundert. Zur Selbstdarstellung der Grande Mademoiselle, in: Romanistisches Jahrbuch 29 (1978), S. 77 – 99.

Schneider (2009)
Tobias Schneider: Mehrfachbestattungen von Männern in der Merowingerzeit, in: Zeitschrift für Archäologie des Mittelalters 38. 2008 (2009), S. 1 – 32.

Seifert / Sljusarenko (1996)
Mathias Seifert u. I. Slusarenko: Dendrochronologische Daten von Gräbern der Pazyryk-Kultur (5./4. Jh. v. Chr.) im Alati, in: Dendrochronologia 14 (1996), S. 153 – 164.

Selle (2008)
Fabian Selle: Die Skulpturengruppe „Amazone" vor dem Alten Museum in Berlin von August Kiss: 1837 – 1842, Saarbrücken 2008.

Simon (2009a)
Erika Simon: Amazones, in: Achilleus und Penthesilea, in: Lexicon Iconographicum mythologiae Classicae, Supplementum, Düsseldorf 2009, S. 52 – 53.

Simon (2009b)
Erika Simon: Antiope, in: Achilleus und Penthesilea, in: Lexicon Iconographicum mythologiae Classicae, Supplementum, Düsseldorf 2009, S. 69.

Sklavin (1989)
Sklavin oder Bürgerin? Französische Revolution und neue Weiblichkeit 1760 – 1830. Katalog zur Ausstellung des Historischen Museums Frankfurt vom 4. Oktober bis 4. Dezember 1989, hg. v. Viktoria Schmidt-Linsenhoff (Kleine Schriften des Historischen Museums Frankfurt 44), Marburg 1989.

Slevogt (1992)
Max Slevogt. Gemälde, Aquarelle, Zeichnungen. Katalog zur Ausstellung im Saarland Museum Saarbrücken und im Landesmuseum Mainz, Stuttgart 1992.

SNG (1969)
Sylloge nummerorum Graecorum, Sammlung von Aulock, Teil 5, Nr. 1439 – 1767, 2. Aufl., London 1969.

Steuben (1973)
Hans von Steuben: Der Kanon des Polyklet. Doryphoros und Amazone, Tübingen 1973.

Stuck (1968)
Franz von Stuck. Die Stuck-Villa zu ihrer Wiedereröffnung am 9. März 1968. Werk – Persönlichkeit – Wirkung, Bronzen – Gemälde – Zeichnungen, Anhang. Die Schüler von Franz von Stuck, hg. v. Josef A. Schmoll, München 1968.

Teleaga (2008)
Emilian Teleaga: Griechische Importe in den Nekropolen an der unteren Donau. 6. Jh. – Anfang des 3. Jhs. (Marburger Studien zur Vor- und Frühgeschichte 23), Rhaden 2008.

Teleaga / Soficaru / Bălăşescu (2010)
Emilian Teleaga, Andrei Soficaru u. Alexandru Bălăşescu: Das Wagengrab aus Žaba-Mogila bei Strelča, in: Archaeologia Bulgarica 14 (2010), in Druckvorbereitung.

Teleaga u. a. (2010)
Emilian Teleaga u. a.: Neue Untersuchungen zum Prunkgrab aus Agighiol, in: Archäologisches Korrespondenzblatt 40, 4 (2010), in Druckvorbereitung.

Terenožkin / Mozolevskij (1988)
Aleksej I. Terenožkin u. Boris N. Mozolevskij: Melitopol'skij kurgan (russ.; dt.: Der Kurgan von Melitopol), Kiew 1988.

Thieme / Becker / Vollmer (2008)
Ullrich Thieme, Felix Becker u. Hans Vollmer: Allgemeines Lexikon der bildenden Künstler von der Antike bis zur Gegenwart. Allgemeines Lexikon der bildenden Künstler des 20. Jahrhunderts, über 250.000 Biographien auf einer CD, Leipzig 2008.

Thinius (1975)
Carl Thinius: Damals in St. Pauli. Lust und Freude in der Vorstadt, Hamburg 1975.

Thorvaldsen (1977)
Bertel Thorvaldsen: Skulpturen, Modelle, Bozzetti, Handzeichnungen. Gemälde aus Thorvaldsens Sammlungen. Katalog zur Ausstellung des Wallraf-Richartz-Museums in der Kunsthalle Köln, Köln 1977.

Tischbein (1986)
Johann Heinrich Wilhelm Tischbein. Goethes Maler und Freund. Katalog zur Ausstellung des Landesmuseums Oldenburg, des Schlewig-Holsteinischen Landesmuseums Kloster Cismar und des Frankfurter Goethe-Instituts, Neumünster 1986.

Torbov (2005)
Nacis Torbov: Mogilanskata Mogila väv Vraca, Vraca 2005.

Třeštík (2003)
Dušan Třeštík: Mýty Umene Čechů (7. – 10. století). Tři studie ke „Starým pověstem českým" (Česká historie 11), Praha 2003.

Trübner (1994)
Wilhelm Trübner. Katalog zur Ausstellung des Kurpfälzischen Museums der Stadt Heidelberg, Heidelberg 1994.

Tyrell (1984)
William Blake Tyrell: Amazons. A Study in Athenian Mythmaking, Baltimore 1984.

Valerius (2002)
Robert Valerius: Weibliche Herrschaft im 16. Jahrhundert: Die Regentschaft Elisabeths I. zwischen Realpolitik, Querelle des femmes und Kult der Virgin Queen (Geschichtswissenschaft 49), Herbolzheim 2002.

Villiers (1910)
Marc de Villiers: Histoire des clubs des femmes et des légions d'amazones, Paris 1910.

Vitt (1952)
V. O. Vitt: Lošadi Pazyrykskich kurganov (russ.; dt. Die Pferde der Pazyryk-Kurgane), in: Sovetskaja archeologija 16 (1952), S. 163 – 205.

Wagner-Hasel (2000)
Beate Wagner-Hasel: Der Stoff der Gaben. Kultur und Politik des Schenkens und Tauschens im archaischen Griechenland, Frankfurt/M. u. a. 2000.

Wagner-Hasel (2002)
Beate Wagner-Hasel: Amazonen zwischen Heroen- und Barbarentum, in: Der Alteritätsdiskurs des Edlen Wilden: Exortismus, Anthropologie und Zivilisationskritik am Beispiel eines europäischen Topos, hg. v. Monika Fludernik, Peter Haslinger u. Stefan Kummer, Würzburg 2002, S. 251 – 280.

Walpurgis (1766)
Maria Antonia Walpurgis: Talestri – Regina delle Amazzoni, in: Allgemeine Deutsche Bibliothek 3, 2. St., Berlin / Stettin 1766, S. 122 – 145.

Weber (1857)
Carl von Weber: Maria Antonia Walpurgis, Churfürstin zu Sachsen, geb. kaiserliche Prinzessin in Bayern. Beiträge zu einer Lebensbeschreibung derselben, 2 Bde., Dresden 1857.

Weber (2008)
Martha Weber: Neues zu den Amazonen von Ephesos, in: Thetis 15 (2008), S. 45 – 56.

Wegner / Steinmaier (1998)
Bärbel Wegner u. Helga Steinmaier: Von Frauen und Pferden. Zur Geschichte einer besonderen Beziehung, Königstein/Taunus 1998.

Weiss (1992)
P. Weiss: Kibyra, in: Lexicon Iconographicum mythologiae Classicae 6, Zürich / München 1992, S. 42, Nr. 1.

Weisser (2008)
Bernhard Weisser: Die Basis von Pozzuoli, in: Antike Plastik, Lieferung 30 (2008), S. 105 – 160, Taf. 48 – 67, bes. 145.

Werner (1988)
Wolfgang N. Werner: Eisenzeitliche Trensen an der unteren und mittleren Donau (Prähistorische Bronzefunde 16,4), München 1988.

Wesel (1980)
Uwe Wesel: Der Mythos vom Matriarchat. Über Bachofens Mutterrecht und die Stellung von Frauen in frühen Gesellschaften vor der Entstehung staatlicher Herrschaft, Frankfurt/M. 1980.

Wirth (1962)
Irmgard Wirth: August Kiss. Ein Berliner Bildhauer aus Oberschlesien, in: Schlesien. Eine Vierteljahrszeitschrift für Kunst, Wissenschaft und Volkstum VII (1962), S. 218 – 235.

Wolf (1983)
Christa Wolf: Kassandra. Erzählung, Darmstadt 1983.

Zeichen (2007)
Im Zeichen des goldenen Greifen. Königsgräber der Skythen. Katalog zur Ausstellung in Berlin, München u. Hamburg, hg. v. Wilfried Menghin, München u. a. 2007.

Zeller (2000)
Monika Zeller: Molekularbiologische Geschlechts- und Verwandtschaftsbestimmungen in historischen Skelettresten, Onlineveröffentlichung 2000 [http://w210.ub.uni-tuebingen.de/dbt/volltexte/2000/165].

Zimmermann (1986)
Jean-Louis Zimmermann: Le fin de Falerii Veteres – un temoigne archaeologique, in : J. P. Getty museum Journal 14 (1986), p. 40, No. 26.

Abbildungsnachweis

2 / 3: Peter Palm, Berlin
4 / 5: © iStockphoto.com / KateLeigh
13: Hans-Georg Merkel / Historisches Museum der Pfalz Speyer
14 / 15: Julia Kondratiuk, Köln
16: Antikenmuseum Basel und Sammlung Ludwig, Inv.-Nr.: BS 1208, Foto: Andreas F. Voegelin
17: Antikenmuseum Basel und Sammlung Ludwig, Inv.-Nr.: BS 453, Foto: Andreas F. Voegelin
18l: Staatliche Antikensammlungen und Glyptothek München
18r: © iStockphoto.com / Blaz Kure
19: © iStockphoto.com / Tulay Over
20l: Staatliche Antikensammlungen und Glyptothek München
20r: Martin von Wagner Museum der Universität Würzburg, Foto: Peter Neckermann
21: Peter Palm, Berlin
22l: © iStockphoto.com / Natalia Bratslavsky

22r: Staatliche Antikensammlungen und Glyptothek München
23: © iStockphoto.com / Rafal Belzowski
24 / 25: © iStockphoto.com / Aleksandar Nakic
26: Historisches Museum der Pfalz Speyer, Foto: Peter Haag-Kirchner
28: Foto ©MfA Heide Glöckler
30: Franziska Rapp, Vancouver / Kanada
32: Staatliche Antikensammlungen und Glyptothek München
33l: Antikenmuseum Basel und Sammlung Ludwig, Inv.-Nr.: BS 214, Foto: Andreas F. Voegelin
33r: Antikenmuseum Basel und Sammlung Ludwig, Inv.-Nr.: BS 298, Foto: Andreas F. Voegelin
34l: Antikenmuseum Basel und Sammlung Ludwig, Inv.-Nr.: BS 608, Foto: Andreas F. Voegelin
34r: Antikenmuseum Basel und Sammlung Ludwig, Inv.-Nr.: BS 453, Foto: Andreas F. Voegelin
35l: Antikenmuseum Basel und Sammlung Ludwig, Inv.-Nr.:BS 1453, Foto: Andreas F. Voegelin
35r: LVR-Landesmuseum Bonn
36 / 37: akg-images / Tristan Lafranchis
38: Eichfelder artworks (Umzeichnung nach Vorlage Frauen (2008), S. 50, Original: Neg.Nr.: DAI-Athen-1972/2699, Foto: Gösta Hellner)
40: bpk / Museo Archeologico, Florenz
41: Museum für Kunst und Gewerbe Hamburg
42: Staatliche Antikensammlungen und Glyptothek München
43l: Adrienne Lezzi-Hafter, Kilchberg / Schweiz
43r: bpk / The Metropolitan Museum of Art, New York
44: bpk / Staatliche Antikensammlungen und Glyptothek München
45: Koppermann, Neg. DAI-Rom 1962.1351
46o: Bibliothèque Nationale de France, Service Reproduction, Paris
46u: Singer, Neg. DAI-Rom 1972.0679
47: LVR-Landesmuseum Bonn
48 – 51l: Staatliche Antikensammlungen und Glyptothek München
51r: Martin von Wagner Museum der Universität Würzburg, Foto: Peter Neckermann
52: © iStockphoto.com / Brent Wong
54: akg-images / Erich Lessing
55: Antikenmuseum der Universität Heidelberg, Foto: Hubert Vögele
56: Antikenmuseum Basel und Sammlung Ludwig, Inv.-Nr.: BS 608, Foto: Andreas F. Voegelin
58: bpk / Staatliche Kunstsammlungen Dresden / Jürgen Karpinski
59: Badisches Landesmuseum, Karlsruhe
60: bpk / RMN / Paris, Musée du Louvre / Hervé Lewandowski
62: © Mougins Museum of Classical Art
64: akg-images / Erich Lessing
66: Antikenmuseum Basel und Sammlung Ludwig, Inv.-Nr.: BS 1453, Foto: Andreas F. Voegelin
67: Staatliche Münzsammlung München, Foto: Nicolai Kästner
69: Peter Palm, Berlin
70: bpk / Antikensammlung, Staatliche Museen zu Berlin / Johannes Laurentius
72: Antikenmuseum der Universität Heidelberg, Foto: Hubert Vögele
73: Historisches Museum der Pfalz Speyer, Foto: Peter Haag-Kirchner
75l: Dr. H. Thielen, Foto: Zühmer
75r: Ny Carlsberg Glyptotek, Copenhagen, Foto: Ole Haupt
77: Staatliche Museen zu Berlin, Münzkabinett, Foto: L.-J. Lübke
78: Picture-alliance / ZB
80: Freundlich zur Verfügung gestellt von Herrn Emilian Teleaga, Marburg
81: bpk / Donaudelta-Museum, Tulcea / Jürgen Liepe
82 – 85: akg-images / Erich Lessing
86: De Agostini / De Agostini Picture Library / Getty Images
88: © iStockphoto.com / Jozef Sedmak
89: picture-alliance / akg-images
90: Peter Palm, Berlin
91: Museum für Kunst und Gewerbe Hamburg
92: akg-images / RIA Nowosti
94l: Staatliche Antikensammlungen und Glyptothek München
94m: Reiss-Engelhorn-Museen Mannheim, Foto: Jean Christen
94r: © The Trustees of the British Museum
95l: Antikenmuseum der Universität Heidelberg, Foto: Hubert Vögele
95m: Martin von Wagner Museum der Universität Würzburg (Foto: Peter Neckermann)
95r: Antikenmuseum Basel und Sammlung Ludwig, Inv.-Nr.: Kä 403, Foto: Andreas F. Voegelin
96 / 97: © iStockphoto.com / sandsun
98: © iStockphoto.com / Serhiy Zavalnyuk
100o: Peter Palm, Berlin
100u – 102: Historisches Museum der Pfalz Speyer, Foto: Peter Haag-Kirchner
103: Michael Schultz, Göttingen
104: Bruce Dale / National Geographic / Getty Images
105: Freundlich zur Verfügung gestellt von Frau Renate Rolle, Hamburg
106, 107: Stiftung Schleswig-Holsteinische Landesmuseen Schloß Gottorf, Schleswig
108 – 111: Historisches Museum der Pfalz Speyer, Foto: Peter Haag-Kirchner
112: © iStockphoto.com / Andrii Gatash
114: Sisse Brimberg / National Geographic / Getty Images
115: akg-images / RIA Nowosti
116, 117: Historisches Museum der Pfalz Speyer, Foto: Peter Haag-Kirchner
118: akg-images / RIA Nowosti
120 – 122: Historisches Museum der Pfalz Speyer, Foto: Peter Haag-Kirchner
123: Freundlich zur Verfügung gestellt von Frau Elena Fialko, Kiew / Ukraine
124 – 127: Historisches Museum der Pfalz Speyer, Foto: Peter Haag-Kirchner
128: © iStockphoto.com / Maxym Boner
130: Freundlich zur Verfügung gestellt von Frau Natalia V. Polos'mak, Nowosibirsk / Russland
131: Peter Palm, Berlin
132 – 137: Institute of Archaeology and Ethnography of the Siberian Branch of the Russian Academy of Sciences, Nowosibirsk
138, 139: Mathias Seifert, Chur / Schweiz
140 – 143: Institute of Archaeology and Ethnography of the Siberian Branch of the Russian Academy of Sciences, Nowosibirsk
144: © iStockphoto.com / Peter Zurek
146 – 151: Historisches Museum der Pfalz Speyer, Foto Peter Haag-Kirchner
152: Michael Schultz, Göttingen
154 – 157: Historisches Museum der Pfalz Speyer, Foto Peter Haag-Kirchner
158: Michael Schultz, Göttingen
160: © iStockphoto.com / Sergey Petrov
161: Historisches Museum der Pfalz Speyer, Foto Peter Haag-Kirchner
162: Staatliche Eremitage St. Petersburg
163: Freundlich zur Verfügung gestellt von Frau Renate Rolle, Hamburg
164 – 166: Historisches Museum der Pfalz Speyer, Foto Peter Haag-Kirchner
168 / 169: © iStockphoto.com / Victoria Gopka
171: akg-images / RIA Nowosti
172: Freundlich zur Verfügung gestellt von Frau Nadja S. Kótova, Kiew / Ukraine
174, 175: Georgian National Museum, S. Janashia Museum of Georgia, Tiflis
176 / 177: © iStockphoto.com / Dave Long

179 – 181: Peter Frankenstein, Hendrik Zwietasch; Landesmuseum Württemberg, Stuttgart
182: bpk / Scala
184: picture-alliance / maxppp
185: picture-alliance / akg-images / Erich Lessing
186: picture-alliance / dpa
187: akg-images / Erich Lessing
188: akg-images / Bildarchiv Monheim
189: akg-images
190: Vyšehrad national cultural monument (NKPV), archives
191: picture-alliance/ dpa
192 / 193: © iStockphoto.com / Elena Kalistratova
194 – 196o: Freundlich zur Verfügung gestellt von Frau Erika Krüger (Kloster Ebstorf) sowie Herrn Martin Warnke (Leuphana Universität Lüneburg)
196u: akg-images / British Library
197, 198o: Herzog August Bibliothek Wolfenbüttel: Cod. Guelf. 1 Gud. Lat. 2°
198u, 199: akg-images
200l: akg / North Wind Picture Archiv
200r, 201: akg-images / British Library
202: Freundlich zur Verfügung gestellt von Frau Ingrid Baumgärtner, Kassel
203: Historisches Museum der Pfalz Speyer, Foto Peter Haag-Kirchner
204: akg / North Wind Picture Archives
206, 207: Historisches Museum der Pfalz Speyer, Foto Peter Haag-Kirchner
208: akg-images
209: München, Bayerische Staatsbibliothek
210: akg-images
211: Herzog August Bibliothek Wolfenbüttel:Graph. A1: 467d
212: bpk / Staatsbibliothek zu Berlin - Preußischer Kulturbesitz
214: Peter Palm, Berlin
215: Sara & Joachim Huber
216 – 219: historisches museum frankfurt Foto: Horst Ziegenfusz
220 / 221: © iStockphoto.com / Robert Kirk
222: bpk / Staatliche Kunstsammlungen Dresden / Elke Estel / Hans-Peter Klut
224: bpk / Scala / Rom, Galleria Nazionale d Arte Antica, Palazzo Corsini
225: akg-images
226: Historisches Museum der Pfalz Speyer, Foto Peter Haag-Kirchner
227: akg-images / British Library
228: bpk / RMN / Paris, Musée du Louvre / Jean Schormans
230: akg-images

231: © Musée Lorrain, Nancy / photo. P. Mignot
232 – 234: akg-images
235: Deutsches Theatermuseum München: Bibliothekssignatur 2 R 1-3
236: Deutsches Theatermuseum München: Bibliothekssignatur 2 R 1-1
238 – 239: Landesmuseum für Kunst und Kulturgeschichte Oldenburg (Foto: S.Adelaide)
240: Hessisches Landesmuseum Darmstadt
241: akg-images
242: © Musée Carnavalet / Roger-Viollet
244: akg-images / Erich Lessing
245: akg-images
246, 247: Bibliothèque Nationale de France Service Reproduction, Paris
248, 249: akg-images
251: bpk
252, 253: © Musée Carnavalet / Roger-Viollet
254: Martinus-Bibliothek Mainz
255l: Stadtarchiv Hanau, Foto: Bildstelle Hanau
255r: Theodor-Zink-Museum Kaiserslautern
256 / 257: Germanisches Nationalmuseum, Nürnberg
258: bpk / Staatsbibliothek zu Berlin / Ruth Schacht
259: akg-images
260: bpk / Studio Niermann / Emil Bieber
261: akg-images
262: akg-images / Erich Lessing
263: bpk / Bayerische Staatsgemäldesammlungen, München
264: Landesmuseum für Kunst und Kulturgeschichte Oldenburg (Foto: S. Adelaide)
265: akg-images
266: Städtische Galerie im Lenbachhaus, München
268: bpk / RMN / Musée Picasso, Paris / Madeleine Coursaget
269: Stadtarchiv München, ZBE, Bayer. Frauentag Oktober 1899
270: akg-images / Erich Lessing
272, 273: bpk / The Metropolitan Museum of Art, New York
274: Foto: © Kieler Stadt- und Schifffahrtsmuseum
276: Historisches Museum der Pfalz Speyer, Foto Peter Haag-Kirchner
277l: Hans-Georg Merkel / Historisches Museum der Pfalz Speyer
277r: Thorvaldsens Museum, Copenhagen (Foto: Kit Weiss)
278: Historisches Museum der Pfalz Speyer, Foto Peter Haag-Kirchner
280: M.G.M / United Artist / Schapiro / Album / akg-images

281: MCA Television / Renaissance Picture / Album / akg-images
282: Dimension Films / Nicola Goode / Album / akg-images
283: Freundlich zur Verfügung gestellt von EGMONT Verlagsgesellschaften mbH
284: Paramount Pictures / Alex bailey / Album / akg-images
286: picture-alliance / dpa
287: akg-images / Archie Miles.
288: Stiftung Saarländischer Kulturbesitz, Saarlandmuseum Saarbrücken (Fotograf: Gerhard Heisler, Saarbrücken)
289: Max Slevogt-Galerie / GDKE Rheinland-Pfalz Schloss Villa Ludwigshöhe, Edenkoben
306 / 307 Peter Palm, Berlin

Umschlag:
Gestaltung durch Designbüro Zweiender nach einer Vorlage von pozzi7, Mannheim, Foto: Hans-Georg Merkel, Historisches Museum der Pfalz Speyer

Wir danken den aufgeführten Institutionen und Personen für die freundliche Bereitstellung des Bildmaterials. Leider war es uns nicht in allen Fällen möglich, die Inhaber der Abbildungsrechte eindeutig zu ermitteln. Berechtigte Ansprüche werden selbstverständlich im Rahmen der üblichen Vereinbarungen abgegolten.

Amazonen am Rand der Welt

6. bis 14. Jahrhundert

1. Östliches Reich der Frauen (Suvarnagotra) – Xuanzang
2. Reich der Frauen – Zhang Shoujie
3. Stadt der Frauen – Ibrahim ibn Ahmad at-Tartuši, Ibrahim ibn Ya'qub
4. Frauenland/Jungfrauenland – Adam von Bremen
5. Libussa und der Mägdeaufstand – Cosmas von Prag
6. Männer- und Fraueninseln (Masles/Malles und Femeles/Femelle) – Marco Polo
7. Pandea – Herefordkarte
8. Fraueninsel – Jordanus Cathala

15. bis 17. Jahrhundert

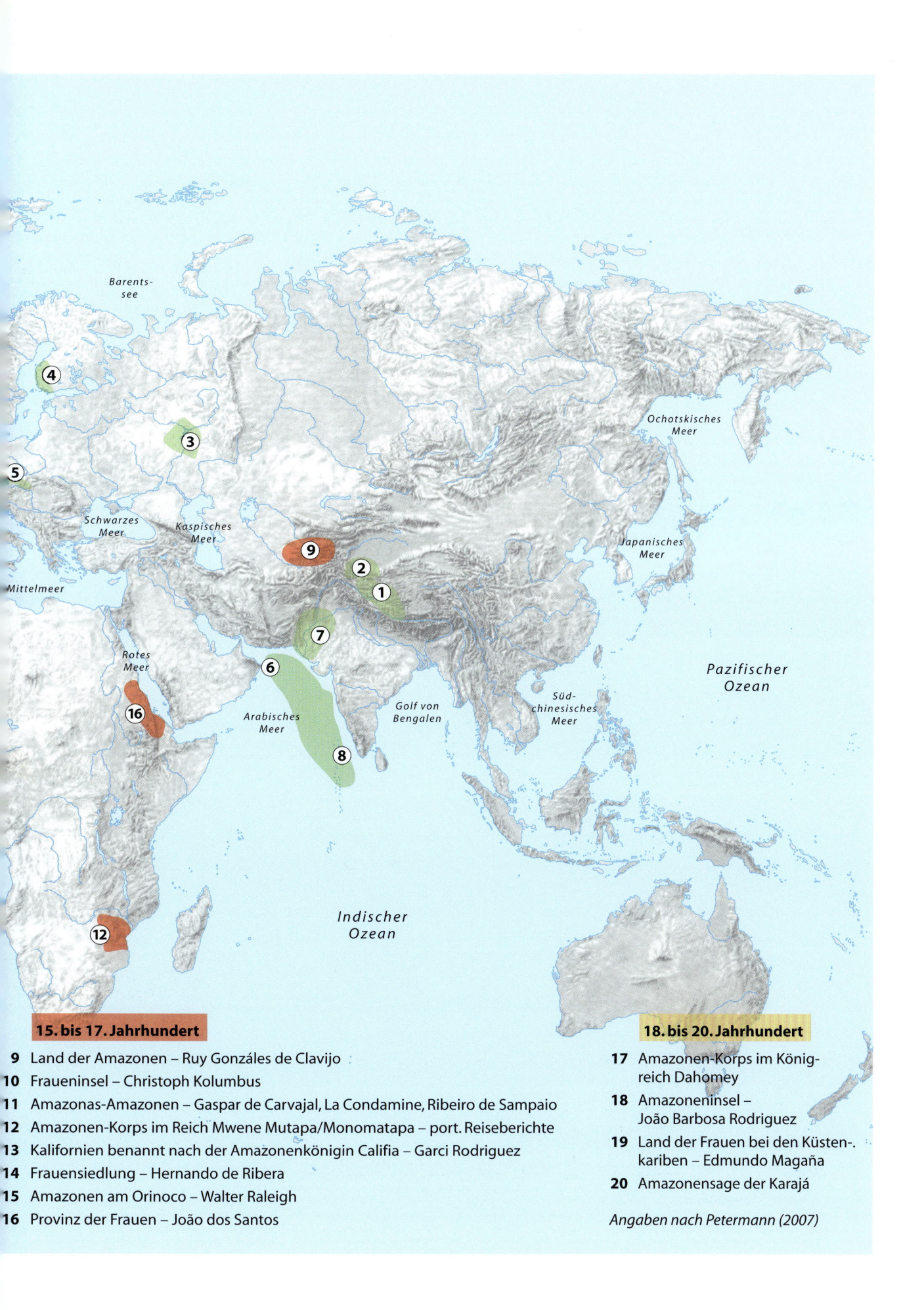

9 Land der Amazonen – Ruy Gonzáles de Clavijo
10 Fraueninsel – Christoph Kolumbus
11 Amazonas-Amazonen – Gaspar de Carvajal, La Condamine, Ribeiro de Sampaio
12 Amazonen-Korps im Reich Mwene Mutapa/Monomatapa – port. Reiseberichte
13 Kalifornien benannt nach der Amazonenkönigin Califia – Garci Rodriguez
14 Frauensiedlung – Hernando de Ribera
15 Amazonen am Orinoco – Walter Raleigh
16 Provinz der Frauen – João dos Santos

18. bis 20. Jahrhundert

17 Amazonen-Korps im Königreich Dahomey
18 Amazoneninsel – João Barbosa Rodriguez
19 Land der Frauen bei den Küstenkariben – Edmundo Magaña
20 Amazonensage der Karajá

Angaben nach Petermann (2007)